100

| 한국장로교총회창립 100주년기념 표준주석 |

골로새서

대한예수교장로회총회교육자원부 편

한국장로교출판사

| 한국장로교총회창립 100주년기념 표준주석 |

골로새서

초판인쇄 2025년 6월 25일
초판발행 2025년 6월 30일

기획·편찬 표준주석편찬위원회 김형동
편 집 인 대한예수교장로회총회교육자원부
발 행 인 강성훈
발 행 소 한국장로교출판사
주　　소 03128 / 서울 종로구 대학로3길 29, 신관 4층(총회창립100주년기념관)
전　　화 (02) 741-4381 / 팩스 741-7886
영 업 국 (031) 944-4340 / 팩스 944-2623
홈페이지 www.pckbook.co.kr
인스타그램 pckbook_insta　**카카오채널** 한국장로교출판사
등　　록 No. 1-84(1951. 8. 3.)

ISBN 978-89-398-9397-9 / 978-89-398-0681-8(세트)
Printed in Korea

값 31,000원

책임편집 정현선
편　　집 이슬기 김은희 이가현 강수지　　**디 자 인** 남충우 김소영 남소현
경영지원 박호애 서영현　　**마 케 팅** 박준기 이용성 이현지

※ 이 출판물은 저작권법에 의해 보호를 받는 저작물이므로 무단전재와 무단복제를 할 수 없습니다.

발간사

본 주석서는 대한예수교장로회총회의 신앙과 신학 이념을 따라 평신도와 신학생, 목회자와 신학 교수들이 성경을 바르게 이해하도록 도움을 주는 데 그 목적이 있다.

대한예수교장로회 교단은 1934년 희년에 즈음하여 성경전서 주석의 간행을 총회에서 결의한 바 있다. 그리하여 1937년부터 총회표준주석(1937년, 「욥기」, 「시편」, 「잠언」, 「전도서」, 「아가」; 1939년, 「로마서」, 「고린도전·후서」, 「갈라디아서」)이 간행되기 시작하였다. 그러나 제2차 세계대전의 발발과 일제강점기의 한국교회 탄압으로 주석 발간 사업은 일시 중단되었다. 1945년, 해방은 되었으나 38선으로 남북이 분열되고, 1950년 6·25한국전쟁의 비극을 겪어야 했다. 1953년, 휴전된 후 총회표준주석 사업이 재개되어 1954~1957년(1954년, 「이사야」; 1955년, 「요한복음」; 1956년, 「창세기」; 1957년, 「레위기」, 「민수기」)에 출판이 있었으나, 1959년에 교단의 분열로 오늘에 이르기까지 총회표준주석 사업은 불가한 형편이었다.

대한예수교장로회 제90회기(2005) 총회는 총회창립 100주년(2012)기념

사업의 일환으로 교단 신학의 정체성 확립과 한국장로교회의 신학적 표준을 제시할 총회표준주석을 출판하기로 결의하고, 총회 산하 신구약성경 신학자들에게 집필을 위촉하게 되었다.

2005년 12월 한국장로교총회창립 100주년기념 표준주석편찬위원회가 조직된 후 집필 원칙을 정하고 집필자를 선정하여, 그 원칙에 충실할 것을 서약하게 하였다. 지난 7년 동안 집필자들의 깊은 기도와 연구의 산고 끝에 이제 그 실체가 드러나 장로교 총회표준주석이 출판되었다. 편찬위원회는 수차례 모임을 갖고 50여 명에 이르는 많은 집필자들을 격려하고 집필 목적과 방향 제시를 수시로 하여 주석서의 통일성과 진정성을 유지하게 하였다. 집필된 원고가 제출된 경우, 검독위원회가 총회의 신학과 신앙에 맞는 주석을 출판하기 위해 내용을 수정 또는 추가할 것을 요청하기도 하였다.

이 주석서가 빛을 보기까지 집필자는 물론이고, 총회교육자원부 김치성 총무와 한국장로교출판사의 수고가 있었고, 전국 교회들의 기도 지원이 있었다. 무엇보다도 출판비 및 연구비 전액을 이름 없이 지원해 준 교회가 있었다. 이에 독자 여러분과 함께 하나님께 찬양을 드리며, 이 일에 헌신하신 분들께 감사를 드린다.

유사 이래 성경보다 더 긴 세월 동안 연구되고 읽혀진 책은 없다. 그렇기 때문에 해석 방법도 시대와 지역에 따라 다양하게 나타났다. 에스라 시대까지 거슬러 올라가서 사용된 미드라쉬(Midrash) 주해 방법부터 시작하여 중세의 종교개혁자들과 현대 비평주의자들의 해석 방법 등 수많은 해석학적 이해가 있어 왔고, 여러 언어로 번역되어 하나님의 말씀인 성경은 읽혀졌다. 그러나 하나님의 말씀은 (해석자들이나 번역자들에게) 매이지 않는다 (딤후 2:9). 성경 주석가와 번역자들은 자기 시대와 문화 속에서 어떤 전제 (presupposition)를 갖고 성경을 읽기 때문에 언제나 해석의 한계가 있음을 인정할 수밖에 없다. 그런 의미에서 본 주석서도 예외는 아닐 것이다. 그럼에도 불구하고 본서는 그 한계를 최소화시키기 위해 다양한 신학적 입장, 다른 해석들, 교회사적 해석들, 지리적 상황을 포함하려고 노력했다.

우리의 전제는 신구약성경 66권이 하나님의 영감으로 특별 계시된 말씀이라는 대한예수교장로회의 신앙고백을 준거(準據)로 했다. 그러므로 본서는 집필자 자신의 신앙고백과 신학도 내포되었지만, 그보다 총회의 신앙과 신학의 표준적 입장에서 성경을 주석한 것이다. 즉, 사도신경, 웨스트민스터신앙고백서, 장로교신앙고백을 따르는 개혁주의 신학과 신앙 전통을 따른 것이다.

집필을 하는 데 있어서 학문적 깊이를 외면할 수는 없으나 목회자나 평신도가 성경을 이해하는 데 도움을 주기 위해 설교를 위한 묵상을 삽입하기도 하였다. 그러나 각 권의 기록자, 기록 연대, 문학적 특징, 책의 목적 등을 설명하는 개론적 연구를 할 때에는 그것이 학문적 연구에 꼭 필요하다고 여겨지는 경우에 한하여 최근 많은 성경학자들이 사용하는 비평적 방법도 가설(假說)로는 소개하였으나 결론은 따르지 않았다. 그것이 교회의 신앙적 지도를 위한 적절한 방법은 아니기 때문이다.

영감으로 된 하나님의 말씀인 성경의 해석은 성령의 조명이 가장 중요한 조건이다. 따라서 본서의 집필자들은 종교개혁자들이 채택했던 문법적, 역사적, 신학적 원리를 주된 해석 방법으로 채택하고, 기도하면서 하나님의 계시된 말씀의 원의를 알기 쉽게 해석하려고 힘썼다. 외래어 사용은 가급적 줄이되 히브리어나 헬라어와 같은 원어를 반드시 읽어야 할 경우에는 음역화해서 누구나 원어의 발음으로 읽게 했다. 각주(脚註)도 가급적 줄이되 문장 뒤에 참고로 넣었다. 또한 각 절이 아닌 단락별로 주해를 하여 전체적 파악을 도왔다.

주석 앞에는 대한성서공회가 출판한 개역개정 성경(4판)을 단락별로 제시했다. 히브리어 성경은 BHS(Biblia Hebraica Stuttgartensia)를, 헬라어 성경은 United Bible Societies가 출판한 The Greek New Testament(4th ed)를 각각 원문으로 채택하여 사용하였다. 특히 개역개정 성경의 번역에 대한 문제가 있다는 의견을 총회가 받아들여 본 편찬위원회에 수정 의뢰를 하였고, 집필자들이 원문을 바로 번역하여 대한성서공회에 제시함으로 수시 교정 제도를 따라 수정하도록 했다.

우리의 생명이시며 찬양의 대상이 되신 우리 주 예수 그리스도를 계시하시고, 하나님의 공의와 사랑을 그의 십자가를 통하여 실현시켜 우리를 구원하신 하나님의 깊은 뜻을 알게 해 주는 신구약성경을 더 많은 사람들이 더 깊이, 더 분명하게 이해하고, 믿게 하기 위하여 대한예수교장로회총회 창립 100주년을 기하여 한국 교회와 세계 교회 앞에 겸손한 자세로 이 주석을 내어놓는다.

"내가 온 것은 양으로 생명을 얻게 하고 더 풍성히 얻게 하려는 것이라" (요 10 : 10b).

Soli Deo Gloria!

한국장로교총회창립 100주년기념
표준주석편찬위원회
위원장 이 종 윤

추천사 1

　할렐루야! 2012년은 대한예수교장로회(통합)총회가 창립 100주년을 맞이하는 해입니다. 총회가 창립된 이후 1세기가 지난 지금까지 우리 한국 교회를 세계가 주목할 만큼 눈부시게 성장할 수 있도록 도와주신 에벤에셀의 하나님께 모든 찬송과 영광과 감사를 드립니다.
　이와 같은 한국 교회의 놀라운 부흥 가운데서도 마음 한구석에 늘 안타까움이 자리하고 있었는데, 그것은 바로 우리 한국 교회만의 권위 있는 주석이 없다는 사실이었습니다. 현재 목회현장에서 사용되는 우리말 주석들은 대부분 오래되었거나 현대의 한국 교회 상황에 맞지 않는 서구 교회의 해석, 또는 성서학 전문가들의 주석이 아닌 짜깁기식 주석이 대다수를 차지합니다.
　이러한 현실 가운데 이번 총회창립 100주년기념사업의 일환으로 본 교단에서 「한국장로교총회창립 100주년기념 표준주석」을 출간하기로 결의하고, 주석서를 출간하게 된 것은 대단히 자랑스럽고 의미 있는 일이 아닐 수 없습니다.
　이번 「표준주석」의 출판으로 한국 교회는 이전보다 더욱 '개혁주의 신학과 신앙 전통'을 따르는 성경 해석의 기초를 확립하게 될 것이며, 많은 목회자들이 이 주석서를 통해 하나님의 말씀에 중심을 둔 목회를 실천할 수 있을 것으로 기대합니다. 더 나아가 이 「표준주석」은 한국 교회의 신앙을 더욱 견고히 하는 성경 해석의 표본이 될 것입니다.

아무쪼록 이번 「표준주석」 출간을 계기로 우리 한국 교회가 당면한 갖가지 위기를 극복하고 더욱 하나님 말씀으로 충만하여, 평화통일은 물론 주님의 지상명령인 땅끝까지 복음을 전하는 사명을 보다 잘 감당하는 교회로 거듭나게 되기를 기대하며, 한국의 모든 교회와 성도님들께 자랑스럽게 이 주석서를 추천하는 바입니다. 샬롬!

장로회신학대학교
전 총장 장 영 일

추천사 2

「한국장로교총회창립 100주년기념 표준주석」의 발간을 축하합니다. 한국 교회 역사에서 중요한 자리를 차지하고 있는 「총회표준주석」은 한국 교회에 큰 영향을 끼친 박윤선 박사님께서 박형룡 박사님을 도와 「표준주석」의 고린도후서 주석 집필에 참여하면서 평생을 주석 집필에 헌신하게 했던 뜻깊은 주석이었습니다.

그러나 그동안 중단되었던 표준주석 사업을 재개함에 있어 편집위원장 이종윤 목사님이 밝힌 대로 성경이 성령으로 영감된 정확 무오한 하나님의 말씀이라는 분명한 신앙고백 위에 집필하도록 하였다는 편집 원칙을 통해 「표준주석」의 맥을 잇고자 하는 의지를 보여 줍니다.

이런 맥락에서 비평적 성서연구가 교회의 신앙적 지도에 적합하지 않다는 인식을 가지고 전통적인 개혁주의 해석 방법을 채택할 뿐만 아니라 복음적이고 목회적인 관심을 드러낸 점도 환영할 만한 일입니다. 또한 성경 자체에 대한 전문적인 지식뿐만 아니라 한국 교회와 성도를 체험적으로 알고 있는 성경학자들이 오랜 기도와 연구 끝에 발간하였다는 점도 높이 사고 싶습니다.

    아무쪼록 본서가 많은 이들에게 풍성하고 깊이 있는 신학적 성찰을 제공하는 귀한 책이 되길 소망합니다.

합동신학대학원대학교
전 총장 성 주 진

골로새서
차 례

발간사 _ 3
추천사 1 _ 7
추천사 2 _ 9

서 론 …………………………………………………………… 15
  A. 저자 …………………………………………………………… 16
  B. 기록 장소와 연대 …………………………………………… 24
  C. 골로새 지역과 수신자 교회 ………………………………… 26
    1. 골로새의 지리적 위치 …………………………………… 26
    2. 뤼카스 골짜기의 유대인 정착 …………………………… 28
    3. 수신자 교회 ……………………………………………… 30
  D. 골로새 이단의 정체와 이에 대한 바울의 가르침 ………… 31
  E. 골로새서와 에베소서의 관계 ……………………………… 37
  F. 골로새서의 구조 …………………………………………… 38

제Ⅰ부 서신의 서두(1:1-2) ………………………………… 41
  A. 서신의 서두(1:1-2) ………………………………………… 42

제II부 그리스도의 인성과 사역(1:3-23) ·········· 49
  A. 골로새인들의 믿음에 대한 감사 찬양(1:3-8) ·········· 50
  B. 골로새 성도들의 영적 안녕을 위한 기도(1:9-14) ·········· 69
  C. 그리스도를 위한 찬양시(1:15-20) ·········· 94
    1. 창조의 대리자(agent)인 그리스도(1:15-16) ·········· 99
    2. 세상의 주님, 교회의 머리(1:17-18) ·········· 112
    3. 화해의 대리자(agent)로서의 그리스도(1:19-20) ·········· 119
  D. 하나님과 화해된 죄인들(1:21-23) ·········· 128

제III부 바울의 사역(1:24-2:7) ·········· 139
  A. 하나님의 신비의 일꾼(1:24-29) ·········· 140
  B. 뤼카스 골짜기의 성도들을 향한 바울의 관심(2:1-5) ·········· 158
    1. 그들을 위해 기도하며 애쓰는 바울(2:1-3) ·········· 159
    2. 골로새 성도들이 잘못된 길로 가지 않기를 바라는 바울의 염려(2:4-5) ··· 164
  C. 그리스도의 유전을 유지할 것(2:6-7) ·········· 168

제IV부 거짓된 가르침과 이에 대한 교정(2:8-3:4) ·········· 177
  A. 그리스도 한 분으로 충분함(2:8-15) ·········· 178
    1. 그리스도의 충만함(2:8-10) ·········· 179
    2. 새로운 할례(2:11-12) ·········· 187
    3. 그리스도의 승리(2:13-15) ·········· 195
  B. 여러분의 자유를 지키시오!(2:16-19) ·········· 205
    1. 음식과 절기에 관한 기독교인의 자유(2:16-17) ·········· 206
    2. 금욕주의와 천사숭배에 관한 기독교인의 자유(2:18-19) ·········· 213
  C. 여러분은 그리스도와 함께 죽었습니다:그러므로······(2:20-23) ·········· 222

D. 그리스도의 부활과 성도들의 영적 부활(3:1-4) ················· 231

제Ⅴ부 기독교인의 삶(3:5-4:6) ······················· 263
   A. "벗어 버리라"(3:5-11) ····························· 267
   B. "입으라"(3:12-17) ································ 300
   C. "복종하라"(3:18-4:1) ····························· 325
      1. 아내와 남편(3:18-19) ························· 327
      2. 자녀와 부모(3:20-21) ························· 335
      3. 노예와 주인(3:22-4:1) ························ 336
   D. "깨어서 기도하라"(4:2-6) ·························· 358

제Ⅵ부 각 개인들을 위한 메모들(4:7-17) ··············· 369
   A. 바울의 소식을 전하는 사람들(4:7-9) ················ 370
   B. 바울의 동역자들의 인사말(4:10-14) ················· 371
   C. 여러 친구들을 위한 메모들(4:15-17) ················ 374

제Ⅶ부 마지막 인사와 축복기도(4:18) ················· 377
   A. 마지막 인사와 축복기도(4:18) ······················ 378

참고문헌 / 380

골로새서

서 론

A. 저자
B. 기록 장소와 연대
C. 골로새 지역과 수신자 교회
D. 골로새 이단의 정체와 이에 대한 바울의 가르침
E. 골로새서와 에베소서의 관계
F. 골로새서의 구조

| 골로새서 |

서론

A. 저자

골로새서의 저자가 누구인지를 놓고 아직 학자들 간의 합의는 이루어지지 않았다. 바울이 직접 저작했다고 보는 학자들도 있지만(Wright, Thurston), 바울이 직접 저술하지 않았다고 보는 학자들도 있다(예. Lohse, Pokorny). 에베소서의 경우 바울저작설을 의심하는 학자들이 많지만, 골로새서의 경우는 그보다 적다. 전통적으로 골로새서는 바울의 저작임이 분명하다고 의심되지 않는 편지들(authentic 혹은 undisputed letters, 즉 로마서, 고린도전·후서, 갈라디아서, 빌립보서, 빌레몬서, 데살로니가전서)과 그의 저작이 아닐 가능성이 크다고 보는 편지들(deutro-Pauline 혹은 post-Pauline letters, 즉 데살로니가후서, 에베소서, 디모데전·후서, 디도서) 사이에 위치한다. 제임스 던(James D. G. Dunn)은 골로새서를 "다리"(bridge) 역할을 하는 편지라고 본다. 던의 의견에 따르면 디모데가 골로새서의 실제적 저자다

(골 1 : 1). 바울이 감옥에 갇혀 있을 때 디모데가 바울의 이름으로 골로새서를 쓴 뒤, 바울이 그 내용을 읽고 그 내용의 주된 논지가 자신의 뜻과 같다는 것을 인정하여 편지의 말미인 골로새서 4 : 7~18만을 자신의 손으로 직접 썼다는 것이다(Dunn, 269). 던은 골로새서가 바울 생전에 바울의 허락을 받고 다른 사람이 기록한 마지막 편지라고 본다(Dunn, 41). 던의 가설은 사실상 바울이 평소에 자신의 손으로 직접 편지를 쓰지 않고 대서인을 두었다는 사실과 크게 다르지 않다(갈 6 : 11 ; 고전 16 : 21 ; 살후 3 : 17). 하지만 바울이 직접 골로새서를 기록한 것이 아니라 다른 사람이 썼다는 주장은 골로새서의 바울저작설을 부정하는 입장에 크게 벗어나지도 않는다. 던의 주장이 골로새서를 바울이 직접 썼다는 것을 간접적으로 부정한다면, 바울의 죽음 직전 혹은 직후에 에바브라, 두기고, 혹은 오네시모 같은 동역자들이나 이름을 알 수 없는 누군가가 골로새서를 기록한 것이라는 주장은 바울저작설을 직접적으로 부정한다. 물론 고대시대에 다른 사람의 이름으로, 즉 가명(假名)으로 글을 쓰는 것은 그 사람을 높이고, 그 사람의 가르침을 널리 알리기 위해서 선한 의도로 한 것이지 악한 의도로 위조(forgery)한 것은 아니다(Kitchen, 22-29 ; MacDonald, 8에서 재인용). 또한 골로새서를 가명 문서(pseudonymous writing)로 보더라도 골로새서가 가진 정경(canon)의 권위를 깎아내리지는 않는다(Kitchen, 22 ; MacDonald, 9에서 재인용). 그러나 그 이유로 골로새서를 가명 문서로 보아도 상관없다는 주장은 옳지 않다. 골로새서가 바울이 직접 쓴 것인지 아닌지의 문제는 골로새서 본문의 내용과 다른 바울서신의 내용을 면밀히 검토하여 결정해야 한다.

일부 학자들이 골로새서의 바울저작설을 거부하는 이유는 무엇일까? 기본적으로 골로새서의 신학적 사상(thought)과 언어(language), 문체(style) 등이 바울의 진정성이 있는(authentic) 편지들과 비교했을 때 다르다고 보기 때문이다. 그들은 골로새서에서 발견되는 바울의 기독론이 바울의 다른 편지에서 발견되는 기독론과 다르다는 것을 말하기 위해 종종 골로새서 1 :

9, 19, 2 : 9에서 등장하는 "충만"(fullness)의 개념을 지적한다. 하나님의 신성(divinity)이 온 우주를 가득 채우고 있다는 뜻에서 충만은 신성의 충만함이며, 하나님은 이 신성의 충만함이 "예수 안에 거하게" 하셨기 때문에(골 1 : 19) 신성의 충만함은 그리스도에게서 발견된다(골 2 : 9, "그 안에는 신성의 모든 충만이 육체로 거하시고"; 참고. 엡 1 : 10, 23 ; 3 : 19 ; 4 : 13). 성도들은 그리스도 안에서 "충만하여졌다"(골 2 : 10). 다른 편지에서는 발견되지 않고, 오직 골로새서와 에베소서에서만 발견되는 이런 독특한 개념 때문에 일부 학자들은 골로새서뿐만 아니라 에베소서도 바울이 쓴 편지가 아니라고 본다.

하지만 그리스도 안에 신성의 충만함이 있고(골 2 : 9), "만물을 그의 발아래에 복종하게 하시고 그를 만물 위에 교회의 머리로"(엡 1 : 22) 삼으셨기 때문에 그리스도에게 "만물을 충만하게 하시는 이의 충만함"(엡 1 : 23)이 있다는 가르침은 그리스도를 세상 만물의 통치자로 보는 빌립보서 2 : 6~11의 찬양시의 내용과 일치한다(MacDonald, 5). 골로새서 1 : 15, 18에서 그리스도를 "하나님의 형상"이라고 선언하고 그를 하나님의 "장자"(firstborn)로 선언하는 것과 로마서 8 : 29에서 그리스도를 "맏아들/장자"(firstborn)로 선언하는 것은 모두 시편 89 : 26~27, "그가 내게 부르기를 주는 나의 아버지시요 나의 하나님이시요 나의 구원의 바위시라 하리로다 내가 또 그를 장자로 삼고 세상 왕들에게 지존자가 되게 하며"에 근거한 것이다. 시편 89 : 19~29은 메시야 본문으로서 하나님이 세우시는 이스라엘의 왕과 하나님의 관계를 아버지와 아들의 관계로 보고, 메시야를 '하나님의 아들'로 부르는 구약성경의 전승들인 사무엘하 7 : 12~16, 시편 2편의 전승과 연결되어 있다. 메시야를 하나님의 아들로 보는 것에서 한 걸음 더 나아가 하나님의 장자로 보는 구약성경과 유대교의 전승을 바울은 그대로 이어받아 십자가에서 죽은 예수에게 적용하고 있으며, 이 적용은 골로새서와 에베소서와 바울의 저작임이 분명한 로마서에 동시에 나타나고 있고, 히브리서 1 : 6, 요한계시록 1 : 5에서도 나타나고 있는 초대교회의 공통적인 관점이다.

물론 골로새서와 에베소서에서 "충만"의 개념은 바울의 다른 서신에 나타나지 않는다는 점에서 기존의 바울기독론과 다르다. 이런 상이점을 일부 학자들은 '바울신학의 발전'(development)이라고 본다. 상당수의 학자는 이런 발전이 바울 사역의 후기에 비로소 생겨났다고 보거나, 혹은 그가 죽은 뒤에 그의 후계자들에 의해 이루어졌다고 본다. 하지만 골로새 지역 교회들과 에베소서 수신자 교회들이 있던 지역의 종교 문화적 특성 때문에 바울이 기존의 기독론을 "충만"이라는 개념으로 풀어낸 것으로 볼 수도 있다. 당시 이 두 편지를 받은 수신자 교회들 안에 공통적으로 존재하는 충만에 대한 선이해(先理解)가 있었기 때문에 수신자 교회의 특수한 상황을 고려해서 바울이 이미 갖고 있던 생각을 "충만"이라는 개념으로 풀어낸 것으로 볼 수도 있다. 그렇다면 이것은 복음의 상황화(contextualization)로 보아야 한다. 이런 상황화를 반드시 '바울신학의 발전'으로 볼 필요는 없다. 그렇게 본다면 "바울이 사역의 초기에는 그런 생각을 하지 못했고, 후대에서야 비로소 그런 생각을 하게 되었다."거나 "바울의 생전에는 그런 사상이 없었는데 그가 죽은 뒤에 교회 안에 이런 사상이 등장하게 되었다."는 설명은 오히려 적절하지 않다.

골로새서 1:16의 "만물이 다 그[그리스도]로 말미암고 그를 위하여 창조되었다"라는 언명에 근거해서 바울기독론의 발전을 주장하고 골로새서의 바울저작설을 부정하는 것도 역시 문제가 있다. 이런 기독론이 골로새서에서만 발견되는 것이 아니기 때문이다. 그리스도를 하나님의 장자(골 1:15, 18)로 보는 동시에 그를 창조의 대행자(agent)로 보는 것은(참고. 골 2:3) 바울의 저작으로 전혀 의심을 받지 않는 로마서 8:29("그로 많은 형제 중에서 맏아들이 되게 하려 하심이니라")과 고린도전서 8:6("…… 만물이 그에게서 났고 우리도 그를 위하여 있고…… 만물이 그[그리스도]로 말미암고 우리도 그로 말미암아 있느니라")에 이미 나타나고 있다. 바울은 잠언 8:22~30이 말하는 바와 같이 하나님의 지혜가 이미 "그 조화의 시작 곧 태초에 일하시기 전에…… 만세 전부터, 태초부터, 땅이 생기기 전부터"(잠 8:22-23) 존재하였고, 그 지혜가 창조자(장인〈匠人〉, 창조의 대행자〈agent〉)가 되어 천지창조에 깊이 관여했을 뿐 아니라, 하나님의 지혜가 "날마다", "항상", 하나님의 "곁에서", 하나님의 "앞에서", 하나님과 더불어 있다는 것을 깊이 이해하고 있었고(잠 8:30), 그 지혜가 바로 십자가에서 죽은 예수라고 보고 있었던 것이 분명하다. 골로새서 1:15~20의 찬양시에서 나타나는 바울의 지혜기독론은 고린도전서 1:21("하나님의 지혜에 있어서는 이 세상이 자기 지혜로 하나님을 알지 못하므로"), 고린도전서 1:24("그리스도는 하나님의 능력이요 하나님의 지혜니라"), 고린도전서 1:30("예수는 하나님으로부터 나와서 우리에게 지혜와 의로움과 거룩함과 구원함이 되셨으니")에서도 나타나고 있으며, 예수 그리스도를 하나님의 지혜로 보는 것은 예수가 자신을 하나님의 지혜로 주장한 것(마 11:19; 눅 7:35; 11:49)과도 깊은 관련이 있어 보인다. 그러므로 골로새서 1:9, 19, 2:9에서 등장하는 "충만"(fullness)이나 골로새서 1:15~20의 찬양시의 지혜기독론 때문에 골로새서와 에베소서가 바울의 저작이 아니고 그의 사후에 작성된 것으로 보아야 한다는 주장의 근거는 재검토되어야 한다.

바울이 다른 서신에서는 "형제들아"(brothers)라고 부르는 경우가 종종 있으나 골로새서에서는 그렇게 하지 않은 것, 다른 편지에서 바울이 즐겨 사용하는 '의'(righteousness)와 '칭의'(justification) 같은 단어가 골로새서에는 나타나지 않는다는 것 등에 근거해서 골로새서의 바울저작설이 부정되기도 한다. 골로새서에는 긴 문장들이 종종 있고, 동의어를 나열하는 특징이 있으며, 다른 서신들에 비해 관계대명사 절이 사용되는 횟수가 상대적으로 많다는 것도 골로새서의 바울저작설을 부정하는 근거가 되고 있다. 그러나 이런 근거들에 기초해서 바울저작설을 부정하는 것은 별로 설득력이 없다. 바울의 저작으로 의심되지 않는 편지인 데살로니가전서에서도 '의'(righteousness)와 '칭의'(justification) 같은 단어는 사용되지 않기 때문이다. 바울이 모든 편지에서 어떤 특정 용어와 표현을 반드시 사용해야 하고, 만약 사용하지 않아서 그의 편지로 보지 않는다면 그것은 오판이다. 바울이 어떤 특정한 상황 속에 있는 교회의 문제들을 다루다 보면, 그런 단어를 사용하지 않을 수도 있기 때문이다. 바울이 이 편지에서 말한 모든 것을 다른 편지에서 모두 다 말해야 한다고 생각하는 것 자체가 비상식적 발상이다.

표현과 문체도 마찬가지다. 심지어 바울서신임이 의심되지 않는 편지들끼리 비교해도 각 서신의 언어와 표현은 서로 확연히 다르다. 로마서, 고린도전·후서, 갈라디아서, 빌립보서, 데살로니가전서, 빌레몬서를 서로 비교해 보면 각각 다 독특한 스타일이 있고, 한 서신에서 사용된 단어들과 다른 서신에서 사용된 단어들이 상당히 다르다. 문체는 저자가 당시의 상황을 고려해서 결정하는 것이지, 같은 저자라고 해서 항상 같은 스타일로 글을 쓴다고 생각하는 것 자체가 문제다. 현재 남아 있는 바울서신 전체라고 해야 그 분량이 많지 않기 때문에 통계 기법을 사용해서 어떤 편지에서 사용된 단어가 다른 서신들에서 사용된 단어와 몇 퍼센트 일치하고 몇 퍼센트 불일치하므로 바울저작으로 보기 어렵다고 성급하게 결론 내리는 것은 옳지 않다. 통계 자료를 비교하는 모집단(母集團)의 크기가 작아서 통계학적으로 오차범위가 적은 신뢰할 수 있는 결과가 나오기 어렵기 때문이다.

신학적인 차이도 마찬가지다. 골로새서에서 발견되는 바울의 신학이 바울의 저작으로 의심되지 않는 서신들에서 발견되는 그의 신학과 일치하는 부분이 상당수 있고, 차이가 나는 것은 그리 많지 않다. 신학적으로 대체로 일치하고 있음에도 불구하고 약간의 차이 때문에 바울저작설을 부정해야 하는 것일까? 골로새서의 저자 문제를 규명할 때 우리는 균형을 잃어버린 판단을 하지 않도록 주의해야 한다. 골로새서를 바울이 쓰지 않았다는 주장을 좀 더 설득력 있게 하려면, 바울저작설을 부정하는 사람들이 지금까지 제시된 이유보다 더 나은 이유를 제시해야 한다. 교회의 오랜 전통은 골로새서를 바울이 기록한 것으로 보는 것이며, 이 전통을 부정해야 할 결정적인 증거도 없는데, 골로새서를 바울이 쓴 것이 아니라고 성급하게 결론 내려야 할 필요는 없다.

골로새서 3:18~4:1에 나오는 '가정생활 규칙'(household rules 혹은 domestic codes, 독일어로는 Haustafeln)도 종종 바울저작설을 반대하는 근거로 사용된다. 가정생활에 관한 가르침(household codes)을 주후 1세기 말에서 2세기 초반에 초대교회에 등장한 것으로 보고(예, *Ignatius, Polycarp* 4:1-5:1; *Polycarp, Philippians* 4:2-6:1), 골로새서의 기록 연대를 더 뒤로 잡으면 결과적으로 바울이 이 편지를 쓰지 않은 것이 된다. 에베소서와 목회서신에서도 가정생활 규칙이 나오므로, 이는 같은 논법으로 이 편지들의 바울저작설을 부정하는 근거로 사용된다. 하지만 골로새서 3:18~4:1에 나오는 가정생활 규칙이 고린도전서 7장과 11:2~16 등에서 결혼, 남편과 아내의 책임, 노예와 주인에 대한 바울의 가르침과 전혀 달라 서로 조화될 수 없는 것은 결코 아니다(MacDonald, 8). 골로새서 3:18~4:1에 나오는 가정생활 규칙은 이 편지가 1세기 말에서 2세기 초에 기록된 증거가 아니라, 골로새교회에 등장한 잘못된 가르침(골 2:8-23)이 금욕주의를 주장하기 때문에 나타난 것으로 보는 것이 옳다. 금욕주의에는 성적인 금욕이 포함되어 있고, 이것은 결국 결혼과 가정에 대한 부정적 생각과 가족 구성원으로서 자신의 책임에 대한 소홀로 이어질 수밖에 없다. 성적 금욕의 정반대에 있는 가르침은 바로 골로새서 3:18~4:1에 나오는 가정생활 규칙과 같은 것이다.

따라서 가정생활 규칙이 바울저작설을 부정하는 근거가 될 수 없으며, 주후 1세기 말 이전의 초대교회에서는 가정생활 규칙을 가르치지 않았다고 가정하는 것 역시 문제가 있다. 바울은 고린도전서 7:29에서 "그때가 단축하여진 고로 이후부터 아내 있는 자들은 없는 자같이 하며"라고 말하면서 고린도전서 7:31에서 "이 세상의 외형은 지나감이니라"라고 말한다. 바울은 종말과 하나님 나라의 관점에서 가정도 영원한 것이 아니고 '지나가는 것'이라고 말한다. 하지만 아직 성도는 육체를 입은 인간으로 이 땅 위에 살고 있고, 하나님의 나라는 아직 이 땅에 오지 않았다. 가정은 지나가는 것이긴 하지만 아직 지나가지 않았다. 그러므로 가정생활은 절대로 무시하면 안 된다. 가정생활은 지나가는 것이지만 무시하면 안 되는 것이고, 동시에 무시하지 않지만 언젠가는 지나가는 것이다. 바울의 가정생활 규칙을 이런 관점에서 이해하면 무리가 없다.

골로새서 4:7~18에서 두기고, 오네시모, 아리스다고, 마가, 유스도, 에바브라, 누가, 데마, 눔바, 아킵보 등의 동역자들의 이름을 일일이 거명하면서 그들에 대해 이야기하고 개인적으로 인사하는 것을 읽어 보면, 이 편지를 바울이 아닌 다른 저자가 썼다는 견해보다 바울이 썼다고 보는 것이 오히려 더 합리적이라는 생각이 든다. 그중 "아킵보에게 이르기를 주 안에서 받은 직분을 삼가 이루라고 하라"(골 4:17)라는 명령을 바울이 직접 쓴 것이 아니라 다른 저자가 일부러 꾸며 낸 허구(fiction)라고 생각하기란 어렵다(MacDonald, 184).

골로새서 4:9에서 오네시모의 이름이 나오고, 빌레몬서는 오네시모에 관한 문제를 다루고 있기에(몬 1:8-22) 골로새서와 빌레몬서 사이에는 어떤 관계가 있다고 본다. 골로새서 4:7~18에서 두기고, 오네시모, 아리스다고, 마가, 유스도, 에바브라, 누가, 데마, 눔바, 아킵보의 이름이 언급되는데, 빌레몬서 1:23~24에서 에바브라, 마가, 아리스다고, 데마, 누가의 이름이 나온다. 골로새서 4:7~18에서 언급되는 사람 중 유스도와 눔바의 이름만 제외하고 나머지 이름들은 모두 빌레몬서에서도 언급된다(Lohse, 175; MacDonald, 185에서 재인용). 이런 사실 때문에 두 편지가 비슷한 시기에 작성되었을 것이라 추측할 수 있다(MacDonald, 7). 빌레몬서는 바울의 저작임이 의심되지 않는 서신이므로, 이 두 개의 서신이 같은 시기에 작성된 것이라면 빌레몬서는 바울저작이지만 골로새서는 바울의 저작이 아니라는 주장보다 골로새서와 빌레몬서 모두 바울이 직접 썼다고 보는 것이 더 합리적이다.

B. 기록 장소와 연대

골로새서를 바울이 직접 썼다면 언제 어디서 기록한 것일까? 바울이 감옥에서 이 편지를 쓰고 있으므로(골 4:3, "또한 우리를 위하여 기도하되 하나님이 전도할 문을 우리에게 열어 주사 그리스도의 비밀을 말하게 하시기를 구하라 내가 이 일 때문에 매임을 당하였노라"), 그가 감옥에 투옥되어 있던 어느 기간으로 보아야 한다. 골로새서는 빌레몬서, 에베소서와도 매우 긴밀히 연결되어 있으므로 이 편지들은 같은 시기에 기록되었을 가능성이 크다. 사도행전에 따르면 바울이 감옥에 갇힌 기간은 가이사랴(행 24:27)와 로마(행 28:16 이하)다.

비록 사도행전에는 나타나지 않지만, 에베소도 유력한 기록 장소가 될 수 있다. 고린도후서 1:8~9에서 바울이 "형제들아 우리가 아시아에서 당한 환난을 너희가 모르기를 원하지 아니하노니 힘에 겹도록 심한 고난을 당하여 살 소망까지 끊어지고 우리는 우리 자신이 사형 선고를 받은 줄 알았으니 이는 우리로 자기를 의지하지 말고 오직 죽은 자를 다시 살리시는 하나님만 의지하게 하심이라"라고 말하기 때문이다. "살 소망이 끊어졌다"라든가 "사형 선고를 받은 줄 알았다"와 같은 표현은 바울이 실제로 "아시아", 즉 에베소에서 그의 생명에 직접적 위협을 주는 심각한 상황 속에 있었다는 것을 보여준다.

더불어 고린도전서 15:32에서 바울이 "내가 사람의 방법으로 에베소에서 맹수와 더불어 싸웠다면 내게 무슨 유익이 있으리요"라고 말하는 것은 바로 이 경험과 관련되어 있다고 보인다. "맹수와 더불어 싸웠다"는 것은 직접 사나운 짐승과 운동장(arena)에서 맨손으로 싸우는 형벌을 당했다는 뜻이거나, 아니면 비유적으로(metaphorically) 사나운 짐승과 같은 어떤 사람과 논쟁을 했다는 뜻으로 해석된다. 고린도전서 15장에서 바울이 부활에 관해 설명하면서 맹수와 싸운 일을 언급하는 것이므로 비유적으로 해석하는 것보다는 정말로 맹수와 싸운 것으로 보는 것이 더 합리적이고 고린도후서 1:8~9의 내용과도 일치된다. 바울이 죽음에 근접하는 경험을 에베소에서 했다면, 그는 상당 기간 감옥에 갇혀 있었을 것이고 투옥된 동안 에베소에서 편지를 기록했을 가능성은 충분하다.

골로새서에서 에바브라는 골로새에서 왔다고 말하고(골 1:7), 빌레몬서에서도 에바브라는 바울과 함께 갇혀 있다(몬 1:23, "그리스도 예수 안에서 나와 함께 갇힌 자 에바브라와"). 그리고 오네시모는 곧 빌레몬에게로 돌아가야 하며, 바울은 그가 다시 바울에게로 곧 오기를 원한다(몬 1:13, "그를 내게 머물러 있게 하여 내 복음을 위하여 갇힌 중에서 네 대신 나를 섬기게 하고자 하나"). 그렇다면 바울이 갇혀 있는 곳과 오네시모가 돌아가야 하는 곳 사이의 거리가 멀 가능성보다는 가까울 가능성이 더 크다. 빌레몬의 집은 전통적으로 골로새에 있었을 것으로 보며, 빌레몬은 골로새 지역 교회들의 지도자였을 것으로 본다(MacDonald, 9).

그러므로 바울이 로마나 가이사랴에서 골로새서를 썼을 가능성보다는 에베소에서 썼을 가능성이 더 크다. 더구나 바울이 로마에 갇혀 있을 때는 석방되면 스페인을 향해 출발하므로(롬 15:22-29), 빌레몬을 만나러 가기는 어려웠을 것이다(몬 1:22, "오직 너는 나를 위하여 숙소를 마련하라 너희 기도로 내가 너희에게 나아갈 수 있기를 바라노라"). 마가가 곧 골로새를 방문하려고 하고(골 4:10), 두기고와 오네시모가 골로새를 방문하려고 하므로(골 4:7-9) 이들이 있는 곳은 에베소일 가능성이 로마나 가이사랴일 가능성보다 더 크다. 바울이 골로새서를 쓴 것이 에베소 투옥 시기라면 골로새서의 저술 연대는 그가 에베소에 머물던 3년간인 주후 52~55년 사이의 어느 시점일 것이다.

C. 골로새 지역과 수신자 교회[1]

1. 골로새의 지리적 위치

골로새(Colossae)는 에베소에서 동쪽으로 약 160㎞ 정도 떨어져 있는 뤼카스 골짜기(Lycus Valley) 안에 있는 도시였다. 미앤더(Meander) 강의 지류인 뤼카스(Lycus) 강은 해안에서 내지로 연결되는 통로인 골짜기를 따라 흐르고, 이 뤼카스 골짜기 안에는 비옥한 농토가 있었다. 골로새 주변에는 라오디게아(Laodicea)와 히에라볼리(Hierapolis) 같은 도시들이 있었고, 이 도시들은 골로새서에서도 언급된다(골 2:1, 4:13, 15-16). 라오디게아는 골로새에서 16㎞, 히에라폴리스는 그곳에서 또 약 10㎞ 더 떨어진 곳에 있었다. 골로새와 라오디게아, 히에라폴리스는 서로 거리가 가까워서 사람들의 왕래가 매우 잦았다(골 4:15-16, "라오디게아에 있는 형제들과 눔바와 그 여자의 집에 있는 교회에 문안하고 이 편지를 너희에게서 읽은 후에 라오디게아인의 교회에서도 읽게 하고 또 라오디게아로부터 오는 편지를 너희도 읽으라"). 이 편지가 기록되던 당시 골로새 도시가 많이 약화된 것으로 묘사된 기록이 남아 있으나(Strabo, *Geography*, 12.576.), 그와 반대의 증거도 없지 않다고 부르스(F. F. Bruce)는 주장한다.[2] 뤼카스 골짜기 안의 도시들은 주후 60~61년에 있었던 큰 지진으로 폐허가 되었다. 골로새는 오늘날에는 없어진 도시고, 1835년에 해밀턴(W. J. Hamilton)에 의해서 그 유적지가 발견되었다. 그러나 실제로 골로새 도시는 본격적인 고고학적 발굴이 아직 이루어지지 않아 현재 정확한 도시의 규모와 문화적 구성에 대해서는 말하기 어렵다.

---

1) 이 부분은 Peter O'brien의 WBC 주석의 서론을 참고하여 작성했다.
2) F. F. Bruce, *The Epistles to the Colossians to Philemon and to Ephesians*(Grand Rapids : Eerdmans, 1984).

골로새는 주전 4~5세기에 이미 양모 산업으로 많은 사람이 거주하며 상업 활동이 활발하고, 부유한 도시였다(Xenophon, *Anabasis* 1.2.6). 에베소, 사데(Sardis), 유프라테스 강을 잇는 도로가 골로새를 지나가고 있어 양모 산업과 교역의 요충지였다. 후에 라오디게아가 생겨 골로새의 중요성은 약간 반감되었다. 양모 염색(윤기가 있는 검정색 염색)으로 유명했던 라오디게아는 주후 1세기경에 이미 경제적으로 매우 중요한 도시가 되었으나 계속되는 지진으로 어려움을 겪었다. 골로새서가 기록된 직후인 주후 60~61년에 상당히 강력한 지진이 이 지역을 강타했다(Tacitus, *Annals* 14.27). 타키투스의 기록은 라오디게아가 황폐하게 되었다고 말한다. 골로새에 관한 언급은 없지만(MacDonald, 9) 골로새 역시 비슷한 영향을 받았을 것이다. 라오디게아에는 의사를 양성하는 의사학교가 있어서 유명한 의사들이 그곳에서 사람들을 가르치고 병을 고쳐 주었다. 라오디게아에서 생산되는 프리지아 가루약(Phrygian Powder)으로 알려진 안약은 특히 유명해서 눈병에 걸린 사람들이 간절히 찾던 약이었다. 주변 도시인 히에라폴리스(Hierapolis : '거룩한 도시'란 뜻)는 온천이 많은 지역으로[3] 병을 고치는 신들을 섬기는 이교도 사원이 많은 도시였고, 병을 고치는 약으로 유명한 일종의 의료도시였다. 히에라폴리스도 다른 두 도시와 마찬가지로 양모를 가공하고 상품으로 생산하는 산업이 활발한 도시였으며, 이 지역의 양모 제품은 당대의 가장 뛰어난 것이었다. 요한계시록 3:17~18에서 라오디게아교회를 향한 책망의 말씀, "네가 말하기를 나는 부자라 부요하여 부족한 것이 없다 하나 네 곤고한 것과 가련한 것과 가난한 것과 눈먼 것과 벌거벗은 것을 알지 못하는도다 내가 너를 권하노니 내게서 불로 연단한 금을 사서 부요하게 하고 흰옷을 사서 입어 벌거벗은 수치를 보이지 않게 하고 안약을 사서 눈에 발라 보게 하라"는 이 지역의 부유함과 유명한

---

[3] 시원한 식수를 쉽게 공급받은 골로새와는 달리, 라오디게아는 그 식수를 데니즐리(Denizli)에 있는 온천에서 부터 물을 끌어와서 사용해야 했기 때문에 뜨거운 물은 오는 도중에 식어서 미지근한 물이 되었다. 요한이 특별히 라오디게아교회를 미지근한 신앙을 이유로 책망하는 것은 바로 이 점과 관련되어 있다고 여겨진다.

양모로 만든 옷, 그리고 안약 등을 그 배경으로 한 것이다.

2. 뤼카스 골짜기의 유대인 정착

이 지역에 유대인들이 정착한 것은 상당히 역사가 오래되어 주전 4세기 초 무렵에 유대인들이 이미 거주하고 있었다는 기록이 있다. 주전 213년 직후에 시리아의 왕 안티오쿠스 3세(Antiochus III)의 명령으로 이천 명의 유대인 가정이 이 지역으로 이주했다는 기록이 있다(Josephus, *Antiquities* 12.147-53). 당시 시리아는 전쟁에 승리하여 이 지역을 새로 확보하였고, 새로운 영토를 지키기 위해서 전투에 뛰어난 유대인들을 이 지역에 이주시켰다. 그들에게는 집, 땅, 10년 동안의 세금감면 혜택, 정치적 자치권을 주었다. 변경 지역을 지키는 정착촌을 만들어 살게 했다. 그 이후에도 로마의 상원이 소아시아에 보낸 편지들을 보면 여전히 상당한 수의 유대인들이 그 지역에 살고 있었던 것으로 보인다(*Antiquities* 14.185-267 ; 16.160-78). 특별히 히에라폴리스에는 '카토이키아'(*katoikia*)라 불리는 유대인 공동체(colony)가 있었다는 것이 고대 비문에서 발견되었다(*Corpus Inscriptionum Judicarum* 2.775). 이런 기록을 고려할 때 히에라폴리스는 물론 주변 도시인 골로새와 라오디게아에도 유대인들의 정착촌이 있었을 것으로 추정된다. 오래전부터 많은 유대인이 용병(mercenaries)으로 활동했다. 마카비2서 8:20에 "바빌로니아에서 일어난 갈라디아 사람들과의 전쟁에서 팔천 명의 유대인들이 사천 명의 마케도니아인들과 함께 전투에 나아가서 싸울 때에, 마케도니아인들이 곤경에 처하자 그 유대인들이 십이만 명의 적군을 무찌르고 전리품을 얻었다"라는 기록이 있다. 유대인이 지중해 일대에 퍼져서 살게 된 중요한 이유 중 직업상 용병으로서 이주하게 된 것이 적지 않은 비중을 차지한다.

주전 62년에 아시아 지역의 로마 집정관인 플라쿠스(Flaccus)가 유대인들이 일 년에 한 번씩 예루살렘으로 보내는 성전세를 보내지 못하게 한 명령으로 인해 행정재판이 있었다. 당시 59년에 키케로(Cicero)가 그를 변호하는 글을 보면, 라오디게아에서 20파운드가 넘는 금을 압류했다고 되어 있다(Cicero, *Pro Flacco* 28.68). 이 성전세 액수를 환산해 보면 학자들에 따라 견해의 차이가 있지만, 라오디게아 일대 지역에서 약 14,000명 정도의 유대인이 성전세를 낸 것으로 볼 수 있다(출 30:13-14, "무릇 계수 중에 드는 자마다 성소의 세겔로 반 세겔을 낼지니 한 세겔은 이십 게라라 그 반 세겔을 여호와께 드릴지며 계수 중에 드는 모든 자 곧 스무 살 이상 된 자가 여호와께 드리되"). 아마 그 주변 세 도시의 성전세를 라오디게아에서 수합한 것으로 볼 수 있다. 성인 남자 이외의 가족들이 더 있었다는 것을 고려할 때 이 세 도시 일대에 상당히 많은 수의 유대인이 살고 있었다는 것을 알 수 있다. 참고로 당시 로마에는 4~5만 명 정도의 유대인들이 살고 있었고, 당시 로마의 인구수는 노예를 제외하고 약 100만 명 정도의 시민들이 살고 있었다는 것을 고려하면 적지 않은 수의 디아스포라 유대인들이 이 지역에 살고 있었다.

사도행전 2:10에 따르면 오순절 사건 때 "브루기아"(Phrygia) 출신의 유대인들이 예루살렘에 순례를 왔다. 브루기아 지역은 골로새 지역과 그 북동쪽 일대를 포함하는 로마 행정구역으로서 바울과 바나바가 1차 전도여행 시(주후 47년 혹은 48년경) 방문한 비시디아 안디옥, 이고니온 등의 도시가 있는 곳이다(행 13:14-14:4). 이 지역은 불과 몇 년 후 바울이 에베소에 머물면서 전도를 할 때 복음이 전파된 지역이다(행 19:10, "두 해 동안 이같이 하니 아시아에 사는 자는 유대인이나 헬라인이나 다 주의 말씀을 듣더라"). 유세비우스의 교회사에 따르면 전도자 빌립은 그의 두 시집가지 않은 딸들과 함께 히에라볼리에 정착했다고 하며(Eusebius, *Historia Ecclesiastica* 3.31.2-5), 이것은 그곳에 유대인 정착촌이 있었음을 반영한다. 이런 유대인들의 존재는 골로새서에 나타나는 잘못된 가르침(통상 골로새 이단이라고 부름)의 유대교적 요소(예를 들면 골 2:16, "그러므로 먹고 마시는 것과 절기나 초하루나 안식일을 이유로 누구든지 너희를 비판하지 못하게 하라")를 이해하는 데 매우 중요하다. 골로새 이단의 가르침에는 유대교적 요소와 헬라 종교적 요소가 모두 있으며, 이것들이 혼합되어 새로운 종교적 주장이 된 것으로 보인다.

3. 수신자 교회

골로새에 직접 가서 복음을 전한 사람은 바울이 아니다. 바울이 빌레몬과 같은 골로새 성도를 개인적으로 알고 있었지만(몬 1:19), 바울과 그곳 대부분의 성도는 서로 안면이 없었다(골 2:1, "내가 너희와 라오디게아에 있는 자들과 무릇 내 육신의 얼굴을 보지 못한 자들을 위하여 얼마나 힘쓰는지를 너희가 알기를 원하노니"). 아마도 바울은 그 지역에 복음을 전하기 위해 자신은 에베소에 머물면서 자신의 동역자들을 인근 일대 중소 도시에 파견한 것으로 보인다(행 19:10, "두 해 동안 이같이 하니 아시아에 사는 자는 유대인이나 헬라인이나 다 주의 말씀을 듣더라"; 행 19:26, "이 바울이 에베소뿐 아니라 거의 전 아시아를 통하여 수많은 사람을 권유하여 말하되 사람의 손으로 만든 것들은 신이 아니라 하니 이는 그대들도 보고 들은 것이라"). 바울의 파견을 받아 골로새에 가서 교회를 개척한 사람은 에바브라다(골 1:7-8, "이와 같이 우리와 함께 종 된 사랑하는 에바브라에게 너희가 배웠나니 그는 너희를 위한 그리스도의 신실한 일꾼이요 성령 안에서 너희 사랑을 우리에게 알린 자니라"). 에바브라가 골로새 지역 출신일 가능성도 없지 않다(골 4:12, "그리스도 예수의 종인 너희에게서 온 에바브라가 너희에게 문안하느니라"). 만약 그렇다면 그는 이 지역에 복음을 전할 적임자였을 것이다. 에바브라는 골로새 일대에 하나 이상의 교회를 세웠을 것으로 추측된다(골 1:2; 몬 1:2; 골 4:15-16, "라오디게아에 있는 형제들과 눔바와 그 여자의 집에 있는 교회에 문안하고 이 편지를 너희에게서 읽은 후에 라오디게아인의 교회에서도 읽게 하고 또 라오디게아로부터 오는 편지를 너희도 읽으라"). 적어도 네 개 정도의 가정교회가 있었던 것으로 보인다. 바울은 골로새에서 온 그의 동역자 에바브라로부터 골로새교회에 대한 소식을 듣고 이 편지를 써서 두기고를 통해 골로새로 보냈다(골 4:8).

신약성경에서 골로새교회의 사정에 대해 우리가 알 수 있는 것은 오로지 골로새서와 빌레몬서, 그리고 요한계시록 3:14~22의 라오디게아교회에 대한 언급뿐이다. 골로새 성도들이 "범죄와 육체의 무할례로 죽었던" 사람들로 묘사되는 점(골 2:13), 복음을 받아들이기 전에는 "악한 행실로 멀리 떠나 마음으로(하나님과) 원수가 되었던" 점(골 1:21)으로 미루어 볼 때 대부분의 골로새 교인들은 이방인이었다. 골로새교회가 나중에 어떻게 되었는지 구체적으로 알 수는 없으나 디모데후서 1:15에 "아시아에 있는 모든 사람이 나를 버린 이 일을 네가 아나니"라는 구절로 미루어 볼 때 골로새교회는 후에 상당 부분 바울의 가르침에서 멀리 떠나갔을 것으로 추측된다. 바울이 예루살렘을 향해 가기 전 에베소교회의 장로들에게 마지막 당부를 하면서 "내가 떠난 후에 사나운 이리가 여러분에게 들어와서 그 양떼를 아끼지 아니하며 또한 여러분 중에서도 제자들을 끌어 자기를 따르게 하려고 어그러진 말을 하는 사람들이 일어날 줄을 내가 아노라"(행 20:29-30)라고 말하는 것으로 보아 당시 이미 그 지역 일대에 복음을 왜곡하는 잘못된 가르침의 위협이 존재하였을 수도 있다.

D. 골로새 이단의 정체와 이에 대한 바울의 가르침

바울은 골로새서 2:8에서 골로새 성도들에게 "철학과 헛된 속임수"로 부르는 "사람의 전통"(human tradition)을 경계하라고 한다. 골로새서 2:8~23에서 골로새교회를 위협하는 잘못된 가르침(false teaching)이 집중적으로 묘사된다. 이 잘못된 가르침의 내용이 구체적으로 무엇이며, 이것을 가르친 사람들이 어떤 사람들인지에 대한 학자들의 일치된 견해는 없다. 골로새 이단이 과연 어떤 이단이었는지, 특별히 우리가 현재 알고 있는 당시의 헬라 종교, 헬라 철학, 유대교 분파들 중 유사한 점을 찾아내어 그것의 유래를 밝히려는 노력이 있었으나, 아직 그 어느 것도 우리가 아는 골로새 이단과 완전히 일치하는 것은 없다.

골로새교회에 거짓 선생들(false teachers)이 침투해 활발하게 활동하고 있었는지도 따져 보아야 한다. 갈라디아서에서 바울이 할례당에 맞서서 강력한 어조로 이들을 비판하는 것에 비추어 볼 때 골로새서에서 바울의 톤은 그다지 강력하지 않다. 바울은 골로새서 2:4에서 "내가 이것을 말함은 아무도 교묘한 말로 너희를 속이지 못하게 하려 함이니", 골로새서 2:8에서 "누가 철학과 헛된 속임수로 너희를 사로잡을까 주의하라"라고 경고한다. 골로새서 2:5에서는 "이는 내가 육신으로는 떠나 있으나 심령으로는 너희와 함께 있어 너희가 질서 있게 행함과 그리스도를 믿는 너희 믿음이 굳건한 것을 기쁘게 봄이라"라고 말하고 있으므로 이단적 가르침이 교회 안에 침투하여 갈라디아 교회들처럼 성도들을 혼란에 빠뜨리고 복음을 위협하는 위급한 상황이 골로새교회에서 이미 발생했다고 보기는 어렵다. 골로새서에서는 바울의 적대자(opponents)라고 불릴만한 사람들이 있었는지에 대해 명확한 본문 상의 근거도 부족하다. 그러므로 갈라디아교회의 상황과 골로새교회의 상황은 다소 차이가 있다. 아마도 잠재적으로 그런 사람들이 등장할 것을 바울이 미리 염려하여 그런 경향을 잠재우려고 한 것으로 보아도 큰 무리가 없다. 골로새서 2장에서 바울이 비판하는 그 대상을 우리는 "골로새 이단"(Colossian Heresy)이라고 불러 왔으나 최근에는 이것을 "이단"으로 부르거나 "잘못된 가르침"으로 부르는 것 자체에 반대하는 의견이 등장하였다 (Hooker 315-31; Wright, 26-28; Dunn, 24-26; MacDonald, 11-12). 그러나 편의상 이 잘못된 가르침을 "골로새 이단"으로 부른다. 비록 골로새교회 안에 이단이 침투하여 교회를 어지럽힌 것은 아니라 하더라도, 교회 밖에 이단적 요소가 있었고 이것이 복음에 직접적인 위협이 되고 있었다는 것은 분명하기 때문이다.

골로새 이단의 성격이 기본적으로 헬라 종교적인지, 아니면 유대교적인지에 따라 의견이 크게 두 가지로 나누어진다. 골로새서의 내용을 연구해 보면 유대교의 요소와 헬라 종교의 요소가 동시에 발견되기 때문이다. 학자들의 견해는 이 둘 중 어느 하나의 영향을 더 강조하거나 아니면 이 두 가지가 혼합되었다고 보는 것이 대부분이다. 헬라적인 경향을 주장하는 학자 중에는 헬라 신비주의 종교(mystery religions)와 관련이 있을 것으로 보는 경우도 있었지만(디벨리우스, Debelius), 전통적으로 영지주의적인 성향이 있다고 주장하는 경우가 많았으며 과거에는 이러한 견해가 주류였다. 지금도 영지주의로 보는 견해가 있다(포르코니, Porkoný). 그러나 최근에 점차 유대교적 성향을 강조하는 입장이 더 많아졌다. 쿰란문서의 발견은 이러한 변화를 촉진했다. 이 두 가지 입장 사이에는 두 가지 경향이 섞여 있다고 보는 견해들이 있고, 이러한 견해들은 매우 다양하다. 골로새 이단을 "영지주의적 경향을 가진 에쎈파 유대주의"(라이트푸트, Lightfoot), "이교도들의 신비주의 종교"(디벨리우스, Dibelius), "영지주의적 유대교와 이교도적 요소의 혼합"(보른캄, Bornkamm), "유대적 혼합주의"(라이오네, Lyonnet), "유대기독교 신비주의적인 금욕주의"(프란시스, Francis)로 보는 것 등이 과거의 중요한 학자들의 입장이었다. 최근에 톰 라이트와 제임스 던은 유대교의 산물(a product of Judaism)로 평가하였고, 마틴(T. W. Martin)은 헬라 견유학파(Cynicism)와 유사한 특징이 있다고 보았다(이상의 논의는 O'Brian, MacDonald 등의 주석의 서론을 참고한 것이다). 최근에 클린턴 E. 아놀드가 골로새 지역에 관한 고고학적 연구와 비문, 문헌연구 등을 통해 내린 결론에 따르면 골로새 이단은 프리지아 민간 신앙(Phrygian folk belief), 그 지역의 민간 유대교(local folk Judaism) 신앙, 그리고 기독교의 가르침이 혼합된 것으로 볼 수 있다(자세한 것은 골 2 : 18 천사숭배에 대한 논의를 보라).

골로새 이단의 성격을 다룰 때 가장 논쟁이 되는 부분은 골로새서 2:18에서 언급되는 "천사숭배"(thrēskeia tōn angelōn) 문제다. 이 말이 천사를 예배한다는 것인지 아니면 천사들이 예배에 참석한다는 것인지를 놓고 학자들의 의견이 둘로 갈라진다. 천사를 예배한다는 것은 유대교의 틀에서 벗어난 것처럼 보이지만, 유대교 안에서 율법을 전해 주는 데 일조한 천사들에 대해 경의를 표하는 전통이 있었으므로 이것을 완전히 이교도적인 관습으로 보기는 어렵다. 과거에는 프레드 프란시스(Fred O. Francis)의 영향으로 성도들이 천사들의 예배(worship belonging to angels)에 참여하는 것으로 보았으나, 아놀드의 연구는 천사들을 예배의 대상으로 하는 예배(worship directed to angels)를 성도들이 드리는 것으로 보는 것을 지지한다. 아놀드는 천사가 소아시아 지역 민간 신앙에서 중심적인 역할을 하고 있었다는 것과 천사를 부르는 것이 악의 영향으로부터 자신을 보호하고 일상생활의 문제를 해결하는 데 도움이 된다는 신앙이 있었다는 것을 자신의 연구를 통해 밝혔다(Arnold, 89; MacDonald, 11에서 재인용).

골로새 이단의 내용을 좀 더 구체적으로 살펴보면, 우리는 바울이 비판하는 잘못된 가르침에는 분명히 유대교적 요소가 있다는 것을 알 수 있다. 예를 들어, 골로새서 2:11, "또 그 안에서 너희가 손으로 하지 아니한 할례를 받았으니 곧 육의 몸을 벗는 것이요 그리스도의 할례니라"에서 언급하는 할례라든가, 골로새서 2:16, "그러므로 먹고 마시는 것과 절기나 초하루나 안식일을 이유로 누구든지 너희를 비판하지 못하게 하라" 등은 명확하게 유대교적 요소가 그 안에 있음을 보여 준다. 바울은 잘못된 가르침을 골로새서 2:8에서 "철학"(philosophy)이라고 부른다. 요세푸스의 글에서도 유대교의 분파들을 그가 "철학"으로 소개한 것(War, 2.119; Ant. 18.11)과 필로가 그의 책의 여러 곳에서 유대교를 철학으로 부르는 것(de Somm. 2.127; Leg. ad Gai. 156, 245; De Mut. Nom. 223; Omn. Prob. Lib. 88)을 생각할 때 철학을 굳이 헬라적 요소로 볼 필요가 없다. 바울이 골로새서 2:22에서 이

것을 "사람의 명령과 가르침"이라고 부르는 것은 모세가 준 율법을 그 후대의 랍비들이 나름대로 해석하여 가르침으로 결국 율법이 사람의 명령과 가르침의 수준으로 전락했다는 그의 비판으로 볼 수도 있다(참고. 막 7:8-9, "너희가 하나님의 계명은 버리고 사람의 전통을 지키느니라 또 이르시되 너희가 너희 전통을 지키려고 하나님의 계명을 잘 저버리는도다").

바울이 이 문제의 가르침을 비판할 때 크게 두 가지가 강조된다. 첫째는 그리스도의 중요성이다(골 2:11-12, "또 그 안에서 너희가 손으로 하지 아니한 할례를 받았으니 곧 육의 몸을 벗는 것이요 그리스도의 할례니라 너희가 세례로 그리스도와 함께 장사되고 또 죽은 자들 가운데서 그를 일으키신 하나님의 역사를 믿음으로 말미암아 그 안에서 함께 일으키심을 받았느니라"). 둘째로 유대교적 요소인 할례와 율법을 어긴 죄의 문제가 더 이상 문제가 되지 않는다는 것이다(골 2:13-15, "또 범죄와 육체의 무할례로 죽었던 너희를 하나님이 그와 함께 살리시고 우리의 모든 죄를 사하시고 우리를 거스르고 불리하게 하는 법조문으로 쓴 증서를 지우시고 제하여 버리사 십자가에 못 박으시고 통치자들과 권세들을 무력화하여 드러내어 구경거리로 삼으시고 십자가로 그들을 이기셨느니라"). 바울이 이와 같이 유대교의 중요한 가르침과 전통의 핵심인 율법의 중요성 대신 그리스도를 더 중요하게 생각하고, 그것을 강조하면서 그리스도로 율법을 대체하는 것은 결국 이 잘못된 가르침의 본질이 유대교적인 것임을 보여 준다. 바울이 골로새서 1:15~20에서 그리스도를 묘사할 때 최상의 언어로 표현하는데(예를 들어 "만물의 으뜸", "만물보다 먼저 계시고" 등), 유대교에서는 그런 표현들이 원래 율법에 대한 묘사였다는 것도 이러한 관찰이 설득력 있음을 보여 준다. 특히 골로새서 2:3, "그 안에는 지혜와 지식의 모든 보화가 감추어져 있느니라"는 전적으로 유대인들이 율법에 대해서 사용하던 표현이며, 바울은 율법이 아니라 그리스도 안에 지혜, 지식, 모든 보화가 있다고 말한다. 바울은 그리스도의 신성을 강조함으로 유대교의 유일신관을 새롭게 재정의하고 있으며, 십자가에서 죽고 부활하신 그리스도가 세상 만물의 중심이며 그에게 소속되는 것이 곧 생명의 길임을 강조한다. 이것은 유대교의 가르침에 대한 수정이다. 교회는 이미 과거의 이스라엘이 그러했듯이 출애굽을 경험하여 이미 그리스도의 나라로 들어갔고(골 1:13, "그가 우리를 흑암의 권세에서 건져내사 그의 사랑의 아들의 나라로 옮기셨으니"), 머리이신 그리스도에게 붙어 있는 성도들은 과거 유대교의 가르침에 순종하고 따를 필요가 전혀 없다(골 2:20, "너희가 세상의 초등학문에서 그리스도와 함께 죽었거든 어찌하여 세상에 사는 것과 같이 규례에 순종하느냐"). 바울이 유대교의 가르침을 "초등학문"으로 여기는 것은 유대교를 사실상 헬라 이교도의 종교와 같은 것으로 낮추어 보는 것을 의미한다. 골로새서 2:21의 "곧 붙잡지도 말고 맛보지도 말고 만지지도 말라 하는 것이니"로 요약되는 골로새서 2:20~23에 나타나는 금욕주의적 성향 역시 유대교 율법의 금지 규정과 관련된 것으로 볼 수 있다. 이런 관점에서 볼 때 바울이 골로새서 2장에서 언급하는 문제의 가르침은 기본적으로 유대교의 가르침과 관습에 대한 반대라고 볼 수 있다. 바울은 예수 그리스도를 믿는 것으로는 부족하다고 여겨 유대교적 관습과 율법 준수를 추가하여야만 구원받을 수 있다는 잘못된 견해를 수정하고 비판한다. 골로새 이단이라고 불리던 가르침의 정체를 헬라 영지주의적 경향과 연결하는 견해가 골로새서 2장을 해석하는 데 반드시 필요한 것은 아니다.

바울은 이 편지에서 창조 이전부터 선재하시는(pre-existent) 그리스도가 하나님의 지혜와 율법이 할 수 없었던 일, 즉 세상 만물을 하나님과 화해시키는 일을 하셨으며, 그러므로 하나님의 새 백성인 교회는 오직 그리스도에게 속하여 그 안에서 성장해야 함을 가르쳤다. 그는 특별히 초기 기독교의 찬송시(골 1:15-20)를 삽입하여 잘못된 가르침에 대응했다. 그 내용을 보면 그리스도가 십자가에서 죽으심으로 세상의 모든 "정사들과 권세들"이 정복되었으며, 그리스도가 만물의 머리가 되었음을 노래한다. 이 찬송시는 초기 기독교의 기독론 연구에 매우 중요한 자료다. 골로새서는 그리스도가 어떠한 분인지에 강조하는 서신이다. 그리스도의 만물의 머리 되심과 영광의 소망 되심을 강조하는 것은 그리스도를 격하하려는 경향에 대응하기 위한 것이다. 바울의 이러한 가르침은 오늘날도 현대 교회와 신앙생활에 적용 가능한 많은 지침을 준다.

E. 골로새서와 에베소서의 관계

골로새서와 에베소서는 내용상 적지 않은 공통점들이 있으므로 이 두 편지는 서로 깊은 관련이 있다고 여겨진다. 골로새서 1:14과 에베소서 1:7, 골로새서 2:13과 에베소서 2:5, 골로새서 1:25과 에베소서 3:2, 골로새서 1:26과 에베소서 3:9, 골로새서 2:19과 에베소서 4:16 등은 누가 보더라도 그 내용이 매우 유사한 병행 구절이다. 골로새서에서 사용된 단어의 삼 분의 일 이상이 에베소서에서 사용된다(MacDonald, 4). 이런 병행 구절과 공통 내용은 어떻게 생겨난 것일까? 아마도 둘 중 하나가 먼저 기록되었고, 다른 하나는 먼저 기록된 편지를 참고하여 작성되었기 때문일 것이다. 골로새서와 에베소서 중 에베소서가 먼저 기록되었고 에베소서의 내용을 축약한 것이 골로새서라고 보는 견해도 있으나 대부분의 학자는 골로새서가 먼저 기록된 것으로 본다. 상당수의 학자는 바울의 죽음을 전후로 한 시기에 바울이 아닌 다른 사람이 에베소서를 썼을 것으로 추측한다. 만약 그들의 추측이 옳다면, 그 저자가 에베소서를 쓸 때 그는 골로새서를 손에 들고 읽으면서 에베소서를 작성했을까? 아마도 그랬을 것이다. 최근 어네스트 베스트(Ernest Best)는 학자들이 이렇게 추측하는 그 근거를 하나씩 따져보고, 이런 추측이 확신한 근거가 없다는 것을 지적했다(Best, 1998, 20-36 ; MacDonald, 4에서 재인용).

골로새서와 에베소서의 내용 중 유사한 부분이 있지만, 단 한 번의 경우를 제외하고 에베소서의 저자가 골로새서의 내용을 문자적으로 정확하게 인용하는 긴 문장은 없다. 그 단 한 번의 예외는 골로새서 4:7~8과 에베소서 6:21~22에 나타나는 두기고(Tychicus)에 관한 약간 긴 언급이다. 이 경우를 제외한 골로새서와 에베소서 사이의 병행 구절들이 문자적으로 완전히 일치하지는 않는다. 그러므로 에베소서의 저자가 골로새서를 펼쳐 놓고 그 내용을 그대로 옮겨 적은 것이라기보다는 아마도 기억력에 의존하여 골로새서의 신학적 내용을 에베소서에서 풀어낸 것으로 보는 것이 더 적절할 것이다(MacDonald, 4). 두 서신의 내용을 전체적으로 비교했을 때 골로새서에는 있으나 에베소서에는 그 내용이 나타나지 않는 부분도 적지 않고, 반대로 에베소서에는 있으나 골로새서에는 없는 부분도 상당히 많다. 내용상 유사점이 있다고 하더라도 골로새서와 에베소서는 각각 별도의 집필 동기와 목적을 가진 서신으로 보아야 하며 수신자 교회도 서로 각각 다르다고 보아야 한다.

F. 골로새서의 구조

이 주석에서 골로새서의 구조는 브루스(F. F. Bruce)의 구조 분석을 그대로 따른다.

Ⅰ. 서신의 서두(1:1-2)
  A. 서신의 서두(1:1-2)

Ⅱ. 그리스도의 인성과 사역(1:3-23)
  A. 골로새인들의 믿음에 대한 감사 찬양(1:3-8)
  B. 골로새 성도들의 영적 안녕을 위한 기도(1:9-14)
  C. 그리스도를 위한 찬양시(1:15-20)

1. 창조의 대리자(agent)인 그리스도(1:15-16)
  2. 세상의 주님, 교회의 머리(1:17-18)
  3. 화해의 대리자(agent)로서의 그리스도(1:19-20)
 D. 하나님과 화해된 죄인들(1:21-23)

Ⅲ. 바울의 사역(1:24-2:7)
 A. 하나님의 신비의 일꾼(1:24-29)
 B. 뤼카스 골짜기의 성도들을 위한 관심(2:1-5)
  1. 그들을 위해 기도하며 애쓰는 바울(2:1-3)
  2. 골로새 성도들이 잘못된 길로 가지 않기를 바라는 바울의 염려(2:4-5)
 C. 그리스도의 유전을 유지할 것(2:6-7)

Ⅳ. 거짓된 가르침과 이에 대한 교정(2:8-3:4)
 A. 그리스도 한 분으로 충분함(2:8-15)
  1. 그리스도의 충만함(2:8-10)
  2. 새로운 할례(2:11-12)
  3. 그리스도의 승리(2:13-15)
 B. 여러분의 자유를 지키시오!(2:16-19)
  1. 음식과 절기에 관한 기독교인의 자유(2:16-17)
  2. 금욕주의와 천사숭배에 관한 기독교인의 자유(2:18-19)
 C. 여러분은 그리스도와 함께 죽었습니다 : 그러므로……(2:20-23)
 D. 그리스도의 부활과 성도들의 영적 부활(3:1-4)

Ⅴ. 기독교인의 삶(3:5-4:6)
 A. "벗어 버리라"(3:5-11)

B. "입으라"(3:12-17)
   C. "복종하라"(3:18-4:1)
      1. 아내와 남편(3:18-19)
      2. 자녀와 부모(3:20-21)
      3. 노예와 주인(3:22-4:1)
   D. "깨어서 기도하라"(4:2-6)

VI. 각 개인들을 위한 메모들(4:7-17)
   A. 바울의 소식을 전하는 사람들(4:7-9)
   B. 바울의 동역자들의 인사말(4:10-14)
   C. 여러 친구들을 위한 메모들(4:15-17)

VII. 마지막 인사와 축복기도(4:18)
   A. 마지막 인사와 축복기도(4:18)

제 I 부

서신의 서두

골로새서 1 : 1~2

A. 서신의 서두(1 : 1-2)

| 골로새서 1 : 1~2 |

서신의 서두

¹하나님의 뜻으로 말미암아 그리스도 예수의 사도 된 바울과 형제 디모데는 ²골로새에 있는 성도들 곧 그리스도 안에서 신실한 형제들에게 편지하노니 우리 아버지 하나님으로부터 은혜와 평강이 너희에게 있을지어다

A. 서신의 서두(1 : 1-2)

[1 : 1] 헬라시대 편지의 서두는 보통 발신자, 수신자의 이름, 그리고 인사말로 된 상당히 간결한 양식을 갖고 있다. 골로새서 1 : 1~2 헬라어 원문에는 동사가 없다. 주격(subjective), 여격(dative) 명사로 발신자와 수신자를 명시한다. 하지만 우리말 번역에서는 "편지하노니"와 같이 동사를 넣어 번역한다. 다니엘 4 : 1, "느부갓네살 왕은 천하에 거주하는 모든 백성들과 나라들과 각 언어를 말하는 자들에게 조서를 내리노라 원하노니 너희에게 큰 평강이 있

을지어다"는 느부갓네살 왕이 쓴 편지의 서두다. 여기에서 고대의 편지 서두의 예를 볼 수 있다. 사도행전 15 : 23, "사도와 장로 된 형제들은 안디옥과 수리아와 길리기아에 있는 이방인 형제들에게 문안하노라"도 전형적인 고대 편지의 서두다. 현대 편지에서는 말미에 발신자의 이름을 밝힌다. 하지만 고대에는 서두에 발신자의 이름이 나온다. 당시 편지는 두루마리 형태이므로 말미보다 서두에서 발신자의 이름을 밝히는 것이 더 편리했다.

골로새서의 서두에는 통상의 편지보다 약간 더 상세한 수식이 추가되어 있다. 추가된 수식은 첫째로 바울이 "그리스도 예수의 사도"라는 점, 둘째로 그의 사도권의 근원이 "하나님의 뜻"에 있다는 점이다. 바울서신에서 사도란 말은 크게 두 가지로 사용된다. 하나는 비기술적 용어(non-technical term)로 사용된 것이고, 다른 하나는 기술적 용어(technical term)로 사용된 것이다. 고린도후서 8 : 23에서 "여러 형제들"은 "여러 교회의 사자들"(*apostoloi*)이라고 말한다. 여기에서 헬라어 *apostolos*는 비기술적 용어로 사용된다. 이 때는 "사도"라고 번역하지 않고, "사자"라고 번역한다. "사자"(使者)는 '소식을 전하는 사람'(messenger)이란 뜻이다. 빌립보서 2 : 25에서 에바브로디도를 "사자"(*apostolos*)라는 호칭으로 부른 것도 *apostolos*가 비기술적 용어로 사용된 경우다. 에바브로디도는 빌립보 교회가 바울에게 보낸 '소식을 전하는 사람'이다. 두 경우 모두 교회나 개인이 파송한 사람에게 *apostolos*를 사용한 것이므로 기술적 용어인 '사도'라는 호칭과 관계가 없다.

"사도"라는 호칭이 언제부터 예수의 제자들 사이에서 기술적 용어로 사용되었는지는 분명하지 않다. 바울이 갈라디아서 1 : 17에서 "나보다 먼저 사도된 자들을 만나려고"란 말을 하는 점, 또 고린도전서 15 : 7에서 "모든 사도에게" 부활하신 예수님이 나타났다고 말하는 점을 고려할 때, 사도란 호칭은 바울이 만들어 낸 말이 아니며 바울 이전에 이미 존재하는 말이었다는 것을 알 수 있다. 사도란 말은 신약성경 중 가장 먼저 기록된 바울서신이 기록되기 이전에 이미 교회 안에서 사용되고 있었다. 그렇다면 사도는 도대체 어떤 사람들을 가리키는 말이며, 예수님의 열두 제자와는 어떻게 다른가? 고린도전서 15 : 7~9을 보면 사도가 열두 제자와는 구분이 되는 개념이란 것을 알 수 있다. 열두 제자는 예수님의 갈릴리 선교 시에 그를 수행하던 사람들이고, 사도는 예수의 부활 이후 부활한 예수를 직접 만나 복음을 전하라는 명령을 받은(commissioned) 사람들이다. 열두 제자를 포함하지만, 열둘보다 더 많은 숫자의 사람들이다. 예수의 형제 야고보는 열두 제자에 속하지 않지만, 그는 사도로서 가장 존경받는 위치에 있었다(고전 15 : 7 이하). 이름이 알려지지 않은 예수의 다른 형제들도 사도에 포함되어 있었다(고전 9 : 5). 바나바도 사도로 인정받는 사람이었으며(고전 9 : 6 ; 행 14 : 4), 로마서 16 : 7을 보면 바울의 친척 안드로니고와 유니아도 사도들 가운데에서 존중히 여겨지고 있었다는 점에서 사도였을 가능성이 없지 않다. 그러나 사도란 말이 반드시 첫 부활절 이후부터 사용되기 시작했다고 보아서도 곤란하다. 왜냐하면 마가복음 3 : 14과 6 : 30에서 예수가 열두 제자를 임명하고 복음을 전하기 위해 그들을 "보내었으며", "사도들이"(apostolos) 예수에게로 돌아왔다는 구절이 있기 때문이다. 사도란 용어가 예수의 공생애 기간에 이미 사용되었을 가능성도 없지 않다(Barnett, "Apostle", 47).

사도의 기본적인 자격 요건은 첫째로, "부활한 예수를 직접 보았는가?"의 여부(고전 9 : 1)와 둘째로, "복음을 전하라는 명령을 받았는가?" 이 두 가지다. 바울은 예루살렘에서 부활한 그리스도를 다른 사람들과 함께 보지 못하였으므로 바울을 공격하던 사람들은 이 점을 꼬집어 바울의 사도권을 부정했다. 바울은 고린도전서 15 : 5~11에서 이 공격에 응답한다. 바울에 의하면 부활한 예수를 가장 먼저 본 사람은 게바(베드로)다. 그 이후 열두 제자에게, 그 후에 오백여 형제들에게, 그 후에 야고보에게, 그 후에 모든 사도에게 보이셨다. 맨 나중에 자신에게도 나타나셨다고 주장한다. 자신이 가장 마지막으로 사도로 부름을 받았으며, 자신 이후에는 사도로 불릴 수 있는 사람이 없다고 말한다. 바울이 자신을 "만삭되지 못하여 난 자 같은 나"(고전 15 :

8)로 부르는 것은 그가 실제로 칠삭둥이이기 때문이라기보다는 부활 사건 이후 가장 마지막에 자신이 사도로 부름을 받았다는 말로 이해된다.

빌레몬서, 데살로니가전·후서, 빌립보서를 제외한 그의 대부분의 편지의 서두에서 바울은 자신을 "사도"로 소개한다. 바울이 "사도"라는 호칭을 그의 편지의 서두에서 자주 사용하는 이유는 대체로 사도의 권위를 주장하려는 것으로 볼 수 있다. 특별히 그의 사도적 권위가 의심되던 갈라디아 교회들과 고린도교회에 보낸 편지에서는 서두에서뿐만 아니라 본문에서도 자신이 사도임을 강력하게 주장한다(갈 1:10-12; 고전 9:1-3; 고후 10-13장). 골로새서에서 바울의 사도권이 의심되고 있다는 정황은 없다. 하지만 이 편지에서도 바울은 자신을 사도로 소개한다. 헬라어 성경의 서두의 첫 단어 "바울"(*Paulos*) 바로 뒤에 "사도"(*apostolos*)가 동격으로 이어진다. 당시 이 편지를 예배 시간에 공개적으로 읽을 때 바울의 이름과 사도라는 직위가 바로 이어짐으로 성도들은 바울을 사도로 이해하게 된다. 골로새교회의 경우 성도들이 한 번도 바울을 직접 만나본 적이 없으므로(골 2:1, "내 육신의 얼굴을 보지 못한 자들을 위하여") 순수한 의미에서 자신을 사도로 소개하는 것으로 보인다.

로마교회도 골로새교회와 마찬가지로 바울이 한 번도 방문한 적이 없는 교회였다. 로마교회는 그가 직접 세운 교회가 아니었지만, 골로새교회는 바울이 에바브로를 보내(골 1:7; 4:12; 몬 1:23) 개척한 교회였다. 로마서에서는 바울이 교회의 창립자로서의 권위를 주장하지 않지만(예. 롬 1:11-12), 골로새서에서는 바울이 창립자에 가까운 영적 권위가 있음을 주장한다(Dunn, 45). 골로새서 1:25, "내가 교회의 일꾼 된 것은 하나님이 너희를 위하여 내게 주신 직분을 따라 하나님의 말씀을 이루려 함이니라"에 이 점이 분명하게 나타난다. 그는 골로새 성도들을 위해 고난을 받고 있고(골 1:24) 그들을 위해 일하라는 직분을 하나님께 받았다. 그러므로 골로새교회에 대한 궁극적인 책임은 바울에게 있었다(골 2:1, "내가 너희와 라오디게아에 있는 자들과 무릇 내 육신의 얼굴을 보지 못한 자들을 위하여 얼마나 힘쓰는지를 너희가 알기를 원하노니").

고린도전·후서, 에베소서, 골로새서, 디모데후서의 서문에서 "사도"는 "하나님의 뜻에 의해서"라는 구절로 수식되고 있다. 바울은 인간의 뜻에 의한 것이 아니라 하나님의 뜻에 따라 사도가 되었다. 당시 바울을 공격하던 사람들은 "바울은 자칭 사도이며 하나님 혹은 그리스도의 뜻에 따라 사도로 부름을 받지 않았다."라고 비난했을 것이다. "하나님의 뜻에 의해서"는 이런 비난에 대응하기 위한 것이다. 물론 골로새서에서는 바울의 사도권을 둘러싼 논쟁이 나타나지는 않지만(Moo, 75) 아마도 바울은 잠재적으로 그런 논쟁이 발생할 가능성을 염두에 두고 있었던 듯하다.

골로새서를 기록할 당시 바울의 주변에는 여러 동역자가 있었고 그들의 이름은 골로새서 4:7~14에 나온다. 디모데도 그 동역자 중 하나였다. 그들 중 디모데의 이름만 편지의 서두에 언급된 것(골 1:1, "바울과 형제 디모데는")은 디모데가 다른 사람들과 달리 바울의 모든 사역을 계속 함께 감당하였기 때문일 것이다(Bruce, 37). 디모데는 바울과 더불어 고린도후서, 빌립보서, 데살로니가전·후서, 빌레몬서의 공동저자다. 바울이 디모데를 처음 만난 것은 사도행전 16:1~3에 묘사되어 있다. 빌립보서 2:20~22에서 바울은 디모데에 대하여 "이는 뜻을 같이하여 너희 사정을 진실히 생각할 자가 이밖에 내게 없음이라 그들이 다 자기 일을 구하고 그리스도 예수의 일을 구하지 아니하되 디모데의 연단을 너희가 아나니 자식이 아버지에게 함같이 나와 함께 복음을 위하여 수고하였느니라"라고 말한다(참고. 고전 16:10-11). 이는 바울이 디모데를 얼마나 신임하였는지 잘 보여 준다.

이렇듯 디모데가 바울과 가까운 사이고 편지의 서두에서 그의 이름을 공동 저자(co-author)로 언급하지만, 바울은 자신과 디모데의 위치를 엄격하게 구분한다. 바울은 자신을 명확하게 "사도"로 지칭하며 디모데는 "형제"로 소개한다. 고린도후서 1:1에서도 "사도 된 바울과 형제 디모데"로 소개한다. 이 문맥에서 형제는 동역자라는 뜻이다. 골로새서에서 바울은 디모데뿐만 아니라 두기고(골 4:7)와 오네시모(골 4:9)도 형제라는 호칭으로 부른다. 바울은 제삼자가 아니라 골로새교회를 위해 하나님의 위탁을 받은 사도의 입장에서 이 편지를 쓴다. 바울은 골로새서 4:18에서 "나 바울은 친필로 문안하노니"라고 말하고 있으므로 골로새서의 대부분은 바울이 아닌 다른 사람이 대필(代筆)한 것이다. 디모데가 공동저자로 되어 있는 이유는 바울이 구술(口述)하는 것을 그가 받아 적는 방식으로 편지를 작성했기 때문일 수도 있다(MacDonald, 31).

[1:2] 2절에서는 수신자와 인사말이 나온다. 바울은 수신자들을 "성도들"(saints)이라고 부른다. "신실한 형제들"은 곧 "성도들"이다. "성도", 즉 "거룩한 자"라는 호칭은 구약성경에서 하나님의 백성 이스라엘을 '거룩한 백성'으로 부른 것을 연상시킨다. 신명기 7:6, "너는 여호와 네 하나님의 성민이라 네 하나님 여호와께서 지상 만민 중에서 너를 자기 기업의 백성으로 택하셨나니"에서 하나님은 이스라엘을 선택하시고 그들을 "성민"(聖民)이라고 부르신다. 이사야 62:12에서도 하나님께서 구속하신 백성을 "거룩한 백성"이라고 부른다. 바울은 이방인들이 포함된 골로새교회를 "성도들"이라고 부름으로, 그들을 그리스도를 통해 창조된 하나님의 새언약의 백성으로 나타낸다.

그들이 "그리스도 안에" 있다는 표현은 그들이 그리스도를 통하여 하나님의 백성이 되었으며 지금도 "그리스도 안에" 머물러 있어야 함을 암시한다. "그리스도 안에서 신실한 형제들에게"는 "그리스도 안에 있는 신실한 형제들에게"로 번역하는 것이 더 나을 듯하다. 인사말의 "은혜와 평강"은 바울이 애용하는 인사말이다. 은혜와 평강이란 말은 대부분의 경우(살전 1:1은 제외) "우리의 아버지 하나님과 구주 예수 그리스도의"란 말로 수식되어 있으나, 골로새서의 경우 "구주 예수 그리스도"가 생략되어 있다. 통상 은혜는 그리스도를 통해 주시는 구원의 은혜를, 평강은 그리스도를 통해 인간과 하나님 사이에 이루어진 평화(*shālôm*)를 가리킨다.

제Ⅱ부

그리스도의 인성과 사역

골로새서 1 : 3~23

A. 골로새인들의 믿음에 대한 감사 찬양(1 : 3-8)
B. 골로새 성도들의 영적 안녕을 위한 기도(1 : 9-14)
C. 그리스도를 위한 찬양시(1 : 15-20)
D. 하나님과 화해된 죄인들(1 : 21-23)

| 골로새서 1 : 3~23 |

그리스도의 인성과 사역

A. 골로새인들의 믿음에 대한 감사 찬양(1 : 3-8)

³우리가 너희를 위하여 기도할 때마다 하나님 곧 우리 주 예수 그리스도의 아버지께 감사하노라 ⁴이는 그리스도 예수 안에 너희의 믿음과 모든 성도에 대한 사랑을 들었음이요 ⁵너희를 위하여 하늘에 쌓아 둔 소망으로 말미암음이니 곧 너희가 전에 복음 진리의 말씀을 들은 것이라 ⁶이 복음이 이미 너희에게 이르매 너희가 듣고 참으로 하나님의 은혜를 깨달은 날부터 너희 중에서와 같이 또한 온 천하에서도 열매를 맺어 자라는도다 ⁷이와 같이 우리와 함께 종 된 사랑하는 에바브라에게 너희가 배웠나니 그는 너희를 위한 그리스도의 신실한 일꾼이요 ⁸성령 안에서 너희 사랑을 우리에게 알린 자니라

[1 : 3] 헬라의 편지 양식에서는 편지의 서두에 이어 감사의 표현이 나온다

(Bruce, 40). 바울은 이 양식을 따라 자신의 거의 모든 편지의 서두 다음에(갈라디아서는 제외) 감사의 찬양(thanksgiving)을 쓴다(롬 1:8-9; 고전 1:4; 엡 1:16; 빌 1:3-4; 살전 1:2; 살후 1:3; 몬 1:4). 특별히 골로새서에서는 감사의 찬양을 그동안의 중보적 기도와 연결하고 있다(Bruce, 40). 바울은 시간을 정해 정기적으로 기도했고, 그 기도 시간을 지켰으며, 기도할 때마다(*pantote*) 골로새 성도들을 위해 지속적으로 기도했다(*proseuchomenoi*는 현재분사이므로 지속과 진행의 의미가 있다). 골로새서 1:9에서도 "우리도 듣던 날부터 너희를 위하여 기도하기를 그치지 아니하고 구하노니"라고 말한다.

바울은 골로새서 서두의 "우리가 감사한다", 또 "우리가 기도한다"에서 1인칭 복수형 주어를 사용한다. 하지만 데살로니가전·후서와 골로새서를 제외하고는 '내가 감사한다'라고 1인칭 단수형으로 말한다. 1인칭 복수형 '우리'를 일관되게 주어로 사용하므로 바울이 이 편지를 단독으로 작성한 게 아니라 정말로 공동으로 작성했다고 볼 수 있다(Moo, 82). 그는 혼자 기도하지 않고 디모데와 함께, 혹은 디모데를 포함한 다른 동역자들(골 4:7-15)과 함께 기도했다. 그들의 기도의 내용은 골로새서 1:9~12에 나온다. 감사의 주제는 골로새서에서 중요하다. 바울은 골로새서에서 반복적으로 감사의 기도를 드릴 것을 권유한다(골 1:12; 2:7; 3:15, 17; 4:2). 바울이 기도할 때마다 골로새교회를 놓고 기도하고 하나님께 감사를 드리는 것 자체가 이 교회를 향한 그의 깊은 관심과 책임감을 보여 준다. 지금 바울은 제삼자의 처지에서 골로새교회의 문제에 개입하려는 것이 아니다. 바울은 이 교회를 향해 사도로서 그가 가진 책임으로 편지를 쓰고, 또 이 교회가 안고 있는 문제를 해결하려고 한다.

바울은 예수 그리스도를 "주"(*ho kyrios*, the Lord)라고 부른다. "주"라는 표현은 헬라어 구약성경 칠십인역에서 하나님을 가리키는 단어인 *kyrios*를 그대로 예수에게 적용한 것이다. 그러므로 "예수 그리스도" 앞에 있는 "주"

라는 호칭은 예수가 평범한 인간이 아니라 하나님과 같은 분임을 명시한다. 고린도전서 16:22, "만일 누구든지 주를 사랑하지 아니하면 저주를 받을지어다 우리 주여 오시옵소서"에서 "우리 주여 오시옵소서"는 헬라어 원문에 "marana tha"로 되어 있다. '마라나타'는 아람어를 헬라어로 음역하여 옮긴 것이다. 헬라어로 번역하지 않고 아람어 '마라나타'를 그대로 음역한 것은 초대교회에서 이 말이 예배 시간에 자주 사용되어 헬라어가 모국어인 성도들에게도 이미 친숙한 말이 되었기 때문일 것이다. '마라나타'(marana tha)는 마란아(marana) 타(tha)로 읽으면 "우리들의 주여 오시옵소서."라는 명령문이 되지만, 만약 마란(maran) 아타(atha)로 읽으면 "주님이 오셨다."라는 평서문이 된다(Fee, 926). 개역개정판 각주에 "또는 우리 주께서 임하셨도다 아람어 마라나타"라고 되어 있는 이유는 이 아람어를 읽는 방법에 따라 해석이 바뀌기 때문이다. 성경 번역본들에서는 대체로 명령문으로 번역한다. 왜냐하면 이 말이 예배 시간에 성도들이 함께 외치는 기도문이었을 가능성이 크기 때문이다. 요한계시록 22:20에서도 "이것들을 증언하신 이가 이르시되 내가 진실로 속히 오리라 하시거늘 아멘 주 예수여 오시옵소서"라는 동일한 헬라어 표현이 나온다. 이 경우에는 아람어를 헬라어로 음역하지 않고 헬라어로 번역했다. 요한계시록에서는 '마라나타'(marana tha)를 명령형으로 보아 "erchou kyrie Iēsou"(주 예수여 오시옵소서)로 번역했다. 요한계시록에서는 주 예수가 아직 재림하지 않으셨으므로 당연히 평서문이 아니라 명령형의 기도문으로 번역한다.

여기에서 중요한 것은 예수를 '주'로 부르는 전통이 아람어로 된 전통이었다는 것이다. 아람어를 사용한 사람들은 예수의 제자들을 포함하는 예루살렘교회의 성도들이 대다수였고, 그들은 부활 사건 직후부터 교회로 모여 예배하던 사람들이었다. 예수를 '주'로 고백한 것은 예루살렘교회가 생겨나고 많은 세월이 흐른 뒤에 헬라어가 모국어인 성도들이 한 것이 아니다. 예루살렘교회가 생겨난 초기부터 이미 유대기독교 성도들이 예수를 '주'로 고백했다. '마라나타'(marana tha)를 어느 쪽으로 해석하든지 초대교회가 예수를 "주"로 불렀다는 점은 변함이 없다. 예수의 부활과 승천을 목격한 초기 예루살렘교회의 성도들은 부활 직후부터 예수를 하나님과 같은 분으로 인식하여 예수에게 하나님에게만 붙이던 '주'라는 호칭을 사용하고, 그를 기도와 찬양과 예배의 대상으로 인식하였다. 고린도전서 16:22은 초대교회 안에서 예수가 처음에는 신(神)으로 인정받지 못하였고 부활 사건 뒤 오랜 시간이 지난 후부터 비로소 하나님으로 인정받아 신격화되었다는 주장이 옳지 않음을 보여 준다. 바울과 초대교회는 예수를 하나님과 같은 신성을 가진 분으로 인정하고 예수를 "주"로 부르며 예수를 예배의 대상으로 하여 그를 찬양하고, 예배하였다.

[1:4] 4절은 바울이 하나님께 감사의 기도를 드리는 이유를 알려 준다. 그 이유는 골로새 성도들의 믿음과 사랑에 대해 들었기 때문이다. 로마서에서 바울이 로마교회의 성도들에 관해 하나님께 감사드리는 이유는 그들의 믿음이 널리 알려졌기 때문이다(롬 1:8, "너희 믿음이 온 세상에 전파됨이로다"). 데살로니가전서에서도 바울이 항상 하나님께 감사하는(살전 1:2, "항상 하나님께 감사하며 기도할 때에 너희를 기억함은") 이유 중 하나는 "하나님을 향하는 너희 믿음의 소문이 각처에"(살전 1:8) 퍼졌기 때문이다. 골로새교회도 마찬가지로 그 교회의 믿음과 사랑에 대한 소식이 바울의 귀에까지 들려왔다.

4~5절에서는 믿음, 사랑, 소망의 세 가지 항목이 등장한다. 이 세 가지는 바울서신 여러 곳에 나오지만(살전 1:3; 고전 13:13; 롬 5:1-5; 갈 5:5-6; 엡 4:2-5) 바울서신 이외의 서신에서도 등장하므로(히 6:10-12; 10:22-24; 벧전 1:3-8, 21-22) 바울만의 고유하고 창조적인 표현으로 보기는 어렵다. 이는 초대교회 안에 두루 통용되고 있었다고 보아야 한다. 믿음은 "그리스도 예수를 믿는 것"(ho pistis hymōn en Christō Iēsou, 영어로는 your faith in Christ Jesus)이다. 이 표현을 길게 풀어서 쓰면 "예수가 그

리스도이며 죄로 인한 하나님의 진노로부터 나를 구원하기 위해 그가 십자가에서 죽었다는 것을 믿는다"가 된다(고전 15:3-4; 살전 1:10; 5:9-10). 이 긴 고백을 축약하면 "예수를 믿는다"가 되고, 이것을 한 번 더 축약하여 한 단어로 표현하면 "믿음"이라는 명사로 축약된다. 개역개정판 번역, "그리스도 예수 안에 너희의 믿음"은 "그리스도 예수를 너희가 믿는 것"으로 번역하는 것이 더 좋다. "모든 성도에 대한 사랑을 들었음이요" 역시 "너희가 모든 성도를 향해 갖고 있는 사랑에 관해 우리가 들었기 때문이요"로 바꾸는 것이 더 자연스러운 번역이다.

사랑은 골로새 성도들이 '모든 성도들을 향해 갖고 있는'(hēn echete eis pantas tous hagious) 것이다. 골로새서 3:14에서 바울은 "이 모든 것 위에 사랑을 더하라 이는 온전하게 매는 띠니라"라고 가르친다. 그는 인종적 차별과 신분의 차별을 넘어(골 3:11, "거기에는 헬라인이나 유대인이나 할례파나 무할례파나 야만인이나 스구디아인이나 종이나 자유인이 차별이 있을 수 없나니") 서로 받아들이고 용서하라고 가르친다(골 3:12, "사랑받는 자처럼 긍휼과 자비와 겸손과 온유와 오래 참음을 옷 입고"). 용서와 용납 위에 사랑을 더하여 온 교회가 하나의 매는 띠로 온전하게 되라고 가르친다. 데살로니가전서 3:12에서 바울은 "너희도 피차간과 모든 사람에 대한 사랑이 더욱 많아 넘치게 하사"라고 말하여 교회 내부의 사랑뿐만 아니라 교회 밖의 대중을 향한 사랑에 관해서도 말하지만, 여기서는 교회 구성원 사이의 사랑을 강조한다. 교회 밖의 사람들을 향한 사랑보다 교회 안의 성도들을 향한 사랑을 우선 언급하는 이유는 아마도 골로새 이단 문제 때문일 것이다. 잘못된 가르침이 교회에 침투하면 그것에 대한 찬반양론이 생기고 성도들 간에도 갈등이 시작된다. 이 편지를 보내어 잘못된 가르침을 비판하고 바로잡는다고 해도 성도들 간에 생겨난 깊은 감정의 골이 치유되지 않으면 교회는 다시 하나가 되기 어렵다. 바울은 자신이 앞으로 하려고 하는 말을 서문에서 간단하게 언급하고 있다. 갈라디아서 6:10에서도 바울은 "그러므로 우리는 기회 있는 대로 모든 이에게 착한 일을 하되 더욱 믿음의 가정들에게 할지니라"라고 말한다. 교회 안팎의 모든 사람을 아우르는 선행과 사랑을 가르치되, 내부의 성도들을 향한 선행을 강조한다. 바울이 가르치는 사랑은 사랑의 감정뿐 아니라 사랑의 행동을 포함한다. 갈라디아서 5:14~15에서도 "네 이웃 사랑하기를 네 자신 같이 하라"는 말씀을 말하면서 "만일 서로 물고 먹으면 피차 멸망할까 조심하라"라고 경고한다. 할례당 때문에 상당히 의견이 갈라진 성도들이 할례당이 교회에서 쫓겨난 뒤에도(갈 4:30, "여종과 그 아들을 내쫓으라"; 갈 1:8-9, "다른 복음을 전하면 저주를 받을지어다") 찬반양론으로 갈라져서 계속 싸우는 것은 바람직하지 않다. 바울은 골로새 성도들이 모든 성도를 향해 사랑의 감정을 가질 뿐 아니라 사랑의 행동도 하고 있다는 소식을 듣고 하나님께 감사의 기도를 드린다. 그는 이렇게 성도들의 형제 사랑을 칭찬함으로 그들이 앞으로도 계속해서 사랑을 나누어 한 교회를 이루어 가기를 소망한다.

[1:5] 골로새 성도들이 믿음과 사랑을 갖게 된 이유 혹은 근거는 소망이다. 고린도전서 13:13에서 바울은 믿음, 소망, 사랑 중 사랑을 최고로 여긴다. 하지만 여기에서는 소망에 초점이 맞추어져 있다. 소망이 기초가 되고, 그 위에 믿음과 사랑이 세워져 있다. 개역개정판의 5절 번역은 전반적으로 수정되어야 한다. "또한 믿음과 사랑은 너희를 위하여 하늘에 쌓여 있는 소망 때문이니 그 소망은 곧 너희가 진리의 말씀 즉, 복음 안에서 이미 들은 것이라" 정도가 적당하다. 문법적으로 볼 때 "진리"와 "복음"이 동격인 것은 분명하고, 더 나아가 의미상으로 보면 "진리의 말씀"과 "복음"도 동격이 될 수 있다(Harris, 18). 골로새 성도들은 어떻게 소망을 갖게 되었을까? 그들은 이전에 진리의 말씀인 복음 안에서 소망에 관해 들었다. "이미 들었다"(*proēkousate*, heard before)는 말은 무슨 뜻인가? 골로새 이단에 관해 듣기 전에 이미 복음을 먼저 들었다는 뜻일 수도 있지만(Moule, 50; Moo, 86에서 재인

용), 바울이 이 편지를 쓰기 전에 이미 복음을 들어 알고 있다는 뜻일 수도 있다. 그렇다면 이 구절에서 소망은 무엇인가? 미래의 것을 바라보고 기다리는 행동(act of hoping)인가? 아니면 소망의 대상(object of hope)을 가리키는가? 골로새서 1:27에서 바울이 "이 비밀은 너희 안에 계신 그리스도시니 곧 영광의 소망이니라"라고 말한다. 즉, 그리스도가 곧 소망의 대상이다 (Barth, *Colossians*, 154). 그러므로 그들이 들은 소망은 곧 그리스도 예수에 관한 복음이고, 그들은 예수를 향해 소망을 갖고 있다. 그런 뜻에서 그들이 가진 소망은 곧 그리스도다. 그리스도 위에 믿음과 사랑이 세워져 있다.

근래 복음에 대한 정치적 해석을 주장하는 학자들을 중심으로, 초대교회가 '복음'(*euangelion*)이란 단어를 채택하여 예수 그리스도에 관한 메시지를 나타낸 것은 로마 황제의 주장에 맞서기 위한 것이라는 의견이 유행하고 있다. 이들이 즐겨 사용하는 근거는 오늘날의 튀르키예, 당시의 소아시아 프리에네(Priene)란 도시에서 발견된 두 개의 돌에 새겨진 비문이다. '프리에네 달력 비문'(The Priene Calendar Inscription)이라고 불리는 이 비문은 주전 9년에 작성된 본문으로서 당시 음력을 사용하던 관습을 중단하고 아우구스투스(Augustus)의 탄생일인 9월 23일을 기념하여 앞으로 로마의 양력을 사용하자는 취지의 글이다. 이 비문은 아우구스투스를 '구원자'(*sōtēr*, savior)로, 또 '신'(*theos*, god)으로 부르면서 "우리들의 신의 생일은 그로 인해서 온 세상에 복음의 시작됨을 알렸다."(the birthday of our God signalled the beginning of Good News for the world because of him.)라고 말한다. 여기에 '복음'(*euangelion*, Good News)이란 단어가 나온다. 이것을 근거로 하여 로마 황제의 탄생과 예수 그리스도의 탄생을 서로 대조하고, 세상을 구원하는 구원자는 로마 황제가 아니라 그리스도이고, 진정한 복음은 아우구스투스의 탄생이 아니라 예수 그리스도의 탄생이라는 점을 보여 주기 위해 의도적으로 초대교회가 '복음'(*euangelion*)이란 단어를 채택했다고 주장한다. 이런 주장은 얼핏 들으면 그럴듯하다. 하지만 이 비문의 내용이 당시 사람들에게 얼마나 광범위하게 알려져 있었는지는 의문이다. 더구나 '유앙겔리온'(*euangelion*)이라는 단어는 당시 헬라인들의 일상생활에서 자주 사용되는 단어가 아니었다. 과연 초대교회가 그런 이유로 복음이란 단어를 채택했는지는 여전히 의문이다.

복음이란 단어를 교회가 사용하는 것은 구약성경의 이사야에서 기원한다고 보는 것이 훨씬 더 합리적이다(Dunn, 60). 이사야 40:9, "아름다운 소식을 시온에 전하는 자여 너는 높은 산에 오르라 아름다운 소식을 예루살렘에 전하는 자여"를 헬라어 구약성경으로 읽으면 "복음을 전하다"라는 뜻을 가진 동사 '유앙겔리조마이'(*euangelizomai*)가 두 번 나온다. 이사야 52:7, "좋은 소식을 전하며 평화를 공포하며 복된 좋은 소식을 가져오며 구원을 공포하며 시온을 향하여 이르기를 네 하나님이 통치하신다 하는 자의 산을 넘는 발이 어찌 그리 아름다운가"에서도 마찬가지다(참고. 사 60:6; 61:1). 바울은 이 구절을 로마서 10:15에서 인용한다. 이사야는 하나님이 버린 이스라엘을 다시 선택하고 왕이 되어 다스리기 위해 다시 예루살렘으로 돌아오는 하나님의 귀환(사 40:1-3)과 통치를 '좋은 소식/복음'(*euangelion*)이라고 말한다. 바울서신뿐만 아니라 신약성경은 예수 그리스도의 오심이 곧 하나님의 귀환이라고 본다(막 1:1-3; 마 3:1-12; 눅 3:1-9, 15-17; 요 1:19-23). 초기의 유대 기독교인들은 이런 이사야의 전통에서 예수 그리스도와 관련된 메시지를 '복음'이란 단어로 표현한 것이지, 로마 황제에 대항하기 위해 이 단어를 선택한 것이 아니다. 복음을 정치적 관점에서 해석하는 것은 복음의 본질을 흐릴 수 있게 하는 접근법이다. 복음은 정치적인 것이 아니고, 세속국가의 정치와 제도를 초월한 것이다(복음의 정치적 해석의 문제점들에 대해서는 김세윤, 「그리스도와 가이사」〈서울: 두란노아카데미, 2009〉를 보라).

소망이 하늘에 쌓여 있다(*apokeimenē*, stored up)는 것은 무슨 뜻일까? 디모데후서 4:8을 보면, 동일한 헬라어 단어 *apokeimai*가 "이제 후로는 나를 위하여 의의 면류관이 예비되었으므로"에서 사용되었다. 동사

*apokeimai*는 미래에 무엇인가가 확실하게 준비되어 있다는 의미를 전달하고 있다. 성도가 미래를 향해 갖고 있는 소망은 그리스도를 그 대상으로 하고 있으므로 불확실한 것이 아니라 매우 확실하다(Lohse, 17-18; O'Brien, 11에서 재인용). 그런 뜻에서 그들의 소망은 땅이 아니라 하늘에 있다.

하늘은 죄와 죽음의 어둠의 세력이 왕 노릇을 하는 땅과 대비된다. 골로새서 3:1에서 바울은 "그러므로 너희가 그리스도와 함께 다시 살리심을 받았으면 위의 것을 찾으라 거기는 그리스도께서 하나님 우편에 앉아 계시느니라"라고 말한다. 여기서 "위의"(above)는 하늘을 가리킨다. 하늘은 바로 그리스도가 계시는 곳이며, 그는 하나님의 보좌 우편에 계신다(시 110:1). 골로새서 4:1의 "상전들아 의와 공평을 종들에게 베풀지니 너희에게도 하늘에 상전이 계심을 알지어다"에서 "하늘에" 계시는 "상전"도 역시 "주 그리스도"(골 3:24)다. 바울은 골로새서 1:22~23에서 "이제는 그의 육체의 죽음으로 말미암아 화목하게 하사 너희를 거룩하고 흠 없고 책망할 것이 없는 자로 그 앞에 세우고자 하셨으니 만일 너희가 믿음에 거하고 터 위에 굳게 서서 너희 들은 바 복음의 소망에서 흔들리지 아니하면 그리하리라"라고 말한다. 바울이 여기서 말하는 소망은 "거룩하고 흠 없고 책망할 것이 없는 자로 그리스도의 심판대 앞에 서는 것"과 관련이 있다. 심판 이후에 성도는 하늘에 계신 그리스도와 함께 있게 된다. 그 하늘은 "영광의 소망"(골 1:27)이신 "그리스도"(골 1:27)가 계시는 곳이다. 그러므로 소망은 현재에 관한 것이 아니라 심판 이후에 관한 것이다. 심판대에서 거룩하고 흠 없고 책망할 것이 없는 자로 서게 되어 영광의 소망이신 그리스도가 계시는 하늘, 즉 하나님의 나라에 들어가 영생을 누리는 것이 바로 성도들의 소망이다.

"진리의 말씀"과 "복음"은 동격으로 볼 수 있다. 에베소서 1:13, "그 안에서 너희도 진리의 말씀 곧 너희의 구원의 복음을 듣고"에서도 "진리의 말씀"과 "복음"은 동격이다. 골로새에 가서 복음을 전한 사람은 에바브라다(골 1:7). 바울은 골로새서 1:25에서 복음을 "하나님의 말씀"이라 부르고,

1:26에서는 "비밀"이라고 부른다. 이 비밀은 과거에는 감추어져 있었으나 이제 그의 성도들에게 계시되었다("나타났고", *ephanerōthē*, 골 1:26; 롬 16:25-26; 고전 2:7; 엡 3:3-9; 6:19). 에바브라가 계시된 말씀, 하나님의 비밀인 복음을 골로새 성도들에게 전해 주어 그들이 복음을 들었다. 그들은 "진리의 말씀"("복음") 안에서(*en*) 미래의 소망에 대해 "이미 들었다"(*proēkousate*). 에바브라가 골로새에서 복음을 전할 때 미래의 심판과 죄의 용서, 부활, 하나님의 나라, 영생에 관해 이야기한 것이 분명하다.

바울은 골로새 성도들이 "진리"에 대해 이미 이전에 들었다는 점을 말하면서 은연중에 앞으로 그가 비판할 "철학과 헛된 속임수"(골 2:8; 참고. 2:16-23)를 "진리의 복음"과 대조한다(O'Brien, 12). 앞으로 2장에서 자신이 할 말을 위해 미리 복선을 깔고 있다. 바울은 골로새교회의 장점들을 칭찬하고 격려할 뿐 아니라 그 교회가 안고 있는 문제, 즉 복음의 진리에서 사람들이 떨어져 나가 헛된 속임수와 철학의 유혹에 빠지게 될까 근심하는 마음으로 이 편지를 쓴다.

[1:6] 그 복음이 "너희들에게"(*eis hymas*) 도달하였고 "마치(*kathōs*) 세상의 모든 곳에서도 그러하듯이", "너희들 가운데에서도"(*kathōs kai en hymin*) 지금 열매를 맺고 자라고 있다. "이르매"로 번역된 헬라어 단어 *pareimi*는 도착의 의미(to have come)만 있는 것이 아니라, 도착한 후 그곳에 계속 머문다(to be present)는 뉘앙스가 있다(Harris, 19; Barth, 156). 크리소스톰(John Chrysostom)은 이 구절에 대해 이렇게 말했다. "그것[복음]은 왔다가 다시 가지 않았다; 오히려 복음은 그곳에 머물러 지금 그곳에 있다" ("It did not come and go again; rather it remained and is there."; John Chrysostom, *Patrologia graeca* 62, 302; Barth, 156에서 재인용). 개역개정판의 6절 번역은 전반적으로 수정될 필요가 있다. "이 복음이 이미 너희에게 도달하여 마치 복음이 온 세상에서도 계속 열매를 맺고 자라고 있는 것과 마

찬가지로 너희가 진리 안에서 하나님의 은혜를 듣고 깨달은 날부터 복음은 너희 가운데에서도 계속 열매를 맺고 자라고 있노라" 정도가 바람직하다. 마치 복음이 온 세상 모든 곳에 전파되어 곳곳에서 열매를 맺으며 성장하는 것과 마찬가지로, 에바브라가 골로새에 와서 복음을 전하여 이제 그들 가운데에서 복음이 열매를 맺으면서 자라 가고 있다. 유대교 전승에서는 율법을 사람들의 마음 밭에 심으면 율법이 자라 열매를 맺는다고 한다(4 Ezra 9:31, "Today I sow my law in you and it shall bring forth fruit in you and you shall gain everlasting glory."; 참고. 4 Ezra 3:20; Lohse, 20, n. 64에서 재인용). 하지만 바울에 따르면, 율법이 아니라 복음을 심고 복음이 자라 열매를 맺는다.

온 세상에 복음이 자라고 있다고 말하는 것은 과장일까? 아마도 아닌 것 같다. 바울은 각 지역의 주요 도시들에 교회를 세우는 것을 자신의 사명으로 보았다. 그 도시들에 교회가 세워지면, 교회들을 기지로 해서 그 주변 일대에 복음이 전파될 것으로 보았다. 바울은 대표적 보편주의(representative universalism)의 관점에서 세상을 바라본다. 세상의 주요 도시가 주께 바쳐지면 온 세상이 주께 속하게 되고, 대표자가 주께 바쳐지면 그 대표자가 대표하는 전체가 다 주께 바쳐진 것이 된다. 로마서 15:19에서 바울이 "내가 예루살렘으로부터 두루 행하여 일루리곤까지 그리스도의 복음을 편만하게 전하였노라"라고 말하고, 로마서 15:23에서 "이제는 이 지방에 일할 곳이 없고"라고 말할 때 그가 그 일대의 모든 도시, 모든 마을, 모든 사람에게 복음을 전했다는 뜻은 아니다. 바울이 에베소에서 이 년 동안 전도할 때 "아시아에 사는 자는 유대인이나 헬라인이나 다 주의 말씀을 듣더라"(행 19:10)라고 누가가 말한 것도 같은 방식으로 이해해야 한다. 바울은 에베소에 교회를 세우는 동안 동역자인 에바브라를 골로새 지방에 보내 그곳에 교회를 세우게 했던 것 같다. 바울은 이와 같이 전략적으로 중요한 대도시에 교회를 세우고, 동역자들은 그 도시 주변의 중요한 도시에서 동시다발적으로 교회를 세운다. 이 교회들은 나중에 나머지 농촌과 마을 단위에 복음을 전파한다. 그러므로 바울은 자신이 중요한 대도시에 교회를 세우고 동역자들이 주변 중소도시에 교회를 세운 것으로 그 일대가 다 복음화된 것으로 보고 "모든 곳"에 복음이 다 전파되었다고 여긴다.

"자라다"(auxanō)와 "열매를 맺다"(karpophoreō)라는 동사는 모두 농사와 관련된 용어다. 골로새서에서는 농사와 관련된 표현이 자주 등장한다. 골로새서 1:10의 "모든 선한 일에 열매를 맺게 하시며 하나님을 아는 것에 자라게 하시고"에서도 농사 비유가 사용된다. 골로새서 1:13, "그가 우리를 흑암의 권세에서 건져 내사 그의 사랑의 아들의 나라로 옮기셨으니"에서 '옮기다'라는 뜻의 동사 '메띠스테미'(methistēmi)는 '옮기다'라는 뜻 외에 '옮겨심다'(transplant)라는 뉘앙스가 추가되어 있으므로 이것 역시 농사와 관련된 표현이다. 골로새서 2:7, "그 안에 뿌리를 박으며 세움을 받아"에서 "뿌리를 내리다"에서 사용된 동사 '리조오'(rizoō)도 농사와 관련된 표현이다. 골로새서 2:19의 "머리를 붙들지 아니하는지라 온몸이 머리로 말미암아 마디와 힘줄로 공급함을 받고 연합하여 하나님이 자라게 하시므로 자라느니라"에서도 '자라다'는 뜻의 동사 '아욱싸노'(auxanō)가 나온다.

이런 말씀들은 예수가 하신 말씀 중 '자라다'와 '열매를 맺다'라는 동사가 동시에 등장하는 "더러는 좋은 땅에 떨어지매 자라 무성하여 결실하였으니 삼십 배나 육십 배나 백 배가 되었느니라"(막 4:8)라는 말씀을 상기시킨다. 또 마가복음 4:26~29에서 예수는 하나님의 나라를 농사에 비유하면서 "그가 밤낮 자고 깨고 하는 중에 씨가 나서 자라되"(막 4:27), "땅이 스스로 열매를 맺되 처음에는 싹이요 다음에는 이삭이요 그다음에는 이삭에 충실한 곡식이라"(막 4:28)라고 말한 바가 있다. 농작물의 성장과 결실의 개념을 하나님의 나라에 적용한 구절들이다. 예수의 이런 말씀과 바울의 표현 사이에는 일종의 연속성(continuity)이 있다. 아마도 바울이 예수의 말씀 전승을 전해 들어 알고 있었고, 바울이 예수의 말씀의 연장선에서 이런 표현을 사용했을 가능성이 크다.

이렇게 농사 비유를 자신의 하나님 나라 사역에 적용하는 현상은 바울의 다른 서신에서도 발견된다. 바울은 고린도전서 3:6에서 자신을 "씨앗을 심는 농부"로 본다. 고린도전서 3:9에서는 성도들을 "하나님의 밭"이라고 말한다. 흥미로운 점은 고린도전서 3:10에서 바울이 자신을 건물을 세우는 "지혜로운 건축자"로, 그리고 그가 세우는 집을 "하나님의 집"이라고 말하면서 건축과 관련된 개념을 자신의 사역에 적용하고 있다는 것이다. 건축과 관련된 표현은 골로새서에서도 나타난다. 골로새서 1:23, "만일 너희가 믿음에 거하고 터 위에(*tethemeliōmenoi*) 굳게 서서 너희 들은 바 복음의 소망에서 흔들리지 아니하면"에서 "터 위에"는 "기초를 놓다"라는 뜻의 동사 '떼멜리오오'(*themelioō*)가 사용되었다. 이 단어는 건축 용어다. 골로새서 2:7의 "그 안에 뿌리를 박으며 세움을 받아"(*epoikodomeō*)에서 '뿌리를 내리다'(to be firmly rooted)와 같은 농사 용어와 더불어 건축 용어인 '세우다'라는 뜻의 동사 '에포이코도메오'(*epoikodomeō*)도 등장한다.

그렇다면 왜 바울은 자신의 복음 사역을 이렇게 농사 은유(agricultural metaphor)와 건축 은유(architectural metaphor)로 표현하는 것일까? 그것은 바울이 자신의 소명 사건과 선지자 예레미야 소명 사건을 상당히 유사한 경험으로 보았기 때문이다. 바울은 갈라디아서 1:15에서 하나님은 자신이 어머니 배 속에 있을 때 이미 사도로 선택하셨다고 말한다("내 어머니의 태로부터 나를 택정〈擇定〉하시고 그의 은혜로 나를 부르신 이가"). 이것은 예레미야 1:5의 "내가 너를 모태에 짓기 전에 너를 알았고 네가 배에서 나오기 전에 너를 성별하였고 너를 여러 나라의 선지자로 세웠노라"의 반향(echo)으로 볼 수 있다(참고. 사 49:1-6). 바울은 자신의 소명 사건과 예레미야의 소명 사건을 매우 유사한 경험으로 보았고, 그래서 하나님이 예레미야에게 주신 소명이 곧 자신에게 주어진 소명이라고 보았던 것 같다. 예레미야의 소명은 예레미야 1:10, "보라 내가 오늘 너를 여러 나라와 여러 왕국 위에 세워

네가 그것들을 뽑고 파괴하며 파멸하고 넘어뜨리며 건설하고 심게 하였느니라"에 나온다. 그의 소명은 크게 4개의 동사 즉, '뽑다', '파괴하다', '건설하다', '심다'로 요약된다. 바울은 예레미야에게 주어진 소명인 이 네 가지의 동사를 자신의 소명 이해에 적용하고 있고, 이 동사들은 모두 농사 혹은 건축과 관련된 동사다. 이런 연유로 바울의 글에는 자신의 사역을 농사와 건축에서 유래한 동사와 표현들이 자주 등장하게 된다(자세한 것은 김철홍, "바울의 소명의식과 복음 선포에 나타난 그의 전도, 개종, 교회 개척의 특징", 「신약연구」 제14권(2015), 206-243을 보라).

"진리 가운데에서(en alētheia) 너희가 들었고 깨달았다(ēkousate kai epegnōte)"라는 말은 개종 과정에 반드시 지적인 사고(intelligent reasoning)의 과정이 필요하다는 것을 보여 준다. 물론 '듣다'와 '깨닫다/이해하다'라는 단어가 동의어로 반복되었다고 볼 수도 있다. 하지만 복음은 일단 들어야 하고, 들은 내용을 지적으로 이해할 수 있게 될 때 의미가 있다. 믿음에는 지(知), 정(情), 의(意), 이 세 가지가 모두 필요하며, 믿음을 갖게 되는 과정에서 지적인 사고를 통해 복음을 이해하게 되는 것은 결코 무시될 수 없는 개종의 필수과정이다.

골로새 성도들은 "진리 안에서" 하나님의 은혜의 복음을 들었다. 에바브라는 거짓된 복음을 전하지 않았다. 그가 전한 복음은 "철학", "헛된 속임수", "사람의 전통", "세상의 초등학문"(골 2:8) 등에 의해 보충되거나 보완될 필요도 없고 그 자체로서 완전한 진리였다. 그리고 성도들은 그것을 들었고 이해했다. 그렇게 해서 개종이 일어났고, 개종한 성도들은 복음의 진리 안에서 "열매를 맺어 가고"(karpophoroumenon) 있으며, "자라 가고"(auxanomenon) 있다(여기의 두 개의 분사는 현재분사이므로 '계속', '진행'의 뜻이 있다). 그러나 골로새 이단은 이 성장과 열매 맺음에 아무런 도움이 되지 못하고 오히려 방해가 된다. 그러므로 골로새 성도들은 에바브라를 통해 들은 복음을 붙들고 있어야 한다. 복음은 마치 식물과 같아서 계속 자라고 열매를 맺는다(마 13:3-23). 복음은 그 안에 생명력이 있는 씨앗과 같다. 복음 안에 있는 하나님의 능력인 생명력 때문에 믿음이 자라게 된다.

[1:7-8] 에바브라(*Epaphra*)라는 이름은 골로새서 4:12, 13, 빌레몬서 1:23에도 나온다. 에바브라는 빌립보서 2:25과 4:18에 나오는 에바브로디도(*Epaphroditos*)의 축약형(shortened form)으로서 두 사람은 동일 인물로 보인다. 이들이 동일 인물이라고 말할 수 있는 확실한 근거는 없지만, 동시에 아니라고 볼 수 있는 확실한 근거도 없다. 바울의 주변에 이런 이름을 가진 두 사람이 있었을 가능성보다는 한 사람이 두 개의 이름을 사용했을 가능성이 더 크다. 골로새서 4:12에서 "너희에게서 온 에바브라"라고 말하므로 에바브라는 원래 골로새 지역 출신인 듯하다. 만약 그렇다면 그는 이 지역에 복음을 전할 적임자였을 것이다. 골로새서 4:13에서 "그가 너희와 라오디게아에 있는 자들과 히에라볼리에 있는 자들을 위하여 많이 수고하는 것을 내가 증언하노라"라고 바울이 말하므로 에바브라가 골로새, 라오디게아, 히에라볼리 등지에 여러 가정교회를 세웠던 것 같다(골 1:2, 4:15-16; 몬 1:2). 특별히 빌레몬서 1:23에서 "그리스도 예수 안에서 나와 함께 갇힌 자 에바브라"라고 말하므로 빌레몬서를 기록할 때 에바브라도 바울과 함께 감옥에 갇혀 있었던 것을 알 수 있다.

바울은 골로새 성도들이 에바브라에게 "배웠다"(*manthanō*)라고 말한다. 복음은 전하는 사람의 입장에서는 가르치고 선포하는 것이지만, 수용자의 입장에서는 듣고 배우는 것이다. "배웠다"라는 말은 에바브라가 복음을 전할 때 단편적으로 부분적인 지식을 전한 것이 아니라, 상당히 상세하게 복음을 전반적으로 다 가르쳤다는 뜻이다(O'Brien, 15). 에바브라는 이방인에게 복음을 전하는 사명을 가진 바울을 대신하여 골로새에 가서 복음을 전했다. "함께 일하는 종"(*syndoulos; syn+doulos*), "일꾼"(*diakonos*) 등의 호칭은 바울이 동역자를 부를 때 자주 사용하는 호칭이다. 여기서 에바브라에게 특별히 "함께 일하는 종"(*syndoulos*)이란 호칭을 사용하는 것은 그와 바울의 사이가 매우 가깝다는 의미를 넘어서 에바브라와 바울이 같은 레벨(level)에 있다는 의미이다. 골로새서 4:12에서 에바브라는 "그리스도 예수의 종"으로 불린다. 노예제도에서 "종/노예"는 일반적으로 신분이 낮은 사람이라는 의미가 강하지만, 당시 노예제도 안에서도 '누구의 노예가 되느냐'에 따라 그 사람의 신분이 높은 신분이 될 수도 있다(자세한 것은 D. B. Martin, *Slavery as Salvation: The Metaphor of Slavery in Pauline Christianity* 〈New Haven: Yale University Press, 1990〉을 보라; Dunn, 64에서 재인용). 하나님의 종/노예, 그리스도의 종/노예라면 그 신분이 결코 낮다고 말하기 어렵다. 더구나 골로새서 1:15~20의 찬양시에서 그리스도는 '하나님의 형상'이시고, '만물이 그를 통하여, 그를 위하여 창조된' 높으신 분이다. 그런 분의 종이라면 결코 낮은 신분이 아니다. "함께 일하는 종" 앞에 "사랑하는"(*agapētos*)을 추가한 것은 바울과 에바브라 사이의 관계가 매우 친근함을 보여 준다. 바울은 자신을 "복음의 일꾼"(*diakonos*, 골 1:23)이라 부르며, 에바브라를 "그리스도의 신실한 일꾼"(*diakonos*, 골 1:7)이라 부른다. 자신과 에바브라에게 동일하게 "일꾼"(*diakonos*)이라는 호칭을 쓰고 에바브라를 "그리스도의 신실한 일꾼"으로 높여 부른다. 에바브라는 바울의 동역자이지만, 그도 바울처럼 그리스도에 의해 직접 전도자로 임명받은 사람일 수도 있다. 에바브라가 "너희를 위한" 일꾼이란 말은 에바브라가 골로새 지역을 담당하는 전도자라는 뜻이다. 또한 지금 골로새 이단 때문에 성도들이 에바브라가 전한 복음의 진정성을 의심하고 있기에 바울이 에바브라를 "그리스도의 신실한 일꾼"으로 부르는 것일 수도 있다(Moo, 90). 에바브라가 신실하다는 말은 그가 그리스도의 복음을 정확하게 전하는, 믿을 수 있는 전도자라는 점을 강조한다. 바울은 에바브라를 신뢰할 수 있는 사람으로 보증한다.

8절의 번역은 "사실 성령 안에 있는 너희의 사랑을 우리에게 알린 자니라"로 수정하는 것이 좋다. 에바브라는 최근 골로새에서 돌아와 바울과 디모데에게 골로새교회의 사정을 알려 주었다. 에바브라가 알려 준 내용은 "성령 안에 있는 너희의 사랑"이다. 골로새서 1:4에 나오는 "모든 성도에 대한" 그들의 사랑이며, 그들의 사랑은 성령에 의해 생겨난 사랑이다. 로마서 5:5, "우리에게 주신 성령으로 말미암아 하나님의 사랑이 우리 마음에 부은 바 됨이니"는 하나님이 먼저 그의 사랑을 성도들에게 물을 붓듯이 성령을 통해 부어 주신다. 그 사랑을 받은 성도들이 이제 성령 안에서 서로 사랑한다. 물론 에바브라가 골로새에서 에베소로 약 190km를 걸어 바울을 찾아왔을 때 골로새 이단에 관해서도 알려 주었을 것이다. 에바브라는 골로새교회에 관해 부정적인 소식만 전한 것이 아니라, 긍정적인 사랑의 소식을 우선적으로 전했다. 골로새서 1:3에서 기도할 때마다 바울이 하나님께 감사한다는 말이 결코 빈말이 아니라, 정말로 골로새 성도들에 대한 좋은 소식, 즉 믿음과 사랑과 소망에 관한 좋은 소식을(골 1:4-5) 에바브라가 전한 것이다. 쉽게 말하면 바울은 에바브라가 자신에게 골로새교회에 대한 험담을 하지 않았다는 것을 강조한다. 에바브라는 "그리스도의 신실한 일꾼"(골 1:7)일 뿐만 아니라 '신실하게 소식을 전하는 사람'(faithful messenger)이기도 하다(Moo, 910.) 이방인들에게 복음을 전하는 사명을 받은 바울은 에바브라의 보고를 받고 그 보고에 대한 응답으로 이 편지를 쓴다. 이것은 바울이 "글로에의 집 편으로 너희에 대한 말이 내게 들리니"(고전 1:11)라고 말하면서 고린도전서를 써서 보내는 것과 유사하다. 물론 글로에의 집 사람들이 바울에게 전한 소식은 주로 부정적인 소식들이었다.

설교를 위한 묵상

(1) 동역자와 함께 일하는 바울

바울은 에베소에서 교회를 개척하는 중에도 그의 동역자 에바브라를 골로새 지역으로 파송하여 그곳에서 교회를 세우도록 하였다. 로마 시대의 각 성(province)의 수도와 인구의 이동이 활발한 대도시에서 교회를 세우면서도 바울은 그의 동역자들을 주변 중소도시에 보내어 동시다발적으로 교회를 개척하게 했다. 이런 바울의 전도 전략은 오늘날 우리가 전도와 교회 개척을 향해 품고 있는 생각을 되돌아보게 한다. 그의 주변에는 에바브라와 같은 "그리스도의 신실한 일꾼"이 있었다. 그는 골로새에 가서 복음을 가르쳐 성도들이 구원받게 했고, 또한 골로새 성도들이 바울과 디모데와 같은 그의 동역자들을 향해 품고 있는 사랑을 전해 주었다. 바울의 골로새 선교는 이렇게 서로 한마음이 되어 일을 나누어 할 수 있는 믿음의 동료들이 있었기 때문에 가능했다.

오늘날 교회의 목회자들은 물론이고 일반 성도들 가운데 이처럼 그리스도의 신실한 일꾼이 되어 한마음으로 함께할 수 있는 사람들이 있어야 바울과 그의 선교 팀처럼 활발하게 주의 일, 특별히 전도와 교회 개척을 할 수 있다. 바울은 홀로 복음을 들고 간 것이 아니다. 그의 주변에는 우리가 이름을 알고 있는 동역자들은 물론, 우리가 이름을 모르는 수많은 동역자가 있었다. 그들은 하나의 팀이었고, 이 선교 팀이 있었기 때문에 바울도 지중해 일대를 다니면서 단기간에 많은 교회를 세우고 복음을 전할 수 있었다. 주의 일은 절대로 혼자서 할 수 없다. 서로서로 힘을 합하고 하나의 팀이 되어, 서로 맡은 바 책임을 다하게 될 때 우리가 혼자서는 감히 생각할 수도 없는 일도 할 수 있게 되고, 우리가 예상했던 것보다 훨씬 더 좋은 결과를 얻을 수 있게 된다.

(2) 자라고 열매를 맺는 복음

바울과 그의 선교 팀의 노력을 통해 복음이 온 세상으로 퍼져 나갔다. 그들을 통해 복음이 골로새에도 도착했다. 복음은 마치 씨앗이 땅에 심어지듯 그렇게 심어졌다. 복음의 씨앗은 싹이 나고 자라 결국 열매를 맺게 된다. 바울은 지금 온 세상에서 복음이 마치 나무와 같이 자라고 있고, 열매를 맺고 있다고 말한다. 복음의 성장과 열매의 결실 한가운데에 교회가 있다. 바울과 에바브라가 교회를 세움으로 그 교회의 성도들의 믿음이 자라고 그들의 믿음이 자람에 따라 열매가 열린 것이다.

오늘날 교회는 우리보다 먼저 이곳에 와서 복음을 전하고 교회를 개척한 분들의 땀과 눈물의 사역을 통해 하나님이 세우신 것이다. 하나님은 그들의 사역과 교회를 섬기는 수많은 주의 종의 헌신을 통해 계속 복음의 씨앗을 심고, 성도들을 양육하여 그들의 믿음이 자라게 하신다. 하나님은 그들의 믿음이 성장하여 큰 나무처럼 되어 많은 열매를 맺는 믿음의 사람들이 되기를 원하신다. 오늘날 성도 한 사람, 한 사람은 물론 교회 전체가 계속 양적으로, 질적으로 성장하여 복음의 열매를 계속 맺어갈 수 있도록 우리는 하나님의 밭에 나가 물을 주고 씨앗을 심는 이 일을 멈추지 말아야 한다.

(3) 믿음과 소망, 그리고 사랑

인간은 인생에서 누구나 다 자신을 향해 중요한 질문 세 가지를 하게 된다. 첫 번째 질문은 '내가 왜 존재하는가?'이다. 이 질문은 인간 존재의 근원이 어디에 있는지 묻는다. 인간이 진화의 우연한 결과로 존재하게 된 것인지, 아니면 하나님의 계획 가운데 창조된 것인지 어느 쪽이든지 인간은 그 대답을 추구하고 요구한다. 두 번째 질문은 '나는 무엇을 위해 살아가야 하는가?'이다. 이 질문은 인간 존재의 목적과 삶의 방식을 묻는다. 어떻게 사는 것이 의미 있는 삶인지, 무엇을 하고 사는 것이 올바른 삶인지를 묻는다. 셋째로 모든 인간은 '죽음 이후에 나는 어떻게 되는가?'를 묻는다. 이 질문은 인간의 궁극적 삶에 관해 묻는다. 인간이 죽음으로 그 존재 자체가 소멸하여 없어지는 것인지, 죽음 이후에도 나의 존재가 없어지지 않고 계속된다면 과연 어떤 종류의 새로운 삶이 죽음 저편에서 나를 기다리고 있는지 알고 싶어 한다. 이 세 가지 질문에 대해 많은 철학자와 각종 종교가 대답한다.

기독교의 복음 역시 이 질문들에 대답한다. 복음은 인간 존재의 이유(과거 : 하나님의 창조)와 존재 방식(현재 : 하나님의 자녀로서의 삶)뿐만 아니라 인간 존재의 궁극적 상황(미래 : 하늘에서의 영원한 삶)에 대해서 우리에게 가르쳐 준다. 믿음은 하나님과 예수 그리스도께서 주시는 구원에 관한 것이다. 사랑은 우리가 인생에서 어떻게 살아가야 하는지 말해 준다. 소망은 우리의 미래에 관한 것이다. 오늘날 성도들은 지나치게 실현된 종말론으로 기울어져 미래에 있을 부활과 하나님 나라의 영광에 대해 소홀히 생각하는 경향이 있다. 실현된 종말론에 지나치게 경도되어 현재 이 땅에서 누리는 구원에만 집중하면 미래의 소망이 약화된다. 복음은 궁극적으로 미래를 향한 메시지이다. 부활과 심판대에서 죄의 용서와 하나님의 나라에서 누리는 영생이다. 소망은 미래의 영광에 관한 것이고, 영원한 생명에 관한 것이다.

B. 골로새 성도들의 영적 안녕을 위한 기도(1 : 9-14)

⁹이로써 우리도 듣던 날부터 너희를 위하여 기도하기를 그치지 아니하고 구하노니 너희로 하여금 모든 신령한 지혜와 총명에 하나님의 뜻을 아는 것으로 채우게 하시고 ¹⁰주께 합당하게 행하여 범사에 기쁘시게 하고 모든 선한 일에 열매를 맺게 하시며 하나님을 아는 것에 자라게 하시고 ¹¹그의 영광의 힘을 따라 모든 능력으로 능하게 하시며 기쁨으로 모든 견딤과 오래 참음에 이르게 하시고 ¹²우리로 하여금 빛 가운데서 성도의 기업의 부분을 얻기에 합당하게 하신 아버지께 감사하게 하시기를 원하노라 ¹³그가 우리를 흑암의 권세에서 건져내사 그의 사랑의 아들의 나라로 옮기셨으니 ¹⁴그 아들 안에서 우리가 속량 곧 죄 사함을 얻었도다

골로새서 1 : 3~8에서 감사가 끝나고 이어서 골로새서 1 : 9~14에서는 골로새 성도를 위한 바울의 기도가 등장한다. 기도의 주제는 이미 3절에서 잠시 나왔었다("기도할 때마다 하나님 곧 우리 주 예수 그리스도의 아버지께 감사하노라"). 1 : 9~14에서 기도에 관해 말하면서도 12절에서 다시 감사의 주제가 등장한다("성도의 기업의 부분을 얻기에 합당하게 하신 아버지께 감사하게 하시기를 원하노라"). 바울은 자신이 성도들을 위해 기도하고 있다는 것을 그들에게 알리는 것을 주저하지 않는다(예. 롬 1 : 9 이하; 빌 1 : 9 이하). 바울이 이렇게 자신과 디모데의 기도 내용을 비교적 소상하게 소개하는 이유는 그렇게 함으로 자신과 골로새교회 사이의 관계가 얼마나 가까운지를 알리는

데에 있다. 바울에게 골로새 성도들은 아직 그의 "육신의 얼굴을 보지 못한 자들"(골 2:1)이다. 그들에게 골로새 이단의 문제점들을 지적하고 신앙을 바로잡으려면 먼저 바울과 골로새 성도들 사이에 신뢰의 관계가 형성되는 것이 필요하다. 바울은 자신이 얼마나 그들을 향해 깊은 관심을 갖고 기도하는지를 설명함으로 그들이 자신의 말을 신뢰하게 되기를 원한다.

[1:9] 9절에는 바울의 기도 습관이 나타난다. 바울은 혼자 기도하지 않고 그의 동역자들과 함께 기도했다("우리도"). 9a절의 번역은 "이런 이유로 우리도 너희에 관하여 들은 날부터"로 바꾸는 것이 좋다. 바울은 골로새 성도들에 관하여 들은 날부터 시작해서 정기적으로(*ou pauometha*, "그치지 아니하고") 기도했다. 이렇게 바울이 '그치지 않고/쉬지 않고 기도했다'고 말하는 경우(살전 5:17; 살후 1:11; 골 4:2; 롬 12:12; 엡 6:18) 24시간 계속해서 기도했다는 뜻으로 해석하기보다는 "기도할 때마다", 즉 기도하는 시간이 되면 그 시간을 지켜 빠지지 않고 기도했다는 뜻으로 해석하는 것이 합리적이다(Moo, 83). 물론 이 구절을 24시간 쉬지 않고 기도하는 것으로 보는 고대교회의 전통도 있었다. 이런 해석 때문에 마음속으로 쉬지 않고 기도하기 위해 호흡 위에 기도를 얹어 기도하는 '예수 기도'(Jesus Prayer) 전통이 생겨났다.

바울이 기도를 시작한 것은 골로새교회에 관한 걱정이나 문제 때문이 아니다. 감사한 소식을 듣고 나서 기도를 시작했다(골 1:3). "구하노니"는 '간구하다'(*aitoumenoi*)라는 뜻이며, '간구하다'는 '기도하다'와 동의어다. 이어서 바울은 구체적으로 어떤 내용의 기도를 했는지 말한다. 바울은 골로새 교인들이 하나님의 뜻을 아는 지식으로 가득 채워지기를 구했다. "지식"에 그의 기도의 초점이 맞추어져 있다. '채워지다'(*plērōthēte*)는 신적수동형(divine passive)이다. 개역개정판의 번역 "채우게 하시고"는 "채워지게 하시고"와 같은 수동형으로 번역을 바꾸어야 한다. 만약 능동형으로 번역한다면 주어를 하나님으로 하여 "하나님께서 채우시기를 기도한다."로 바꾸어야 한다(실제로 몇몇 영어번역은 이렇게 번역하고 있다). 영적인 지혜는 하나님의 선물이며, 인간이 스스로 채울 수 있는 것이 아니다. 인간을 영적인 지혜로 채우는 주체는 하나님이시다. 그 뒤에 보통 속격이 오게 되어 있으나 여기에서는 대격(accusative) '텐 에피그노신'(tēn epignōsin)이 있다. 이 대격은 채워지는 내용(content)이 무엇인지를 나타낸다(Harris, 30).

구약성경에는 하나님을 아는 것의 중요성을 강조하는 전통이 있다. 호세아 6:3, "그러므로 우리가 여호와를 알자 힘써 여호와를 알자"와 호세아 6:6, "나는 인애를 원하고 제사를 원하지 아니하며 번제보다 하나님을 아는 것을 원하노라"라는 말씀은 잠언의 여러 말씀(잠 1:7; 2:1; 9:10 등; 시 111:10)과 더불어 "하나님을 아는 것"의 중요성을 강조한다. 바울은 특별히 "모든 신령한 지혜와 총명에"(en pasē sophia kai synesei pneumatikē, '하나님이 주시는 모든 지혜와 깨달음으로'), "하나님의 뜻을 아는 것"(tēn epignōsin tou thelēmatos autou)으로 가득 채워지기를 기도한다. "총명"(synesis)은 '깨달음'(understanding)이란 뜻이다. 9b절의 번역은 "너희가 모든 영적인 지혜와 깨달음으로 하나님의 뜻을 아는 것으로 채워지게 하시고"로 수정하는 것이 좋다. 영적인 지혜와 깨달음, 하나님의 뜻을 아는 지식은 하나님의 선물이며 이것들은 하나님께서 그의 백성들에게 주시고자 하는 것이다(출 31:3; 35:31, 35; 신 34:9; 대상 22:12; 사 11:2; 29:14; 롬 2:18). 그 지혜와 총명은 하나님의 성령을 통해서 받을 수 있다. 출애굽한 이스라엘의 회막의 각종 기구를 만드는 브살렐에게 하나님은 "영을 그에게 충만하게 하여 지혜와 총명과 지식과 여러 가지 재주"(출 31:3)를 주셨다(참고. 출 35:31; 사 11:2).

유대교 전통에서 하나님을 아는 지식은 율법과 연결되어 있다. 신명기 4:6에서 "지혜와 지식"(깨달음)은 율법을 알고 그것을 지키는 것이다(롬 2:18, "율법의 교훈을 받아 하나님의 뜻을 알고"). 그러나 바울은 여기서 율법에 관한 지식으로 채워지기를 기도하는 것이 아니다. 그는 성도들이 예수 그리스도가 누구인지, 그리스도를 통해서 어떤 일들이 미래에 일어날 것인지에 관한 영적인 지혜, 깨달음, 지식으로 채워지기를 기도한다. 올바른 지식은 사람을 올바른 길로 인도하고, 잘못된 지식은 사람을 잘못된 길로 인도한다. 올바른 지식에서 올바른 행동이 나온다(Bruce, 46). 로마서 1:28, "그들이 마음에 하나님 두기를 싫어하매"는 헬라어 원문을 직역하면 '그들이 지식에 하나님 두기를 싫어하매'다. 헬라인들이 하나님에 대한 올바른 지식을 갖고 싶어 하지 않으므로 하나님은 그들을 가치 없는 생각으로(to worthless mind, "그 상실한 마음대로") 넘겨주셨다(to hand over, "내버려두사"). 그 결과 그들은 로마서 1:29~31의 각종 죄악에 빠진다. 만약 골로새 성도들이 하나님의 뜻을 알게 되면 현재 그 교회를 어지럽히는 "철학", "헛된 속임수", "사람의 전통", "초등학문"(골 2:8) 등은 자연스럽게 교회에서 설 자리를 잃어버리게 될 것이다. 이런 연유로 골로새서에는 지혜와 지식에 대한 언급이 자주 나온다(골 1:28; 2:1-3; 3:10).

골로새서에서는 "충만"(fullness)이라는 주제도 자주 나오며(골 1:19, 24, 25; 2:2, 3, 9, 10; 4:12, 17), '충만', '풍부' 등의 개념은 바울의 기도에 자주 등장한다(고전 1:5; 빌 1:9; 4:19; 살전 3:12; 살후 1:13; O'Brien, 20). 골로새서 4:12, "너희로 하나님의 모든 뜻 가운데서 완전하고(peplērophorēmenoi, "충만하게 되고") 확신 있게 서기를 구하나니"에서 이것은 에바브라의 기도 제목이다. 그도 바울처럼 성도들이 하나님의 뜻으로 충만하게 되기를 기도한다. 다른 서신보다 골로새서에서 충만의 주제가 더 자주 등장하는 이유는 아마도 골로새 이단이 "충만"을 강조하기 때문인 것 같다. 또한 "지식"(epignōsis)을 언급하는 것도(골 1:9-10) 이 단어가 골로새 이단이 즐겨 사용하는 용어였기 때문인 것 같다(O'Brien, 20-21).

[1:10] '행하다'라는 뜻으로 사용된 동사 '페리파데오'(peripateō)는 원래 '걷

다'라는 뜻이다. 이 동사는 히브리어의 '걷다'란 뜻의 동사 '할락'(hālăk)과 의미상 관련이 깊다(예. 잠 2:20; 4:25-27). 유대인들은 '걷다'라는 동사를 '행하다'라는 뜻으로도 사용했다. 잠언 2:13, "이 무리는 정직한 길을 떠나 어두운 길로 행하며"에서 "행하며"는 바로 '걷다'라는 뜻의 동사 '할락'(hālăk)의 번역이다. "합당하게 행하다"라는 말은 '신령한 지혜와 지식에 걸맞은 행동을 하다'라는 뜻이다.

헬라어 '아레스케이아'(areskeia)는 '기쁘게 하려는 열망'(desire to please)이란 의미다(롬 8:8; 15:1, 2, 3; 고전 7:32; 살전 2:4; 4:1). 성도들은 하나님을 기쁘게 하려는 열망을 갖고 신령한 지혜와 지식에 합당한 행동을 한다. 10절에서 바울은 영적인 지혜와 지식(골 1:9)을 갖게 되었을 때 어떤 실천적인 결과가 나타나는지를 설명한다. 그것은 '올바른 지식은 올바른 행동을 낳는다'는 것이다. 올바른 행동은 자신을, 혹은 육체를 기쁘게 하는 행동이 아니라(롬 8:8; 15:1, 2, 3; 고전 7:32), "주"이신 하나님(살전 2:12)과 그리스도(골 1:3; 3:17)를 기쁘게 하는 행동이다. 하나님의 뜻에 대한 올바른 지식이 성도의 삶에 열매를 맺게 한다. 이것은 예수 그리스도의 가르침, "그들의 열매로 그들을 알리라"(마 7:20)라는 말씀과 그 뜻이 상통한다. '열매를 맺다'와 '자라다'는 농사와 관련된 동사들이며, 이 동사들은 바울의 사도적 소명과 관련이 있다(이에 관한 자세한 논의는 골 1:6의 주석을 보라).

"모든 선한 일에"는 전치사 '엔'(en)이 있는 전치사구며, 이 경우 전치사는 수단(instrument)을 가리킨다(Moo, 97). 성도들은 '모든 선한 일을 그 수단으로 하여' 열매를 맺는다. "하나님을 아는 것에 자라게 하시고"에서 "하나님을 아는 것에"는 여격 명사로 되어 있으며, 이 경우도 수단을 나타낸다(수단의 여격). 성도들은 '하나님을 아는 지식을 그 수단으로 하여' 성장한다. 신앙생활에서 행동으로 열매를 맺는 것과 하나님을 아는 지식은 서로 비례하여 증가한다.

[1:11] 11절에서도 문장은 수동태로 되어 있다(*dynamoumenoi*, "능하게 되어"). 개역개정판 번역 "능하게 하시며"는 수동태로 바꾸어 "능하게 되어"로 되어야 한다. '능하게 되어'의 의미상의 주어는 성도들이다. 10~11절에서 분사들은 골로새 성도들을 주어로 하고 있다. 여기서 "힘", "능력", "능하게 하다"라는 말이 삼중으로 나타나고 있고, 모두 하나님의 능력을 강조한다. 바울은 성도들이 하나님의 "영광의 능력"을 따라 능력을 받아, 그 능력 안에서 "기쁨으로 모든 견딤과 오래 참음에 이르게" 되기를 기도한다. 하나님의 영광의 능력은 바로 다름 아닌 그리스도를 죽은 자들 가운데서 다시 살리신 하나님의 능력이다(롬 6:4, "이는 아버지의 영광으로 말미암아 그리스도를 죽은 자 가운데서 살리심과 같이"). 에베소서 1:19, "그의 힘의 위력으로 역사하심을 따라 믿는 우리에게 베푸신 능력의 지극히 크심"도 하나님의 크신 능력을 우리에게 베풀어 주신다고 말한다. 이어 20절에서는 "그의 능력이 그리스도 안에서 역사하사 죽은 자들 가운데서 다시 살리시고"라고 말한다. 그리스도를 살리신 하나님의 능력이 우리 안에 작용하게 된다. 마치 전쟁에 나가는 병사들을 무장시키듯이 하나님은 우리를 강력하게 무장시키신다. "그의 영광의 힘을 따라 모든 능력으로 능하게 되어"의 의미다.

그 능력 안에서 성도들은 고난과 시험 속에서도 "견딤"(*hypomonē*, resolute endurance)과 "오래 참음"(*makrothymia*, patient endurance)에 도달하게 된다. 기독교인의 인내(견딤)는 타고난 천성이 아니라 하나님의 능력으로 비로소 가능하게 되는 성령의 열매다(갈 5:22). 고린도후서 12:12에서 바울은 "사도의 표"(signs of apostles)로 "표적과 기사와 능력" 외에 "참음"(*hypomonē*)을 추가한다. 예언자가 나타났을 때 그에게 표적을 요구하는 것은 구약성경의 오랜 전통이다(신 13:1-2; 출 4:1-9). 사도에게도 동일하게 표적을 요구한다. 바울은 표적에 장기간의 고난을 인내하면서 동일한 메시지를 전하는 것을 참된 사도의 표지에 추가한다. 고난을 오래 견디는 것은 그 사람이 진정한 사도일 뿐만 아니라 진정한 성도라는 것을 보여 준다.

당시 유행하던 철학인 스토아 철학("스도이고 철학", Stoicism, 행 17 : 18)에서도 인내를 중요한 덕목으로 가르쳤으나 바울이 가르치는 인내는 헬라 철학이 가르치는 인내와 다르다. 바울은 고난 가운데 "즐거움으로"(with joyfulness) 인내하라고 가르쳤고, 이것은 스토아 철학에서 발견되지 않는다. 바울은 실라와 함께 빌립보의 감옥에 갇혔을 때 기도하고 "하나님을 찬송"했다(행 16 : 25). 스토아 철학자라면, 인내하기만 했지 그것을 기쁨으로 받아들여 찬양을 부르지는 못했을 것이다(Bruce, 48). 바울이 말하는 고난을 기쁨으로 받아들이고 인내하는 것은 예수 그리스도의 가르침, "나로 말미암아 너희를 욕하고 박해하고 거짓으로 너희를 거슬러 모든 악한 말을 할 때에는 너희에게 복이 있나니 기뻐하고 즐거워하라"(마 5 : 11-12)라는 말씀과 그 궤적을 같이 한다.

인내는 마치 전쟁에 나간 병사가 적군의 공격에 저항하여 끝까지 자신의 자리를 지키는 것과 같다. 모든 종류의 어려운 상황 속에서 기독교인이 인내할 수 있는 것은 그 힘의 근원이 신실하신 하나님(the God of steadfastness)으로부터 오기 때문이다(롬 15 : 5, "인내의 하나님"⟨*ho Theos tēs hypomonēs*⟩). 하나님은 "노하기를 더디하고(*makrothymos*) 인자와 진실이 많은"(slow to anger and abounding in steadfast love and faithfulness) 분이므로(출 34 : 6), 그분의 백성을 대할 때 '오래 참음'을 보여 주신다. 로마서 9 : 22에서 바울은 하나님이 "멸하기로 준비된 진노의 그릇을 오래 참으심으로(*en pollē makrothymia*) 관용하시고"라고 말한다. 그러므로 우리도 그 모습처럼 인내하며 오래 참으며 살아야 한다(우리가 하나님의 신적 속성을 닮아야 한다는 것에 관한 자세한 논의는 골 3 : 12의 주석을 볼 것). 하나님이 그 능력을 주시기 때문에 우리는 이 인내의 싸움에서 견디고 이길 수 있다.

[1 : 12] 12절의 "빛 가운데서"는 성도를 수식하는 말로 보아, "빛 가운데 있는 성도"(the saints in the light, *hoi hagioi en tō phōti*)로 번역할 수 있다. '빛

가운데 있는 성도'는 흔히 하늘에 있는 천사들을 가리키는 말로 본다. "빛"은 하늘의 빛이고, 하늘의 빛 가운데 있는 것은 대체로 천사들이기 때문이다. 구약성경은 종말이 오면 하나님의 "발이 예루살렘 앞 곧 동쪽 감람산에 서실"(슥 14:4) 때 "하나님 여호와께서 임하실 것이요 모든 거룩한 자들이 주와 함께하리라"(슥 14:5)라고 말한다. 하늘에서 내려오는 "모든 거룩한 자들"은 하늘에 있는 존재들이다. 데살로니가전서 3:13, "우리 주 예수께서 그의 모든 성도와 함께 강림하실 때에"서도 하늘에 있는 "모든 성도"가 그리스도와 함께 재림한다(참고. Wisdom 5:1 1QS 11:7-8; Dunn, 76; Bruce 49). 다니엘 12:3, "지혜 있는 자는 궁창의 빛과 같이 빛날 것이요 많은 사람을 옳은 데로 돌아오게 한 자는 별과 같이 영원토록 빛나리라"에서 지혜 있는 자와 많은 사람을 옳은 데로 돌아오게 한 자는 다니엘과 세 친구처럼 신앙을 지키기 위해 순교한 사람이다. 이 말씀은 그들은 "지혜 있는 사람"이고, 죽더라도 "궁창의 빛" 혹은 "별"이 되어 영원토록 빛나는 존재가 된다는 것을 암시한다. 요한계시록 4:4에서는 하나님의 보좌를 중심으로 "이십사 보좌들이 있고 그 보좌들 위에 이십사 장로들이 흰옷을 입고 머리에 금관을 쓰고 앉았더라"라고 말한다. 요한계시록 5:11에서는 "내가 또 보고 들으매 보좌와 생물들과 장로들을 둘러선 많은 천사의 음성이 있으니 그 수가 만만이요 천천이라"라고 하여 하늘의 하나님의 영광(빛) 가운데 있는 수많은 거룩한 자들에 관해 말하고 있다. 지금 땅 위에 있는 골로새 '성도들'이 하늘에 있는 '거룩한 자들'이 상속받을 것을 함께 상속받게 된다고 보아도 틀린 해석은 아니다.

그러나 바울은 자신이 세운 교회의 신자들을 '성도'라는 호칭으로 늘 부르고 있고, 사도행전 26:18, "죄 사함과 나를 믿어 거룩하게 된 무리 가운데서 기업을 얻게 하리라"와 에베소서 5:8, "너희가 전에는 어둠이더니 이제는 주 안에서 빛이라 빛의 자녀들처럼 행하라"에서 나타나듯이 땅 위의 성도들은 하늘의 하나님의 영광의 빛 가운데 있는 거룩한 자들과 이제 구분되기 어려운 하나의 집단이 되므로, "빛 가운데 있는 성도"는 골로새 성도들을 포함한 땅 위의 기독교인들을 가리키는 말로 볼 수 있다(Dunn, 76-77). 그렇게 본다면 "교회의 성도들이 빛 가운데에서 거룩한 자들의 몫을 상속받는다."라는 뜻으로 해석할 수 있다.

　12절의 번역은 "우리가 빛 가운데서 성도의 상속의 몫을 얻도록 자격을 갖추게 하신 아버지께 감사하노라"로 하는 것이 우리말 어감에도 맞고 헬라어 원문에도 충실한 번역이 된다. "합당하게 하신"은 '자격을 갖추게 하신'의 뜻이다. '자격을 갖추게 하다'(to qualify)라는 뜻의 동사 '히카노오'(*hikanoō*)는 고린도전서 15:9, 고린도후서 2:16, 3:5~6 등에서도 사용되었다. "나는 사도 중에 가장 작은 자라 나는 하나님의 교회를 박해하였으므로 사도라 칭함 받기를 <u>감당하지 못할</u> 자니라"(고전 15:9), "이 사람에게는 사망으로부터 사망에 이르는 냄새요 저 사람에게는 생명으로부터 생명에 이르는 냄새라 누가 이 일을 <u>감당하리요</u>"(고후 2:16), "우리가 무슨 일이든지 우리에게서 난 것 같이 스스로 <u>만족할</u> 것이 아니니 우리의 만족은 오직 하나님으로부터 나느니라 그가 또한 우리를 새 언약의 일꾼 되기에 <u>만족하게 하셨으니</u>……"(고후 3:5-6) 등에서 밑줄 친 부분은 이 동사를 번역한 것이다. 개정개역판 번역은 이 동사의 의미를 잘 살리고 있지 못하지만, 이 구절들에서 이 동사의 기본적 뜻/해석은 '자격이 갖추어져 있다/있지 않다'라는 것이다. 바울은 자신이 교회를 핍박하였으므로 사도의 자격을 갖출 수 없는 사람이라고 본다(고전 15:9). 하지만 하나님이 자신을 사도로 불러 사도의 직분을 감당할 수 있는 자격을 주셨다. 그러므로 사도의 자격은 자기 자신에게서 유래하는 것이 아니라 하나님으로부터 온 것이다. 하나님은 바울에게 새 언약의 일꾼의 자격을 이미 주셨다(고후 3:5-6). 복음의 사역을 할 수 있는 자격이 누구에게 있는가?(고후 2:16) 바울은 거짓 사도들(고후 11:13)이 아니라 바로 자신에게 그 자격이 있다고 주장한다(고후 2:17). 따라서 '히카노오'(*hikanoō*)의 번역을 '합당하게 하다'로 하는 것보다 구체적으로 '자격을 갖추게 하다'(to qualify)로 하는 것이 좋다.

바울은 하나님께서 성도들이 상속의 몫을 받을 수 있도록 상속자의 자격을 갖추어 주신 것에 대해 감사한다. 갈라디아서 3:23은 "믿음이 오기 전에" 그리고 "계시될 믿음의 때까지" 성도들이 "율법 아래에 매인 바 되고…… 갇혔느니라"라고 말한다. 십자가와 부활의 복음을 믿기 전의 인간은 율법에 의해 감옥에 갇혀 감시당하는 죄수나 노예와 같은 존재로 묘사된다. 그때 인간은 율법이라는 "초등교사"(갈 3:24)의 권위 아래에 있었다. 초등교사(paidagōgos)는 부유한 헬라 상류층의 가정에서 자녀(주로 아들)를 훈육하기 위해 훈육 권한을 임시로 위임받은 노예다. 이 노예는 그 집의 아들이 성장할 때까지 아들과 하루 대부분의 시간을 보내면서 아버지를 대신하여 언행을 지도한다. 자녀가 성장하여 성인이 되면 부모는 성인식을 해 주고 아버지는 합법적으로 이 아들을 자신의 상속자(유업을 이을 자)로 지명할 수 있다. 아들이 성인이 되고, 상속자가 되는 그 순간 초등교사의 유효기간은 끝이 나며, 아이와 초등교사의 관계는 역전된다. 이전에는 아이가 초등교사의 말을 듣고 순종해야 했지만, 이제는 반대로 초등교사가 아이의 말에 순종해야 한다. 왜냐하면 그 아이가 이제 미래의 주인이기 때문이다.

"율법이 우리를 그리스도께로 인도하는 초등교사"(갈 3:24)에서 바울이 말하고자 한 바는 율법은 영원무궁토록 유효한 것이 아니라 그 유효기간이 정해져 있고, 지금은 그 유효기간이 끝났다는 점이다. 로마서 7:1~4의 남편이 죽으면 자유롭게 되는 여인의 비유도 같은 내용을 말하고 있다. 하나님이 정하신 때가 되어서 그리스도가 이 땅에 오실 때 "율법 아래에"(갈 4:4) 태어나셨다. 예수는 율법 아래에 태어나 유대인으로 나시고, 유대인으로 자라서 유대교 율법에 의해 산헤드린에서 재판받아(막 14:53-65; 마 26:57-68; 눅 22:54-55, 63-71; 요 18:13-14, 19-24) 율법에 따라 나무에 달려 돌아가셨다(갈 3:13; 신 21:23). 그래서 "율법 아래에 있는 자들을 속량"(갈 4:5)하셨다. 그 결과 우리는 "아들의 명분을 얻게"(갈 4:5) 되었다. "아들의 명분"으로 번역된 헬라어 '휘오떼시아'(*huiothesia*)는 '입양'(adoption)이란 뜻이다. 우리는 하나님의 자녀가 아니었는데, 그리스도의 대속의 죽음 덕분에 그리고 "하나님이 그 아들의 영을 우리 마음 가운데 보내사"(갈 4:6) 하나님의 가정의 자녀로 입양되어 하나님을 "아빠(아람어, *Abba*) 아버지라 부르게"(갈 4:6) 되었다. 하나님은 그리스도를 통해 노예와 포로의 신분에서 자유인으로, 자유인의 신분에서 자녀로, 그리고 자녀의 신분에서 상속자("유업을 이을 자")의 신분으로(갈 3:29, 4:1, 7) 우리의 신분을 바꾸어 주셨다. 이렇게 하여 우리는 상속자의 자격이 갖추어지게 되었다.

유업을 이을 자로서 우리가 상속받게 되는 것은 무엇인가? 갈라디아서 3:18, "만일 그 유업이 율법에서 난 것이면 약속에서 난 것이 아니리라 그러나 하나님이 약속으로 말미암아 아브라함에게 주신 것이라"에 그 답이 들어 있다. "하나님이 약속으로 말미암아 아브라함에게 주신 것"은 창세기 13:15, "보이는 땅을 내가 너와 네 자손에게 주리니 영원히 이르리라"와 창세기 17:8, "내가 너와 네 후손에게 네가 거류하는 이 땅 곧 가나안 온 땅을 주어 영원한 기업이 되게 하고 나는 그들의 하나님이 되리라"에 있는 바로 그 약속이다. 즉, "가나안 땅"에 대한 약속이다. 하나님은 아브라함과 그 후손에게 "땅"을 영원한 기업으로 주셨다. 과거 이스라엘 백성들은 하나님의 거룩한 백성으로서 가나안 땅에 들어갈 때, "땅"을 상속의 몫으로 분배받았다. 땅은 그들의 삶의 터전으로서, 자손 대대의 복지와 안녕을 보장해 주는 중요한 생산수단이었다. 그러나 그들은 나라를 잃음과 동시에 상속의 몫인 땅을 잃게 되었다. 후대에 이민족의 지배 아래 상속의 몫인 땅을 잃은 유대인들은 땅이 아닌 다른 "상속의 몫"을 발견하게 된다. 그것은 다름 아닌 "하나님"이었다. 그들은 땅을 잃었지만 다른 민족에게는 없는 "하나님을 아는 지식"을 상속의 몫으로 받았다는 것을 깨달았다(시 119:57, "여호와는 나의 분깃이시니 나는 주의 말씀을 지키리라").

다니엘 7:13~14에서는 하늘에서 구름을 타고 내려오는 '인자'(Son of

Man)가 하나님께 인도되자 하나님이 그에게 "권세와 영광과 나라를" 주신다. 그가 왕이 되어 "모든 자들이 그를 섬기게" 되며, "그의 권세는 소멸되지 아니하는 영원한 권세"가 되고 "그의 나라는 멸망하지" 않는 영원한 나라가 된다. 다니엘 7:18, "지극히 높으신 이의 성도들이 나라를 얻으리니 그 누림이 영원하고 영원하고 영원하리라"와 다니엘 7:22, "옛적부터 항상 계신 이가 와서 지극히 높으신 이의 성도들을 위하여 원한을 풀어 주셨고 때가 이르매 성도들이 나라를 얻었더라"는 영원한 하나님 나라의 왕인 이 '인자'를 통해서 하나님의 백성이 하나님의 나라를 받게 될 것을 예언한다. 이 예언은 미래의 메시야의 나라와 그의 백성에 관한 것이다. 여기에서도 그 나라의 백성들은 "성도들"이라는 호칭으로 불리고, 골로새서 1:12의 내용과 상당히 유사하다.

자신을 다니엘 7장의 인자와 동일시했던 예수는 하나님의 땅에 대한 약속을 하나님의 나라에 대한 약속으로 보고 그렇게 가르쳤다. 마태복음 5:5, 산상수훈의 "온유한 자는 복이 있나니 그들이 땅을 기업으로 받을 것임이요"에서 "땅"은 가나안 땅을 가리키는 것이 아니라 종말의 '하나님의 나라'(마 5:10, "천국이 그들의 것임이라")를 가리킨다. 하나님을 아는 지식과 하나님의 나라는 이제 유대인들에게만 배타적으로 주어진 상속의 몫이 아니라 이방인들에게도 믿음을 통해서 주어졌다. 이것은 일찍이 하나님이 아브라함에게 주신 약속 "네 씨로 말미암아 천하 만민이 복을 받으리"(창 22:18)의 성취이다. 바울의 다메섹 경험을 설명하던 중 누가는 사도행전 26:18에 그리스도께서 바울을 이방인과 유대인에게 보내어 "그 눈을 뜨게 하여 어둠에서 빛으로, 사탄의 권세에서 하나님께로 돌아오게 하고 죄 사함과 나를 믿어 거룩하게 된 무리 가운데서 기업[상속]을 얻게 하리라"라고 말씀하셨다고 기록한다. 바울의 사역을 통해 구원받은 자들이 성도들 가운데에서 상속의 몫을 얻게 하신다는 것이다. 그 상속의 몫은 곧 하나님의 나라다. "성도"는 그리스도를 믿음으로 하나님 나라의 상속자가 된 사람들이다. 골로새서 3:24

에서 "이는 기업의 상을 주께 받을 줄 아나니"라는 말씀은 곧 예수를 믿는 노예들이라 하더라도 그리스도로부터 하나님의 나라를 상속하게 될 줄 알고 있다는 말이다. 하나님은 그리스도를 통해 성도들에게 하나님의 자녀라는 신분을 얻게 하시고, 그리스도를 통해 그들에게 하나님을 아는 지식을 주셔서 그들이 하나님 나라를 상속받을 수 있는 상속자의 자격을 갖추게 하셨다(hikanōsanti). 바로 이 점 때문에 바울은 골로새 교인들을 기억하고 기도할 때마다 "기쁨으로", "아버지께" 감사를 드린다. 11절의 "기쁨으로"는 12절의 '감사드리다'라는 동사에 연결되는 부사로 볼 수도 있다.

[1:13] "우리"는 골로새 성도들을 포함한 모든 그리스도인이다. 문장의 의미상의 주어는 하나님이시다. "건져 내사"는 "구원하사"로 번역하는 것이 좋다. 하나님은 우리를 구원하셨고(errysato) 어둠이 지배하는 영역으로부터 "아들의 나라"로 옮기셨다. 여기에서 "구원하셨다"와 "옮기셨다"(metestēsen) 두 개의 동사는 모두 단순과거(aorist) 시제로, 일회적 동작을 나타내며 이미 구원과 이동이 완료되었다는 의미이다. 고대시대에 왕의 명령에 따라 어떤 민족을 원래 거주지로부터 다른 지역으로 이주시키는 일은 흔한 일이었다. 마치 하나님께서 이스라엘 민족을 바로 왕이 다스리는 이집트에서 구원하시고 그들을 젖과 꿀이 흐르는 가나안 땅으로 옮겨 심으셨던 것처럼, 하나님은 그리스도의 죽음을 통해 죄와 죽음의 세력 밑에서 노예로 살아가던 (갈 3:23, "믿음이 오기 전에 우리는 율법 아래에 매인 바 되고 계시될 믿음의 때까지 갇혔느니라") 인간을 구원하여 그가 사랑하시는 아들의 나라로 옮기셨다. 어둠의 세력의 지배하에 살던 골로새 성도들은 이미 아들의 나라로 옮겨 심어졌으므로(to have been transplanted), "왕권들이나 주권들이나 통치자들이나 권세들"(골 1:16) 같은 어둠의 세력들을 두려워할 필요가 없어졌다.

구원은 언제나 '~부터의 구원'(salvation from~)이다. 갈라디아서 1:4, "그리스도께서…… 이 악한 세대에서(ek) 우리를 건지시려고 우리 죄를 대속하기 위하여 자기 몸을 주셨으니"에서 구원은 현재의 악한 세대로부터(out of, ek) 나와서 다른 곳으로 이주하는 것이다. 개종이란 A라는 장소를 떠나 B라는 장소로 이주하는 것이다. 우리는 여전히 이 악한 세대 안에서 살아가야 하지만, 그리스도께서 우리를 악한 세대가 침범할 수 없는 안전지대로 옮기셔서 우리의 소속이 변경된다. 반대로 갈라디아서 1 : 6, "그리스도의 은혜로 너희를 부르신 이를 이같이 속히 떠나 다른 복음을 따르는 것을 내가 이상하게 여기노라"에서 '떠나다'(metatithēmi)는 '탈영하다'의 의미가 있다. '다른 복음으로 가기 위해'(eis heteron euangelion, into another gospel) 떠나는 것이다. 한 진영을 떠나 다른 진영으로(into) 옮겨 가는 것이다. 개종뿐만 아니라 배교 역시 한 곳을 떠나 다른 곳으로 옮겨 가는 이주(移住) 메타포로 표현된다.

데살로니가전서 1 : 9, "…… 너희가 어떻게 우상을 버리고 하나님께로 돌아와서 살아 계시고 참되신 하나님을 섬기는지와"는 개종 공식과 이주 메타포가 함께 나타난 경우다. 이는 복음을 받아들인 개종자들의 인생에 어떤 변화가 일어났는지를 보여 준다. 데살로니가 성도들은 개종 이전에 생명이 없는 죽은(dead) 신, 거짓된(false) 신을 섬겼는데, 복음을 받아들여 살아 있고(living), 참된(true) 창조주 하나님을 예배하게 되었다. 그들은 우상으로부터(from, apo) 하나님께로(to, pros) 돌아섰다(epestrepsate). 물론 골로새서 1 : 13, "흑암의 권세에서(from, ek)…… 아들의 나라로"(into, eis)에서 사용된 전치사 조합은 다르지만 의미는 같다. 데살로니가전서에서는 180도 방향의 전환이지만, 결국 한 영역을 떠나 다른 영역으로 이주하기 위한 전환이기 때문이다. 돌아서면(개종하면) 성도들은 한 영역에서 다른 영역으로 공간적 이동을 하게 되고, 이 공간적 이동으로 인해 소속의 변화가 발생한다. 그 이전에는 죽음이 왕 노릇하는(롬 5 : 14, 17, 21, "사망이 왕 노릇하였나니") 영역의 시민이었다면, 이제는 하나님의 아들의 나라의 시민으로 소속이 바뀐다. 바울은 세상을 두 개의 영역으로 나누어 인식하며, 이것은 개종이 얼마나 극적인 변화인지를 잘 보여 준다. 13절의 "흑암"(어둠)은 12절의 "빛"과 강하게 대조되고 있고, 개종이 얼마나 극적인 변화인지 잘 보여 준다.

개종은 또한 시간적인 관점에서도 관찰된다. 갈라디아서 4:8~9에서 바울은 '이전에…… 그러나 지금은'(tote…… nyn de……; then…… but now……)이라는 양식을 사용하여 과거의 이교도적 삶과 현재의 기독교적 삶을 대조한다. 성도들은 전에는 하나님을 모르는 초등학문(골 2:8, 20; 참고. 갈 4:9)의 노예들이었지만, 이제는 하나님을 알게 되었다(살전 1:9; 참고. 고전 12:2). 하나님에 대한 불순종은 순종으로 바뀌었다. 로마서 11:30에서도 바울은 개종으로 인해 나타난 변화를 "전에…… 이제……" (formerly…… now……; pote…… nyn de……)로 표현한다("너희가 전에는 하나님께 순종하지 아니하더니 이스라엘이 순종하지 아니함으로 이제 긍휼을 입었는지라"). 골로새서 1:21~22에서도 바울은 '전에는(pote) ~하였으나(de) 지금은(nyni) ~하다'라는 형식을 사용해서 성도들에게 일어난 변화를 설명한다("전에 악한 행실로 멀리 떠나 마음으로 원수가 되었던 너희를 이제는 그의 육체의 죽음으로 말미암아 화목하게 하사"). 이런 형식은 다메섹 경험을 통해 바울 자신에게 일어난 변화에서도 사용되고(참고. 갈 1:23; 몬 1:11; 딤전 1:13), 일반 성도들의 개종을 말할 때도 사용되며(롬 5:8-11; 7:5, 6; 11:30-32; 고전 6:9-11; 갈 4:3-7, 8-10; 골 2:13; 3:17), 다른 신약성경의 저자들도 사용한다(벧전 2:10, 15; 행 17:30; 히 12:26). 개종을 공간적인 관점에서 묘사하든 시간적인 관점에서 묘사하든 상관없이 중요한 것은 개종을 기점으로 해서 과거와 현재 사이에 극적인 단절(drastic discontinuity)이 존재한다는 것이다.

"그의 사랑하는 아들"(tou huiou tēs agapēs autou)이란 표현에서 "그의 아들"은 '하나님의 아들'이다. 하나님의 아들은 구약성경에서 유래하는 메시야 호칭이다. 구약성경의 모든 메시야 본문 중에서 가장 중요한 본문은 사무엘하 7:12~16이다. 이 본문에서 다윗이 하나님의 집(băyĭth)을 짓는 것이 아니라 하나님이 다윗을 위해 왕의 집(băyĭth, 王家), 왕조(dynasty, 王朝)

를 짓겠다고 약속하신다. 그리고 다윗의 몸에서 날 "씨"(삼하 7:12)를 왕으로 세우고 "그의 나라 왕위를 영원히 견고하게 하리라"(삼하 7:13)라고 약속하셨다. 이 약속은 16절에서도 다시 강조된다("네 집과 네 나라가 내 앞에서 영원히 보전되고 네 왕위가 영원히 견고하리라"). 이 약속 중에서 "나는 그에게 아버지가 되고 그는 내게 아들이 되리니"(삼하 7:14)가 나온다. 즉, 하나님이 세우시는 다윗의 후손인 이스라엘의 왕은 하나님과 부자관계(父子關係)인 것이다. 다윗의 씨는 솔로몬이고, 솔로몬이 성전을 건축하였으므로 나단의 신탁은 일차적으로는 솔로몬에 관한 것이다.

그러나 우리가 잘 알듯이 이스라엘 국가와 다윗 왕조는 "영원히 보전"되지도 않았고 다윗과 솔로몬의 왕위는 "영원히 견고"하지도 않았다. 그렇다면 하나님은 그 약속을 지키지 않으신 것인가? 열왕기상 9:4~5, 시편 132:11~12, 역대상 28:6~7 등 사무엘하 7:12~16의 내용을 후대에 다시 해석하는 구절들에서는 하나님의 약속에 순종의 조건을 달아 결국 후대의 왕들이 하나님의 뜻에 순종하지 않았기 때문에 왕조가 영원히 보전되지 않았다는 해석을 한다. 즉, "······ 내가 네게 명령한 대로 온갖 일에 순종하여 내 법도와 율례를 지키면"(왕상 9:4), "네 자손이 내 언약과 그들에게 교훈하는 내 증거를 지킬진대······"(시 132:12), "그가 만일 나의 계명과 법도를 힘써 준행하기를 오늘과 같이 하면······"(대상 28:7) 등과 같이 하나님의 약속에 조건을 추가한다. 다윗 왕조가 멸망당한 것은 이 조건에 미달하였기 때문이라고 해석하여 하나님의 약속이 헛된 약속이 아니었다고 보는 것이다. 그러나 이런 해석이 별로 설득력을 갖지 못하는 이유는 일단 사무엘하 7:12~16에는 그런 조건이 없기 때문이다. 오히려 하나님은 비록 매로 몇 대 때리는 한이 있더라도(삼하 7:14, "그가 만일 죄를 범하면 내가 사람의 매와 인생의 채찍으로 징계하려니와") 지금 주시는 은총에 대하여 "사울에게서 내 은총을 빼앗은 것처럼 그에게서 빼앗지는 아니하리라"(삼하 7:15)라고까지 말씀하셨다. 후대의 유대인들이 이 구절의 딜레마를 해석할 수 있는 유일한 길은 이 구절을 솔로몬과 그 후대의 왕들에 관한 예언으로 보지 않고, 미래에 하나님이 세우실 새로운 이스라엘의 왕, 메시야에 관한 예언으로 보는 것이다. 그렇게 보면 하나님의 약속이 지켜지지 않았다고 볼 필요가 없다. 예수의 탄생 이전부터 이미 유대교 안에서 사무엘하 7:12~16은 메시야에 관한 예언으로 읽혀졌다. '하나님의 아들'이란 메시야 호칭은 사무엘하 7:14, "나는 그에게 아버지가 되고 그는 내게 아들이 되리니"에서 유래한다.

하나님이 세우시는 이스라엘의 왕, 메시야를 하나님의 아들(Son of God)로 부르는 이 전승은 시편 2편에서도 발견된다. 시편 2:2의 "그의 기름 부음 받은 자"는 이 시편이 메시야 시편임을 분명히 나타낸다. 하나님은 종말의 때에 이스라엘을 회복하기 위해 메시야를 시온산에 왕으로 세우신다(시 2:6, "내가 나의 왕을 내 거룩한 산 시온에 세웠다"). 시편 2:7에서는 "너는 내 아들이라 오늘 내가 너를 낳았도다"라고 말한다. 동사 '얄라드'(yālad)는 아버지가 아들을 낳았다고 말할 때도 사용되고(창 4:18; 잠 23:22), 어머니가 자녀를 낳았을 때도 사용된다(시 7:14; 욥 38:29). 신명기 32:18, "너를 낳은 반석을 네가 상관하지 아니하고 너를 내신 하나님을 네가 잊었도다"에서도 사용되었다. 이런 뜻에서 "오늘 내가 너를 낳았도다"라고 말할 수 있다. 그러나 하나님은 기본적으로 우리 인간처럼 어떤 형상과 육체를 갖고 있지 않다. 구약성경에서 하나님께 인간의 형상을 적용하여 신인동형(神人同形)의 언어로 말하기는 하지만, "오늘 내가 너를 낳았도다"(시 2:7)라는 선언은 매우 파격적이다. 사무엘하 7:14, "나는 그에게 아버지가 되고 그는 내게 아들이 되리니"는 메시야와 하나님의 관계가 아버지와 아들의 관계처럼 매우 친근한 관계라는 점을 말한다. "오늘 내가 너를 낳았도다"(시 2:7)는 이 친근감을 한층 더 강화하는 표현이다. 메시야 시편인 시편 89:26, "그가 내게 부르기를 주는 나의 아버지시요"에서도 하나님의 아들인 메시야가 나타나고, 다음 절 89:27, "내가 또 그를 장자로 삼고 세상 왕들에게 지존자가 되게 하며"는 메시야가 왕 중의 왕(King of kings)일 뿐만 아니라 하나님의 장자(長子, first-born)라고 말한다. "장자"는 하나님과 메시야 사이의 친근한 관계를 강조하는 표현이다. 예수가 마가복음 14:36에서 "아빠 아버지여 아버지께서는 모든 것이 가능하오니 이 잔을 내게서 옮기시옵소서"라고 기도하면서 하나님을 아람어 "아빠"(Abba)로 부르는 것은 자신이 메시야로서 갖고 있는 아들의 지위뿐만 아니라, 하나님과 자신 사이에 있는 극도의 친근감을 표현하기 위한 호칭으로 보인다. 초대교회가 하나님을 여전히 "아빠"(Abba)로 부르는 것은 하나님의 아들이신 그리스도를 통해 성도들이 아들/딸의 지위를 회복했다고 보는 성도들의 자의식(self-understanding)의 표현이다.

골로새서 1:13의 "그의 사랑의 아들"(tou huiou tēs agapēs autou)에서 "사랑의"는 마가복음 1:11의 예수가 세례를 받을 때 하늘에서 들린 음성, "하늘로부터 소리가 나기를 너는 내 사랑하는 아들이라(sy ei ho huios mou ho agapētos) 내가 너를 기뻐하노라 하시니라"를 연상시킨다. 이 구절은 이사야 42:1, "내가 붙드는 나의 종, 내 마음에 기뻐하는 자 곧 내가 택한 사람을 보라 내가 나의 영을 그에게 주었은즉 그가 이방에 정의를 베풀리라"와 깊은 연관이 있다. 이사야 42:1은 이사야에서 주의 종의 노래(The Servant Songs)로 알려져 있는 네 개의 노래(사 42:1-7, 49:1-13, 50:4-11, 52:13-53:12) 중 첫 번째 노래의 첫 절이다. 초대교회는 이 노래들에 관한 예수의 해석을 따라 이 '주의 종'을 곧 메시야를 가리키는 것으로 이해했다(예, 막 10:45, "인자가 온 것은 섬김을 받으려 함이 아니라 도리어 섬기려 하고 자기 목숨을 많은 사람의 대속물로 주려 함이니라"; 참고. 단 7:14; 사 53:10). 세례 후에 하늘에서 들려온 메시지는 예수가 바로 이사야에서 말하는 주의 종, 메시야 하나님의 아들(시 2:7)이며 하나님의 기뻐하는 자(사 42:1)라는 것을 말한다. 세례 직후 예수에게 성령이 임한 것은 이사야 42:1의 예언, "내가 나의 영을 그에게 주었은즉"이 성취된 것이다. 이는 그가 메시야라는 표지다.

예수가 세례를 받을 때 들렸던 "사랑하는 아들"이란 표현은 마가복음 9 : 7, "이는 내 사랑하는(agapētos) 아들이니 너희는 그의 말을 들으라"에서 반복된다. 마태복음 22 : 2의 "자기 아들", 누가복음 22 : 29, "내 아버지께서"도 모두 예수가 갖고 있었던 메시야적 자의식을 보여 주면서 자신과 아버지 사이의 친밀한 관계를 강조한다. 바울이 골로새서 1 : 15~17에서 예수를 '하나님의 지혜'(잠 8 : 22-30)로 보는 것 역시 이와 관련이 있다. 잠언 8 : 30, "내(지혜)가 그 곁에 있어서 창조자가 되어 날마다 그의 기뻐하신 바가 되었으며 항상 그 앞에서 즐거워하였으며"에서 지혜는 '하나님의 곁', '하나님의 앞'에 있다. 지혜와 하나님이 근접한 거리에 있는 것은 지혜와 하나님이 친근한 관계라는 것을 보여 준다. 이렇게 보면 시편 110 : 1, "너는 내 오른쪽에 앉아 있으라"라는 하나님의 명령에 따라 그 보좌 우편에 앉아 보좌를 공유하고 있는 이스라엘의 왕 역시 하나님과 매우 가까운 거리에 있다. 예수는 보좌 우편에 앉은 이스라엘의 왕을 자신이라고 보았고, 초대교회도 그가 바로 예수 그리스도라고 본다(시 110 : 1에 관한 자세한 논의는 골 3 : 1의 주석을 보라). 이 모든 것이 바로 하나님과 메시야인 예수 그리스도 사이의 친밀한 관계를 말하는 것이며, 이것을 한 단어로 요약하는 것이 "그의 사랑의 아들"이라는 골로새서 1 : 13의 표현이다.

"아들의 나라"는 곧 메시야/그리스도가 왕으로 다스리시는 나라다. "아들의 나라"는 마가복음 11 : 10에서 예수의 예루살렘 입성 시 군중이 외쳤던 "찬송하리로다 오는 우리 조상 다윗의 나라여 가장 높은 곳에서 호산나"의 "다윗의 나라"와 같은 나라다. 다윗의 나라는 사무엘하 7 : 12 이하에 약속된 메시야에 대한 예언에 그 근원을 두고 있다. 나단의 신탁에 따르면 앞으로 오실 메시야는 다윗의 가문에서 태어난다. 하나님은 그를 "아들"이라고 부르고(삼하 7 : 14 ; 시 2 : 7 ; 89 : 27 이하), "그의 나라 왕위를 영원히 견고하게"(삼하 7 : 13) 하신다. 그러므로 메시야의 나라는 영원한 나라이고, 그것은 바로 하나님의 나라다. "아들의 나라"는 '하나님의 나라'와 동의어로 볼 수도 있다. 하지만 굳이 구분한다면 고린도전서 15:24~26, "그 후에는 마지막이니 그가 모든 통치와 모든 권세와 능력을 멸하시고 나라를 아버지 하나님께 바칠 때라 그가 모든 원수를 그 발 아래에 둘 때까지 반드시 왕 노릇하시리니……"에서 말하듯이 그리스도의 부활에서 시작하여 현재 그리스도가 하나님께 왕권을 위임받아 다스리고 있는 나라(아들의 나라)와 종말이 시작되어 사탄의 세력이 멸망된 뒤 그리스도께서 왕권을 다시 하나님께 돌려드려 완성되는 나라(하나님의 나라)로 구분할 수 있다(O'Brien, 28). 바울서신에서 '하나님의 나라'라는 표현은 그리 자주 나오지 않는다(롬 14:17, "하나님의 나라는 먹는 것과 마시는 것이 아니요"; 고전 6:9, "불의한 자가 하나님의 나라를 유업으로 받지 못할 줄을 알지 못하느냐"). 그렇다고 해서 바울이 예수 그리스도를 통해 주시는 하나님의 나라를 말하지 않는다고 생각하면 안 된다. 바울의 복음은 예수 그리스도의 복음의 연장선에 있으며, 예수가 선포한 하나님 나라의 복음을 그대로 선포하고 있다. 예수의 하나님 나라의 복음의 내용은 첫째로 '자신이 누구인가?', 둘째로 '내가 하나님의 나라를 어떻게 세울 것인가?', 셋째로 '누가 하나님 나라에 들어갈 수 있는가?', 넷째로 '하나님의 나라에 들어가기 위한 조건은 무엇인가?'이다. 이 질문들에 대해 예수는 첫째로, 자신이 하나님의 아들, 즉 메시야일 뿐 아니라 신적 권세를 가진 하나님과 동등한 분이라는 것, 둘째로 자신이 십자가에서 죽고 부활함으로 하나님의 나라를 세울 것, 셋째로 자신의 제자들이 하나님의 나라에 들어갈 것, 넷째로 예수의 말씀을 믿고 순종하는 자가 하나님의 나라에 들어갈 것을 주장했다. 바울의 복음은 예수의 네 가지 주장을 그대로 반영하고 있다. 바울은 첫째로 예수에 대해 고등기독론을 주장한다. 예수는 단순한 인간이 아니라 하나님과 같은 분이다. 둘째로, 바울은 예수의 십자가 죽음과 부활에 대한 복음, 즉 십자가 복음을 가르친다. 셋째로 바울은 교회론에 중점을 둔다. 유대 기독교인으로 구성된 예수의 제자들 외에 이방 기독교인도 교회의 구성원이라는 것을 주장한다. 넷째로 바울은 예수에 대한 믿음과 순종을 강조한다. 이런 면에서 볼 때 예수와 바울 사이, 즉 예수의 하나님 나라의 복음과 바울의 십자가 복음 사이에는 분명한 연속성(continuity)이 있다.

[1:14] 바울은 어둠의 영역에서 아들의 나라로 옮겨 간 그 이주(transmigration)를 속량(apolytrōsis)과 연결시킨다. 속량이란 헬라어 단어 apolytrōsis는 '~로부터'라는 뜻의 접두어(apo, from)와 몸값(lytron)이라는 두 단어의 합성어다. 속량이란 몸값을 지불해서 노예 상태에서, 혹은 포로 상태에서 풀려나 자유인이 되는 것을 가리킨다. 속량(贖良)은 노비 상태에 있는 사람을 위해 대가를 지불하여(贖) 양민(良民)으로 만드는 것을 가리키는 한자어이다. 인간은 죄와 사망의 세력의 포로로 잡혀 있는 노예와 같은 존재다(갈 3:23, "율법 아래에 매인 바 되고 계시될 믿음의 때까지 갇혔느니라"; 갈 4:3 "이와 같이 우리도 어렸을 때에 이 세상의 초등학문 아래에 있어서 종노릇하였더니"). 그리스도께서는 마치 노예시장에서 쇠사슬에 묶여 있는 노예의 몸값을 지불하고 노예 주인으로부터 그를 사듯이, 사탄과 죄의 쇠사슬에 묶여 있는 우리를 위해 십자가에서 죽으심으로 우리의 몸값, 즉 우리를 대신하여 우리가 받아야 할 죄의 형벌을 받고 우리를 자유인으로 만들어 주셨다. 여기서 그리스도께서 사탄에게 몸값을 지불한 것으로 오해하면 안 된다. 그리스도께서 우리의 몸값을 지불했다고 말할 때 그 의미는 그리스도가 하나님을 향해 우리의 죄에 대한 형벌을 대신 받으셨다는 것이다.

헬라어 신약성경에서 '뤼트로시스'(lytrōsis), '아포뤼트로시스'(apolytrōsis), '뤼트론'(lytron)은 사실 같은 개념이며, 모두 '몸값을 지불하여 자유인으로 만들다'라는 뜻인 '속량'으로 번역할 수 있다. 개역개정판 성경에서 이 단어들의 번역은 일관성이 다소 부족하다. '아포루트로시스'(apolytrōsis)는 '속량'(눅 21:28; 롬 3:24; 8:23; 골 1:14; 엡 1:7, 14; 히 9:15), '구원'(엡 4:30)으로, '구원함'(고전 1:30) 혹은 '풀려나기'(히 11:35) 등으로 번역되었고, '루트로시스'(lytrōsis)는 '속량'(눅 1:68; 2:38) 혹은 '속죄'(히 9:12)로, '뤼트론'(*lytron*)은 '대속물'(막 10:45; 마 20:28)로 번역되었다. '시장에서 돈을 지불하여 구입하다'라는 뜻의 동사 '아고라조'(*agorazō*)도 비슷한 의미로 사용된다. 고린도전서 6:20, "값으로 산 것이 되었으니 그런즉 너희 몸으로 하나님께 영광을 돌리라"와 고린도전서 7:23, "너희는 값으로 사신 것이니 사람들의 종이 되지 말라"에서 '값을 지불하고 사다'(to buy, purchase)의 뜻으로 사용되었다(참고. 고전 7:30). 접두어 *ek*가 추가된 '엑싸고라조'(*exagorazō*)는 갈라디아서 3:13, "율법의 저주에서 우리를 속량하셨으니"와 갈라디아서 4:5의 "율법 아래에 있는 자들을 속량하시고"에서 모두 '속량하다'(to redeem)로 번역되었다(참고. 엡 5:16; 골 4:5). 사도행전 20:28, "하나님이 자기 피로 사신 교회를 보살피게 하셨느니라"에서 사용된 동사 '페리포이에오'(*peripoieō*, '얻다, 구입하다')도 비슷한 의미로 사용되었다.

속량은 당시의 사람들에게는 익숙한 상업용어(commercial term)였고, 바울은 그리스도의 대속(代贖, 대신 값을 지불하다는 뜻)의 죽음을 설명하기 위해 이 속량 개념을 즐겨 사용한다. 영어에서는 '몸값'이란 뜻의 '랜섬'(ransom)과 '몸값을 주고 구원한다'는 뜻의 '리딤'(redeem)이란 동사를 사용하여 속량을 번역한다. 바울이 '속량'(redemption/ransom)의 개념을 사용하는 이유는 그리스도의 죽음이 우리가 받아야 할 형벌을 대신 받은 것이라는 형벌 대체(penal substitution)의 속죄론을 매우 잘 설명할 수 있기 때문이다. '나를 대신하여(substitution) 예수가 하나님께 속죄(atonement)했다'는 것은 예수가 죄인인 나를 대신하여 내가 받아야 할 하나님의 진노(죄에 대한 형벌)를 십자가에서 다 받아 하나님의 진노가 해소되었다(propitiation)는 뜻이다. 예수가 자신의 생명으로 죗값을 치렀기(to pay off the ransom) 때문에 그 결과로 우리가 칭의를 받게 된다. 죄인의 입장에서 볼 때 "하나님의 은혜로 값 없이 의롭다 하심"(롬 3:24)을 받는 것이지만, 하나님의 입장에서 볼 때 인간의 죄에 대한 처벌을 결코 생략하신 것은 아니다(롬 3:24, "그리스도 예수 안에 있는 속량[*apolytrōsis*]으로 말미암아 하나님의 은혜로"). 하나님은 예수의 십자가 죽음을 통해 인간의 죄에 대해 진노하고 계시고, 결코 그 죄에 대해 눈감지도 않으시고, 그 죄에 대한 형벌도 생략하지 않으시는 '의로운 재판장'이심을 분명히 나타내 보이셨다(롬 3:26, "곧 이때에 자기의 의로우심을 나타내사 자기도 의로우시며 또한 예수 믿는 자를 의롭다 하려 하심이라"). 예수는 하나님의 진노를 해결하기 위한 속죄의 제물(*hilastērion*, propitiatory sacrifice; 롬 3:25; 개역개정판에는 "화목제물"로 번역되었지만 정확한 뜻은 '하나님의 진노를 해소하기 위한 제물'이다)로 십자가에서 죽으셨다. 그가 우리를 대신하여 형벌을 받음으로 우리는 형벌을 피할 수 있게 되었으므로, 그런 뜻에서 '죄의 용서'를 받게 되었다(이에 관한 자세한 논의는 김철홍, "성서적 신학의 주제로서 속죄", 「성서적 신학의 관점에서 바라본 신약신학의 주요주제」, 장흥길 편 〈서울:한국성서학연구소, 2012〉, 205-240을 보라).

골로새서 1:14은 에베소서 1:7, "우리는 그리스도 안에서 그의 은혜의 풍성함을 따라 그의 피로 말미암아 속량 곧 죄 사함을 받았느니라"와 내용이 비슷하다. 골로새서 1:14에서도 "그 아들 안에서 우리가 속량(*apolytrōsis*) 곧 죄 사함(*aphesis*)을 얻었도다"라고 말한다. 바울은 우리가 속량을 '갖고 있다' (*echomen*)고 말한다. 그리고 그 속량은 곧 "죄의 용서"라고 말한다. 흔히 속량과 죄의 용서를 같은 것으로 본다. 그러나 엄밀히 말하면 속량과 죄의 용서는 연결된 개념이긴 하지만, 같은 것은 아니다. 위의 두 구절은 그리스도의 피를 통해 속량이 먼저 일어나고 그 결과로 우리가 죄의 용서를 받은 것으로 해석하는 것이 맞다. 하나님이 심판대에 우리의 모든 죄를 기록하신 기록이 있고, 우리가 심판대 앞에 서 있다고 가정했을 때 하나님이 우리를 대신하여 예수를 처벌하는 일 없이 지우개로 그 기록을 지우신 것이 아니다. 다시 말해 죄를 지우는 것(expiation, obliteration of sin)은 예수의 십자가 죽음으로 하나님의 진노를 해소하는 것(propitiation, appeasement of God's wrath) 없이 일어난 일이 아니다. 만약 하나님이 우리의 죄에 대한 형벌을 예수에게 내리지 않고, 그냥 우리의 죄를 지우개로 지워 버려, 처음부터 없었던 것으로 하셨다면, 그래서 죄에 대한 아무런 처벌 없이 우리가 죄 용서를 받았다면, 그 구원은 값싼 구원, 값싼 은혜(cheap grace)가 될 것이다. 하지만 실제 그런 일은 일어나지 않았다. 속죄론을 제대로 잘 설명하지 못한 연유로 오늘날 복음이 값싼 구원으로 오해받는다.

예수가 우리를 대신하여 하나님으로부터 우리의 죄에 대한 모든 형벌을 받으심으로 우리가 의롭다는 선언을 받게 되었으므로 그 구원은 값싼 구원이 아니라 엄청난 대가를 치른, 값을 따질 수 없는 구원이다. 예수가 십자가에서 우리가 받아야 할 죄의 형벌을 대신 받아(substitution) 우리의 죄를 속량(paying the ransom)하는 속죄(atonement)의 죽음을 당하셨기 때문에 하나님을 향해서는 하나님의 진노를 해소하게 하는 결과(propitiation)가, 인간을 향해서는 죄의 형벌에서 면제되어 죄를 용서받는 결과(expiation)가 생겨난 것이다. 그러므로 설교자들은 죄의 용서를 설명할 때 예수가 우리를 대신해서 하나님으로부터 우리의 죄에 대한 형벌을 받았다는 사실을 말하지 않고 죄의 용서만을 말하면 안 된다. 과정을 생략하고 결과만 말하는 방식은 잘못된 것이다. 왜 우리가 죄의 용서를 받게 되었는지, 그 이유와 과정을 상세히 설명해야 한다. 그 설명에는 반드시 인간의 죄에 대한 하나님의 진노, 죄에 대한 형벌은 결코 생략될 수 없다는 것, 그 형벌을 우리가 받는 것이 마땅하지만 하나님이 십자가 위의 예수에게 그 진노를 다 내리셔서 이제는 그 진노가 없어졌다는 것, 그래서 우리가 그 결과로 칭의를 얻게 되고 하나님과 화해하게 되었다는 것 등이 포함되어야 한다.

설교를 위한 묵상

(1) 기도 습관과 기도 제목

9절에서는 바울의 기도 습관이 나타난다. 바울은 홀로 기도하기도 했겠지만, 다른 동역자들과 함께 기도했다고 말한다. 아마도 그들은 매일 같이 하나님께 찬양하고 기도하는 예배를 드렸을 것이다. 또 바울은 정해진 시간이 되면 빠지지 않고 그 시간을 지켜 기도했다. 그리고 그 기도의 제목은 모두 영적인 것들이었다. 그는 신령한 지혜와 총명, 하나님의 뜻을 아는 지식으로 충만, 주께 합당한 삶, 선한 일로 열매를 맺음, 하나님을 아는 지식의 성장, 기쁨으로 인내하는 것 등 영적인 것들을 위한 기도를 드렸다.

오늘날 우리는 혼자서도 자주 기도하지 않고, 함께 모여서 기도하는 것에도 게으르다. 정해진 기도 시간과 예배 시간을 지키지 않고, 자주 빠진다. 또 기도하더라도 우리 육체의 욕망을 따라 기도한다. 영적인 것을 사모하여 영적인 기도 제목을 놓고 기도하지 않는다. 우리는 물질과 삶의 조건 향상을 위해서는 자주 기도하면서, 바울의 기도 주제를 놓고 기도하는 것에는 익숙하지 않다. 이런 잘못된 기도 습관과 기도 제목을 바로잡을 때가 되었다. 기도가 바뀌면 우리의 관점도 바뀌고, 관점이 바뀌면 삶이 바뀐다.

(2) 지식과 행동

바울은 성도들이 하나님을 아는 지식, 그리스도가 누구인지를 아는 지식이 충만하게 되기를 기도한다. 동시에 성도들이 선한 열매를 많이 맺고, 주를 기쁘게 하는 일을 하고, 기쁨 안에서 인내하는 삶을 살기를 기도한다. 그가 하나님에 관한 지식을 위해 기도하는 것과 성도들이 믿음 안에서 올바른 행동을 하도록 기도하는 것은 사실 지식과 행동, 둘 사이에 긴밀한 관계가 있기 때문이다.

신앙생활에서 행동과 지식은 서로 배타적이지 않다. 올바른 지식 없이는 올바른 행동을 할 수 없다. 올바른 지식은 사람을 올바른 행동으로 인도한다. 또한 지식은 단순한 정보가 아니라 행동을 통해 완전히 습득되었을 때 흔들리지 않는 자신의 지식이 된다. 예를 들어 '이웃을 사랑하라'는 말씀을 들어서 내가 알고 있다고 해서 그 말씀이 나의 지식이 되지는 않는다. 그 지식은 사랑의 행동을 통해서만 나의 지식이 될 수 있다. '하나님을 아는 지식'은 하나님의 뜻을 알고 실제로 행하는 것을 통해서 내 것이 되고, 내 안에서 영적인 지식이 하나둘씩 쌓이고 자라 간다. 영적인 지식은 학습만으로 얻어지는 것이 아니고, 실천을 통해서 얻어진다. 성도들의 믿음은 선한 행동으로 열매를 맺으면서 자라 간다.

(3) 구원은 이 땅을 떠나 다른 곳으로 이주하는 것이다

바울은 우리가 경험한 구원을 어둠의 나라를 벗어나 하나님의 아들의 나라로 옮겨 간 것으로 묘사한다. 물론 우리가 구원받은 뒤에 우리의 물리적 위치가 바뀌는 것은 아니다. 우리는 여전히 이 땅에서 남은 인생을 살아가야 한다. 비록 서 있는 자리는 같지만, 구원은 우리의 소속을 변경시킨다. 지금까지는 어둠의 나라의 시민이 되어 죄와 죽음의 세력의 노예로 살아가는 인생이었다면, 앞으로의 인생은 그리스도의 빛의 나라로, 생명의 나라로 이주해 그 나라의 시민이 되는 것이다. 우리의 시민권, 소속이 바뀌고 우리의 영원한 삶이 바뀐 것이다.

이런 변화는 그리스도의 속량으로 인해서 이루어졌다. 즉, 우리가 받아야 할 우리의 죄에 대한 형벌을 그리스도가 대신 받으심으로, 마치 그리스도가 우리의 몸값을 지불하여 노예/포로 상태에서 풀려나듯이 우리는 죄의 세력의 지배에서 풀려났다. 우리는 하나님의 법정에서 우리의 죄에 대한 형벌을 직접 받지 않게 되었다. 우리가 죄의 용서를 받은 것은 전적으로 그리스도가 우리를 대신해서 하나님의 진노를 다 받으셨기 때문이다. 소속의 변화, 하나님의 나라로 이주하여 그곳으로 들어가게 되는 영원한 구원, 이 모든 것은 하나님의 은혜와 그리스도의 희생으로 우리에게 선물로 주어진 것이다. 하나님의 나라를 기업으로 얻을 수 있는 자격은 우리가 성취한 것이 아니라 그리스도를 통해 하나님이 은혜로 주신 것이다. 그러므로 우리는 메시야 나라의 시민답게 살아가야 하며, 바울의 기도 제목의 내용이 우리에게 이루어져 가면서 그 나라의 시민다운 신앙인이 된다.

C. 그리스도를 위한 찬양시(1 : 15-20)

^{15}그는 보이지 아니하는 하나님의 형상이시요 모든 피조물보다 먼저 나신 이시니 ^{16}만물이 그에게서 창조되되 하늘과 땅에서 보이는 것들과 보

이지 않는 것들과 혹은 왕권들이나 주권들이나 통치자들이나 권세들이나 만물이 다 그로 말미암고 그를 위하여 창조되었고 [17]또한 그가 만물보다 먼저 계시고 만물이 그 안에 함께 섰느니라 [18]그는 몸인 교회의 머리시라 그가 근본이시요 죽은 자들 가운데서 먼저 나신 이시니 이는 친히 만물의 으뜸이 되려 하심이요 [19]아버지께서는 모든 충만으로 예수 안에 거하게 하시고 [20]그의 십자가의 피로 화평을 이루사 만물 곧 땅에 있는 것들이나 하늘에 있는 것들이 그로 말미암아 자기와 화목하게 되기를 기뻐하심이라

골로새서 1:15~20의 찬양시는 신약성경의 기독론 혹은 초대교회의 기독론을 연구할 때 매우 중요한 자료다. 이 찬양시의 저자가 바울인지 아니면 바울 이전에 있던 것을 바울이 사용하는 것인지, 그렇다면 그가 어떤 부분을 생략하고 어떤 부분을 어떻게 가필 혹은 증보하여 사용한 것인지에 대한 논쟁이 있었다. 하지만 대부분 찬양시의 구조 분석에 의한 추측일 뿐, 바울 이전에 이미 이 찬양시의 원형이 존재했음을 보여 주는 결정적 근거는 없다. 다수 신약학자의 가정에도 불구하고 굳이 바울이 이 찬양시를 직접 쓰지 않았다고 보아야 할 결정적 이유는 없다는 말이다. 오히려 찬양시에서 그리스도를 하나님의 지혜로 보는 지혜 기독론이 발견되는 것을 볼 때(참고. 고전 1:24, 30; 2:7; 골 2:3), 바울 이전의 어떤 사람이 바울보다 먼저 지혜 기독론을 말하고 있다고 보는 쪽보다 오히려 바울이 이 찬양시 전체 혹은 대부분을 작성했을 개연성이 훨씬 더 많다.

15절의 찬양시가 '호스 에스틴'(*hos estin*, who is~)이라는 관계대명사 절로 시작하는 것 때문에 과연 찬양시가 원래 여기에서부터 시작하는 것이 맞는지 종종 의심받아 왔다. 톰 라이트(N. T. Wright)는 찬양시가 전체적으로 네 개의 단락으로 구성되어 있다고 본다(Wright, 65). 그 구성을 한글 성경으로 표시하면 다음과 같다.

[1단락]
15절 그는 보이지 아니하는 하나님의 형상이시요
　　　모든 피조물보다 먼저 나신 이시니

16절 만물이 그에게서 창조되되
　　　하늘과 땅에서 보이는 것들과 보이지 않는 것들과
　　　혹은 왕권들이나 주권들이나 통치자들이나 권세들이나
　　　만물이 다 그로 말미암고
　　　그를 위하여 창조되었고

[2단락]
17절 또한 그가 만물보다 먼저 계시고
　　　만물이 그 안에 함께 섰느니라

[3단락]
18a절 그는 몸인 교회의 머리시라

[4단락]
18b절 그가 근본이시요
　　　죽은 자들 가운데서 먼저 나신 이시니
　　　이는 친히 만물의 으뜸이 되려 하심이요

19절 아버지께서는 모든 충만으로 예수 안에 거하게 하시고

20절 그의 십자가의 피로 화평을 이루사
　　　만물 곧 땅에 있는 것들이나 하늘에 있는 것들이

그로 말미암아 자기와 화목하게 되기를 기뻐하심이라

16절의 헬라어 본문은 "만물", "그로 말미암아"가 교차적으로(ABB'A') 나타나는 교차구(chiasmus)의 특징을 보인다. "만물"과 "창조되다"는 앞과 뒤에 등장하여 수미상관(首尾相關, inclusio) 기법을 보여 준다. 첫 번째 단락과 네 번째 단락은 모두 '호스 에스틴'(hos estin, who is~)이라는 관계대명사절로 시작하고, 두 번째 단락과 세 번째 단락은 모두 '카이 아우토스 에스틴'(kai autos estin, and he is~)으로 시작하고 있으므로 이것도 일종의 수미상관(inclusio) 기법으로 볼 수 있다.

에른스트 케제만(E. Käsemann)과 같은 일부 학자들이 과거에 20절의 "그의 십자가의 피로"는 원래 영지주의적 특징을 갖고 있던 찬양시에는 없던 것을 바울이 추가한 것이라고 주장한 적이 있다(O'Brien, 37에서 재인용). 그러나 "그의 십자가의 피로"는 20절의 나머지 본문의 내용과 이미 조화를 잘 이루고 있으므로 정말로 바울이 추가한 것인지가 오히려 의심스럽다. 20절에서 바울이 말하는 "화목"은 골로새서의 다른 부분에서 그가 말하는 "십자가의 피 흘림"을 통해 얻은 화목과 일치한다. 이 "화목"을 굳이 영지주의와 연결할 이유는 별로 없다. 19절에서 사용된 '유도케오'(eudokeō, 기뻐하다, to be well pleased)란 동사는 헬라어 구약성경에서 자주 사용되는 동사다(O'Brien, 37). 더구나 케제만은 이 주장의 근거로 2세기의 영지주의 문서들을 사용하는데, 1세기 초대교회의 찬양시를 해석하기 위해 후대의 문서인 2세기 영지주의 문서를 사용하는 것도 타당하지 않다. 물론 1세기 말에 초기의 영지주의적 경향(incipient gnostic tendency)이 초대교회 안에 나타난 것은 사실이다(예. 요일 4:2-3, "예수 그리스도께서 육체로 오신 것을 시인하는 영마다 하나님께 속한 것이요 예수를 시인하지 아니하는 영마다 하나님께 속한 것이 아니니"). 하지만 교회사에서 완전한 모습을 갖춘 영지주의 이단은 2세기에 나타났다. 골로새서가 기록될 당시 골로새교회 안에 완전한 모습을 갖춘 영지주의가 들어와 있었다는 것을 확실하게 보여 주는 본문 안과 밖의 근거는 없다. 단지 우리는 골로새 이단이 초기의 영지주의적 성향을 갖고 있었을 가능성을 추측할 뿐이다(자세한 것은 골 1:19의 주석을 보라).

오히려 찬양시를 구약성경과 유대교를 배경으로 해석하는 방법이 더 유력하다. 만물이 그리스도를 통하여 창조되었다는 것은 구약성경 잠언 8장에 나타나는 지혜 신학의 전통에서 그리스도가 누구인지 설명하는 바울의 지혜 기독론으로 볼 수 있다. 바울 당시 혹은 그 이전의 헬라 유대교(Hellenistic Judaism)에서 알렉산드리아의 필로(Philo)의 경우처럼 유대교의 지혜 신학을 헬라 문화의 로고스(logos) 철학과 연결하려는 시도가 있었다(지혜를 하나님의 형상으로 본 것은 *Wisdom* 7:26, Philo, *Legum allegoriae* 1:43, 로고스를 하나님의 형상으로 본 것은 *De confusione linguarum* 97, 147, *De fuga et inventione* 101, *De somnis* 1:239, 2:45 등에 나타나 있다〈Dunn, 88에서 재인용〉). 그러나 골로새서 1장의 찬양시는 만물이 그리스도를 통해, 그리고 그를 위하여 창조되었다고 말하는 점에서 헬라 유대교의 관점과 다르다. 헬라 유대교의 어떤 문헌에서도 예수 그리스도를 성육신한 하나님의 지혜로 말하지 않는다. 이것은 초대교회의 기독론의 기초를 놓은 바울의 독특한 공헌이다.

이 찬양시의 저자가 바울일 가능성이 많은 또 다른 이유는 골로새서 1:15에서 바울이 그리스도를 하나님의 형상으로 말하고 있기 때문이다. 바울은 고린도후서 4:4에서, "그리스도는 하나님의 형상이니라"(*tou Christou, hos estin eikōn tou theou*)라고 말한다. 빌립보서 2:6에서도 마찬가지이다. "그는 근본 하나님의 본체시나"(*hos en morphē Theou hyparchōn*)에서 사용된 단어 '모르페'(*morphē*)는 대체로 형상이란 뜻의 단어 '에이콘'(*eikōn*)과 동의어로 사용된다고 볼 수 있다. 그리스도가 하나님의 형상이라는 바울의 다른 주장과 내용상 일치한다. 이런 형상 기독론은 로마서 8:29, 고린도전서 15:49, 52, 골로새서 3:9, 10, 에베소서 4:24 등에도 나타나며 '그리스도는 하나님의 형상'이라는 선언은 한결같이 다 바울서신에서만 나타난다. 히브리서에서 나타나는 지혜 기독론 또한 내용은 유사하나 그 표현은 바울의 표현과 상당한 차이가 있다. 히브리서 1:3, "이는 하나님의 영광의 광채시요 그 본체의 형상(charaktēr tēs hypostaseōs, imprint of God's very being)이시라"에서 '형상'으로 번역된 '휘포스타시스'(hypostasis)는 바울이 사용하는 용어가 아니다(현대신학에서 '휘포스타시스'(hypostasis)는 하나님은 아니면서도 하나님을 계시하는 어떤 존재들을 통칭하는 용어로 사용된다). 그러므로 이 찬양시를 바울이 직접 작성한 것으로 보는 것이 바울이 다른 사람이 만든 찬양시를 인용하고 있다는 설명보다 더 설득력이 있다.

1. 창조의 대리자(agent)인 그리스도(1:15-16)

[1:15] 15절 서두의 "그"는 13절의 "그의 사랑의 아들"이다('하나님의 아들'이 왜 메시야 호칭인지에 관해서는 13절을 보라). 그리스도가 보이지 않는 하나님의 형상이라는 말은 그를 통해 보이지 않는 하나님이 인간이 볼 수 있는 모습으로 계시되었다는 말이다. 구약성경은 어떠한 형태로도 하나님의 형상을 만들지 말라고 가르친다. 이것은 '인간은 하나님을 눈으로 볼 수 없다'는 전통으로 이어졌고 심지어 모세에게도 하나님의 얼굴은 허락되지 않았다(출 33:17-23; 신 4:12; 시 97:2). 인간이 하나님의 허락 없이 하나님을 보면 죽게 된다. 그러나 인간이 볼 수 없는 하나님은 자신을 계시하심으로 인간에게 나타내 보이시길 원하신다. 유대교 신학에서는 이러한 하나님의 자기 계시를 안전하게 표시하기 위해 "지혜"와 "로고스"(말씀)의 개념을 사용하기 시작했다. 여기서 "지혜"와 "로고스"는 추상적인 개념이 아니라 의인화(personification)된 존재로서 사용되었다(참고. 잠 8장). 이런 존재들은 하나님의 초월성(transcendence)을 무시하지 않으면서도 동시에 하나님의 내재성(immanence)을 표현할 수 있게 한다. 이때 "지혜"와 "로고스"는 "하나님의 형상"으로 여겨진다(Dunn, 88-89).

헬라어에서 형상이란 그림, 동상, 거울 속의 반영, 혹은 동전에 새겨진 어떤 인물의 모습과 같이 무엇을 그대로 그리거나 새겨 만든 그대로의 모습을 가리킨다. 동시에 형상은 외면적 형태가 같거나 닮았다는 뜻을 넘어 그것이 나타내는 원형과 그 본질에 있어서 같다는 뜻도 갖고 있다. 플라톤의 우주관에서 이 세계는 눈에 보이지 않는 신의 가시적인 형상으로 여겨진다(Plato, *Tim*. 92C). 1세기 알렉산드리아 유대교의 학자였던 필로(Philo)는 로고스를 하나님의 형상으로 보면서(Philo, *Spec. Leg*. 1.81) 동시에 세상도 로고스에 의해 형성되었기 때문에 세상 역시 하나님의 형상으로 본다(Barth, 249). 그동안 필로의 글을 매개로 플라톤의 로고스 철학을 끌어들여서 골로새서 1:15~20의 내용을 해석하려는 시도가 있었으나, 이런 시도들은 별로 성공적이지 못했다. 왜냐하면 바울이 말하는 바와 플라톤이 말하는바 사이에는 근본적인 차이점이 있기 때문이다. 바울이 그리스도를 하나님의 형상이라고 말하는 것은 잠언 8:22~31과 헬라 유대교 문서인 지혜서(*Wisdom*) 7:25에 나오는 '지혜'를 배경으로 해석할 때 오히려 더 잘 설명된다(O'Brien, *Colossians*, 43, 이에 대한 자세한 것은 골 1:16의 주석을 보라).

에스겔 1장에서 하나님의 현현(顯現, theophany)을 묘사할 때 "그 보좌의 형상 위에 한 형상이 있어 사람의 모양(*eidos anthrōpou*) 같더라"(겔 1:26)라고 말한다. 하나님은 영이시므로 형태(form)가 없기에 사람이 볼 수 없다. 하지만 '보좌 위에 아무도 없다' 혹은 '보좌 위에 아무도 보이지 않는다'라고 말하지 않고 누군가가 있다고 말한다. 그 보좌 위의 존재를 설명할 때 사용하는 표현이 "사람의 모양", 달리 말하면 '사람의 형상'이다. 그 말은 보좌 위에 사람이 앉아 있다는 말이 아니라 '사람처럼 보이나 사람이 아닌 신적 존재'가 앉아 있다는 말이다. 에스겔 1:28, "그 사방 광채의 모양은 비 오는 날 구름에 있는 무지개 같으니 이는 여호와의 영광의 형상의 모양이라"는 그 "사람의 모양"이 곧 "여호와의 영광의 모양"이라고 말한다. 여호와의 영광은 "광채" 즉 빛이고, 그 영광의 형상은 곧 사람의 모양으로 나타난다. 하나님의 보좌 위에 빛나는 분이 앉아 계시는데, 그 형상이 마치 사람처럼 보였다는 말이다. 다니엘 7:9, "내가 보니 왕좌가 놓이고 옛적부터 항상 계신 이가 좌정하셨는데"에서 "왕좌"는 복수(*thronoi*)로 되어 있으므로 다니엘이 본 것은 아마도 두 개의 보좌들일 것이다. 다니엘은 환상 가운데 "인자 같은 이가 하늘 구름을 타고"(단 7:13) 오는 것을 본다. "인자 같은 이"(*hōs huios anthrōpou*)란 표현에서 "인자"(사람의 아들, Son of Man)는 '같은 종(種)에 속하는 하나의 개체'를 가리키는 말이다. 그러므로 사람의 아들은 사람이라는 뜻이다. '사람 같은 이'(인자 같은 이)라는 말은 사람의 형상을 하고 있으나 사람이 아닌 어떤 존재를 가리킨다. 만약 구름을 타고 내려오는 그 존재가 사람이라면 그 존재를 가리켜 '사람 같은 이'라고 말하지 않았을 것이다. 더구나 그 존재는 땅에서 올라오는 것이 아니라 하늘로부터 구름을 타고 내려온다. 하늘로부터 오는 존재가 평범한 사람일 수는 없다. 하나님이 이 존재를 왕으로 임명하므로(단 7:14, "그에게 권세와 영광과 나라를 주고"), 다니엘이 본 보좌들 중 하나에 이 '사람의 형상을 한' 신적 존재가 왕으로 등극하여 앉아 있고, 창조주 하나님이 또 다른 보좌에 앉아 있다고 보아도 무방하다. 물론 시편 110:1에서는 두 개의 보좌가 아니라, 하나의 보좌에 하나님과 '다윗이 주라고 부르는 존재'가 함께 앉아 있는 것으로 나타나지만, 내용상 시편 110편과 다니엘 7장은 같은 내용을 말하고 있다. 보좌 위에 '사람의 모양'을 한 어떤 존재가 계신다. 이 존재는 하나님과는 구분되고, 하나님으로부터 독립된 인격을 가진 존재면서 하나님을 계시한다. 그런 뜻에서 '사람의 모양'을 한 이 존재는 곧 "하나님의 형상"이라고 말할 수 있다. 그러므로 '하나님의 형상'이란 말은 곧 하나님께서 자신을 계시하는 계시 용어이면서, 보이지 않는 하나님의 모습을 인간이 볼 수 있는 모습으로 계시하는 존재를 가리킨다.

바울은 이 세계가 아니라 그리스도가 하나님의 형상이라고 말한다. 하나님은 인간의 눈으로 볼 수 있는 자신의 형상을 보여 주셨는데, 그리스도가 바로 그 형상이다. 요한은 "본래 하나님을 본 사람이 없으되 아버지 품 속에 있는 독생하신 하나님이 나타내셨느니라"(요 1 : 18 ; 참조. 6 : 46)라고 말했다. 이것은 성경의 저자들이 그리스도를 보이지 않는 하나님의 형상으로 이해하고 있음을 보여 준다(요 1 : 4 ; 히 1 : 3). 바울은 고린도후서 4 : 4에서, "그리스도는 하나님의 형상이니라"(tou Christou, hos estin eikōn tou theou)라고 단언한다. 이렇게 말할 때 그리스도는 하나님과 본질상 같은 신성을 갖고 계신 분이라는 뜻이 담겨 있다. 바울이 빌립보서 2 : 6에서 "그는 근본 하나님의 본체시나"라고 말할 때도 마찬가지다. 그리스도가 하나님의 형상이라고 말할 때 바울은 그리스도는 그 본질에 있어서 하나님과 같다고 말한다. 그것은 그리스도가 평범한 인간이 아니라 신적인 존재임을 주장하는 것이다. 마치 원숭이가 인간을 계시할 수 없듯이 평범한 인간이 하나님을 계시할 수는 없다. 오직 하나님과 같은 종(種)의 존재라야 하나님을 계시할 수 있다. 1세기 중반에 초대교회 안에 그리스도에 관한 찬양시가 존재하고 있고, 골로새교회와 같은 바울 교회에서 이미 그리스도께 이런 찬양을 바쳤다는 것은 교회가 십자가에서 죽은 예수를 그때부터 이미 하나님과 같은 신적인 존재(divine being)로 이해하고, 하나님과 더불어 예수 그리스도를 예배했다는 것을 시사한다. 골로새서 2 : 9, "그 안에는 신성의 모든 충만이 육체로 거하시고"는 "그는 보이지 아니하는 하나님의 형상이시요"(골 1 : 15)와 밀접한 관련이 있다. 만약 그리스도에게 하나님의 신적 본질이 충만하게 나타나 있지 않다면, 그리스도는 보이지 않는 하나님의 형상이 될 수 없고 골로새서 1 : 16에서 언급되는 "보이지 않는 것들"(왕권들, 주권들, 통치자들, 권세들)과 같은 영적인 존재들과 차이가 없을 것이다. 그러나 그리스도에게 하나님의 신적 본질이 충만하게 나타나 있기에 그리스도는 보이지 않는 하나님의 형상이 될 수 있다.

"형상"에 대한 가르침이 그리스도와 하나님의 관계를 나타낸다면, 그리스도의 '먼저 나심'에 대한 가르침은 그리스도와 피조물들과의 관계를 설명하는 말이다. "먼저 나신"으로 번역된 형용사 *prōtotokos*는 '장자의' 혹은 '맏아들의'(first-born)라는 뜻이다. 이 단어는 18절에도 나오며, "먼저 나신 이"로 번역되었다. 그리스도가 모든 창조물보다 먼저 나셨다는 것은 하나님이 세상을 창조하실 때 제일 먼저 그리스도를 만들고, 그 후에 다른 것들을 만들었다는 '시간적 우위'를 나타내는 말이 결코 아니다. 먼저 나신(*prōtotokos*)이란 개념은 골로새서 1:15에서는 번식(procreation), 탄생(birth), 시간적 우선(temporal priority)과 상관없는 개념이다. 오히려 '선택받은'(chosen), 혹은 '사랑하는'(beloved)이라는 뜻에 더 가깝다(Barth, 195).

출애굽기 4:22의 "이스라엘은 내 아들 내 장자라"라는 구절은 모든 민족 중 이스라엘이 하나님과 매우 친밀한 관계 속에 있다는 뜻이다. '장자'는 친밀감을 나타낸다. 메시야 본문인 시편 89:20~37에서 "다윗을 나의 장자로 삼겠다"(27절)라는 말도 다윗으로 대변되는 메시야와 하나님과의 친밀함의 표현이다. 유의할 점은 시편 89:20~29이 시편 2편의 부연(敷衍, paraphrasing)이라는 점이다. 시편 2편과 89편의 내용은 유사하다(시 2:2//89:20; 2:7//89:26; 2:6//89:24; 2:9//89:23). 양쪽을 비교했을 때 특이한 점은 시편 2편에는 없는 새로운 호칭 "장자/맏아들"이 89편에 추가되었다는 점이다. 시편 89편에서 이 단어는 다윗으로 상징되는 메시야 왕에게 적용되고 있다. 맏아들의 뜻을 가진 단어 *prōtotokos*는 원래 문서에서 메시야인 왕, 이스라엘, 족장들, 율법에 적용되어 그 지위의 탁월함을 나타낸다(Michaelis, *TDNT* 6:873-876). 메시야를 '장자'라는 호칭으로 부르는 것은 시편 2:7, "오늘 내가 너를 낳았도다"라는 선언과 더불어 하나님과 메시야 사이의 친밀한 관계를 강조하는 말이다. 아버지와 장자는 고대 시대에서 친밀한 관계를 가장 잘 묘사한다. 아버지의 유고 시 장자는 아버지의 모든 책임과 권한을 물려받고 아버지가 하던 모든 일을 다 하게 되므로 평소 아버지와 가장 가까운 관계 속에 있다. 그러므로 장자는 아버지를 대표한다(to represent). 예수는 하나님을 대표한다는 의미에서, 그리고 하나님과 가장 친밀한 관계 속에 있다는 의미에서 '장자'이면서 "하나님의 형상"이 될 수 있다.

로마서 8 : 29, "하나님이 미리 아신 자들을 또한 그 아들의 형상을 본받게 하기 위하여 미리 정하셨으니 이는 그로 많은 형제 중에서 맏아들이 되게 하려 하심이니라"에서 바울은 "그 아들의 형상"(*eikōn*)이란 말과 "맏아들/장자/먼저 나신"(*prōtotokos*)이란 말을 함께 사용한다. 여기서 "맏아들/장자/먼저 나신"(*prōtotokos*)은 '우리와 같은 서열에 소속된 첫 번째'라는 뜻이 아니라 '하나님과의 관계에서 그가 매우 친밀한 관계 속에 있다'는 것을 나타낸다. 골로새서 1 : 15에서도 "형상"(*eikōn*)과 "먼저 나신/맏아들/장자"(*prōtotokos*)의 개념이 동시에 나타난다. 이것은 우연이 아니다. 그리스도는 하나님의 아들(골 1 : 13), 즉 메시야이고 그와 하나님의 관계는 아버지와 장자의 관계처럼 친밀한 관계다. 그리스도는 하나님의 형상이기 때문이다(골 1 : 15).

그리스도를 장자로 부르는 것은 히브리서 1 : 5~6에서도 관찰된다. 히브리서 1 : 5의 "너는 내 아들이라 오늘 내가 너를 낳았다"는 시편 2 : 7의 인용이며, "나는 그에게 아버지가 되고 그는 내게 아들이 되리니"는 사무엘하 7 : 14의 인용이다. 히브리서 저자는 이 두 구절을 하나로 연결해서 읽고 나서 히브리서 1 : 6, "또 그가 맏아들을 이끌어 세상에 다시 들어오게 하실 때에"에서 그리스도를 "맏아들"(*prōtotokos*)이라고 부른다. 바울도 이미 골로새서 1 : 13에서 예수를 "하나님의 아들"로 부르고 있고 15절에서 시편 89 : 27의 "장자" 개념을 연결하고 있으므로, 그가 사무엘하 7 : 14, 시편 2 : 7, 89 : 27의 '하나님의 아들' 메시야 전승을 알고 있던 것이 분명하다. 히브리서 1 : 5~6은 바울과 같은 방식으로 구약성경을 해석하고 그리스도에게 적용하는 이런 유사한 기독론이 바울 교회 밖에도 존재했다는 것을 보여 준다. 게다가 바울은 로마서 8 : 34에서 "그는 하나님 우편에 계신 자"라고 단언하므로 '하나님의 아들' 전승과 시편 110 : 1, 다니엘 7 : 9~14의 '인자 전승'이 모두 다 바울의 그리스도 이해(기독론)에 이미 다 통합되어 있다.

골로새서 1:15에서 "피조물"(ktisis)은 창조의 행위 혹은 창조의 결과물(피조물)을 가리킨다. 여기서는 후자다. 갈라디아서 6:15, 고린도후서 5:17에서 동일 단어가 새 창조와 관련되어 사용된다. 골로새서 1:23의 "이 복음은 천하 만민에게 전파된 바요"에서 "만민"으로 번역된 헬라어 단어도 이곳에서 사용된 '피조물'(ktisis)과 같은 단어다. 바울이 그리스도를 "모든 피조물보다 먼저 나신 이"(prōtotokos)로 볼 때 그 의미는 골로새서 1:16~17에서 구체적으로 나타나듯 그를 창조 사역에 참여한 하나님의 지혜로 보는 것이다(잠 8:22-31). 만물이 다 "그로 말미암고 그를 위하여 창조되었고"(골 1:16) 그는 "만물보다 먼저 계시고"(골 1:17), 즉 선재(先在)하는 분으로 본 것이다.

간단히 추론하면 바울은 십자가에서 죽은 그리스도를 바로 메시야, 하나님의 아들인 동시에 만물보다 먼저 계시는 하나님의 지혜라고 보았다. 바울이 골로새서 1:15에서 "장자/맏아들의"(prōtotokos, first-born)라는 호칭으로 부른 하나님의 메시야/그리스도는 유한한 삶을 사는 죽을 수밖에 없는 존재(mortal being)가 아니다. 그는 천지창조 이전부터 하나님과 함께 존재했고 하나님과 인격적으로 구분되면서도 하나님과 같은 신적(divine) 존재이다. 바울의 이런 지혜 기독론은 로마서를 기록하기 전인 고린도전서에도 나타난다(고전 8:6, "또한 한 주 예수 그리스도께서 계시니 만물이 그로 말미암고 우리도 그로 말미암아 있느니라"; 롬 11:36, "이는 만물이 주에게서 나오고 주로 말미암고 주에게로 돌아감이라"). 바울이 로마서를 55년경에 쓴 것으로 본다면, 바울과 그의 교회 성도들이 이런 기독론에 도달하기까지 아무리 그 시기를 늦게 잡아도 예수의 죽음으로부터 불과 25년밖에 걸리지 않았다. 바울이 요한복음 1:1~18의 내용과 비교했을 때 전혀 뒤지지 않는 기독론을 골로새서와 로마서에서 말하고 있으므로 바울의 기독론을 장기간에 걸친 발전(development)으로 설명하는 것은 별로 설득력이 없다.

[1:16] 16절의 앞과 마지막에 각각 동사 '엑티스떼'(*ektisthē*, 창조되었다, 부정과거시제)와 '엑티스타이'(*ektistai*, 창조되었다, 완료시제)가 사용되었다. 이 둘은 모두 신적 수동형(divine passive)이다. 두 동사를 의미상 굳이 구분한다면, 앞의 동사는 과거의 일회적 동작을 나타내고 뒤의 동사는 창조 이후 피조물들의 지속적 존재를 나타낸다. 16a절의 번역은 "하늘과 땅 위의 만물이 그에게서 창조되되, 즉 보이는 것들과 보이지 않는 것들"로 바꾸는 것이 좋다. 16b절은 "만물이 다 그에 의하여 그리고 그를 위하여 창조되었고"로 하면 된다. 바울은 여기서 하나님의 형상인 그리스도를 하나님의 천지창조와 연결하여 설명하고 있다. "만물이 그에게서(문자적으로는 '그의 안에서 [*en autō*]') 창조되었다."라는 언명은 이해하기 어렵다. 바울은 이 말을 풀어서 설명해 주기 위해 다시 "만물이 다 그를 통하여(*di' autou*) 그를 위하여(*eis auton*) 창조되었다."라고 말한다. "그를 통하여"(through him)는 창조의 수단(instrument)을 설명하는 것이며, "그를 위하여"(for him)는 창조의 목적을 나타낸다. 만약 "만물이 그에게서/그의 안에서(*en autō*) 창조되었다."라는 말에 따로 다른 뜻이 있다면, "그의 안에서"(*en autō*)는 창조의 영역을 나타내는 것으로 볼 수 있다. 이 경우 그리스도가 창조의 영역이 된다. 이렇게 전치사를 사용하여 창조주와 피조물의 관계를 설명하는 것은 로마서 11:36, "이는 만물이 주에게서 나오고(*ex autou*) 주로 말미암고(*di' autou*) 주에게로(*eis auton*) 돌아감이라"에서도 발견된다. 또 고린도전서 8:6, "그러나 우리에게는 한 하나님 곧 아버지가 계시니 만물이 그에게서(*ex hou*) 났고 우리도 그를 위하여(*eis auton*) 있고 또한 한 주 예수 그리스도께서 계시니 만물이 그로 말미암고(*di' hou*) 우리도 그로 말미암아(*di' autou*) 있느니라"에서도 발견된다. 고린도전서 8:6의 "한 주 예수 그리스도께서 계시니 만물이 그로 말미암고"(*di' ou*)는 골로새서 1:16의 내용이 바울이 다른 사람의 생각을 인용하는 것이 아니라 자신이 평소에 갖고 있던 생각을 직접적으로 표현한 것임을 보여 준다. 골로새서 1:15~20의 찬양시에 나타나는 지혜 기독론

은 바울의 편지로 의심되지 않는 로마서와 고린도전서에서도 나타나고 있으므로 골로새서의 기독론을 굳이 후대의 발전으로 볼 필요가 없다. 요한복음 1 : 1~3, "태초에 말씀이 계시니라 이 말씀이 하나님과 함께 계셨으니 이 말씀은 곧 하나님이시니라 그가 태초에 하나님과 함께 계셨고 만물이 그로 말미암아 지은 바 되었으니 지은 것이 하나도 그가 없이는 된 것이 없느니라"에도 같은 기독론이 들어 있다. 만약 우리가 이 본문에서 "말씀" 대신 '지혜'를 넣어서 읽어도 의미는 동일하다.

그렇다면 바울은 무슨 뜻으로 "만물이 다 그를 통하여(di' autou) 그를 위하여(eis auton) 창조되었다."라고 말하는 것일까? 이 말을 제대로 이해하기 위해서는 제2성전 시기의 유대교 전통 중 "지혜"에 대한 가르침을 염두에 두어야 한다. 구약성경에서 지혜 신학이 가장 잘 드러난 곳은 잠언 8 : 22~30이다. 잠언 8 : 22~23, "여호와께서 그 조화의 시작 곧 태초에 일하시기 전에 나를 가지셨으며 만세 전부터, 태초부터, 땅이 생기기 전부터 내가 세움을 받았나니"에서 "나"는 '지혜'다. 이 지혜는 천지창조 이전에 이미 존재하고 있으므로 "피조물"이 아니다. 여기서 우리는 지혜가 '의인화'(personification)된 것을 볼 수 있다. 여기서 지혜는 단순한 하나님의 속성을 넘어서 하나님으로부터 구분되고, 인격적으로도 독립된 하나님을 계시하는 어떤 존재다. 지혜는 태초에 하나님이 세상을 창조하실 때 창조 사역에 깊이 참여했다. 지혜는 하나님의 창조의 대행자(agent)로서 창조 사역에 깊이 개입하였다(잠 8 : 30, "내가 그 곁에 있어서 창조자⟨אָמוֹן, 장인⟩가 되어 날마다 그의 기뻐하신 바가 되었으며 항상 그 앞에서 즐거워하였으며"). 요한계시록 3 : 14, "아멘이시요 충성되고 참된 증인이시요 하나님의 창조의 근본이신 이"에서 "아멘"(amēn)을 잠언 8 : 30에 나오는 '장인'(אָמוֹן, master builder)의 히브리어 '아몬'(אָמוֹן)을 가리키는 것으로 보는 견해가 있다. 이것은 초대교회가 잠언 8장의 지혜와 그리스도를 같은 분으로 보는 것에 기인한다(Bruce, 62. n. 112 ; 자세한 것은 G. K. Beals, *The Book of Revelation : A Commentary on the Greek Text* 〈NIGTC; Grand Rapids/Cambridge:Eerdmans; Exeter: Paternoster, 1999〉, 297-301을 보라).

제2성전 기간, 팔레스타인에 일어난 중요한 변화는 알렉산더의 정복 (336-323 B.C.E.) 이후 시간이 흐를수록 강력해진 헬라 문화의 영향이다. 헬라 철학에서, 특히 플라톤 철학에서는 '이 세상은 보이지 않는 신의 형상' 이라고 하는 기본적 믿음이 있었다. 이때 신은 어떤 인격적인(personal) 신이 아니라 로고스(*logos*, 궁극적인 실체)라는 비인격적(impersonal) 원리 (principle)이다. 플라톤 철학은 세상과 사물을 눈에 보이지 않는 궁극적 실체의 현상적인 반영이라고 설명했다. 유대교가 헬라 문화와 접촉하기 시작하면서 유대인들은 새로운 문화적 환경 속에서 자신들이 원래부터 갖고 있던 창조주 하나님에 대한 신앙을 새롭게 설명하기 시작했다. 유대인들은 자신들이 이미 갖고 있던 지혜 신학에서 하나님과 함께 태초부터 존재하였던 "지혜"와 상응하는 개념이 헬라 문화 속에 있다는 것을 발견하였는데, 바로 '로고스'(*logos*, 말씀)이다. 잠언 8장의 지혜 신학은 헬라 유대교에 의해서 로고스 신학으로 발전하게 된다. 이것은 유대교 신학이 헬라 철학을 만나면서 나름대로 응답하는 과정에서 생겨난 전통이다.

여기에서 주목해야 할 점은 제2성전기 유대교에서 지혜가 '율법'(Torah) 과 동일시되었다는 점이다(*Wisdom of Solomon* 6-10; *Ecclus* 15:1; 24:1-12 등). 시락서(Sirach) 24장에서는 지혜가 율법의 형태로 역사에 등장한다(Witherington, 132). 유대교 문서인 시락서 24:23과 바룩서 3:36~41 에서는 하나님께서 그의 지혜를 율법에 가장 분명히 드러내 보이셨다고 말한다. 지혜서는 지혜가 영원 전부터 하나님과 함께 있었다(*Wisdom* 9:9), 혹은 지혜가 하나님과 보좌를 함께 나누어 앉아 있다(*Wisdom* 9:4; 참고. 히 1:3, "높은 곳에 계신 지극히 크신 이의 우편에 앉으셨느니라")고 말한다. 그러나 바울은 율법이 아니라 그리스도가 하나님의 지혜요, 하나님의 형상이라고 말한다. 바울 당시의 유대교, 특히 바리새 전통을 따르는 유대교에서 율법은 하나님의 지혜와 동일시되고, 창조 이전부터 존재하며, 앞으로 영원무궁토록 존재할 수밖에 없는, 신성이 충만하게 깃들어 있는 것이었다.

그러나 신약성경의 지혜 전통이 유대교의 지혜 전통 혹은 구약성경의 지혜 전통과 근본적으로 다른 점은 지혜가 예수 그리스도와 일치되고 있다는 점이다. 바울이 지혜와 그리스도를 일치시킨 것은 당시 유대교에서 지혜와 율법을 일치시키는 것을 수정한 것이다. 바울은 이 점에서 유대교와 결별하여 다른 길로 갔다(parting of the ways). 바울은 창조 이전에 이미 존재하시던 '지혜'가 인간의 모습으로 이 세상에 오셨고, 예수 그리스도가 바로 그 지혜라고 본다. 아마도 바울은 천지창조 이전부터 존재하던 지혜와 그리스도를 동일시한 초대교회 최초의 신학자인 것으로 보인다(Kim, *Paul's Gospel*, 173-179). 바울은 잠언 8:22~31에 나타나는 지혜가 곧 그리스도이며, 그리스도는 곧 하나님의 형상이라고(고후 4:4) 다메섹 도상의 경험을 통해 깨달은 것 같다. 이는 요한복음 1:1~3과 요한1서 1:1~2에서 요한이 말하고 있는 바가 바울의 이해와 일맥상통한다. 그런 뜻에서 모든 만물이 "그리스도 안에서" 창조되었다고 말한다.

예수 그리스도는 하나님의 지혜와 일치하므로, 그리스도는 우리와 달리 하나님과 독특한 관계 속에 있다. 기독교는 일신론(monotheism)이면서도 창조주 하나님 이외의 하나님을 계시하는 또 다른 실재(휘포스타시스, *hypostasis*)를 인정한다. 천지창조 이전부터 있던 지혜를 하나님 이외의 또 다른 신적 존재로 인정하는 전통은 유대교로부터 물려받은 것이다. 1세기 유대교 전통에는 소위 '하늘에 있는 두 개의 권세'(two powers in heaven)에 관한 논의가 있었던 것으로 보인다(자세한 것은 Alan Segal, *Two Powers in Heaven*, Brill, 2002을 보라). 이런 논의가 생길 수밖에 없었던 이유는 다니엘 7:9의 보좌가 복수(כרסון, *thronoi*)로 되어 있다든지, 시편 110:1에 보좌 위에 하나님 외에 다윗이 "주"라고 부르는 또 다른 주가 앉아 있다는 구절 때문이다. 초기 기독교 안에 이위일체론적 신인식(binitarian understanding of

God)이 등장한 것은 무(無)에서 유(有)가 생겨난 것이 아니고, 돌연변이로 등장한 것도 아니다. 유대교 안에 이미 존재하고 있었던 신(神) 이해의 연장선에 서 있는 것이다. 유대교와 기독교 복음 사이의 차이는 잠언 8장의 지혜가 그리스도냐 아니냐 하는 점이었다. 후대의 유대교에서는 '하늘에 있는 두 개의 권세'(two powers in heaven)에 관한 랍비들의 주장을 이단적인 것으로 보고 금지했다. 아마도 점차 증가하는 기독교 세력이 십자가에서 죽은 예수를 지혜와 동일시한 것에 대한 반작용일 가능성이 크다.

하늘과 땅은 하나님이 지배하는 모든 영역이다(사 66:1, "하늘은 나의 보좌요 땅은 나의 발판이니"). 만물은 그 안에 존재하는 모든 것이며, 만물은 모두 하나님이 창조하셨다(사 66:2, "내 손이 이 모든 것을 지었으므로 그들이 생겼느니라"). "보이는 것들과 보이지 않는 것들"은 이 세상을 가시적 세계와 불가시적 세계로 둘로 나누는 플라톤 철학의 이원론을 생각나게 한다. 그러나 바울의 세계관이 이런 이원론에 기초해 있다고 볼 수 있는 근거는 없다. 오히려 "보이는 것들과 보이지 않는 것들"은 말 그대로 인간의 눈으로 볼 수 있는 것과 볼 수 없는 것이다. "보이는 것들과 보이지 않는 것들"은 "만물"의 부연 설명이다. 특별히 "보이지 않는 것들"은 영적 존재들이다. 바울은 영적인 존재들도 그리스도의 피조물이라고 말한다. 16절에서 언급된 "왕권들"(thronoi, thrones), "주권들"(kyriotētes, dominions), "통치자들"(archai, principalities), "권세들"(exousiai, powers)을 정치적 용어로 보고 이 구절을 정치적인 뉘앙스로 해석하는 학자들도 있다(예. Barth, 201-202). 이 경우 "세상의 모든 통치자와 왕들도 다 그리스도의 왕권 아래에 있다."라는 뜻으로 해석한다.

그러나 대부분의 학자는 이 용어들이 제2성전기(Second Temple Period) 유대교 문서에서 초자연적인 영적 존재(supernatural spiritual beings)를 가리키기 위해 사용되었던 점을 근거로 하여(예. *Testimony of Levi* 3:8; 1 Enoch 61:10; 2 Enoch 20:1; 참고, 2 Macc. 3:24) 정치적 용어가 아니라

(Dunn, 92; Witherington, 134) 당시 민간에 널리 퍼져 있던, 천사들의 등급/직위를 가리키는 기술적 용어(technical terms)로 본다. 이런 종류의 용어들은 로마서 8:38, 고린도전서 15:24, 에베소서 1:21 등에도 나온다. 바울은 모든 것들이 다 그리스도를 "통하여" 그리고 그를 "위하여" 창조되었다(*ta panta di' autou kai eis auton ektistai*)고 말한다. 심지어 비록 하나님께 적대적인 태도를 가진 영적인 존재라 할지라도 그것들은 원래 그리스도를 통해, 그리스도를 위해 창조되었다. 그러므로 그리스도는 모든 피조물의 창조의 원인(*dia*)이기도 하고, 목표(*eis*)이기도 하다. 십자가에서 돌아가신 예수는 단순한 인간이 아니라 이 세상 만물을 창조하신 분이고 이 세상 만물 존재의 목적이시다. 이처럼 예수를 엄청나게 격상하는 언급은 유대교 안에 전례가 없다. 바울은 유대교의 관점에서 그리스도를 바라보지 않는다(고후 5:16, "그러므로 우리가 이제부터는 어떤 사람도 육신을 따라 알지 아니하노라 비록 우리가 그리스도도 육신을 따라 알았으나 이제부터는 그같이 알지 아니하노라").

바울은 왜 16절에서 그리스도가 만물을 창조하셨다는 것을 말하면서 "보이는 것들"뿐만 아니라 "보이지 않는 것들"도 언급하고, 특별히 왕권, 주권, 통치자, 권세 등을 구체적으로 열거하면서 이것들이 다 그리스도에 의해서, 그리스도를 위해서 창조되었다고 말하는 것일까? 그 이유는 골로새 성도들이 현재 안고 있는 문제 중 하나인 천사숭배(골 2:18) 때문이다. 바울은 앞으로 그가 2장에서 말하려고 하는 바를 미리 부분적으로 말하기 시작하고 있다. 하늘의 보이지 않는 천사들을 두려워하거나 그것들을 높이 받드는 것에 대해서 바울은 반대한다. 영적 존재들은 다 "그리스도를 통해서", "그를 위하여" 창조되었으므로 성도들은 그리스도만 섬기고 복종해야 한다. 영적 존재들을 두려워하거나 경의를 표해서는 안 된다고 말하는 셈이다. 골로새서 2:15에서 바울은 "통치자들과 권세들을 무력화하여 드러내어 구경거리로 삼으시고 십자가로 그들을 이기셨느니라"라고 말한다. 예수 그리스도의 십자가 죽음으로 모든 악한 영적인 세력들을 다 무장해제시켰고 마치 개선 장군처럼 그것들을 개선 행진의 구경거리로 만드셨다(*thriambeusas*)고 가르친다. 그러므로 천사들과 눈에 보이지 않는 영적인 존재들을 두려워할 필요도 예배할 필요도 없다.

2. 세상의 주님, 교회의 머리(1:17-18)

[1:17] "또한 그가"는 "또한 그 자신이"로 번역하는 것이 좋다. 그리스도가 만물보다 먼저(*pro pantōn*) 계신다는 말은 그의 선재(pre-existence)를 확인한다. 그는 주권(sovereignty)을 갖고 있으신 분이다(Bruce, 65). 아리우스(Arius) 이단은 그리스도가 없었던 때가 있었고, 그리스도도 피조물이라고 주장한다. 이것은 비성경적 가르침이다. 15절의 "모든 피조물보다 먼저 나신 이시니"의 "먼저 나신"(*prōtotokos*)을 17절의 그리스도가 만물보다 먼저 계신다는 말씀과 연결하여 해석하면 바울의 진의를 쉽게 알 수 있다. 그리스도는 하나님의 지혜로 창조 이전에 이미 계셨고, 세상 만물보다 먼저 존재하셨다. '그가 만물보다 먼저 계신다'는 말씀은 요한복음 8:58의 "아브라함이 나기 전부터 내가 있느니라"라는 예수 자신의 말씀과 일맥상통한다.

"만물이 그 안에(*en autō*) 함께 섰느니라"(*synestēken*)라는 말은 그리스도 안에서 세상 만물이 유지되고(sustained) 있다는 뜻이다. 여기서 사용된 동사 '쉰이스테미'(*synistēmi*)는 플라톤 철학 혹은 스토아 철학에서 자주 사용되었고(예. Plato, Republic 530a), 스토아 철학에서 이 동사는 범신론적(pantheistic) 세계관을 표현한다(O'Brien, 47). 그러나 이 동사를 연결고리로 해서 17절을 헬라 철학과 연결하는 것은 무리한 시도이다. 오히려 하나님의 성령이 모든 세상을 채우고 모든 것을 다 함께 붙들고 있다고 보는 *Wisdom* 1:7이나, 하나님의 말씀에 의해 모든 것이 함께 유지되고 있다고 보는 *Ecclesiasticus* 43:26과 같은 유대교 사상과 연결하는 것이 더 적절하다(O'Brien, 48).

만물이 '과거에' 그를 통해 창조되었을 뿐 아니라, '현재에도' 여전히 그에 의해서 유지되고 보전되도록 그리스도가 활동하고 계신다. 근세 유럽에서 한때 유행하던 이신론(理神論, deism)은 하나님을 시계 태엽을 감아 시계가 돌아가게 한 뒤, 자신은 다른 곳으로 가 버린 시계공에 비유했다. 하지만 하나님은 이 세상 만물의 운행과 질서에 관여하지 않고, 물러나 계신 분이 아니다. 하나님은 그리스도에게 세상 만물의 운행을 주관하는 왕권을 주셨다(시 110:1). 바울은 그리스도가 새로운 아담으로서, 이 세상 만물의 왕일 뿐만 아니라(창 1:27; 고전 15:25), 이 세상을 지탱하고 유지해 나간다고 말한다. 그리스도는 하나님의 지혜고, 하나님의 지혜는 하나님과 이 세상 만물 사이에 존재하는 연결고리며 만물이 하나로 조화를 이루는 원리다(Martin, 59). 세상 만물은 별개의 개체로 따로따로 존재하는 것이 아니라 그리스도 안에서 하나가 되어(unity, solidarity) 조화를 이루며, 그리스도 안에서 함께 공존하고 있다. 히브리서 1:2~3도 바울의 견해를 공유한다. 하나님은 그의 아들을 통하여 "모든 세계를 지으셨고"(히 1:2), 그 아들은 "그의 능력의 말씀으로 만물을 붙드신다"(히 1:3).

[1:18] 바울은 창조와 창조 세계에 관해 말하던 중 18절에서 갑자기 교회를 언급한다. 그리스도가 만물의 맏아들(먼저 나신 이)이라고 말했는데, 18절에서는 교회의 머리라고 말한다. 여기에서 바울은 창조론 혹은 우주론에서 교회론으로 급격하게 옮겨 간다. 이것은 우주와 교회가 같다는 뜻이 아니라, 교회가 우주만큼의 중요성을 갖고 있다는 뜻이다. 교회의 머리는 다른 분이 아니고 바로 만물을 지으시고 유지하시는 분인 그리스도다. 교회는 그런 엄청난 분을 머리로 두고 있다. 그러므로 교회는 머리 되신 그리스도를 예배해야지, 천사들을 예배해선 안 된다. 그리스도가 교회의 머리라는 말의 또 다른 의미는 교회가 그리스도로부터 생명과 능력을 공급받는다는 것이다. 플라톤에 따르면 원래 우주는 살아 있는 존재로서 신적인 이성이 그 안을 가

득 채우고(to pervade) 있다(Plato, *Tim* 31b, 32a 등; O'Brien 48에서 재인용). 즉, 우주(cosmos)를 "신적인 이성"(Logos)의 지배를 받는 하나의 유기체로 본다. 스토아 철학에서도 우주는 살아 있는 생명체로 완전한 몸이다. 밀의 종교(mystery religion) 문서에는 제우스(Zeus)를 몸인 우주의 머리라고 말하기도 한다(*Orphic Fragment*, 168; Witherington, 135, n. 22에서 재인용). 이는 천체(天體)를 인체(人體)에 비유하여 인체에 머리가 있는 것처럼 천체에도 머리가 있다고 본 것이고, 우주의 머리를 제우스 신이라고 본다(제우스는 헬라 종교의 최고신으로, 종종 로고스와 동일시되었다). 1세기 유대인 필로도 하늘의 세계를 로고스가 머리인 몸으로 말한 적이 있다(Philo, *Som*. 1.128). 머리가 몸에 지시를 내리는 것처럼 영원한 로고스가 몸인 우주에 지시를 내린다고 말한 적도 있다(Philo, *Spec. Leg.* 3.184; O'Brien, 49에서 재인용). 바울이 이 찬양시를 처음부터 끝까지 쓴 것이 아니라 이미 골로새에 존재하는 찬양시를 바울이 개작(to revise)하는 것으로 보는 견해는 이런 종교 문화적 배경 때문에 원래의 찬양시에 '우주'가 몸으로, 그리고 '그리스도'가 머리로 되어 있었다고 주장한다. 바울이 이 찬양시를 개작하면서 교회를 추가하여 그리스도가 우주의 머리가 아니라 교회의 머리라고 내용을 변경한 것으로 본다(Bruce, 66). 골로새서 2:10에서 바울이 "그는 모든 통치자와 권세의 머리시라"라고 선언하는 것에서 여전히 그리스도가 '만물의 머리', '우주의 머리'라는 개념이 남아 있다고 본다.

그러나 정말로 바울이 이 편지를 기록하기 전에 실제로 그런 찬양이 있었는지, 정말로 바울이 그 찬양시를 골로새서에서 개작하고 있는지를 확신할 수 있는 증거는 없다. 단지 그럴 수도 있다고 추측할 뿐이다. 그러므로 18절을 읽고 여기서 바울이 우주 전체를 하나의 몸으로 보고, 그리스도를 그 머리로 보고 있다고 결론 내릴 필요는 없다. 바울은 어디까지나 그리스도를 교회의 머리라고 말할 뿐, 그리스도를 우주의 머리라고 명확하게 말하지 않는다. 교회를 하나의 몸으로 보는 견해는 바울서신의 다른 부분에서 이미 나타나고 있다(고전 12:12-27; 롬 12:4-5). 물론 예외적으로 고린도전서 12:21, "머리가 발더러 내가 너를 쓸 데가 없다 하지 못하리라"에서 머리는 그리스도를 가리키지 않는다. 단지 교회의 구성원 중 일부를 가리킬 뿐이다. 바울은 교회를 몸으로 보고 그리스도를 머리라고 말하여 그리스도와 교회 사이에 있는 결속을 강조한다. 성도들과 그리스도는 불가분의 관계이며(롬 8:35, "누가 우리를 그리스도의 사랑에서 끊으리요"), 서로 유기적으로 연결되어 있다.

바울이 골로새서와 에베소서(엡 1:22; 4:15; 5:23)에서 머리를 그리스도로 보는 이유는 아마도 현재 골로새교회 안에 등장한 골로새 이단의 주장 때문인 것으로 보인다(Bruce, *Paul*, 421; O'Brien, *Colossians*, 49). 바울은 우주와 그 안에 있는 눈에 보이지 않는 영적인 존재들에 대해 성도들이 가진 과도한 관심을 교회와 그리스도에게로 돌리려고 노력하는 것 같다. 교회는 하나의 몸이고, 새로운 하나님의 백성인 새 이스라엘이고, 새로운 민족이다. 이 새로운 민족은 옛 아담의 후손이 아니라 새 아담이신 예수 그리스도의 후손이다(롬 5:12-21). 이런 뜻에서 그리스도는 새로운 하나님의 백성인 교회의 근원(origin)이 된다. 또한 그리스도는 그를 통하여 새롭게 태어난 모든 성도에게 생명을 주신 분이다. 그리스도는 성도들에게 끊임없이 생명력을 공급해 주신다. 그런 뜻에서 그리스도는 교회의 머리이시다.

"그가 근본이시요"에서 "근본"(*archē*)은 '근원'(origin)이라는 뜻이다. 번역을 "그가 근원이시요"로 바꾸어도 좋다. 유대교에서는 지혜 혹은 로고스가 만물의 시작이다(잠 8:23; Philo, *Leg. All.* 1.43). 그리스도가 근원이라는 말은 그가 세상 만물의 근원이라는 뜻일까? 아마도 아닌 듯하다. "근본"이라는 말 바로 다음에 나오는 "죽은 자들 가운데서 먼저 나신 이시니"가 동격으로 나오므로 "근본"은 우주의 근원이 아니라 교회의 근원을 가리키는 것으로 보는 것이 더 낫다. 여기서 "먼저 나신 이"는 골로새서 1:15의 "모든 피조물보다 먼저 나신 이시니"에서 사용된 "먼저 나신 이"(*prōtotokos*)와 같은 단어다. 바울은 여기서 그리스도가 부활하신 것이 모든 믿는 자들의 부활을 예고하는 부활의 첫 열매가 되신 것을 먼저 나신 것으로, 부활의 맏아들이 되신 것으로 표현한다. 그리스도의 부활은 곧 새 아담의 등장이며, 이것은 곧 새로운 인류의 시작점이다. 그리스도가 부활하여 부활의 첫 열매가 되신 것은 머지않은 미래에 그가 죽음의 세력을 이기시고 승리하신 것, 또한 장차 죽음의 세력을 멸망시킬 것을 예고한다(롬 5:12-21; 고전 15:12-28). 모든 악한 영적 존재는 멸망된다(고전 15:24, "그 후에는 마지막이니 그가 모든 통치와 모든 권세와 능력을 멸하시고"). 그러므로 천사들을 예배하는 것(골 2:18)은 어리석은 짓이다.

창세기 1:28, "바다의 물고기와 하늘의 새와 땅에 움직이는 모든 생물을 다스리라"라는 하나님의 명령은 옛 아담을 이 세상 만물의 왕으로 세우신 것이다. 시편 8편은 기본적으로 아담에 관한 시편이며, 시편 8:6, "주의 손으로 만드신 것을 다스리게 하시고 만물을 그의 발 아래 두셨으니"는 이런 해석이 틀리지 않았음을 보여 준다. 그러나 아담은 범죄함으로 왕의 지위를 잃어버리고 오히려 죽음이 왕 노릇을 하게 되었다. 아담은 죽음의 세력의 노예로 전락했다(롬 5:14, "아담으로부터 모세까지 아담의 범죄와 같은 죄를 짓지 아니한 자들까지도 사망이 왕 노릇하였나니"; 5:17, 21). 하나님은 새로운 아담으로 예수 그리스도를 세우셨다. 교회는 이제 시편 8편을 예수 그리스도에게 적용한다(고전 15:25, "그가 모든 원수를 그 발 아래에 둘 때까지 반드시 왕 노릇하시리니"; 히 2:8, "만물을 그 발 아래에 복종하게 하셨느니라 하였으니"). 예수 그리스도가 온 세상 만물의 왕으로 세워진다. 왕이 그 나라의 백성을 대표하듯이 옛 아담은 사망의 지배 아래에 있는 옛 인류를 대표한다(to represent). 그리스도는 하나님이 주시는 은혜와 의(righteousness) 아래에 있는 새 인류를 대표한다. 다니엘 7장에서도 인자가 왕으로 세워지고(단 7:14), 성도들이 나라를 얻는다(단 7:18, "지극히 높으신 이의 성도들이 나라를 얻으리니"; 7:22, "성도들이 나라를 얻었더라"). 왕과 그 나라의 백성은 생사와 존망을 함께하는 공동체다. 그런 뜻에서 '한 몸'이다. 바울의 다메섹 경험을 기록한 사도행전의 내용에서 바울이 교회를 핍박했던 것을 "사울아 사울아 네가 어찌하여 나를 박해하느냐"(행 9:4; 22:7; 26:14)라고 말한 것은 바로 그리스도가 새 아담으로서, 하나님 나라의 왕으로서, 그의 백성이고 그의 몸인 교회의 머리이시기 때문이다. 그의 백성을 박해하는 것은 그 나라의 왕을 박해하는 것과 똑같다. 다니엘 7장에서 인자가 특정한 개인이 아니라 집단을 가리킨다고 주장하면서 인자가 어느 특정한 개인일 가능성을 부정하는 입장이 있다. 이런 입장은 한 개인(왕)이 집단(나라)을 상징하고, 한 집단은 개인에 의해 대표된다는 성경적 원리(corporate personality; Bruce, 69)를 이해하지 못한 것에서 비롯된다. 예수 그리스도는 이미 이 세상의 새 아담, 새로운 왕, 메시야로 세워졌다. 그 나라의 백성들은 이미 "흑암의 권세에서", "그의 사랑의 아들의 나라로"(골 1:13) 옮겨졌고, 이들이 바로 성도들이고, 교회다. 교회가 하나님의 새 언약의 백성이라면 예수는 그 나라의 왕이므로 교회의 머리가 된다. 바울이 몸과 머리의 연합으로 교회와 그리스도의 관계를 설명하는 것은(고전 12:12-27; 롬 12:4-5) 헬라 문화의 영향을 받아서가 아니라 그가 구약성경의 전통을 잘 이해하고 있기 때문이다(호 1:11, "이에 유다 자손과 이스라엘 자손이 함께 모여 한 우두머리[문자적으로는 '머리']를 세우고 그 땅에서부터 올라오리니"). 교회가 그리스도의 몸이고, 그리스도는 교회의 머리라는 말은 단순한 비유가 아니라 실제로 그리스도와 그의 백성이 분리 불가능한 한 몸이 되었다는 의미다(Bruce, 70). 옛 창조에서 새 창조로, 옛 시대에서 새 시대로, 옛 언약에서 새 언약으로, 옛 인류에서 새 인류로의 전환이 바로 그리스도의 죽음과 부활에서 이루어졌다. 교회는 새로운 인류이며 교회의 시작 혹은 교회의 근원은 바로 그리스도의 부활이다.

18b절의 번역은 "이것은 자신이 만물 가운데 으뜸이 되기 위함이다"로 수정하는 것이 좋다. 그리스도가 부활하심으로 그는 세상 만물의 으뜸이 되셨다. 빌립보서 2:9에서 바울은 "하나님이 그를 지극히 높여 모든 이름 위

에 뛰어난 이름을" 주셨다고 말한다. 그래서 "하늘에 있는 자들과 땅에 있는 자들과 땅 아래에 있는 자들"(빌 2:10)이 다 그리스도에게 무릎을 꿇고 그를 "주"라고 부르게 된다. 만물의 으뜸이 된다는 것은 곧 그가 영광 받으시는 분으로 인정받게 하신다는 것이다. 바울은 로마서 8:34에서 "죽으실 뿐 아니라 다시 살아나신 이는 그리스도 예수시니 그는 하나님 우편에 계신 자"라고 말한다. 그리스도의 죽음, 부활, 하나님의 보좌 우편으로의 승귀(昇貴)가 이 구절의 중요 모티브이며, 그리스도는 하나님 보좌 우편으로 돌아가 다시 그곳에 앉으셨고, 그는 만물의 으뜸이 되는 자리에 앉아 계신다. 골로새서 3:1, "그러므로 너희가 그리스도와 함께 다시 살리심을 받았으면 위의 것을 찾으라 거기는 그리스도께서 하나님 우편에 앉아 계시느니라"에서도 부활, 하나님의 보좌 우편으로의 승귀가 동시에 나타난다. 골로새서 3:1을 약간 변형한 에베소서 1:20, "그의 능력이 그리스도 안에서 역사하사 죽은 자들 가운데서 다시 살리시고 하늘에서 자기의 오른편에 앉히사"에서는 로마서 8:34, "죽으실 뿐 아니라 다시 살아나신 이는 그리스도 예수시니 그는 하나님 우편에 계신 자요"의 중요 모티브인 그리스도의 죽음, 부활, 하나님의 보좌 우편으로의 승귀가 모두 등장한다.

그리스도를 만물의 으뜸이 되게 하시려고 하나님께서 그를 다시 살리셨다는 골로새서 1:18의 말씀은 이런 승귀의 개념과 연결되어 있다. 왜냐하면 세상에서 가장 비참한 자리인 십자가 위에서 죽은 예수가 만물의 으뜸으로 인정받기 위해서는 하나님의 보좌 우편에 하나님과 함께 앉는 정도의 승귀가 필요하기 때문이다. 시편 110:1, "여호와께서 내 주에게 말씀하시기를 내가 네 원수들로 네 발판이 되게 하기까지 너는 내 오른쪽에 앉아 있으라 하셨도다"는 하나님 보좌 우편에 있는 어떤 존재에 관해 말한다. 마가복음 12:35~37에서 예수는 "다윗이 그리스도를 주라 하였은즉 어찌 그의 자손이 되겠느냐"(막 12:37)라고 말하면서 자신이 바로 그 존재라는 것을 암시했다. 산헤드린 재판에서 예수는 자신이 그리스도임을 주장하면서 "인자가 권능자의 우편에 앉은 것"을 사람들이 보게 될 것이라고 말하여 자신이 바로 보좌 우편에 하나님과 함께 앉아 있는 존재라고 주장한다(막 14 : 62 ; 마 26 : 64). 그러므로 그리스도는 원래부터 영광의 자리에 계시던 분이다. 그가 만물의 으뜸이 되셨다는 것은 원래는 만물의 으뜸이 아니었는데 그렇게 되었다는 뜻이 아니다. 처음부터 만물의 으뜸이셨던 그가 십자가에서 죽으시자 하나님이 그를 다시 살려 하늘로 올리시되, 하나님의 보좌 우편까지 올리셔서 그를 다시 만물의 으뜸이 되게 하셨다는 뜻이다.

3. 화해의 대리자(agent)로서의 그리스도(1 : 19-20)

[1 : 19] 19절 앞부분에 '왜냐하면'(*hoti*)이 추가되어야 한다. 번역은 "왜냐하면 아버지께서는 모든 충만이 예수 안에 거하는 것을 기뻐하셨기 때문이고"가 좋다. 현재의 번역은 19절의 "기뻐하시고"(*eudokēsen*)를 20절에서 번역한다. 물론 20절에도 이 단어가 연결되어 있다. 20절의 내용이 길므로 19, 20절에 모두 '기뻐하신다'는 말을 넣을 수 있다. "기뻐하시고"(*eudokēsen*)라는 표현은 구약에서 '선택'을 나타낼 때 사용되었다(시 44 : 3 ; 147 : 11 ; 149 : 4). 비록 하나님이란 주어가 따로 나오지는 않지만, 여기서 기뻐하는 주체는 하나님이시다. 왜냐하면 그리스도가 '기뻐하다'의 주어라면, 그리스도 안에 충만이 거하는 것을 그리스도 자신이 기뻐했다고 해석하게 되어 내용이 부자연스러워지기 때문이다. 개역개정판 번역에서도 "아버지께서는"이란 말을 첨가해 번역했다. 즉, 하나님은 그리스도 안에 모든 충만(*plērōma*)이 거하는 것을(*katoikēsai*) 기뻐하셨다. 예레미야 23 : 24, "여호와의 말씀이니라 사람이 내게 보이지 아니하려고 누가 자신을 은밀한 곳에 숨길 수 있겠느냐 여호와가 말하노라 나는 천지에 충만하지 아니하냐"(참고. 시 72 : 19)는 "충만"이 하나님의 내재성(immanence)을 나타내는 말임을 잘 보여 준다. 골로새서 2 : 9에서 바울은 "충만"이라는 단어를 다시 사용하는데, 이 경우에는 "신성"

이란 단어를 추가하여 "그 안에는 신성의 모든 충만이 육체로 거하시고"라고 말한다. 그러므로 "충만"은 "신성의 충만"(to plērōma tēs theotētos), 신적 능력의 충만함으로 이해할 수 있다. 18절과 연결하면 19~20절은 18절의 이유를 밝히고 있다. 하나님께서 예수를 다시 살리시고 그를 만물의 으뜸이 되게 하신 이유는 신성의 충만함이 그리스도 안에 거하는 것을 기뻐하셨기 때문이다.

그리스도 안에는 모든 신적 능력과 속성이 충만하게 거한다. 그래서 그리스도는 완전한 하나님의 형상이시다(골 1:15). 그가 만물의 으뜸이 되어 하나님의 보좌 우편에 앉아 계신 것도 바로 그 안에 모든 신적 능력과 신적 속성이 충만하기 때문이다. 바울이 "충만"(fullness)이란 단어를 다른 서신에서 종종 사용했지만, 이런 뜻으로는 잘 사용하지 않았다(롬 11:12, 25; 13:10; 15:29; 고전 10:26; 갈 4:4; 엡 1:10; 1:23; 3:19; 4:13). 유독 골로새서에서 "충만"이란 단어를 '신성의 충만'이란 뜻으로 사용하는 이유는 아마도 골로새 이단이 이 단어를 특정한 방식으로 사용하기 때문일 가능성이 크다. 주후 2세기에 등장한 이단인 영지주의(Gnosticism) 문서 중, 발렌틴 문서(Valentinian documents)에서는 하나님으로부터 유출되어 나온 것들(emanations)인 영적인 존재들이 세상을 가득 채우고 있는 것을 가리키는 단어로 '충만'을 사용한다(Bruce, 73). 하지만 골로새 이단은 곧 영지주의이고, 그래서 바울이 이 단어를 의도적으로 사용하고 있다고 해석하는 것은 지나친 추측이다. 영지주의는 2세기가 되어서야 교회사에 등장하기 때문이다. 하지만 1세기 골로새 지역에 이런 초기 영지주의적 경향(incipient gnostic tendency)이 민간에 퍼져 있었고, 이런 경향과 다른 유대교 전통이 결합하여 골로새교회를 위협하는 잘못된 가르침이 만들어졌을 가능성은 여전히 있다. 골로새 이단은 하늘과 땅의 눈에 보이지 않는 것들, 특별히 "왕권들이나 주권들이나 통치자들이나 권세들"로 대표되는 영적인 존재들이 공중을 가득 채우고 있고, 이들이 하나님과 성도들 사이에 있으므로 하나님과 성도들 사이의 소통은 이들을 통해서만 이루어지므로 이들을 중요시해야 한다고 가르쳤을 가능성이 많다(Bruce, 73). 만약 골로새 이단이 "공중의 권세 잡은 자", 즉 "지금 불순종의 아들들 가운데서 역사하는 영"(엡 2:2)들이 하나님과 인간 사이의 모든 소통을 통제할 뿐만 아니라 그들이 성도가 하나님께로 가는 과정에도 관여한다고 가르쳤다면 골로새 성도들로서는 천사들의 호의를 사기 위해 그들을 예배하려고 했을 것이다(골 2:18, "천사숭배").

이러한 우리의 추론이 틀리지 않다면, 바울이 골로새서 1:15에서 그리스도를 "보이지 아니하는 하나님의 형상"으로 말하는 것이 쉽게 이해가 된다. "보이지 아니하는" 영적 존재를 두려워하는 골로새 성도들에게 보이지 않는 영적 존재와 비교할 수 없는 권위를 가진 하나님의 형상으로 예수 그리스도를 소개한다. 그는 "모든 피조물보다 먼저 나신 이"(골 1:15)시므로, 모든 영적 존재보다 먼저 존재한다. 영적 존재들도 "그에 의하여"(그로 말미암아) 창조되었고, "그를 위하여" 창조되었다(골 1:16). 그러므로 영적 존재들은 그리스도의 권위 아래에 있다. 그는 "만물의 으뜸"이고 "교회의 머리"이신데, 골로새 성도들은 그의 몸인 교회에 소속되어 있다. 그러므로 그런 영적 존재들을 두려워할 필요도 경배할 필요도 없다.

[1:20] 20절 앞에 '또한' 혹은 '그리고'가 들어가야 한다. 20b절은 "그를 통하여 자기와 화해하게 하시기를 기뻐하셨기 때문이다"로 번역하는 것이 좋다. 개역개정판의 "화목하게 되기를"은 '화해하다'를 자동사(自動詞)처럼 보이게 한다. 바울이 의미하는 바는 하나님이 주체가 되어 만물이 자신과 화해하게 만든다는 타동사(他動詞)의 의미가 강하다. 고린도후서 5:18, "그가 그리스도로 말미암아 우리를 자기와 화목하게 하시고"와 고린도후서 5:19 "세상을 자기와 화목하게 하시며"에서처럼 하나님이 '화목하게 만들었다'의 뜻이 번역에 나타나야 한다. 하나님은 그리스도를 통해(di' autou) 세상의 모든 피조물이 하나님 자신에게(eis auton) 화해하기를(apokatallaxai) 원하셨다. 로

마서 5:10, "곧 우리가 원수 되었을 때에 그의 아들의 죽으심으로 말미암아 하나님과 화목하게 되었은즉"은 화해/화목 이전에 인간과 하나님의 관계를 "원수"(enemy)라는 말로 대변되는 적대적 관계라고 말한다. 골로새서 1:21, "전에 악한 행실로 멀리 떠나 마음으로 원수가 되었던 너희를"에서도 이 적대적 관계에 관해 언급하고 있다. 하나님은 인간의 죄에 대해 진노하시고 인간은 하나님을 미워한다. 또 죄인인 인간도 하나님을 미워한다(롬 1:30의 "하나님께서 미워하시는 자요"는 "하나님을 미워하는 자요"로 번역하는 것이 더 낫다). 그리스도의 죽음으로 인하여 인간은 하나님과 화해의 관계로 들어가게 된다. 현재의 본문에서 바울은 "그의 십자가의 피로" 화평이 이루어졌음을 강조한다. 골로새서 1:22, "이제는 그의 육체의 죽음으로 말미암아 화목하게 하사" 역시 이 점을 확인하고 있다. 로마서 5:1, "그러므로 우리가 믿음으로 의롭다 하심을 받았으니 우리 주 예수 그리스도로 말미암아 하나님과 화평을 누리자"는 적대적 관계가 청산되고 하나님과 화해와 평화의 관계로 들어가게 된 것이 '칭의'의 결과라는 것을 보여 준다. 칭의는 여전히 구원을 설명하는 중요한 개념이고, 화해의 전제는 칭의다. 칭의가 법정적 개념이라면 화해는 관계적 개념이다. 최근에 '바울신학의 새 관점'(New Perspective on Paul)을 주장하는 톰 라이트(N. T. Wright)를 중심으로 칭의를 관계적 개념으로만 해석하려는 흐름이 생겨났다. 그러나 법정적 개념을 생략한 채로 관계적 개념만으로 칭의를 설명하는 것은 불가능하다. 관계적 개념으로 법정적 개념을 대체하는 것도 옳지 않다. 화해가 칭의를 설명하는 보조적인 방법은 될 수 있지만, 화해 개념이 칭의 개념을 대체할 수는 없다.

적대적인 관계에 있던 두 당사자가 적대적인 관계를 끝내고 평화의 관계로 들어가는 것이 화해다. '화해하다'(*katallassō*)는 본래 정치, 외교 용어로, 적대적인 관계인 두 나라가 서로 평화의 관계로 들어가는 것을 가리키는 단어다. 화해는 통상적으로 헬라-로마 문화에서 온 것으로 보지만, 사실 구약 성경에서도 구원은 하나님과의 평화/화평/평강의 회복으로 이해되고 있다.

아담의 죄로 인해 망가진 하나님과 인간의 관계가 회복되는 것이 바로 구원이다. 예레미야 46:27, "야곱이 돌아와서 평안하며 걱정 없이 살게 될 것이라", 에스겔 34:25, "내가 또 그들과 화평의 언약을 맺고 악한 짐승을 그 땅에서 그치게 하리니 그들이 빈 들에 평안히 거하며 수풀 가운데에서 잘 지라", 이사야 54:10, "나의 화평의 언약은 흔들리지 아니하리라", 이사야 52:7, "좋은 소식을 전하며 평화를 공포하며 복된 좋은 소식을 가져오며 구원을 공포하며", 이사야 53:5, "그가 징계를 받으므로 우리는 평화를 누리고" 등은 모두 미래의 구원을 하나님과 평화의 관계로 들어가는 것으로 말한다. 그러므로 화해의 개념을 반드시 헬라-로마 문화에서 유래한 것으로 볼 필요는 없다.

그리스도의 십자가 죽음으로 인간만 하나님과 화해/평화의 관계에 들어가는 것이 아니라 "만물 곧 땅에 있는 것들이나 하늘에 있는 것들" 역시 하나님과 화해의 관계로 들어간다. 왜냐하면 아담의 죄로 인해 죽음의 지배 아래에 놓이게 되었기 때문이다. 땅은 아담으로 말미암아 저주를 받았다(창 3:17, "땅은 너로 말미암아 저주를 받고"; 참고. 사 24:1-5; 렘 4:28). 구약성경과 유대교의 전승은 아담/이스라엘의 범죄로 말미암아 모든 피조물 위에 하나님의 심판이 임하였고, 모든 피조물이 인간과 함께 고난받게 되었다고 본다. 피조물이 당하는 고난은 아담 때문에 생긴 것이다. 그들이 선택한 것이 아니다. 하나님의 심판이 모든 피조물의 왕인 아담에게 내려질 때 아담의 통치를 받던 모든 피조물 위에 함께 내려졌다. 로마서 8:20은 피조물들(동식물과 자연)은 인간의 죄로 인해 "허무한 데 굴복"했다고 말한다. 이것은 피조물의 선택이 아니라("자기 뜻이 아니요"), 하나님의 뜻이었다("오직 굴복하게 하시는 이로 말미암음이라"). 인간뿐만 아니라 피조물도 죽음의 세력의 지배 아래에서 "다 이제까지 함께 탄식하며 함께 고통을 겪고"(롬 8:22) 있다. 흔히 로마서 8:22을 환경파괴 문제와 연결하여 해석하지만, 사실 바울이 말하는 바는 환경파괴가 아니라 생명과 죽음의 문제다. 모든 동물 역시 죽음을 피할 수 없다. 모든 피조물은 "썩어짐의 종노릇"(롬 8:21), 즉 죽음의 지배 아래에 있다. 그러나 피조물에게도 소망이 있다. 그것은 "하나님의 아들들이"(롬 8:19) 나타나는 것이다. 왜냐하면 피조물들이 당하는 고난은 메시야가 시작하는 새로운 시대에 끝나게 되며, 하나님의 자녀들의 등장은 메시야의 시대가 시작되어 온 세상이 '새 창조'를 경험하게 될 것을 알리는 전주곡이기 때문이다. 이사야 65:17, "보라 내가 새 하늘과 새 땅을 창조하나니"는 예수 그리스도의 십자가 죽음으로 인하여 인간만 구원받는 것이 아니라 모든 피조물과 온 우주가 다 새로운 창조를 입어 구원에 이르게 된다고 예언한다(사 66:22). 새 창조의 때에 모든 피조물은 "썩어짐의 종노릇"(롬 8:21)에서 풀려나 "하나님의 자녀들의 영광의 자유"(롬 8:21)에 참여하게 된다. 그리스도의 십자가 죽음으로 인해 인간뿐만 아니라 "만물 곧 땅에 있는 것들이나 하늘에 있는 것들" 역시 하나님과 화해의 관계로 들어간다.

바울은 화해 개념을 그리스도의 십자가 죽음과 구원을 설명하기 위해 사용한다(롬 5:10-11; 11:15; 고후 5:18-20; 골 1:22; 엡 2:16). 이것은 십자가 사건을 설명하는 바울의 독특한 방식이다. 이곳에서도 바울은 "그리스도의 십자가의 피를 통하여" 하나님께서 세상 만물과 화해하셨다고 말한다. 이때 화해의 주도권은 하나님께 있다. 헬라 종교에서는 신의 분노를 달래기 위해 인간이 주도권을 갖고 제물을 준비하며, 신의 진노를 풀어 준다. 하지만 복음에서는 정반대의 일이 일어난다. 하나님께서 세상과 자신을 화해하게 만드실 때 인간이 한 일은 아무것도 없다. 모든 것은 다 하나님에 의해 계획되고 진행되고 완성되었다. 하나님이 직접 그의 아들을 제물로 십자가에 죽게 하여 인간과 화해하셨다. 헬라 종교에서는 인간이 화해의 주체이지만, 복음에서는 하나님이 화해의 주체가 되신다. 이것이 바로 복음과 헬라 종교 사이의 절대적 차이다. 바울은 하나님께서 그리스도를 통해 온 세상과 이미 화해를 이루셨다고 말한다. 우리가 해야 할 일은 이미 이루어진 이 화해를 받아들이는 것이다. 화해를 받아들이는 것이 곧 믿음을 갖는 것이다. 고린도후서 5:20, "그리스도를 대신하여 간청하노니 너희는 하나님과 화목하라"는 복음을 믿으라는 말이다. 그리스도를 믿음으로 하나님과 "적"(enemy)의 관계가 끝나고 "아버지와 자녀"의 관계가 시작된다.

바울은 이곳에서는 하나님께서 "땅에 있는 것들" 뿐만 아니라 "하늘에 있는 것들"과도 화해하셨다고 말한다. 땅 위에 있는 인간과 여타 피조물들, 즉 "보이는 것들"(골 1:16)과 화해하신 것에 대해서는 우리가 쉽게 이해할 수 있다. 그렇다면 특별히 하늘에 있는 악한 영들, "보이지 않는 것들"(골 1:16)과 하나님이 화해하셨다는 것은 무슨 뜻인가? 악한 영들과 화해하고 그들을 그대로 내버려두신다는 뜻인가? 절대로 그럴 수는 없다. 골로새서 1:20에서 바울이 말하는 화해는 골로새서 2:15의 내용과 연결하여 해석해야만 한다. 그런 점에서 골로새서 1:20이 말하는 화해는 매우 독특한 것이고 해석할 때 주의해야 한다. 골로새서 2:15, "통치자들과 권세들을 무력화하여 드러내어 구경거리로 삼으시고 십자가로 그들을 이기셨느니라"는 마치 승리한 왕이 개선 행진에서 패배한 적군의 포로들을 발가벗겨 사람들의 구경거리와 웃음거리로 만들어 끌고 가듯이 그렇게 그리스도의 십자가 죽음으로 모든 악한 영들, 죽음의 권세들을 패배시키고 무장을 해제하여 더 두려워할 것이 없게 만들어 버렸다는 뜻이다. 이것이 바로 바울이 골로새서 1:20에서 말하는 "하늘에 있는 것들"과의 화해다. 바울은 악한 영들과 하나님이 평화의 관계에 들어갔다고 말하는 것이 아니다. 예수 그리스도를 통해 그들을 무력화하는 것이 바로 바울이 말하는 화해다(Martin, 60-61). 골로새서 1:20, "그의 십자가의 피로 화평을 이루사"에서 "화평을 이루사"로 번역된 동사 '에이레오포이에노'(eirēnopoieō)는 '에이레네'(eirēnē, 평화) + '포이에오'(poieō, 하다/만들다)가 결합하여 생긴 복합동사다. 여기에서 이 동사는 하나님께서 하나님께 반란을 일으킨 악한 세력들을 평정하셔서 '진압하셨다'(to pacify)는 뜻으로 해석하는 것이 좋다. 십자가와 부활 사건은 그리스도의 승리다. 그리스도는 악한 영들과의 전쟁에서 승리하시고 개선장군으로 그들을 포로로 잡아끌고 가신다. 악한 영들은 종말의 때에 완전히 섬멸되고 심지어 죽음까지도 폐지된다(고전 15:24, "그 후에는 마지막이니 그가 모든 통치와 모든 권세와 능력을 멸하시고"; 고전 15:26, "맨 나중에 멸망 받을 원수는 사망이니라"). 골로새서 1:20에서는 화해의 개념과 승리의 개념이 함께 나타나고 있다. 화해뿐만 아니라 승리 역시 십자가를 통해 이루어진 '속죄'(atonement)를 설명하는 개념이다. 특히 고대 교회에서는 승리가 구원을 설명하는 매우 중요한 개념이었다. 하지만 전통적인 속죄론인 형벌 대체론(penal substitution theory)이 여전히 중요하며 화해나 승리의 개념이 이것을 대체할 수 없다. 형벌 대체의 속죄론을 우선 가르치고 화해, 승리, 치유(healing) 등은 보조적인 설명으로 사용해야 한다.

골로새서 1:15~20의 찬양시는 우리가 교회와 이 세상 만물을 볼 때 그것들을 '그리스도와의 관계' 속에서 볼 것을 가르친다. 세상 만물, 심지어 눈에 보이지 않는 하늘의 영적인 존재라 할지라도 그리스도를 통해서 창조되고, 그를 위해 존재하고, 그분에 의해 유지된다. 그리스도가 십자가에서 죽고 부활하여 교회의 머리가 되셨고, 우리는 그의 몸이 되었다. 그가 우리의 왕이시고, 우리는 그의 나라로 옮겨진 그의 백성이다. 하나님은 그리스도를 통해 우리를 의롭다 하셨고 우리와 화해의 관계로 들어가게 하셨다. 우리 눈에 보이지 않는 악한 영들은 그리스도의 십자가 죽음으로 인해 패배당하고 무장해제를 당해 더는 우리에게 실질적인 위협이 되지 않는다. 그들의 인생은 멸망이고, 우리의 인생은 구원, 부활, 영원한 생명이다.

■■ 설교를 위한 묵상

(1) 그리스도는 누구신가?

우리가 복음을 믿는다고 말할 때 우리는 그리스도가 누구신지, 그리고 그리스도가 우리를 구원하기 위해 어떤 일을 하셨는지를 믿는 것이다. 바울은 그리스도가 하나님의 영원하신 지혜이시고, 하나님의 천지창조 이전부터 이미 존재하셨으며, 심지어 하나님의 천지창조에 깊이 관여하신 분이라고 말한다. 십자가에서 우리 죄의 형벌을 대신 받으신 예수 그리스도는 평범한 인간이 아니라 영원부터 계시던 하나님의 지혜이시다. 엄청난 분의 희생으로 우리가 구원받게 되었다. 하나님의 영원하신 지혜, 세상 만물이 다 그를 통하여 창조되고 또한 그를 위해 존재하는 엄청난 분의 희생으로 말미암아 받은 구원이다.

그러므로 우리가 얻은 칭의와 구원은 값싼 것이 아니다. 그 가치는 우리가 가늠할 수 없다. 우리의 구원은 값싼 구원이 아니라, 값비싼 구원이다. 또 모든 인간의 생명은 상상할 수 없는 가치를 갖고 있다. 하나님과 동등한 지위를 갖고 계신 그리스도가 나를 위해 돌아가셨으므로, 나는 이 세상 무엇보다도 더 고귀하고 가치 있는 존재다. 이제 우리가 어떤 삶을 살아야 할지는 이미 결론이 내려졌다. 값비싼 희생을 통해 얻은 값진 생명이므로 우리는 다시 옛날의 죄악으로 돌아갈 수 없다. 그리스도의 희생에 걸맞은 인생을 살아가야 한다.

(2) 영적 전쟁

바울은 이 세상의 모든 영적인 존재들이 모두 다 그리스도에게 이미 패배당했다고 말한다. 그런 의미에서 그리스도는 십자가의 피로 하늘의 영들과 화해하였다고 말한다. 신앙이 없거나, 약한 사람들은 눈에 보이는 존재보다 보이지 않는 존재들에 대해 더욱더 큰 두려움을 갖게 되고, 마치 그런 것들이 인간의 생로병사와 길흉화복을 다 주관하는 것으로 착각한다. 이런 눈에 보이지 않는 영들에 대한 두려움은 곧바로 샤머니즘이나 정령신앙과 같은 우상숭배로 나아가게 한다. 그리고 이런 비기독교적인 영적 세계관은 종종 교회 안에서도 발견된다. 오늘날 소위 말하는 영적 전쟁의 이론 중 이처럼 정령신앙이 오히려 교회 안에 들어와서 신학의 탈을 쓰고 마치 기독교적이고 성경적 이론으로 행세하는 것들이 있다. 귀신을 두려워하여 귀신을 쫓는 방법에 대해 배우고, 훈련받으며, 영적인 적들과 싸우기 위해 영적 지도를 그려 놓고 공격 기도를 하거나 더 나아가서 영적인 적들의 본거지인 타종교의 신전과 사찰을 찾아가 땅을 밟고 기도하며 그들을 물리쳐야 한다고 주장한다. 또 '내적 치유'라는 그럴듯한 제목으로 귀신을 인터뷰하고 귀신을 상자에 담아 우주 저 너머로

던져 버리면 심리적 치유가 된다고 주장한다. 조상들의 죄가 후손에게 이어지고, 성도들에게도 귀신이 이어진다고 말한다. 성도들의 대다수가 귀신이 들려 있으므로, 축귀가 목회의 주요 활동이라고 말한다.

이런 모든 행태는 지극히 미개한 것이며, 결코 성경이 가르치는 내용이 아니다. 영적 전쟁의 가장 근본적인 전제는 그리스도께서 십자가에서 죽으시고 부활하심으로 죽음의 세력의 가장 강력한 무기인 죽음이 이미 무력화되었다는 것이다. 하나님께 순종하지 않는 각종 영적인 존재들도 이미 그때 무장해제를 당하는 패배를 경험하였다. 물론 악한 영들이 완전히 제거되지 않았지만, 그들은 십자가에서 결정적인 패배를 당하고 이제 종말의 재림 때에 완전히 멸망될 처지에 있다. 그러므로 기독교인들은 영적 존재들을 두려워할 필요가 없다. 영적인 전쟁은 축귀를 하고 땅 밟기를 하는 그런 방식으로 싸우는 것이 아니다. 내 안에 있는 죄의 문제, 즉 우리의 욕망과 욕망을 통해 우리를 넘어뜨리려는 죄와 죽음의 세력의 유혹과 맞서 싸우는 것이 진정한 영적 전쟁이다. 우리의 싸움의 대상은 귀신이 아니라 나 자신의 욕망과 내 안에 있는 죄다.

D. 하나님과 화해된 죄인들(1 : 21-23)

[21]전에 악한 행실로 멀리 떠나 마음으로 원수가 되었던 너희를 [22]이제는 그의 육체의 죽음으로 말미암아 화목하게 하사 너희를 거룩하고 흠 없고 책망할 것이 없는 자로 그 앞에 세우고자 하셨으니 [23]만일 너희가 믿음에 거하고 터 위에 굳게 서서 너희 들은 바 복음의 소망에서 흔들리지 아니하면 그리하리라 이 복음은 천하 만민에게 전파된 바요 나 바울은 이 복음의 일꾼이 되었노라

[1:21] 15절에서 시작한 골로새 찬양시는 20절에서 끝나고, 21~23절에서 바울은 화해에 대해 추가 설명을 한다. 21~22절에서 바울은 '전에는(pote) ~하였으나(de) 지금은(nyni) ~하다'라는 형식을 사용해서 성도들에게 일어난 변화를 설명한다. 이러한 문장구조는 신약성경에서 주로 서신서에서만 나타나는 표현이며 바울에 의해서 가장 자주 사용된다. 이런 형식은 바울 자신의 자서전적인 언급에서도 사용되고(참고, 갈 1:23; 몬 1:11; 딤전 1:13), 성도들에 대한 언급에서도 종종 사용된다(롬 5:8-11; 7:5, 6; 11:30-32; 고전 6:9-11; 갈 4:3-7, 8-10; 골 2:13; 3:17). 물론 바울 외의 다른 신약성경의 저자 중에도 이런 형식을 사용하는 경우가 있다(벧전 2:10, 15; 행 17:30; 히 12:26). 개종 전과 후를 강력한 대조법으로 대조하는 이런 형식은 일종의 개종 양식(conversion formula)으로, 개종으로 인해 일어난 현격한 변화를 강조한다(O'Brien, 66). 과거가 부정적이면 부정적일수록 개종으로 인한 변화는 더욱 긍정적으로 묘사된다.

21절에서 바울은 골로새 성도들이 "이전에는(pote) 하나님으로부터 멀어져 있었다(apēllotriōmenous, alienated)"고 말한다. 여기에서 현재분사 '온타스'(ontas)가 함께 사용된 것은 지금 멀어진 상태가 계속 지속되었음을 나타낸다(O'Brien, 66). 헬라어 원문에 "하나님으로부터"라는 단어는 없지만, "멀어졌다"는 의미가 "하나님으로부터" 멀어졌다는 뜻이므로 "하나님으로부터"를 첨가하여 번역하는 것이 좋다. 에베소서 4:18에서는 "하나님의 생명에서 떠나 있도다"로 되어 있고 같은 동사 '아팔로트리오오'(apallotrioō)가 사용되었다. 이 단어는 접두어 '아포'(apo)에 '알로트리오오'(allotrioō) 동사가 결합된 형태다. '알로트리오오'는 능동으로 사용되면 '적대적인 관계로 만들다'(to make hostile to another), 혹은 '관계가 멀어지게 만들다'(to estrange from)이지만, 수동태로 사용되면 '적이 되다'(to be made an enemy)라는 뜻이다. 어간이 되는 '알로스'(allos)는 '다른 것'(another)이란 뜻이다. 같은 부류가 아니라, 다른 부류가 되게 만든다는 뜻에서 관계가 멀어지는 것이고,

최악의 경우에는 적대적인 관계가 된다는 의미가 된다. 이 구절에서는 단순히 '멀어지다'를 넘어서 '적대적인 관계가 되다'라는 뜻이 더 강하다. 왜냐하면 "원수"라는 단어가 뒤에 나오기 때문이다.

"원수"도 하나님과 적대적인 관계를 나타내므로 "하나님의 대적"으로 번역하는 것이 좋다. 이처럼 수정하면 21절은 "이전에는 하나님으로부터 멀어져 마음으로는 하나님의 대적이 되어 악한 행위 속에 있던 너희를"로 번역할 수 있다. 골로새 성도들은 복음을 믿기 전에는 믿지 않는 이방인들로서 하나님으로부터 멀어져 있는 상태 속에서 있었다. 그들은 "그리스도 밖에 있었고 이스라엘 나라 밖의 사람"이었고, "약속의 언약들에 대하여는 외인이요 세상에서 소망이 없고 하나님도 없는 자"(엡 2:12)였다. 하나님과 화해되기 이전, 인간의 실존은 이처럼 하나님으로부터 분리되어 있다는 것이 특징이다. 하나님으로부터 멀어진 상태 속에 있다는 것은 무슨 뜻인가? 바울은 마음으로는 하나님과 원수가 되고 행동으로는 악한 일을 하는 것이라고 구체적으로 설명한다.

하나님으로부터 분리된 인간은 하나님과 무관한 중립적 관계에 들어가는 것이 아니라, 결국 하나님과 적대적인 관계로 들어가게 된다. 중간 지역은 없다. "원수"로 번역된 헬라어 형용사 '엑크또로노스'(*echthros*)에는 두 가지 뜻이 있다. 수동적인 의미로 '미움을 받는'(hated)이란 뜻과 능동적인 의미로 '적대적인'(hostile)이란 뜻이다. 로마서 11:28, "복음으로 하면 그들이 너희로 말미암아 원수 된 자요"에서 "원수 된 자"가 수동적인 의미로 사용되었다면, 이곳에서는 능동적인 뜻으로 사용된 것으로 보인다(*TDNT* 2:814; O'Brien, 66에서 재인용). 마음(*dianoia*)은 인간의 감정뿐만 아니라 지적인 사고의 영역을 가리킨다. 하나님과 멀어진 사람은 감정적으로도 또 지적인 사고의 차원에서도 하나님을 향해 적대적인 태도를 갖는다(롬 1:30, 의미상 "하나님께서 미워하시는 자요"보다 "하나님을 미워하는 자요"가 더 가능성이 많다; 엡 2:3; 4:18). 마음으로 하나님을 증오하고 대적하는 사람은 악한 행동을 하며 살아간다. 하나님을 향해 적대적인 감정과 생각을 가지면 그런 성향이 반드시 외면적인 행동으로 드러나게 된다. 감정적으로 그리고 지적으로 하나님에게 대적하는 사람은 선한 행동이 아니라 악한 행동으로 그런 성향이 나타난다. "악한 행동"은 바울의 다른 표현에 따르면 "어두움의 일" (롬 13:12), "육체의 일"(갈 5:19)이다. 악한 행동의 구체적인 내용은 로마서 1:18~32에 나오는 인간의 구체적인 타락상들이며, 각종 죄다. 그 내용은 크게 두 가지의 범주로 요약된다. 곧 우상숭배와 각종의 부도덕한 행동들이다. 죄는 항상 먼저 우리 내부에서 시작해서 외면적 행동으로 드러나게 된다. 악한 행동은 악한 마음/생각에서 비롯된다. 그 악한 마음에는 하나님이 계시지 않는다(롬 1:28, "또한 그들이 마음에 하나님 두기를 싫어하매").

[1:22] 22절의 문장은 21절과 "이전에는~", "이제는~"의 형식으로 연결되어 있다. 그리스도를 통한 하나님과의 화해 '이전'과 '이후'를 대조하기 위해 이 형식이 사용된다. 하나님과의 화해 이전의 상황을 이후의 상황과 대조하는 것은 인간의 주도가 아니라, 하나님의 주도 속에서 나타난 변화에 주목하기 위해서다. 20절에서 바울은 '하나님과 모든 피조물 사이의 화해'를 언급했고, 22절에서는 죄인인 인간과 하나님 사이의 화해에 관해 말한다. 이 화해는 그리스도가 직접 육체가 있는 몸으로 경험한 죽음을 통해서 이루어졌다. "육체의 죽음으로"는 "육체의 몸으로 죽어서"로 번역해야 한다. 현재의 개역개정판에서는 '몸'이 번역에서 누락됐다. 22절의 "그리스도가 육체를 입은 몸으로(en tō sōmati tēs sarkos) 죽으심"이란 구절에서 '몸'(sōma)에 "육체의"(tēs sarkos)를 덧붙인 이유는 18절의 그리스도의 몸인 교회와 구분하기 위한 것이기도 하고, 고난을 당한 그리스도의 몸이 고통을 느끼는 '살'(sarx)이 있는 몸이었다는 것을 나타내기도 한다. 로마서 7:4, "그리스도의 몸으로 말미암아(dia tou sōmatos tou Christou) 율법에 대하여 죽임을 당하였으니"에서도 바울은 우리가 하나님의 아들의 몸의 죽음을 통해 율법을 향

해 죽었다고 말한다. 또 로마서 8:3, "곧 죄로 말미암아 자기 아들을 죄 있는 육신의 모양으로(*en homoiōmati sarkos hamartias*) 보내어 육신에(*en tē sarki*) 죄를 정하사"에서도 하나님이 죄의 본거지인 육체를 입은 인간의 모습으로 그의 아들을 보내시어 그의 육체를 속죄의 제물로 정하셨다고 말한다. 이런 육체와 몸에 대한 언명들은 예수가 육체를 가진 인간과 완전히 똑같은 모습으로 이 땅에 오셨다는 점을 말한다. 그리스도는 비록 죄는 없으시지만(고후 5:21, "하나님이 죄를 알지도 못하신 이를 우리를 대신하여 죄로 삼으신 것은"; 히 4:15, "죄는 없으시니라"), "우리의 연약함을 동정하지 못하실 이가 아니요 모든 일에 우리와 똑같이 시험을 받으신 이"(히 4:15)가 되셨다. 왜냐하면 우리와 마찬가지로 육체를 갖고 계시기 때문이다. 골로새서 2:11의 "또 그 안에서 너희가 손으로 하지 아니한 할례를 받았으니 곧 육의 몸을 벗는 것이요 그리스도의 할례니라"에서 "육의 몸"(*sōma tēs sarkos*)은 비슷한 표현이다. 바울이 이렇게 반복해서 육체를 가진 몸에 관해 말하는 것은 골로새 이단이 영지주의의 가현설(docetism)과 비슷한 주장을 하기 때문일 수도 있다.

"화목하게 하사"(*apokatēllaxen*)는 동사 '아포카탈라소'(*apokatallassō*)의 단순과거형으로, 과거에 일어난 일회적 동작, 즉 십자가 위에서의 예수의 죽음을 통한 화해를 나타낸다. 이 동사는 과거에 우리가 하나님과 적대적인 관계 속에 있었음을 보여 준다. 하나님과 그의 아들 그리스도를 모르는 인간은 죄의 문제 때문에 하나님과 적대적인 관계 속에 있다. 이 적대적인 관계를 끝내고 화해하게 하는 주체는 인간이 아니라 하나님 자신이시다. 하나님께서 직접 개입하셔서 이 문제를 스스로 해결하셨다. 그것이 곧 십자가 사건이다(화해에 대해 더 자세한 설명은 20절을 보라).

"거룩하고(*hagios*), 흠 없고(*amōmos*)"는 구약의 제사 규정과 관련된 용어들로, 하나님께 드리는 제물들의 조건을 나타낸다(LXX 출 29:37, 38; 히 9:14; 벧전 1:19 참고). 하나님께 바쳐지는 동물은 그 종류를 막론하고, "거룩하고, 흠 없는" 것이어야 했다. 또한 성도들을 하나님 앞에 거룩한 자들로 '세운다'(parastēsai, to present)는 말은 골로새 교인들을 하나님에게 바쳐지는 제물로, 하나님은 그 제물을 검사하는 분으로 비유한 것이다(O'Brien, 68). 성도들은 하나님께 받아들여지기 위해서 "거룩하고 흠 없는" 자들이 되어야 한다. 바울은 골로새서 1:28에서 그의 선교의 목적을 "각 사람을 그리스도 안에서 완전한 자로 세우려 함"이라고 말하는데, 골로새서 1:28의 "세운다"는 골로새서 1:22의 "세운다"와 같은 단어(paristēmi)다. "책망할 것이 없는"(anenklētos)은 앞의 두 단어와 달리 제사에 관련된 용어가 아니라 사법제도와 관련된 용어다(O'Brien, 68). '책망할 것이 없다'(free from accusation)는 것은 법정의 고소(enklēma)가 없는 상태다(Grundmann, TDNT 1:356-57; O'Brien, 68에서 재인용). '엥클레마'(enklēma)는 '고발하다'라는 뜻의 동사 '엥칼레오'(enkaleō)의 명사형이다. 앞에 접두어 '안'(an)이 붙으면 반대의 뜻이 된다. 우리가 하나님의 심판대 앞에 설 때 죄를 용서받고 거룩한 성도가 된 우리의 모습이 어떤 것인지 보여 준다(고전 1:8, "주께서 너희를 우리 주 예수 그리스도의 날에 책망할 것이 없는[anenklētos] 자로 끝까지 견고하게 하시리라"). 책망할 것이 없는 상태는 '의롭다고 선언을 받는' 것이다. 성도가 최후의 심판대에서 하나님으로부터 책망받을 것이 없게 되는 것은 그가 믿고 나서 죽을 때까지 아무런 악행을 저지르지 않았기 때문이라기보다는 그리스도가 죄인을 대신하여 하나님의 모든 형벌을 다 받았기 때문으로 보아야 한다. 물론 악행을 저지르지 않는 것이 필요하고 중요하다. 하지만 이것이 최후의 심판대에서 구원과 멸망을 결정하는 기준이 된다고 볼 수는 없다(행위심판과 행위구원에 관해서는 골 3:5-4:6의 서론을 참고하라).

[1:23] 골로새 교인들은 그리스도 안에서 하나님과 화해되었다. 하지만 그들이 하나님 앞에서 거룩하고 흠 없는 자로 세워지기 위한 한 가지 조건이 있

다. 그렇게 되기 위해 그들은 일정한 기대(prospect)를 만족시켜야 한다. 바울은 이 기대를 23절에서 "만약"(*ei*)으로 시작하는 조건절로 설명한다. 여기서 "만약"은 엄격한 조건이 아니라 '나는 너희들이 그렇게 할 줄로 믿으며 너희들이 어쨌든 이렇게 하기만 하면'의 뜻이다. 그 조건은 "믿음 안에 머물러 있는"(*epimenete tē pistei*) 것이다. 믿음 안에 머물러 있다는 것은 배교하지 않고 기독교인의 삶의 방식을 따라 살아간다는 뜻이다. 여기서 동사 '에피메노'(*epimenō*)에는 계속의 의미가 포함되어 있다. 믿음에 머물러 있되 "믿음이라는 터 위에 기초가 세워져(*tethemeliōmenoi*) 움직이지 않아야(*hedraioi*)" 한다. '튼튼히 터를 잡아 굳건히 서 있다'는 건축 비유(architectural metaphor)로서(고전 3:9-11; 엡 2:20; 딤후 2:19), 성도들이 하나님의 건물로 견고하게 서 있는 모습을 그림으로 보여 준다. 그들이 하나님의 새 성전으로, 튼튼한 공동체로 세워져 있는 모습이다. 교회의 터는 그리스도를 믿는 믿음이다(마 7:24-27; 16:18, "너는 베드로라 내가 이 반석 위에 내 교회를 세우리니"). 바울은 그리스도라는 기초 위에 집을 짓는 건축자다(고전 3:10-11).

계속되는 조건은 "너희 들은 바 복음의 소망에서 흔들리지" 않아야 한다는 것이다. 성도들이 잘못된 가르침을 따라가지 않고 "너희가 들은(*hou ē-kousate*) 복음의 소망으로부터(*apo*)" 떠나가지/도망가지 말아야 한다(*mē metakinoumenoi*, 참고. LXX 신 32:30). 여기에서 사용된 동사 '메타키네오'(*metakineō*)는 "(장소를) 옮기다/움직이다(to shift)"의 뜻이다. 믿음 안에 머물러 있지 않고 장소를 옮기는 것은 곧 믿음을 떠나가는 것이다. 그리고 "흔들리지 아니하면"은 '떠나가지 아니하면'의 뜻이다. 22절은 "만일 너희가 믿음 안에 머물러 굳게 세워지고 움직이지 않으면, 너희 들은 바 복음의 소망에서 떠나가지 아니하면 그렇게 될 것이라"로 번역할 수 있다. "너희가 들은 복음"은 다른 복음이 아니라 에바브로디도가 너희에게 전해 준 그 복음(골 1:7)이다. 그것이 진리의 기준이고, 그 가르침의 전통에서 벗어나 다른 가르침으로 가면 안 된다. 바울은 데살로니가후서 2:15에서 "그러므로 형제들아 굳건하게 서서 말로나 우리의 편지로 가르침을 받은 전통을 지키라"라고 말한다. 바울이 전해 준 복음과 그 전승은 진리와 비진리를 구분하는 기준이다. 그런 점에서 바울의 복음은 처음부터 정경(canon)이 될 수밖에 없었다. 성도들이 "들은 바 복음의 소망에서" 떠나가면 어떻게 되는가? 그것은 곧 배교로 귀결될 가능성이 크다. 골로새 이단과 같은 잘못된 가르침을 따라 교회를 떠나간다면 구원이 위태로워진다. 그러므로 바울은 고린도전서 15:58에서 "그러므로 내 사랑하는 형제들아 견실하며 흔들리지 말고"라고 권고한다. 왜냐하면 그렇게 해야 하나님이 종말과 최후의 심판대에서 "우리 주 예수 그리스도로 말미암아 우리에게 승리를"(고전 15:57) 주시기 때문이다. 바울이 구원을 받을 수 있는 조건, 최후의 심판대에서 "책망할 것이 없는 자"(골 1:22)로 인정을 받아 칭의를 받을 수 있는 조건으로 우리에게 제시하는 것은 성화와 관련된 거룩한 삶, 행동이 아니라 미래의 최후의 심판대에서 의롭다는 선언을 하나님의 은혜로 받을 것을 소망하면서 믿음을 끝까지 지키는 것이다. 믿음을 지키는 삶을 살아야 한다. 믿음을 갖고 세례를 받아 하나님과 화해되었으면 이제는 믿음을 지키고 살아야 한다. 바울은 골로새서 2:5에서 골로새 성도들의 "믿음이 굳건한 것을 기쁘게 봄이라"라고 말한다. 골로새 이단의 유혹 속에서도 잘못된 가르침을 추종하여 복음을 떠나지 않고 에바브라가 전해 준 바울복음 안에, 그들이 믿음의 터 위에 기초를 튼튼히 하여 잘 서 있다고 보고 그들을 격려했다.

"이 복음은 천하 만민에게 전파된 바요"(*en pasē ktisei tē hypo ton ouranon*)에서 하늘 아래 있는 모든 만물(*ktisis*)은 원래 인간뿐만 아니라 모든 피조물을 포함한다. 그러나 여기서 "만물"을 '만민'으로 해석해도 큰 무리가 없다. 이는 바울이 자주 하는 말이 아니다. 도대체 어떤 의미로 하늘 아래에 있는 모든 인간에게 복음이 선포되었다고 말하는 걸까? 하늘 아래의 모든 인간에게 복음이 전파되었다는 말은 이 세상의 모든 개개인이 이미 그 복음을 자신들의 귀로 다 들었다는 말이 아니다. 바울도 아직 세상의 모든 사람이 직접 복음을 다 듣지 못했다는 것을 알고 있다. 바울이 말하고자 하는 것은 그리스도의 죽음으로 인한 이 '기쁜 소식'이 십자가 위에서 온 세상에 이미 다 공공연하게 '선포되었다'는 점이다. 구원의 소식은 소수의 제한된 사람들에게만 알려진 '내밀한'(esoteric) 지식이 아니다. 만민들에게 '제한 없이 열려 있는 소식'이다. 죄와 죽음과의 전쟁이 그리스도의 죽음으로 인해 끝이 나고 전쟁이 끝났다는 '종전선포'는 이미 공식적으로 내려졌다. 인간뿐만 아니라 모든 피조물이 죄와 죽음의 문제 때문에 탄식하고 있었지만(롬 8:22, "피조물이 다 이제까지 함께 탄식하며 함께 고통을 겪고 있는 것을 우리가 아느니라"), 이제는 만물이 하나님과 화해되어 새로운 세상의 새로운 질서로 들어갈 수 있게 되었다(자세한 설명은 골 1:20의 주석을 보라). 바울은 이 소식을 듣지 못한 사람들에게 이 소식을 전하는 사명을 받았다. 이 소식을 전하는 일꾼(*diakonos*)으로 부름을 받았다. 이 구절에서 바울이 자신을 '사도'로 부르지 않고 "일꾼"으로 부르는 것을 구실로 하여 골로새서가 바울이 직접 쓴 것이 아니라는 주장도 있으나 자신의 사도권이 심한 공격을 당하던 고린도교회에 보낸 편지에서도 자신과 아볼로를 "일꾼들"(*diakonoi*, 고전 3:5)로 부르기도 했다. 자신의 사도권을 강조하는 맥락이 아닌 현재의 문맥에서 자신에게 주어진 임무를 표현하기 위해 자신을 "일꾼"으로 부르는 것은 오히려 자연스럽다. 특이한 것은 이 편지가 디모데와 공동으로 작성하는 편지임에도 불구하고(골 1:1) 여기에서 바울이 "나 바울은"이란 말로 자신을 강조한다는 것이다. 이렇게 자신을 강조한 것은 지금 그가 설명하는 이 복음이 바로 '내가' 전하는 복음이라고 말하려는 의도다. 자신과 복음의 관계를 분명하게 연결하려는 의도다.

이상 1:21~23의 내용을 그 주요 내용으로 나누어서 요약한다면 아래와 같다.

1) 골로새 성도들의 이전의 상태 : 하나님으로부터 떨어져서 원수가 됨(21절)
2) 골로새 성도들의 현재의 상태 : 그리스도를 통해서 화해됨(22a절)
3) 골로새 성도들의 미래의 삶 : 하나님 앞에 흠 없는 자로 보여짐(22b절)
4) 골로새 성도들의 현재의 의무 : 믿음에 굳건히 서서 소망을 버리지 않아야 함(23절)

설교를 위한 묵상

하나님과 인간의 관계는 심각할 정도로 악화되어 있다. 그 이유는 인간의 죄 때문이다. 인간은 죄를 짓고, 하나님은 그 죄에 대해 진노하고 계신다. 하나님이 인간의 죄에 대해 진노하시는 것은 당연하다. 만약 하나님이 인간의 죄에 대해 진노하지 않고 기뻐하신다면 진정한 하나님이 아니다. 하나님은 사랑의 하나님이시지만, 인간의 죄에 대해 진노하셔야 공의로운 재판관이 되실 수 있다. 하나님은 심판자로서 최후의 심판대에서 죄인에게 형벌을 내릴 수밖에 없다. 그래서 인간과 하나님의 관계는 서로를 향해 적대적인 관계다.

하나님은 이 적대적 관계를 해결하기 위해 인간보다 먼저 해결책을 준비하셨다. 헬라 종교나 우상숭배 종교에서는 신의 진노를 해소하기 위해 인간이 제물을 준비하고, 그 제물을 바쳐야 한다. 하지만 복음은 하나님께서 먼저 제물을 준비하시고, 그 제물을 제단에 바치게 했다. 그 제물이 바로 예수 그리스도이고, 그 제단은 바로 십자가 위다. 하나님과 인간 사이의 화해가 십자가 위에서 이루어질 때, 이 화해에서 인간의 공헌은 전혀 없다. 모든 공헌은 오직 하나님께만 있다. 로마서 5:8, "우리가 아직 죄인 되었을 때에 그리스도께서 우리를 위하여 죽으심으로 하나님께서 우리에 대한 자기의 사랑을 확증하셨느니라"는 바로 이 점을 지적하고 있다.

만약 나의 배우자가 나만을 사랑하고 평생 나를 위해 희생하고 봉사했는데, 심장에 문제가 생겨서 죽게 되었다고 가정해 보자. 그런 배우자를 위해 자신의 심장을 내어 줄 사람은 간혹 있을 수 있다(롬 5:7, "의인을 위하여 죽는 자가 쉽지 않고 선인을 위하여 용감히 죽는 자가 혹 있거니와"). 그러나 만약 나의 배우자가 나를 배신하고 바람을 피우고, 평생 나를 구타하고 괴롭혔던 배우자가 죽게 되었을 때, 자신의 심장을 내어 줄 사람이 있을까? 아마도 없을 것이다. 그런데 하나님은 그렇게 하셨다. "우리가 아직 죄인 되었을 때에 그리스도께서 우리를 위하여 죽으심"이 바로 그 의미다.

하나님은 예수의 죽음을 통하여 성도들을 의롭다고 선언하시며 그들과 화해의 관계로 들어가셨다. 하나님은 그들을 의롭다고 판결하셨기 때문에 최후의 심판대에서 그들을 흠없고 책망할 것이 없는 자들로 세우신다. 우리가 하나님의 최후의 법정에서 피고로 서게 되었을 때 우리가 의롭다는 선언을 받는 것은 우리가 실제로 의로운 사람이 되어 의로운 행동을 하고 있기 때문이 아니다. 그런 우리의 행위나 변화가 구원과 칭의의 조건이 되는 것이 아니다. 구원의 조건은 우리가 믿음 위에 굳게 서서 흔들리지 않는 것이다. 즉, 믿음을 지키는 것이 구원의 조건이다(골 1:23, "만일 너희가 믿음에 거하고 터 위에 굳게 서서 너희 들은 바 복음의 소망에서 흔들리지 아니하면"). 믿음 외에 다른 구원의 조건을 말하지 않는다.

현대에 이르러 기독교 내부에서도 믿음으로 얻는 구원은 가치가 없다고 생각하고 구원의 조건에 도덕적 갱신과 변화, 선한 행위로 자신의 믿음을 증명하는 것 등을 추가하는 경향이 있다. 그러나 이 구절이 우리에게 가르쳐 주는 구원의 조건은 그런 것이 아니다. 구원은 오직 믿음을 통한 구원뿐이고, 그래서 바울은 이 은혜로 주시는 구원의 복음의 일꾼이 되었다. 도덕철학과 윤리학이 가르치는 구원의 조건과 복음이 가르치는 복음의 조건은 일치하지 않는다.

제Ⅲ부

바울의 사역

골로새서 1 : 24~2 : 7

A. 하나님의 신비의 일꾼(1 : 24-29)
B. 뤼카스 골짜기의 성도들을 향한 바울의 관심(2 : 1-5)
C. 그리스도의 유전을 유지할 것(2 : 6-7)

| 골로새서 1 : 24~2 : 7 |

바울의 사역

A. 하나님의 신비의 일꾼(1 : 24-29)

²⁴나는 이제 너희를 위하여 받는 괴로움을 기뻐하고 그리스도의 남은 고난을 그의 몸된 교회를 위하여 내 육체에 채우노라 ²⁵내가 교회의 일꾼 된 것은 하나님이 너희를 위하여 내게 주신 직분을 따라 하나님의 말씀을 이루려 함이니라 ²⁶이 비밀은 만세와 만대로부터 감추어졌던 것인데 이제는 그의 성도들에게 나타났고 ²⁷하나님이 그들로 하여금 이 비밀의 영광이 이방인 가운데 얼마나 풍성한지를 알게 하려 하심이라 이 비밀은 너희 안에 계신 그리스도시니 곧 영광의 소망이니라 ²⁸우리가 그를 전파하여 각 사람을 권하고 모든 지혜로 각 사람을 가르침은 각 사람을 그리스도 안에서 완전한 자로 세우려 함이니 ²⁹이를 위하여 나도 내 속에서 능력으로 역사하시는 이의 역사를 따라 힘을 다하여 수고하노라

[1:24] "남은 고난"이란 그리스도의 고난의 '그 부족한 부분'(*to hysterēma*)이란 뜻이다. 그리스도가 당한 고난에 무언가 부족한 부분이 있어서 바울이 이것을 대신 채운다는 말일까? "괴로움"(*pathēma*)은 신약의 여러 곳에서 나오며, 바울은 이 단어를 모든 그리스도인이 그리스도의 고난에 참여하기 위해 겪어야 하는 어려움을 가리킬 때 사용한다(예. 롬 8:18; 고후 1:5-7). 바울은 특별히 "괴로움"을 자신에게 주어진 사명의 한 구성요소라고 생각하며(고전 4:9-13; 고후 11:23-33; 12:9, 10; 13:4 갈 6:17), 고난은 애초에 그가 이방인을 위한 사도로 부름받았을 때 이미 예견되던 바다(행 9:16, "그가 내 이름을 위하여 얼마나 고난을 받아야 할 것을 내가 그에게 보이리라 하시니"). 바울은 고린도후서 1:3~10에서 자신이 아시아에서 경험한 극심한 고난(고후 1:8, "…… 힘에 겹도록 심한 고난을 당하여 살 소망까지 끊어지고")에 대해 말하면서, 고난을 "그리스도의 고난"과 일치시키고 있다(고후 1:5, "그리스도의 고난이 우리에게 넘친 것같이……"). "그리스도의 남은 고난"에서 "고난"으로 번역된 단어는 '뜰립시스'(*thlipsis*)이다. 고난이란 단어 '뜰립시스'(*thlipsis*)는 단 한 번도 신약성경에서 십자가에 대해 사용된 적이 없다. 여기에서 "고난"은 그리스도가 십자가에서 경험한 고난을 가리키는 게 아니다. 헬라어 원문에서 이 단어에 정관사가 붙어 있으므로(*tōn thlipseōn tou Christou*, the affliction of Christ) 이 말은 그 당시 자주 사용되던 용어로 보인다. 매우 특이한 이 표현이 가리키는 구체적 내용이 무엇인지는 별다른 추가적 설명 없이도 잘 이해되었던 것으로 추측할 수 있다. 이 개념의 근원은 구약에서 발견된다.

구약의 이스라엘 역사 속에서 '고난'과 '구원'이 서로 연결된 주제라는 점에 주목할 필요가 있다(더 자세한 것은 O'Brien, 78-79를 보라). 유대인들의 가장 큰 구원 경험인 '출애굽'과 '바빌론 포로 귀향'은 모두 일정 기간 고난을 경험한 뒤, 때가 되었을 때 하나님의 능력으로 그 고난에서 벗어나는 '구원'이 주어졌다. 바빌론에서 돌아온 뒤 그들은 계속 고난을 받았고, 이것을 '의

인이 당하는 고난'이라고 부른다(시 22편). 고난의 이유가 무엇인지는 정확히 알 수 없으나(욥 38-42장) 언젠가 때가 되면 하나님이 다시 구원하실 터인데, 그때 "또 환난이 있으리니 이는 개국 이래로 그때까지 없던 환난일 것"(단 12 : 1)이라고 말한다. 낡은 시대(the present age)가 가고 새로운 시대(the coming age)가 열리는 그때 하나님의 백성은 고난을 겪는다. 하나님이 메시야를 보내 이스라엘을 구원할 때 겪는 이 큰 환난을 유대 묵시문학에서는 '메시야의 환난'(the woes of the Messiah)이라고 부른다. 그 구체적 내용은 마태복음 24 : 8, "이는 재난의 시작이니라"(막 13 : 8)에 나오는 "재난"과 같은 내용이다. 이것을 달리 표현한 것이 본문의 "그리스도의 고난", 즉 메시야의 환란이다. 그리스도의 고난은 새 시대가 탄생하기 위해 모든 피조물이 함께 겪어야 하는 탄생의 산통(birthpang)이다(롬 8 : 22, "피조물이 다 이제까지 함께 탄식하며 함께 고통을 겪고 있는 것을 우리가 아느니라").

그러므로 "그리스도의 고난"은 그리스도가 십자가에서 당한 고난이 아니라 그리스도의 나라가 임하는 마지막 때에 그의 성도들이 복음을 위해 당하는 고난이다. 그리스도의 십자가 고난에 무언가 부족한 것이 있어서 바울이 추가로 고난을 받아 부족한 부분을 채운다는 말이 아니다. 예수의 부활에서 시작해서 예수 그리스도의 재림 때까지 혹은 하나님의 나라가 임할 때까지 하나님의 백성들은 계속 고난을 더 겪어야 한다(행 14 : 22, "…… 우리가 하나님의 나라에 들어가려면 많은 환난을 겪어야 할 것이라"). 바울 역시 "교회를 위해" 고난을 당한다. 복음을 전해서 그리스도의 교회를 세우기 위해 그는 고난받는다. 이 고난과 "너희를 위하여 받는 괴로움(고난)"은 같은 것이다. 바울은 메시야의 환난의 때 이 세상에 임할 고난의 양이 이미 정해져 있다고 보았다. 그가 골로새 성도들을 위해 당하는 고난이 많으면 많을수록 성도들이 받아야 할 고난은 줄어든다고 바울은 생각한 듯하다(O'Brien, *Colossians*, 80). 바울은 모든 그리스도인이 현재의 악한 세대에서 이 고난을 당해야 하고(살전 3 : 3), 그래야 그리스도의 영광에 참여할 수 있다고 보았다(롬 8 : 17,

"우리가 그와 함께 영광을 받기 위하여 고난도 함께 받아야 할 것이니라"). 고난이 아무리 중해도 고난이 성도들을 "하나님의 사랑에서 끊을 수"(롬 8:39) 없다.

"괴로움을 기뻐하고"는 "괴로움 가운데에서 기뻐하고"로 번역하는 게 좋다. "그의 몸된 교회"는 "그의 몸, 즉 교회"로 번역하는 것이 더 명확하다. 바울은 고난을 "내 육체에 채운다"고 말한다. 자신의 육체를 복음을 위한 제물로 기꺼이 내어놓겠다는 순교의 의지다. 삶과 죽음의 갈림길에서(빌 1:23, "내가 그 둘 사이에 끼었으니") 바울은 "…… 살든지 죽든지 내 몸에서 그리스도가 존귀하게 되게 하려 하나니"(빌 1:20)라고 말한다. 빌립보서 2:17, "만일 너희 믿음의 제물과 섬김 위에 내가 나를 전제로 드릴지라도 나는 기뻐하고 너희 무리와 함께 기뻐하리니"는 분명히 바울이 자신의 몸을 제물로 바치려고 했다는 것을 보여 준다(딤후 4:6, "전제와 같이 내가 벌써 부어지고 나의 떠날 시각이 가까웠도다"). 바울은 갈라디아서 6:17에서 "내 몸에 예수의 흔적을 지니고 있노라"라고 말한다. 그가 가진 예수의 흔적은 고난으로 인해 그의 육체에 생긴 상처들이다. 갈라디아서 3:1에서 "예수 그리스도께서 십자가에 못 박히신 것이 너희 눈앞에 밝히 보이거늘"은 바울이 그의 청중들에게 마치 그림을 그려 보여 주듯이 십자가 위에 계신 그리스도의 모습을 생생하게 보여 주었다는 뜻이다. 바울이 그들에게 그리스도의 고난받는 모습을 보여 준 것은 아마도 말로 보여 주었다는 뜻이 아니라 자신이 직접 복음을 위해 고난받는 모습을 보여 주었다는 뜻일 것이다. 바울은 갈라디아서를 쓰는 그 시점까지 계속 고난을 받았다(갈 5:11, "형제들아 내가 지금까지 할례를 전한다면 어찌하여 지금까지 박해를 받으리요 ……"). 바울은 그리스도를 닮되, 심지어 그가 십자가에서 죽으신 것까지 본받으려고 한다. 그 방법은 복음을 위해 고난받고 결국은 순교하는 것이다(빌 3:10, "내가 그리스도와 그 부활의 권능과 그 고난에 참여함을 알고자 하여 그의 죽으심을 본받아"). "내 육체에 채우노라"는 이처럼 자신의 몸을 복음을 위해 내어놓고 순교하는 것도 두려워하지 않고 오히려 갈망하는 바울의 태도를 보여 준다.

[1:25] 바울은 그에게 주어진 "하나님의 구원의 직분을 따라"(kata tēn oikonomian) 교회의 일꾼이 되었다. '오이코노미아'(oikonomia)는 "직분"으로 번역할 수도 있지만, '경륜'(plan of salvation)이란 뜻도 있다(엡 1:9, 3:9). 이 구절에서는 하나님이 바울에게 주신 것이므로, 구원의 경륜으로 보기보다는 직분으로 보는 것이 더 낫다고 보아 개역개정판은 경륜으로 번역했다. 에베소서 1:9~10, 3:2~3, 9~10에서 이 단어는 다음 절인 골로새서 1:26에 나오는 "비밀"(mystērion)이란 말과 함께 사용되고 있으므로 이 두 단어는 연결된 개념으로 보인다(O'Brien, 81). 하나님께서 원래 갖고 계시던 역사와 구원에 대한 하나님의 경륜(계획)이 있었고, 이 계획은 인간에게 알려지지 않은 비밀이다. 그런데 하나님은 이 구원의 경륜을 바울에게 공개하여 알려 주셨다. 그런 의미에서 구원의 경륜이 바울에게 주어졌다. 그래서 바울은 하나님의 일꾼이 되었다. 이렇게 해석한다면 직분보다는 구원의 경륜으로 번역하는 게 더 나을 듯하다. "하나님이 너희를 위하여 내게 주신 직분"은 "너희를 위하여 내게 주어진 하나님의 경륜"으로 번역하는 것이 좋을 듯하다. 바울은 지금 자신이 이방인을 위한 사도로 부름을 받아 "교회의 일꾼 된" 다메섹 경험을 염두에 두고 말하고 있다. 다메섹 경험을 통해 하나님은 바울에게 인간의 구원을 향한 하나님의 구원 계획, 즉 하나님의 경륜을 그에게 계시로 알려 주셨다. 그 자세한 내용은 다음 절에서 계속 이어진다.

[1:26] 여기서 "비밀"(mystērion)은 인간에게는 감추어져 있는 하나님의 구원과 심판의 계획을 가리키는 말이다. 하나님은 자신의 감추어져 있는 계획(신비 mystery/비밀 secret)을 선지자에게 계시를 통해 알려 주신다. 다니엘 2:18, "이 은밀한 일"과 2:19, "이에 이 은밀한 것이 밤에 환상으로 다니엘에게 나타나 보이매"가 그 한 예다. 느부갓네살 왕이 꿈속에서 본 신상(神像)

에 관한 꿈(단 2:31-45)은 역사 속에 나타날 하나님의 심판 계획을 알려 주는 것이다. 그 계획은 일반인들에게는 감추어져 있기에 비밀이다. 하나님은 계시를 통해 선지자 다니엘에게 그 비밀을 알려 주시고, 사람들은 선지자인 다니엘을 통해 하나님의 감추어진 계획을 깨닫는다. 아모스 3:7은 "주 여호와께서는 자기의 비밀(sôd)을 그 종 선지자들에게 보이지 아니하시고는(ean mē apokalypsē) 결코 행하심이 없으시리라"고 말한다. 하나님의 구원과 심판의 계획(oikonomia, 경륜)은 보통 인간들에게 "만세와 만대로부터 감추어져" 있다. 그런 점에서 하나님의 구원과 심판의 계획은 "비밀"(mystērion)이다. 이 "비밀"이란 단어는 다니엘 2:18, 19, 27, 28, 30, 47에 등장하는 아람어 '라즈'(rāz)에 해당한다(개역개정판은 '라즈'를 "은밀한 일"로 번역한다).

아람어 '라즈'(rāz)는 히브리어 '소드'(sôd)에 해당하면서 '비밀'이란 뜻이다. 동시에 '소드'(sôd)는 '여호와의 회의'라는 뜻으로도 사용된다. 여호와의 회의는 하나님께서 천상의 조언자들과 함께 우주의 문제들을 의논하시는 곳이다(렘 23:18, 욥 1:6-12, 15:8, 시 82:1-8, 89:6-9, Sir 24:2). '여호와의 회의'도 '소드'(sôd)고, 여호와의 회의에서 논의되고 결정된 내용도 '소드'(sôd)다. 이 결정 사항을 의미할 때는 '소드'(sôd)를 '여호와의 회의'라고 번역하지 않고, '비밀'이라고 번역한다. 히브리어 단어 '소드'(sôd)는 칠십인역 헬라어 구약성경에서 12가지 종류의 헬라어 단어들로 번역되었으며, 시내산 사본에 있는 시락서(Sirach) 3:19에서 '뮈스테리온'(mystērion)이 sôd를 번역하기 위해 사용되었다(Brown, "Pre-Christian Semitic Concept", 418, n.4.). 예레미야 23:18, "누가 여호와의 회의에 참여하여 그 말을 알아들었으며 누가 귀를 기울여 그 말을 들었느냐"에서 예레미야는 여호와의 회의(sôd)에 참여했고, 하나님은 그 회의에서 결정된 '비밀'(sôd)을 그에게 알려 주신다. 예레미야의 소명은 그가 알게 된 비밀을 사람들에게 전하는 것이다. 예레미야에서는 여호와의 회의에 참석하는 경험이 예레미야가 참 선지자라는 증거가 된다(렘 23:22).

열왕기상 22장의 미가야도 거짓 선지자들과 갈등을 겪을 때 자신이 여호와의 회의에 다녀왔음을 주장한다. 열왕기상 22:19, "…… 내가 보니 여호와께서 그의 보좌에 앉으셨고 하늘의 만군이 그의 좌우편에 모시고 서 있는데"는 이사야 6:1~13의 이사야의 소명 사건 기사와 유사하다. 이사야 6장에서도 이사야는 하나님의 심판계획에 관한 비밀을 듣고, 그 비밀을 전하는 선지자로 부름을 받는다. 이사야의 경우 1) 그는 여호와께서 보좌에 앉으신 것을 "보았고"(eidon, 사 6:1), 2) 하나님은 "왕"이라는 호칭으로 불리고(사 6:5), 3) 그를 둘러싼 천상의 피조물들과 함께 있었으며(사 6:2-3), 4) 여호와는 이스라엘의 처지에 대해서 회의에 참여한 자들과 함께 논의하셨다(사 6:8). 5) 이사야는 그의 입술이 깨끗해진 뒤에야 회의 속의 논의에 참여하도록 허용되었는데(사 6:7), 6) 그는 그곳에서 보고(eidon, 사 6:1) 들은 것(ēkousa, 사 6:8)을 전하도록 보냄을 받았다. "나는 보았다"(사 6:1)와 "나는 들었다"(사 6:8)는 이사야의 메시지가 하나님으로부터 받은 것임을 입증하는 표현들이다. 민수기 12:8, "그와는 내가 대면하여 명백히 말하고 은밀한 말로 하지 아니하며 그는 또 여호와의 형상을 보거늘……"에 나타나 있듯 모세와 같은 참 선지자는 하나님의 형상을 보면서 하나님과 대화할 수 있다. 하나님의 보좌 앞까지 다가가 하나님과 대화하는 것을 선지자가 자신의 특별한 지위를 입증하기 위한 자기주장의 한 부분이었다. 이런 환상 경험은 참 선지자와 거짓 선지자를 구분하는 기준이 된다. 선지자는 이런 직접적이고 영적인 경험을 통해 하나님의 지혜와 지식을 얻는다.

바울은 비밀이란 단어를 자주 사용하며, 자신의 사도적 소명이나 복음과 연결하여 사용한다(롬 11:25; 고전 2:7; 4:1; 13:2; 14:2; 15:51; 골 1:26-27; 2:2; 4:3; 살후 2:7; 엡 1:9; 3:4; 5:32; 6:19). 바울이 비밀이라는 단어를 이처럼 자주 사용하는 것을 놓고 판단할 때 그는 구약의 선지자들이 여호와의 회의에 참석하여 그곳에서 직접 계시를 받아, 비밀을 깨닫고 선지자의 소명을 받는 것과 상당히 유사한 경험을 했던 것 같다. '비밀/

신비'(mystērion, sôd)라는 단어는 계시를 통해 선지자들에게 임한 하나님의 구원과 심판에 관한 계획을 가리키는 기술적인 용어(technical term)이기 때문이다. 이런 경험은 오직 선지자들만 하는 것이다. 일반인들이 보편적으로 하는 경험이 아니기에 아무나 이런 단어를 사용할 수 없다.

고린도전서 4:1, "사람이 마땅히 우리를 그리스도의 일꾼이요 하나님의 비밀을 맡은 자(oikonomos mystēriōn)로 여길지어다"에서 바울은 자신이 하나님으로부터 직접 계시를 통해 그동안 감추어져 있던 심판과 구원의 계획을 직접 듣고 보아 알고 있다고 주장한다. 로마서 16:25~26, "나의 복음과 예수 그리스도를 전파함은 영세 전부터 감추어졌다가 이제는 나타내신 바 되었으며 영원하신 하나님의 명을 따라 선지자들의 글로 말미암아 모든 민족이 믿어 순종하게 하시려고 알게 하신 바 그 신비의 계시를 따라(kata apokalypsin mystēriou) 된 것이니……"에서 바울은 그의 복음이 하나님의 계시로 받은 것이며, 하나님의 보좌 앞에서 이사야가 직접 메시지를 받았듯이 자신도 그렇게 받은 것이라고 말한다. 고린도전서 2:7에서 바울이 말하는 "은밀한 가운데 있는 하나님의 지혜", "감추어졌던 것인데 하나님이 우리의 영광을 위하여 만세 전에 미리 정하신 것", 로마서 16:25~27의 "……영세 전부터 감추어졌다가 이제는 나타내신 바……"에서 그 비밀이란 바로 이 감추어져 있던 하나님의 비밀스러운 구원 계획을 가리키는 말이다. 로마서 11:25, "이 신비는 이방인의 충만한 수가 들어오기까지 이스라엘의 더러는 우둔하게 된 것이라"라고 말하면서 그는 아무도 모르는 하나님의 구원 계획을 우리에게 공개한다. 그것은 하나님이 이방인 가운데에서 선택하신 '구원을 받게 될 이방인들 총수'("이방인의 충만한 수")가 모두 복음을 듣고 구원 받게 될 때까지 임시로 유대인들 일부의 마음을 단단하게 하셨다("이스라엘의 더러는 우둔하게 된 것이라")는 것이다. 바울은 이런 하나님의 계획을 단순히 추측하는 것이 아니다. 그는 다메섹 경험을 통해 혹은 그 이후의 연속된 계시를 통해 이 비밀을 알게 된 것이다(엡 3:3, "곧 계시로 내게 비밀을 알게 하신 것은……"). 고린도전서 15:51, "보라 내가 너희에게 비밀을 말하노니 우리가 다 잠잘 것이 아니요 마지막 나팔에 순식간에 홀연히 다 변화되리니" 역시 마찬가지다. 바울은 미래에 있을 일에 관해 어떻게 그렇게 자세하게 알고 있는 걸까? 그것을 "비밀"이라고 말하고 있으므로, 열왕기상 22장, 이사야 6장, 예레미야 23장에서 선지자들이 경험한 것처럼 바울은 자신이 여호와의 회의에 직접 참여하고 그곳에서 하나님으로부터 예수 그리스도의 복음과 미래에 일어날 일들에 관해 직접 메시지를 받는 선지자적 체험을 했다고 볼 수 있다.

바울은 계시를 통해 복음을 깨달았고(갈 1:12, "이는 내가 사람에게서 받은 것도 아니요 배운 것도 아니요 오직 예수 그리스도의 계시로 말미암은 것이라"), 그 계시의 내용은 바로 예수 그리스도다. 다메섹 경험을 통해 바울은 만세 전부터 감추어져 있던 하나님의 비밀, 구원 계획의 핵심인 그리스도의 죽음과 부활에 대해 알게 되었다. 그러므로 비밀의 내용은 예수 그리스도이며, 곧 십자가 복음이다.

골로새서 2:2에서 바울이 "하나님의 비밀인 그리스도를 깨닫게 하려 함이니"라고 말할 때 그는 그리스도가 곧 하나님의 비밀이라고 말한다. 하나님의 비밀의 핵심은 그리스도에 관한 복음이다. 그리고 그 비밀은 이제 더 이상 비밀이 아니다. 그래서 복음은 '공개된 비밀'(the open secret/mystery)이다. 지금 이 구절에서 바울이 "이 비밀은 만세와 만대로부터 감추어졌던 것인데 이제는 그의 성도들에게 나타났고"(골 1:26)라고 말하는 것이 바로 그 뜻이다. 바울과 에바브라 같은 동역자들은 곳곳에서 복음을 전하여, 이제 그 비밀이 사람들에게 분명하게 드러나게 한다. 골로새서 4:3에서 "하나님이 전도할 문을 우리에게 열어 주사 그리스도의 비밀을 말하게 하시기를 구하라"라고 기도 부탁을 할 때, "그리스도의 비밀"을 말하는 것은 곧 복음을 전하는 것이다. 바울은 전도의 문이 열리면 복음을 선포하려고 한다(골 4:4, "그리하면 내가 마땅히 할 말로써 이 비밀을 나타내리라").

[1 : 27] 26절의 "그들"은 성도들이다. 하나님은 그들에게 "비밀의 영광이 얼마나 풍성한지"를 알려 주기를 원하신다. 바울은 비밀과 그리스도를 동격으로 보고 27절에서 "이 비밀은 너희 안에 계신 그리스도시니"라고 말한다. 하나님은 그리스도에 대한 비밀의 영광이 "이방인들 가운데" 얼마나 풍성하게 드러났는지 성도들에게 알려 주기를 원하신다. 바울에게 주어진 사명은 바로 이방인들에게 그동안 감추어져 있던 그리스도에 관한 비밀, 즉 복음을 전하는 것이다. 바울이 사도가 된 것은 하나님이 "내 어머니의 태로부터 나를 택정하시고 그의 은혜로 나를" 사도로 부르셨기 때문이다(갈 1 : 15, 참고. 렘 1 : 5 ; 사 49 : 1, 5). 이런 하나님의 계획 속에서 바울은 이방인의 사도가 되었다(골 1 : 25).

"이방인들 가운데 하나님의 비밀의 영광이 풍성하다"는 그리스도 안에서 이방인에게 주는 하나님의 은혜가 아낌없다는 뜻이다. 구약성경은 유대인뿐 아니라 이방인들도 하나님의 구원 계획에 포함되어 있다고 말한다. 예를 들어 이사야 49 : 6, "내가 또 너를 이방의 빛으로 삼아 나의 구원을 베풀어서 땅끝까지 이르게 하리라"(참고. 눅 2 : 32 ; 행 13 : 47)는 단순히 디아스포라 유대인들뿐만 아니라 땅끝에 있는 이방인들까지 하나님의 구원 계획에 포함되어 있다고 말한다. 그러나 주후 1세기 전후 시기 유대인 대부분은 하나님의 구원은 제한적이며, 유대인들에게만 주어진다고 믿고 있었다. 이방인들이 구원을 받으려면 할례를 받고 유대교로 개종해야 한다고 생각했다. 그렇게 생각하면서도 이방인에게 열심히 전도해서 유대교로 개종시키려는 적극적인 노력은 하지 않았다. 1세기 유대교는 이방인을 상대로 열심히 선교하는 종교가 아니었다. 이방인들에게 유대교를 적극적으로 소개하고 그들을 유대교 신자로 만들기 위해 개종시키려고 노력했다는 것을 지지하는 증거는 거의 없다. 당시 유대교 회당에 이방인이 상당수 들어와 있었던 것은(예. 누가복음 7장의 백부장, 사도행전 10장의 고넬료 등) 유대인의 적극적 선교의 결과로 그렇게 된 것이 아니다. 유대교가 갖고 있던 매력에 그들이 자발적으로 끌려 모여든 것(attraction)이다. 헬라-로마 종교는 책을 갖고 있지 않다. 하지만 유대교라는 종교는 구약성경이라는 책을 갖고 있고, 유대인들은 이 책의 내용을 지키려고 애쓴다. 이 점은 이방인들이 유대교에 관심을 갖게 한 유대교의 중요한 특징이다. 헬라인들은 오래된 종교에 큰 호감을 갖고 있었다. 유대교는 그 시작 시점이 매우 오래된 종교였으므로 이방인들은 유대교에 큰 호기심을 가질 수밖에 없었다. 이런 이유로 자발적으로 유대교에 모여든 이방인들은 당대의 유대교가 선교하는 종교였음을 보여 주는 증거가 될 수 없다. 간혹 갈라디아서 5:11, "형제들아 내가 지금까지 할례를 전한다면 어찌하여 지금까지 박해를 받으리요 ……"를 근거로 바울이 원래 다메섹 경험 이전에 이방인들에게 할례를 받으라고 말하면서 유대교를 전도하는 유대교 선교사였다고 주장하는 학자들이 있다. 그러나 바울의 말을 들어보면 이런 주장은 곧 설득력을 잃는다. 바울은 자신이 율법을 향해 열심을 갖고 있던 우파 바리새인이었고 그가 예수를 믿는 유대인들을 핍박한 것을 놓고 볼 때(갈 1:13-14, "…… 내 조상의 전통에 대하여 더욱 열심이 있었으나"; 빌 3:5-6, "…… 율법으로는 바리새인이요 열심으로는 교회를 박해하고……"; 갈 1:23, 고전 15:9; 참고. 민 25:1-13) 바울은 유대교의 순수성을 지키려고 노력한 유대인이었다고 보인다. 이런 유대인이 이방인 선교를 했을 가능성은 거의 없다.

"이방인들 가운데 하나님의 비밀의 영광이 풍성하다"는 것은 바울이 다메섹 경험을 통해 깨달은 복음과 일치한다. 하나님은 할례받지 않은 이방인들을 자신의 백성으로 삼으실 뿐만 아니라(사 66:20, "…… 그들이 너희 모든 형제를 뭇 나라에서 나의 성산 예루살렘으로 말과 수레와 교자와 노새와 낙타에 태워다가 여호와께 예물로 드릴 것이요") 심지어 이방인들 가운데에서 "제사장과 레위인을" 세우신다(사 66:21). 이방인이 할례를 받아 유대교로 개종하여 유대인이 되어야 아브라함의 자손이 되는 것이 아니라, 할례 없이도 그리스도를 믿음으로 아브라함의 자손이 될 수 있다(갈 3:9, "그러므로 믿음으로 말미암은 자는 믿음이 있는 아브라함과 함께 복을 받느니라"; 롬 2:28-29, "무릇 표면적 유대인이 유대인이 아니요 표면적 육신의 할례가 할례가 아니니라 오직 이면적 유대인이 유대인이며 할례는 마음에 할지니……"). 유대인 부모 밑에서 태어나 자동으로 아브라함의 자손이 되던 시절은 끝났다. 이제는 유대인 부모 밑에서 태어났다 하더라도 믿음을 가져야 하고, 성령을 받아 마음의 할례를 받아야 아브라함의 자손이 될 수 있다. 또 이방인 부모 밑에서 태어났다 하더라도 믿음을 가지면 아브라함의 자손이 된다. 이들이 진짜 이스라엘이다(고전 10:1, "…… 우리 조상들이 다 구름 아래에 있고 바다 가운데로 지나며"; 갈 6:16, "…… 하나님의 이스라엘에게 평강과 긍휼이 있을지어다"; 롬 15:4, "무엇이든지 전에 기록된 바는 우리의 교훈을 위하여 기록된 것이니……"). 그리스도를 통해 이방인에게 할례 없이도 하나님의 구원을 받을 수 있다는 바울의 주장은 당시 유대교 안에 있던 통념을 깨고 구약의 예언을 새롭게 이해한 것이다. 이방인에게로 하나님의 은혜를 확장해 나갈 가능성이 이미 유대교 안에 존재하고 있었지만, 이런 가능성을 현실로 만든 사람은 바울이다.

"이방인들 가운데 하나님의 비밀의 영광이 풍성하다"는 것은 이방인 가운데 많은 사람이 비밀을 깨닫고 구원받아 하나님의 새 언약의 백성이 된다는 뜻이기도 하다. 로마서 11:12, "그들의 넘어짐이 세상의 풍성함이 되며 그들의 실패가 이방인의 풍성함이 되거든……"에서 "넘어짐"은 '위반'(trespass)이란 뜻이다. 유대인들이 범죄함으로 세상에 풍성함이 주어졌다. 풍성함은 메시야의 나라 특징이다(예. 암 9:11-13, "…… 그때에 파종하는 자가 곡식 추수하는 자의 뒤를 이으며 포도를 밟는 자가 씨 뿌리는 자의 뒤를 이으며 산들은 단 포도주를 흘리며 작은 산들은 녹으리라"). 유대인들의 "실패"로 인해 "이방인의 풍성함"이란 결과가 생겼고, 인간적 관점에서 이것은 예상하지 못한 결과처럼 보이지만, 하나님의 관점에서 이것은 구원 계획의 일부다.

왜 그리스도는 "영광의 소망"인가? 영광은 빛이다. 성도의 미래는 빛나는 존재가 되는 것이다. 이것을 가장 잘 보여 주는 것은 예수의 변화산 사건이다. 마가복음 9:3, "그 옷이 광채가 나며 세상에서 빨래하는 자가 그렇게 희게 할 수 없을 만큼 매우 희어졌더라"는 얼핏 읽으면 변화산에서 예수의 옷 색깔이 변화한 것처럼 이해된다. 하지만 변화된 것은 예수의 옷 색깔이 아니라, 예수의 몸이다. 마태복음 17:2, "그들 앞에서 변형되사 그 얼굴이 해같이 빛나며 옷이 빛과 같이 희어졌더라"는 예수의 얼굴에서 빛이 나서 마치 태양처럼 강력한 빛이 나타났다고 말한다. 예수의 얼굴에 빛이 났다는 것은 얼굴에만 빛이 난 것이 아니라, 그의 온몸이 다 빛나는 몸으로 변화된 것을 암시한다. 그의 몸에서 발산되는 빛의 세기가 너무나 강력해서 그 빛이 그가 입고 있는 옷을 뚫고 나왔다. 그래서 그의 옷이 빛나는 것처럼 보였다. 이것을 인간의 언어로는 '옷이 흰색으로 변했다'라고 표현한다. 왜냐하면 빛은 흰색으로 표현할 수밖에 없기 때문이다. 변화산에서 예수 그리스도에게 하나님의 영광이 나타났다.

이 사건은 예수 그리스도가 원래 어떤 분인지를 보여 준다. 그는 하나님의 형상이시며, 하나님의 영광 가운데 계시는 분이다. 또한 이 사건은 미래에 그리스도가 어떤 모습으로 변할 것인지를 보여 준다. 그리스도는 죽음에서 다시 부활하여 하나님의 영광 가운데로 들어가실 것이다. 바울이 다메섹에서 만난 그리스도는 '빛', 즉 하나님의 영광 가운데에서 바울에게 말씀하신다(행 9:3, "…… 홀연히 하늘로부터 빛이 그를 둘러 비추는지라"; 행 22:6, 26:13). 변화산 사건은 그리스도의 원래 모습과 미래의 모습을 보여 주면서, 동시에 성도의 원래 모습과 미래의 모습을 보여 주기도 한다.

아담은 원래 빛나는 몸을 갖고 있었다. 시편 8편은 아담에 관한 시편이면서 동시에 그리스도에 관한 시편이기도 한데, 시편 8:4, "사람이 무엇이기에 주께서 그를 생각하시며 인자가 무엇이기에 주께서 그를 돌보시나이까"의 "사람"과 "인자"는 아담으로 볼 수 있다. 시편 8:5, "그를 하나님보다 조금 못하게 하시고 영화와 존귀로 관을 씌우셨나이다"는 아담의 지위와 상태를 보여 준다. 그는 하나님 아래에 있으면서 만물 위에 있다. 그는 만물을 다스리라는 위임명령을 하나님으로부터 받았다(시 8:6, "주의 손으로 만드신 것을 다스리게 하시고 만물을 그의 발 아래 두셨으니"). 사실상 왕의 지위를 부여받은 것이다. 중요한 것은 "영화와 존귀로 관을 씌우셨나이다"라는 구절이다. 히브리어로 읽으면 "관"이라는 단어는 없다. '씌우다'로 번역된 단어 '아타르'(ʻṭr)는 '둘러싸다'(to surround)라는 뜻이다. 머리에 영화와 존귀를 둘러싼 것으로 이해하여 '관을 씌우다'로 번역했다. 하지만 반드시 '머리에' 영화와 존귀를 둘러싼 것으로 이해할 필요는 없다. 아담의 온몸을 영화와 존귀로 둘러쌌다고 해석해도 된다.

하나님은 원래 아담을 빛나는 몸을 가진 존재로, 즉 하나님의 영광을 가진 존재로 만드셨다. 하지만 아담은 범죄함으로 하나님의 영광을 잃어버리고, 왕의 지위도 잃어버렸다. 이제 죽음이 그의 육체에서 왕 노릇을 하게 되었다(롬 5:14). 그리스도를 통해 주시는 하나님의 구원은 아담이 잃어버린 하나님의 영광을 회복하게 해 주신다. 부활을 통해 성도는 영광의 몸, 즉 빛나는 몸을 회복하게 된다(고전 15:43, "욕된 것으로 심고 영광스러운 것으로 다시 살아나며……"). 마치 부활하신 그리스도가 하나님의 영광 가운데로 들어가는 것처럼 성도도 빛나는 몸을 입고 하나님의 영광 가운데로 들어가게 된다(고후 3:18, "…… 주의 영광을 보매 그와 같은 형상으로 변화하여 영광에서 영광에 이르니 곧 주의 영으로 말미암음이니라"). "영광의 소망"은 곧 부활을 통해 얻게 되는 영광을 가리킨다. 아담이 잃어버렸던 영광을 그리스도를 통해 다시 회복하고, 하나님의 영광 가운데로 들어가는 것을 소망하는 것이다.

[1:28] 28절에서 바울은 복음의 선포를 그리스도를 선포하는 것이라고 말한다("우리가 그를 전파하여"). 그리스도가 하나님의 비밀의 핵심이고 복음의 핵심이다. 그러므로 그리스도를 선포하는 것이 곧 비밀/복음을 선포하는 것이다. 그렇다면 그리스도를 선포하는 것은 구체적으로 무엇을 하는 것인가?

바울은 '권하다'와 '가르치다'라는 두 개의 동사를 연결해서 그의 복음 선포를 설명한다. '권하다'(*noutheteō*)라는 동사는 사도행전 20:31, "…… 내가 삼 년이나 밤낮 쉬지 않고 눈물로 각 사람을 훈계하던 것을 기억하라"에서 '훈 계하다'로 번역되었다. 이는 그가 말씀을 가르치되 "눈물로", "호소하는 것" 을 가리킨다.

바울이 에베소에서 복음을 가르치는 것은 단순히 정보를 전달하는 것이 아 니라 친근한 인간관계 속에서 청중들 한 사람, 한 사람을 향해 눈물로 호소 하는 것이다. 그런 뜻에서 '누떼테오'(*noutheteō*, 권하다)라는 동사는 바울이 즐겨 사용하는 '파라칼레오'(*parakaleō*, 위로하다, 권면하다, 호소하다)의 의미 와 가깝다. 바울의 설교에는 논리적 설명도 있지만, 그의 설교는 기본적으로 호소다. 왜냐하면 "하나님이 우리를 통하여 너희를 권면하시고"(호소하시고, *parakalountos*, 고후 5:20) 계시기 때문이다. 바울은 "너희는 하나님과 화 목하라" 하고, "그리스도를 대신하여 간청한다"(*deometha*, 고후 5:20). '간 청하다'(*deomai*)라는 동사는 복음 선포가 청중을 향한 강력한 호소라는 점 을 보여 준다. 바울은 복음을 선포할 때 그리스도를 믿을 것을 호소한다. '가 르치다'(*didaskō*)는 성도들을 마치 어린아이나 학습이 필요한 사람으로 보고 (고전 3:1, "…… 곧 그리스도 안에서 어린아이들을 대함과 같이 하노라") 선생 이 학생을 가르치듯 차근차근 말씀을 가르치는 것이다.

'권하다'와 '가르치다', 이 두 개의 동사는 "모든 사람"을 목적어로 한다. "모든 사람"은 본문에서 반복되고 있고, 이것은 강조를 위한 것이다. "모든 사람"은 복음이 인종, 계층, 성별과 관계없이 보편적으로 모든 사람에게 다 필요한 것이고, 적용될 수 있음을 나타낸다. 바울은 모든 사람에게 차별 없 이 복음을 전하고, 모든 사람을 권하며, 모든 지혜로 가르친다. 여기서 바울 이 말하는 지혜는 무엇일까? 골로새서 2:3, "그 안에는 지혜와 지식의 모 든 보화가 감추어져 있느니라"에서 바울은 그리스도 안에 지혜와 지식이 있 다고 말한다. 골로새서 3:16, "그리스도의 말씀이 너희 속에 풍성히 거하여 모든 지혜로 피차 가르치며 권면하고……"에서도 그리스도의 말씀과 지혜는 내적으로 연결되어 있다. "모든 지혜로"(in all wisdom)는 복음의 내용을 설명할 때 성경과 그가 받은 그리스도에 관한 계시의 모든 내용 중 심오한 말씀과 계시들에 관해 집중적으로 가르친다는 의미다.

바울이 "모든 사람"을 권하고 가르치는 목적은 성도들을 하나님 앞에 완전한 모습으로 세우는 것이다. 마태복음 5:48에서 예수는 "그러므로 하늘에 계신 너희 아버지의 온전하심과 같이 너희도 온전하라"라고 말씀하신다(약 1:4, "인내를 온전히 이루라 이는 너희로 온전하고 구비하여 조금도 부족함이 없게 하려 함이라"). 바울이 성도들을 완전한 자로 세우려고 하는 것은 골로새서 1:22에서 말하는 것처럼 "너희를 거룩하고 흠 없고 책망할 것이 없는 자로 그 앞에 세우고자" 함이다. 모두 종말에 있는 최후의 심판을 염두에 둔 말이다(고전 1:8).

오직 그리스도 안에서만 성도들이 완전하게 될 수 있다. 그리스도를 통해서만 인간이 하나님께 의롭다는 선언을 받을 수 있을 뿐만 아니라, 그리스도를 믿는 자에게 주시는 하나님의 성령이 성도의 내부에서 행하시는 사역을 통해서만 하나님 보시기에 완전한 모습으로 변화받을 수 있다. 그런 완전한 변화는 궁극적으로 부활을 통해 완성된다. 부활은 성령의 능력으로 일어난다. 성도들을 완전한 자로 세우는 것은 골로새교회를 세운 에바브라가 골로새서 4:12에서 기도하는 내용이기도 하다("…… 너희로 하나님의 모든 뜻 가운데서 완전하고 확신 있게 서기를 구하나니").

[1:29] 바울은 성도들을 완전한 자로 세우기 위해 "힘을 다하여"(*agōnizomenos*) 수고한다. '힘을 다하다'(*agōnizomai*)라는 동사는 운동선수가 레슬링 같은 경기에서 자신의 온 힘을 다하여 경기에 임하는 것을 묘사한다. 경기장에서 운동선수가 최선을 다하듯이 바울도 힘을 다한다. 바울은 운동 메타포를 종종 사용한다. 고린도전서 9:25, "이기기를 다투는 자마다 모든 일에 절

제하나니……"에서 "이기기를 다투는 자"는 바로 '힘을 다하다'(agōnizomai)라는 동사의 현재 분사형으로, 레슬링 선수와 같이 경기에 나가 승리하기 위해 싸우는 사람이다. 바울은 마지못해 억지로 대충 복음을 선포하지 않는다. 마치 레슬링 선수가 경기에서 상대방을 끊임없이 밀어붙이듯 그렇게 일한다. '수고하다'(kopiaō)라는 동사는 바울이 자신의 사도적 임무를 완수하기 위해 하는 육체적 활동을 가리킨다(고전 4:12; 15:10; 갈 4:11; 빌 2:16). 그 명사형 '수고'(kopos)도 같은 맥락에서 사용된다(살전 1:3; 3:5; 살후 3:8; 고후 11:23). 수고는 육체적 피로를 가져올 수 있는 육체적 활동을 포함한다. 바울이 하는 복음 전도의 사역은 그에게 정신적으로 부담을 줄 뿐만 아니라 육체적으로도 버겁고, 지치게 한다. 디모데전서 4:10, "이를 위하여 우리가 수고하고 힘쓰는 것은……"에서도 '힘을 다하다'(agōnizomai)와 '지치도록 일하다'(kopiaō)라는 동사가 함께 사용된다.

　바울이 힘을 다하여 수고할 때 자신의 힘으로 하는 것이 아니라, 그의 "안에서 능력으로 역사하시는 이"가 "일하시는 것을 따라"(kata tēn energeian autou) 한다. 그의 안에서 일하시는 이는 하나님이다. "일하시는 것"으로 번역된 명사 '엔에르게이아'(energeia)는 하나님의 능력이 발휘되는 것에서 자주 사용된다(엡 1:19; 3:7; 빌 3:21; 골 2:12). '역사하다'라는 뜻의 동사형 '엔에르게오'(energeō)도 강력하게 작용하는 힘을 묘사한다. 빌립보서 2:13, "너희 안에서 행하시는 이(ho energōn)는 하나님이시니 자기의 기쁘신 뜻을 위하여 너희에게 소원을 두고 행하게(to energein) 하시나니"에서도 성도들 안에서 역사하시는 하나님을 묘사하기 위해 이 동사가 두 번 사용되었다. 하나님은 바울 안에서 능력으로 일하시고, 바울은 그 능력을 따라 힘을 다해 일한다(고전 15:10, "…… 내가 모든 사도보다 더 많이 수고하였으나 내가 한 것이 아니요 오직 나와 함께하신 하나님의 은혜로라"). 바로 이 점 때문에 바울은 "내게 능력주시는 자 안에서 내가 모든 것을 할 수 있느니라"(빌 4:13)라고 말한다.

설교를 위한 묵상

(1) 그리스도의 남은 고난

그리스도의 남은 고난은 우리가 당연히 복음을 위해 감당해야 할 마땅한 일이다. 종말의 하나님의 나라가 이루어지기까지, 이 세대가 가고 새로운 세대가 오기 위해 겪어야 할 불가피한 고난이다. 하나님으로부터 직분은 받은 사람에게 이 고난은 더 심하다. 고난은 그 직분의 일부이므로 고난을 피하려고 하지 말고 받아들여야 한다. 목회자로서 목회 활동을 하면서 겪는 어려움이나 평신도로서 교회를 섬기면서 경험하는 고난은 바울이 당한 고난에 비교하면 그것은 고난이라기보다 약간의 '불편함'에 해당한다. 바울이 겪었던 고난에 비교하면 심히 가벼운 어려움일 뿐이다. 바울이 자신의 고난을 기꺼이 받아들인 것처럼 우리도 약간의 어려움을 기쁨으로 받아들여야 한다.

29절에서 바울은 힘을 다하여 수고한다고 말한다. 바울이 타고난 능력이 많아서 모든 것을 할 수 있는 것이 아니다. 그리스도를 전파하고 성도들을 가르치는 일은 목회자가 본래 갖고 있던 인간적 능력을 따라 하는 일이 아니다. 내 안에서 하나님께서 역사하셔야 할 수 있다. 자신의 타고난 지능, 재능, 육체적 힘, 오랫동안 경험을 통해 터득한 기술과 요령, 이런 것으로 주의 일을 하는 것이 아니다. 주의 일은 주께서 주시는 능력을 받아, 그 능력으로 감당한다. 평소의 나의 능력으로는 불가능한 것처럼 보여도 하나님의 능력으로 하면 가능하다. 모든 사역자는 바울에게 그러하셨던 것처럼 하나님께서 내 안에서도 능력 있게 역사하여 주시길 기도해야 한다.

(2) 같은 복음, 같은 목적, 같은 가르침

바울과 그의 동역자들은 같은 제목으로 기도하고, 또 같은 목적을 갖고 권하고 가르치며, 복음을 선포한다. 교회에서 담임목사와 부교역자의 관계도 마찬가지다. 목회의 목적과 목표를 공유하고 함께 기도하며 하나의 목표를 향해 함께 나아가야 한다. 바울의 목회의 목적은 종말의 최후의 심판대 앞에 성도들이 서게 되었을 때 그들이 완전한 자로 세우는 것이다. 목회의 초점은 자신에게 맞추어져 있지 않고, 성도들에게 맞추어져 있다. 성도들이 완전하게 되는 것은 '나'의 가르침 때문이 아니다. 나의 가르침보다 더 중요한 것은 그들 안에서 역사하고 계시는 성령의 능력과 활동이다. 궁극적으로는 성령이 그들을 완전하게 할 것이지만, 바울은 자신이 해야 할 사명인 가르치고 호소하는 일을 게을리하지 않는다. 왜냐하면 성령의 사역과 바울의 가르치는 사역이 함께 어우러질 때 강력한 변화가 성도들 안에 생겨날 수 있기 때문이다. 바울의 가르치는 사역 위에 성령의 기름부으심이 있으면 사역의 열매를 볼 수 있게 된다. 그 열매는 성도의 내적 변화다.

바울의 복음은 원래 인간에게 공개되지 않은 비밀이었지만, 하나님은 사도들을 통해 그 비밀을 알려 주셨다. 비밀의 핵심은 그리스도이고, 그리스도는 우리의 영광의 소망이다. 그리스도의 복음의 궁극적인 목적은 우리를 부활의 때에 영광스러운 모습으로 다시 태어나게 하시고 그래서 완전한 자로 세우는 것이다. 그래서 구원은 현재적인 동시에 미래적인 것이다. 현대 교회는 지나치게 구원의 현재적 측면만을 강조한다. 복음을 통해 나타나는 윤리적 변화는 지나치게 강조하면서 미래의 부활과 영광의 회복에 대해서는 침묵하거나 자주 이야기하지 않는다. 이것은 잘못된 것이다. 하나님의 나라, 부활, 영광 등은 모두 본질적으로는 현재의 것이라기보다는 미래의 것이다. 미래의 부활과 미래에 완성될 하나님의 나라를 우리는 소망하면서 살아가도록 가르치는 것이 현재의 삶 속에서 윤리적으로 사는 것을 가르치는 것보다 더 중요하다. 왜냐하면 현재의 윤리적 삶은 미래를 소망할 때에 시작되는 것이기 때문이다.

B. 뤼카스 골짜기의 성도들을 향한 바울의 관심(2：1-5)

¹내가 너희와 라오디게아에 있는 자들과 무릇 내 육신의 얼굴을 보지 못한 자들을 위하여 얼마나 힘쓰는지를 너희가 알기를 원하노니 ²이는 그들로 마음에 위안을 받고 사랑 안에서 연합하여 확실한 이해의 모든 풍

성함과 하나님의 비밀인 그리스도를 깨닫게 하려 함이니 ³그 안에는 지혜와 지식의 모든 보화가 감추어져 있느니라 ⁴내가 이것을 말함은 아무도 교묘한 말로 너희를 속이지 못하게 하려 함이니 ⁵이는 내가 육신으로는 떠나 있으나 심령으로는 너희와 함께 있어 너희가 질서 있게 행함과 그리스도를 믿는 너희 믿음이 굳건한 것을 기쁘게 봄이라

1. 그들을 위해 기도하며 애쓰는 바울(2 : 1-3)

[2 : 1] 1절의 번역에서 "내 육신의 얼굴을 보지 못한"은 "내 얼굴을 직접 보지 못한 모든"으로 바꾸는 것이 좋다. 헬라어 본문에서 '호소이'(hosoi)는 전치사 '휘페어'(hyper)의 목적어로 연결되므로 '포손 오소이'(posōn hosoi)로 간주하여 '~는 모든 사람들'(all who~)의 뜻으로 해석한다. 골로새교회는 바울이 직접 가서 개척한 것이 아니라 에바브라(골 1 : 7, "…… 에바브라에게 너희가 배웠나니……")가 개척하였으므로 골로새교회와 라오디게아 지역 교회에는 바울의 얼굴을 직접 보지 못한 사람들이 대부분이었다. 바울은 자신이 직접 얼굴을 보지도 못한 성도들을 위해 "내가 얼마나 많은 수고(agōn)를 하는지를" 알아 달라고 말한다. 개역개정판의 번역 "얼마나 힘쓰는지를"은 1절 제일 앞의 주어 "내가"를 뒤로 옮겨 "내가 얼마나 많은 수고를 하는지를"로 바꾸는 것이 좋다. '수고'라는 말로 번역된 헬라어 단어 '아곤'(agōn)은 운동선수가 경쟁하는 행동을 나타낸다. 바울은 이 단어를 사용하여 자신의 사역을 종종 운동 은유(sports metaphor)로 표현한다(빌 1 : 30 ; 살전 2 : 2 ; 딤전 6 : 12 ; 딤후 4 : 7). '운동경기에서 맞서 싸우다'(to fight in an athletic contest)라는 뜻을 가진 이 단어의 동사형 '아고니조마이'(agōnizomai)도 골로새서 1 : 29에서 "힘을 다하여 수고하노라"와 골로새서 4 : 12의 "그(에바브라)가 항상 너희를 위하여 애써 기도하여"에서 사용된다(참고. 고전 9 : 25 ; 딤전 4 : 10 ; 6 : 12 ; 딤후 4 : 7).

라오디게아(Laodicea)는 골로새에서 16km 정도 아래쪽에 있으며, 24km 거리에는 히에라볼리(Hierapolis)도 있었다. 골로새서 4:13에서 "그(에바브라)가 너희와 라오디게아에 있는 자들과 히에라볼리에 있는 자들을 위하여 많이 수고하는 것을 내가 증언하노라"라고 기록한 것으로 보아 에바브라는 골로새, 라오디게아, 히에라볼리, 이 세 도시에서 모두 사역했음이 분명하다. 바울이 여기에서 라오디게아만 언급하고, 히에라볼리는 언급하지 않은 이유는 아마도 라오디게아에서의 선교가 더 성공적이었기 때문인 것 같다(Dunn, 129). 실제로 요한계시록에서는 이 세 교회 중 오직 라오디게아교회만 언급된다(계 1:11; 3:14-22).

바울이 골로새 일대에 동역자를 보내서 교회를 개척하게 하고, 그곳에 있는 바울의 얼굴을 보지 못한 성도들을 향해 아마도 에베소에서(저작 장소에 관한 자세한 논의는 서론을 보라) 그가 편지를 쓰고 있다는 사실은 그가 평소 갖고 있던 선교 전략을 우리에게 보여 준다. 바울은 먼저 그 일대에서 가장 크고 중요한 도시인 에베소에 먼저 가서 교회를 세우고 그곳을 기지로 하여 자신의 동역자들을 인근 도시들에 보내어 교회를 세우게 했다. 에베소교회는 그 일대 교회의 모(母)교회가 되며, 그 인근 지역에 복음을 전하는 책임을 지는 선교기지가 된다. 요한계시록 2:4에서 에베소교회가 "처음 사랑을 잃어버렸다."라는 책망을 들은 이유는 그 교회가 그 일대에 교회를 개척한 모교회이기 때문으로 보인다. 에베소교회는 니골라당의 가르침을 받아들이지는 않았으나, 다른 교회들이 황제숭배의 문제로 인해 잘못된 길로 갈 때 모교회로서 적극적으로 그들을 올바른 길로 인도하지 않았기 때문에 책망을 받았을 것이다. 사도행전 19:10, "두 해 동안 이같이 하니 아시아에 사는 자는 유대인이나 헬라인이나 다 주의 말씀을 듣더라"는 얼핏 들으면 지나친 과장처럼 들린다. 하지만 바울이 에베소에 머물면서 소아시아 각지에 자신의 동역자들을 보내어 동시다발(同時多發)적으로 교회를 개척하게 한 것을 상기한다면 결코 과장이 아니다. 로마서 15:23, "이제는 이 지방에 일할 곳이 없고……"라는 말도 그런 관점에서 이해해야 한다. 고린도에서도 마찬가지로 바울은 그 일대의 작은 도시에 동역자들을 파송하여 교회를 세웠을 것이다. 로마서 15:19에서 "…… 내가 예루살렘으로부터 두루 행하여 일루리곤까지 그리스도의 복음을 편만하게 전하였노라"라고 말한 것이 그 모든 지역의 모든 소도시에 자신이 직접 가서 복음을 전했다는 뜻은 아니다. 그와 함께하는 동역자들의 선교활동을 모두 포괄하여 자신이 그렇게 했다고 말하는 것으로 이해해야 한다. 이처럼 바울은 대도시에는 자신이 직접 교회를 개척하고, 주변의 소도시에는 동역자들을 파송해서 동시에 함께 교회를 개척하고, 차후에 그 교회들이 농촌지역으로 전도하여 또 교회를 세우는 방식으로 선교했다. 골로새 일대에 에바브라를 보내 교회를 개척하게 한 것은 이런 선교 전략의 틀 안에서 이해해야 한다.

그러므로 바울이 자신이 직접 세운 교회의 성도들에게만 관심이 있었다고 생각하면 안 된다. 바울은 그의 동역자들이 개척한 교회의 성도들에게도 똑같은 관심이 있었다. 왜냐하면 그 동역자들을 파송한 것은 바울이고, 그 동역자들은 바울을 대신해 교회를 세운 것이므로 그 교회의 성도들을 향한 최후의 책임은 바울에게 있었기 때문이다. 골로새교회에 이단이 침투하여 교회를 어지럽게 하는 위기 상황에서 이 이단을 막고 복음을 수호해야 할 책임은 일차적으로는 에바브라에게 있었지만, 궁극적으로는 바울에게 있었다. 그래서 바울은 지금 골로새교회의 성도들뿐만 아니라 라오디게아 지역의 성도들과 그의 얼굴을 직접 보지 못한 사람들(히에라볼리의 성도들도 포함)을 위해서 기도하고, 수고하고 있으며, 또 이렇게 편지를 쓴다.

[2:2] 비록 바울은 자신이 직접 찾아가 만날 수는 없지만, 그들을 향해 많은 관심을 갖고 있다는 것을 골로새 성도들이 깨달음으로 그들의 마음이 위로받기를(*paraklēthōsin*) 원한다. '위로하다, 격려하다, 권면하다' 등의 뜻인 동사 '파라칼레오'(*parakaleō*)는 바울이 애용하는 동사다. 편지 작성의 목적을

말할 때 이 동사를 자주 사용한다(롬 15:4-5; 고후 1:4, 6; 13:11; 살전 3:2; 4:18). '모으다, 연합하다'의 뜻을 갖고 있는 동사 symbibazō는 흔히 사용되는 동사가 아니다. 바울서신에서는 이곳과 골로새서 2:19, 에베소서 4:16, 고린도전서 2:16에서 사용되었다. 이곳에서는 "사랑 안에서"라는 부사구가 수식하고 있으므로 "사랑 안에서 나누어지지 않고 한마음으로 조화를 이루다."라는 뜻이다.

전치사 '에이스'(eis)로 시작하는 두 개의 전치사 구는 뒤의 것이 앞의 것을 설명하는 것으로 볼 수 있다. 즉, "확실한 이해의 모든 풍성함"이란 곧 "하나님의 비밀인 그리스도를 깨닫게" 되는 것이다. 개역개정판의 번역 "확실한 이해의 모든 풍성함과"는 "이해의 확신이 매우 풍부해지고"로 바꾸는 것이 좋다. 그들이 사랑 안에서 연합하여 하나가 되고, 복음의 진리를 많이(pan ploutos), 확실히(plērophorias) 깨닫게(syneseōs) 되길 원한다. 그것은 곧 하나님의 비밀인 그리스도에 대해 깨닫는 것이다.

바울이 사랑과 이해를 동시에 언급하는 것은 의미심장하다. 서로 사랑하지 않으면서 혹은 사랑을 실천하지 않으면서 복음의 진리를 깨닫는 것은 불가능하다. 사랑을 실천할 때 복음의 지식과 진리는 비로소 나의 것이 된다. 지식만을 추구하면 결국 그 지식을 소유할 수 없다. 사랑 안에서 연합하여 온 성도가 복음의 진리를 배울 때에라야 온 교회가 사랑과 지식으로 가득하게 된다. 더구나 바울은 그 이해가 평범한 이해가 아니라 확신에 가득한 이해가 되기를, 약간의 이해가 아니라 풍부한 이해가 되기를 원한다. 이해는 곧 지식을 갖는 것이며, 복음의 지식은 하나님의 비밀인 그리스도에 대한 지식을 갖는 것이다("하나님의 비밀인 그리스도"에서 "비밀"이 무슨 뜻인지에 대해 골 1:26의 주석을 참고하라).

[2:3] 그리스도 안에 지혜와 지식의 모든 보물이 감추어져 있다는 바울의 말은 유대교 지혜문서의 일부 내용(잠 2:3-6; Sir. 1:24-25; Wis. 6:22; 7:

13-14; Bar. 3:15; Dunn, 132에서 재인용)을 연상케 한다. "하나님의 비밀"(골 2:2)은 원래 인간에게 감추어져 있던 것이므로 감추어진 보화에 비유하는 것이 자연스럽다.

에녹1서 46:3, "인자가⋯⋯ 감추어진 보화창고(thēsauroi)를 열 것이다"("the Son of Man⋯⋯ will open all the hidden storerooms")라는 구절이 있다. 이것은 3절의 내용과 표현이 유사하다(Dunn, 132). 당시 유대교 전통에서 모든 종류의 지혜가 있는 장소는 율법이었다. 이사야 33:6, "네 시대에⋯⋯ 지혜와 지식이 풍성할 것이니 여호와를 경외함이 네 보배니라"라는 구절에서 "여호와를 경외하는 것"은 당시 유대교에서 '율법을 지키는 것'으로 이해되었다. 유대교 전통에서는 감추어진 지혜가 율법에 온전히 드러나 있다고 본다(Bar. 3:15-4:1; 2 Bar. 44:14-15; 54:13-14; Dunn, 132에서 재인용). 그러나 이 구절에서 바울은 지혜와 지식이 있는 장소가 율법 안이 아니라 "그리스도 안"이라고 말한다. "그 안에는"은 "그리스도 안에는"으로 번역하는 것이 더 낫다. 율법에서 삶의 구체적 행동을 인도하는 원칙들(지식)을 얻는다는 유대교의 가르침을 정정하여, 바울은 지혜와 지식이 율법이 아니라 그리스도로부터 얻어진다고 가르친다.

그러나 골로새 이단의 가르침과 관련해서 이 구절을 이해한다면 약간 다른 뉘앙스를 갖고 있다. 그리스도 안에 "모든"(pantes) 지식과 지혜가 있다는 바울의 말은 그리스도 밖에 있는 지식과 지혜는 참된 지혜가 아니라는 뜻이다. 그렇다면 골로새 이단의 주장은 지식도, 지혜도 아니다. "감추어진"(apokryphos)이란 말은 골로새 이단이 애용하던 단어일 가능성이 많다고 추측하는 학자들도 있다. 그러나 이 단어는 원래 유대교 지혜 전승에서도 자주 사용되므로 굳이 그렇게 볼 필요는 없다(Dunn, 132). 원래 "비밀"(3절)이란 말 자체에 "감추어진"이란 뜻이 포함되어 있다. 왜냐하면 "하나님의 비밀"은 보통의 인간들에게는 알려지지 않은, 감추어진 하나님의 계획이기 때문이다.

2. 골로새 성도들이 잘못된 길로 가지 않기를 바라는 바울의 염려(2: 4-5)

[2:4] 골로새서에서 골로새 이단의 주장을 반박하는 바울의 주된 논지가 어디에서 시작하는지에 대해서는 학자들 사이에 이견이 있지만, 대체로 골로새서 2:4에서부터 바울의 본격적인 비판이 시작된다고 본다. 왜냐하면 바울이 4절에서 "내가 이것을 말한다"(touto legō)라고 말하기 때문이다. "내가 이것을 말함은"(touto legō)은 사람들의 관심을 집중하기 위한 장치다. 바울이 이제 본격적으로 골로새 이단에 반박을 시작한다는 신호다.

골로새 성도들이 교묘한 말에 속아 넘어가지 않기를 바란다는 말에서 우리는 골로새교회에 잘못된 가르침을 추종하는 사람들이 있음을 알 수 있다. 이 문제의 가르침이 교회에 위협이 되는 이유는 그 주장이 "교묘한 말"이기 때문이다. "교묘한 말"(pithanologia)은 '그럴듯한 말'이다. '그럴듯한 말'이란 뜻의 '피따노로기아'(pithanologia)는 '설득력 있는'이란 형용사 '피따노스'(pithanos)와 '말'이란 뜻의 명사 '로기아'(logia)가 결합된 단어다. "교묘한 말"로 번역된 이 단어는 '설득력이 있는 말'(persuasive speech) 혹은 '그럴듯한 주장'(plausible argument)으로 번역할 수 있다. 바울은 지금 골로새 성도들을 속이려고 하는 게 누구인지 명확히 말하지 않지만, 한 가지 분명한 것은 그들의 주장이 어설픈 주장이 아니라 상당히 설득력 있게 들리는 주장이었다는 점이다.

'속이다'(paralogizomai)라는 동사를 사용하는 것은 이 교묘한 말로 골로새 성도들을 유혹하는 사람들의 정체가 거짓 선생이라는 뜻이다. 이 단어의 동의어 '플라나오'(planaō, to lead astray, mislead, deceive)는 거짓 선지자가 미혹하는(속이는) 가르침을 주는 것을 비판할 때 가장 일반적으로 사용된다(마 24:4-11, 마 24:11, "거짓 선지자가 많이 일어나 많은 사람을 미혹하겠으며"; 요 7:12, "예수에 대하여 무리 중에서 수군거림이 많아 어떤 사람은 좋은 사람이라 하며 어떤 사람은 아니라 무리를 미혹한다 하나"; 요일 2:26, "너희를 미혹하는 자들에 관하여 내가 이것을 너희에게 썼노라"; 계 2:20, "…… 자칭 선지자라 하는 여자 이세벨을 네가 용납함이니 그가 내 종들을 가르쳐 꾀어……"; 계 20:3, 8, 10, "또 그들을 미혹하는 마귀가 불과 유황 못에 던져지니 거기는 그 짐승과 거짓 선지자도 있어……"). 또 다른 동의어인 '아파타오'(apataō, to deceive, cheat, mislead; 엡 5:6, "누구든지 헛된 말로 너희를 속이지 못하게 하라 ……"; 딤전 2:14, "아담이 속은 것이 아니고 여자가 속아 죄에 빠졌음이라"; 약 1:16, "내 사랑하는 형제들아 속지 말라")와 여기에 접두어 '엑크'(ek)가 추가된 동의어 '엑싸파타오'(exapataō, to deceive, cheat; 롬 7:11; 16:18; 고전 3:18; 고후 11:3, "뱀이 그 간계로 하와를 미혹한 것같이……"; 살후 2:3, "누가 어떻게 하여도 너희가 미혹되지 말라 먼저……"; 딤전 2:14)도 거짓 선생들에 대해 경고하는 문맥에서 사용된다.

[2:5] "이는"은 "왜냐하면 비록"으로 번역해야 하며, "기쁘게 봄이라"도 "보고 기뻐하기 때문이라"로 바꾸는 것이 좋다. 바울은 그가 비록 몸으로는 골로새 교인들과 "육신으로는" 함께 있지 않지만, "심령/영으로는" 함께 있다고 말한다. 고린도전서 5:3, "내가 실로 몸으로는 떠나 있으나 영으로는 함께 있어서 거기 있는 것 같이 이런 일 행한 자를 이미 판단하였노라"와 비슷한 말이다. 고린도전서를 쓸 때와 다른 점은 바울이 지금 이 편지를 감옥에서 쓰고 있으므로 실제로는 가고 싶어도 갈 수 없다는 점이다. 그런데도 이런 말을 하는 것은 골로새 성도들이 처한 상황에 대해 그가 깊이 걱정하고 있기 때문이다. 직접 골로새교회를 개척하지는 않았지만, 바울은 사도로서 그 교회에 대한 책임을 지고 있다. 더구나 지금 이단이 나타났는데, 그 교회를 개척한 에바브라 역시 골로새에 없었기 때문이다(골 4:12, "그리스도 예수의 종인 너희에게서 온 에바브라가 너희에게 문안하느니라 ……").

이단에 대해 경고하기 앞서서 바울은 마치 그들과 같은 자리에 함께 있는 듯한 말을 한다. 그들의 행동과 믿음을 "보고"(blepōn), "기뻐하고"(chairōn) 있다고 말한다. 바울이 본 것은 두 가지다. 첫째로 그들의 질서정연함(taxis, orderliness)과 둘째로 그들의 그리스도를 믿는 믿음의 견고함(stereōma, firmness)이다. 이 두 단어가 군사용어로 사용되면 '병사들의 질서정연한 배열상태'와 '요새의 견고함'을 나타낸다. 이와 유사한 표현이 빌립보서 1:27~28, "…… 너희가 한마음으로 서서 한뜻으로 복음의 신앙을 위하여 협력하는 것과 무슨 일에든지 대적하는 자들 때문에 두려워하지 아니하는 이 일을 듣고자 함이라 ……"에 나온다. "너희가 한마음으로 서서"(stēkete en heni pneumati)에서 사용된 동사 '스테코'(stēkō)는 '서다'(to stand)라는 뜻의 '히스테미'(histēmi)의 완료형에서 만들어진 동사로서 병사들이 전쟁터에서 자신의 자리를 굳건히 지키고 서 있는 것을 묘사한다. "한뜻으로 협력하는 것"(mia psychē synathlountes)에서 사용된 동사 '쒼아뜰레오'(synathleō)는 '함께 싸우다'라는 뜻이다(참고. 빌 4:3). 운동선수로서 함께 싸운다는 뜻도 있지만, 로마 시대 검투사(gladiator)들이 원형경기장에서 팀을 이루어 함께 싸운다는 의미도 있다. "무슨 일에든지 대적하는 자들 때문에 두려워하지 아니하는 것"에서 '두려워하게 만들다'라는 뜻의 동사 '프튀로'(ptyrō, to frighten)는 전쟁에서 적군에게 위협을 가해 겁을 먹게 만드는 것을 표현한다. 바울은 골로새 성도들이 그 대적들로 인해 두려움에 빠지지 않고 군인들처럼 전쟁터에서 한마음으로 줄을 맞추어 대오를 흩트리지 않고 힘을 합쳐 전쟁에 임하듯이 용기를 내어 그렇게 신앙의 싸움에 함께 임할 것을 가르친다. 이처럼 바울은 군사 메타포를 사용하여 비유적으로 하고 싶은 말을 하고 있다.

▪▪ 설교를 위한 묵상

그리스도 안에는 지혜와 지식의 모든 보화가 감추어져 있다. 온 우주와 자연, 그리고 인간의 DNA 구조와 같이 눈에 보이지 않는 것에서 시작해서 인공지능에 이르기까지 인간의 첨단 과학 지식이 아무리 대단한 것처럼 보여도, 온 우주를 창조하신 그리스도에 비하면 인간의 지식은 유치원 학생 수준의 지식에도 미치지 못한다. 인문학, 사회과학, 역사학에 대한 연구를 통해 인간이 얻은 지식, 지혜도 마찬가지다. 우주와 인간의 기원 이후 인간의 역사에 대한 지식, 미래에 인류는 어떤 세상으로 나아갈 것인지에 대해 가장 지혜로운 사람이 하는 예측, 이런 것들도 그리스도 안에 있는 지혜와 지식에 비하면 엉터리 점쟁이의 점괘 수준에도 미치지 못한다. 성도들은 종말의 때에 그리스도의 모든 지혜와 지식을 가진 자들이 된다. 아무리 못 배운 성도라 해도 하나님의 나라에서 그가 얻게 될 세상 만물에 대한 지식과 지혜는 현대 최고의 현자가 가진 지식을 쉽게 능가하게 된다. 하나님의 지혜, 그 자체이신 예수 그리스도를 우리가 믿고, 그를 알고, 그의 초월적 지혜의 풍성함에 우리가 미래에 들어가게 된다.

이 세상의 아무리 뛰어난 대학에서 공부하고, 평생 최고의 석학들의 가르침을 받아도 그것은 인간을 진실로 지혜롭게 하지 못한다. 인간을 궁극적으로 지혜롭게 하는 것은 예수 그리스도이시다. 그분이 주시는 지혜와 지식은 앞으로 우리를 더 엄청난 깨달음으로 인도해 준다. 또한 그리스도 자신이 지혜이시므로, 그리스도를 아는 것이 참된 지식이다. 참된 지식이 무엇인지 복음은 우리에게 친절하게 설명한다. 바울은 빌립보서 3:8에서 "내 주 그리스도 예수를 아는 지식이 가장 고상하기 때문이라"고 말한다. 그리스도를 아는 지식이 최고의 지식이라는 말이다. 바울은 최고의 지식을 다메섹 사건을 통해 얻었다. 바울도 당대 최고의 바리새 랍비인 가말리엘에게서 많은 지혜와 지식을 배웠지만, 최고의 지식인 그리스도를 얻기 위해 모든 것을 다 버리고, 심지어 배설물로 여겼다(빌 3:8). 최고의 지식은 공교육이나 세속 대학에서 가르치지 않는다. 아무리 좋은 대학에서 공부해도, 참된 지식을 그리스도를 알지 못하고 살아가는 것은 참된 지혜와 지식의 길이 아니다.

우리는 자녀들에게 최상의 교육을 해 주고 그들에게 제공할 수 있는 모든 것들을 제공해 주려고 노력한다. 그런 노력을 통해 좋은 대학에 자녀가 진학하고, 많은 지식과 기술을 배워 이 세상에서 성공하는 사람들로 성장하게 되기를 기대한다. 하지만 한 가지 분명한 사실은 아무리 좋은 학교에 진학하고, 아무리 좋은 직장을 얻게 되어도 그리스도가 누구이신지를 알지 못하고, 자신이 죄인이라는 것도 깨닫지 못하며, 창조주 하나님을 예배하지도 않고, 세속적 성공 속에서 죄악 가운데 빠져서 살아간다면 우리가 자녀들을 위해 해 주는 모든 노력도 그들에게 아무런 도움이 되지 않을 것이다. 진정으로 우리의 자녀들이 필요로 하는 것은 세속의 지식이 아니라 그리스도에 관한 지식이다. 그 지식이 있어야 인간은 비로소 자신이 죄인이라는 것을 깨닫고 하나님을 예배하는 길로 나아가게 된다. 비록 이 세상에서 남들의 인정을 받는 성공적인 삶을 살지 못한다고 하더라도, 그리스도가 누구인지를 알면서 살아간다면 그 인생은 성공한 인생이다.

C. 그리스도의 유전을 유지할 것(2:6-7)

⁶그러므로 너희가 그리스도 예수를 주로 받았으니 그 안에서 행하되 ⁷그 안에 뿌리를 박으며 세움을 받아 교훈을 받은 대로 믿음에 굳게 서서 감사함을 넘치게 하라

[2:6] '전달해 받다'(*paralambanō*)라는 동사는 전승을 전달해 받는 동작을 나타내는 전승 언어로, 바울서신에 자주 등장한다(고전 11:23; 15:1, 3; 갈 1:9, 12; 빌 4:9; 살전 2:13; 4:1; 살후 3:6). 이것과 짝을 이루는 동사로, '전달해 주다'(*paradidōmi*; 고전 11:2, 23; 15:3)가 있다. 이 두 동사는 유대교에서 선대의 랍비가 후대의 랍비에게 가르침(전승)을 전달해 주고 받는 것을 묘사한다. 미슈나 애봇(*Mishnah* Aboth) 1.1에 따르면 유대교의 전승(tradition)은 "모세-여호수아-장로들-선지자-위대한 회당의 교사들"의 순서로 전달되었다고 한다. "받았으니"(*parelabete*)의 시제는 단순 과거로, 골로새 성도들이 전승을 받아들였던 과거 시절을 상기시킨다. 갈라디아

서 3:2, "…… 너희가 성령을 받은 것이 율법의 행위로냐 혹은 듣고 믿음으로냐"에서도, 데살로니가전서 1:6, "또 너희는 많은 환난 가운데서 성령의 기쁨으로 말씀을 받아 우리와 주를 본받은 자가 되었으니"에서도 바울은 성도들이 처음 복음을 받아들였던 시점을 상기시킨다. 그들이 받은 전승의 핵심은 '그리스도 예수가 주시다'라는 것이다(예수를 주님으로 고백하는 것의 의미에 관해서는 골 1:3의 주석을 보라).

골로새 성도들이 에바브라로부터 "그리스도 예수가 곧 주님이시다."라는 전승을 받을 때 에바브라는 십자가에서 죽은 나사렛 예수를 그리스도(메시야, 하나님의 아들)와 주로 소개했다. 골로새서 3:1에서 바울이 "위의 것을 찾으라 거기는 그리스도께서 하나님 우편에 앉아 계시느니라"라고 말할 때 그는 골로새 성도들이 이미 알고 있는 것을 말하는 것이지, 모르는 것을 알려 준 것이 아니다. 에바브라가 전한 "그리스도 예수가 곧 주님이시다."라는 전승에는 예수의 죽음과 부활뿐만 아니라 그의 승귀가 포함되어 있었음에 틀림이 없다. 오순절 베드로의 설교에서 베드로는 시편 110:1을 인용하면서 "다윗은 하늘에 올라가지 못하였으나 친히 말하여 이르되 주께서 내 주에게 말씀하시기를 내가 네 원수로 네 발등상이 되게 하기까지 너는 내 우편에 앉아 있으라 하셨도다 하였으니"(행 2:34-35)라고 설교한다.

예수가 예루살렘 성전이 하나님의 심판을 받아 무너질 것을 예언한 뒤 그를 찾아와 "무슨 권위로 이런 일을 하느냐"(막 11:28)라고 따져 묻는 대제사장 일행의 질문에 대한 대답인 악한 포도원 농부의 비유에서 예수는 자신이 하나님의 "사랑하는 아들"(막 12:6), 즉 메시야/그리스도라는 것을 말한다. 예수는 "…… 어찌하여 서기관들이 그리스도를 다윗의 자손이라 하느냐"(막 12:35)라고 묻고 자신이 직접 시편 110:1을 인용한 뒤(막 12:36), "다윗이 그리스도를 주라 하였은즉 어찌 그의 자손이 되겠느냐 ……"(막 12:37)라고 말한다. 자신이 다윗의 자손으로 태어났지만, 평범한 인간이 아니라 다윗이 "주"라고 부르는 신적 존재임을 암시한다. 산헤드린 재판에서 예수가 자신과 시편 110:1의 "하나님의 우편에 앉은 이"를 동일시하는 주장을 하시는 것(막 14:62, "…… 내가 그러라 인자가 권능자의 우편에 앉은 것과 하늘 구름을 타고 오는 것을 너희가 보리라 하시니")을 놓고 볼 때 마가복음 12장의 "사랑하는 아들"은 다름 아닌 바로 예수 자신임이 분명하다.

초대교회는 예수의 부활 직후부터 십자가에서 죽은 예수가 바로 하나님의 보좌 우편에 계시는 바로 그 '주'(시 110:1)라고 보았다. 부활과 승천은 하나님이 그를 높여 다시 그가 원래 있던 자리로 되돌아가게 한 것이다. 이런 전승은 바울서신에서도 나타난다. 로마서 8:34에서 바울은 "…… 다시 살아나신 이는 그리스도 예수시니 그는 하나님 우편에 계신 자요 우리를 위하여 간구하시는 자시니라"라고 주장한다. 바울은 고린도전서 15:25("그가 모든 원수를 그 발 아래에 둘 때까지 반드시 왕 노릇하시리니")에서 하나님 우편에 계신 그리스도가 왕으로서 우리를 다스리신다고 말한다. 그리스도가 하나님의 우편에 계신다는 이해는 에베소서 1:20에서도 나타나고, 히브리서 1:3; 8:1; 10:12-13; 12:2과 베드로전서 3:22에도 나타난다. 초대교회의 다양한 전승들이 '예수가 보좌 우편의 주시다'라고 고백하고 있다(더 자세한 내용은 골 3:1의 주석을 보라). 베드로의 오순절 설교에 나오는 "…… 너희가 십자가에 못 박은 이 예수를 하나님이 주와 그리스도가 되게 하셨느니라 하니라"(행 2:36)는 그리스도가 누구인지를 알려 준다. 초대교회가 십자가에서 죽은 예수를 신적인(divine) 분으로 인정하고, 그를 예배한 것은 초대교회 기독론의 점진적인 발전의 결과로 보기 어렵다. 부활 직후부터 교회는 예수가 주시라는 기독론을 갖고 있었고, 바울교회에서 이런 현상은 두드러지게 나타난다(자세한 설명은 관해서는 골 1:3의 주석을 보라).

바울은 골로새 성도들이 그리스도 예수가 주라는 전승을 받았으므로, 그것에 걸맞은 삶을 살 것을 기대한다. "그 안에서 행하되"는 우선 바울과 그의 동역자가 전해 주는 전승/전통(tradition) 이외의 다른 전통을 따라가면 안 된다는 말이다. 골로새서 2:8, "…… 이것은 사람의 전통과 세상의 초등학문을 따름이요 그리스도를 따름이 아니니라"라는 경고에서 "사람의 전통"(heparadosis tōn anthrōpōn)은 바로 에바브라와 바울이 전해 주지 않은 전승이다(참고. 막 7:8, "너희가 하나님의 계명은 버리고 사람의 전통을 지키느니라"). 데살로니가후서 2:15에서 바울은 성도들에게 "불법한 자"(살후 2:8)의 등장에 관해 경고하면서 "그러므로 형제들아 굳건하게 서서 말로나 우리의 편지로 가르침을 받은 전통을 지키라"(살후 2:15)라고 가르친다. 당시 성도는 오늘날의 신약성경과 같은 책이 없었으므로 신약성경이 이단과 정통을 구분하는 기준이 될 수가 없었다. 그래서 바울은 말로 가르쳤건 혹은 편지로 가르쳤건, 그가 가르친 복음의 전통(바울 전승)을 굳게 지키고 그것에서 벗어나는 어떤 가르침도 받아들이지 말라고 말한다. 자신의 글과 말이 참과 거짓을 구분하는 기준(rule〈자, 척도〉, canon〈정경〉)이라고 주장한다. 후에 그의 편지들이 정경에 포함되어 오늘날까지 신앙의 척도가 된 것은 우연이 아니다. 데살로니가후서 3:6, "게으르게 행하고 우리에게서 받은 전통대로 행하지 아니하는 모든 형제에게서 떠나라"에서도 바울 전승이 언급된다. 바울 전승은 단순히 신조(credo)에 관한 것뿐만 아니라 성도들의 구체적인 행동 지침도 포함한다.

"그 안에서 행하되"에서 '행하다'로 번역된 동사 '페리파테오'(peripateō)의 기본 뜻은 '걷다'(to walk)이다. 유대교적 전통에서는 '걷다'를 '행하다'의 뜻으로 사용한다(골 1:10의 주석을 보라). 유대교는 율법의 가르침을 따라 걸어가야(행해야) 한다고 가르친다. 하지만 바울은 '그리스도 안에서' 걸어가야/행해야 한다고 가르친다. 이제 그들은 그리스도의 복음이 주는 경계선 안에서 살아가야 한다. '그리스도 안에'(in Christ)는 기본적으로 경계선을 기준으로 해서 안과 밖으로 공간을 구분하고, 성도들은 내부에 그리고 나머지 인류는 그 외부에 있다고 보게 한다. '그리스도 안에'는 바울과 요한의 편지에서 자주 사용되는 매우 독특한 표현이다(Seifrid, "In Christ," 433-436.). '그리스도 안에'(in Christ)는 성도들을 외부세계로부터 구분하고, 내부적으로는 하나로 일치하게 한다. 여기에서 바울은 '외인'(outsiders)이라는 개념을 추출한다. 데살로니가전서 4:12, "이는 외인에 대하여 단정히 행하고……", 고린도전서 5:12~13, "…… 밖에 있는 사람들은 하나님이 심판하시려니와……", 골로새서 4:5, "외인에게 대해서는 지혜로 행하여"에서 등장하는 "외인"은 청중들의 마음속에 어떤 심리적 경계선이 있어야만 이해될 수 있는 사회학적 개념이다. 바울은 성도의 마음속에 분명한 경계선을 만들고, 그들이 자신을 그 경계선 안에 있는 사람(insider)으로 바라보게 한다. 그 경계선 밖에 있는 "흑암의 권세"(골 1:13)로 돌아가지 않고 "그의 사랑의 아들의 나라"(골 1:13)의 백성으로서 '그리스도 안에' 머물러 있게 한다(더 자세한 것은 골 4:5의 주석을 보라).

[2:7] 7절의 번역은 '그 안에 뿌리를 내리고 세워져 배운 것처럼 넘치는 감사 안에서 믿음에 굳게 서라'로 바꾸는 것이 좋다. 바울은 식물 이미지("뿌리를 내리고")와 건축물 이미지("세워져")를 사용한다. 성도들은 "흑암의 권세에서 건져 내어" 하나님의 "사랑하시는 아들의 나라"로 옮겨 심긴(골 1:13) 나무와 같다(골 1:10, "…… 모든 선한 일에 열매를 맺게 하시며 하나님을 아는 것에 자라게 하시고"). 동시에 그들은 하나님의 집인 성전으로 세워져 간다. 이렇게 농사 메타포와 건축 메타포가 동시에 나타나는 것은 고린도전서 3:6~10의 경우와 유사하다. 바울은 씨를 뿌리는 자이면서 동시에 지혜로운 건축자다. 이렇게 바울이 자신의 소명을 농사와 건축 메타포를 통해 이해하는 것은 하나님께서 예레미야에게 주신 소명, "심다, 건축하다, 뽑다, 무너뜨리다"의 네 개의 동사(렘 1:10)를 자신에게 주신 소명으로 여기기 때문으로 보인다(바울이 자신의 소명을 농사와 건축으로 이해하는 것에 관해서는 골 1:6의 주석을 보라). 바울은 자신이 씨를 뿌려 자라난 나무가 이제 그리스도 안에 확실하게 뿌리를 내리기를 바라고(엡 3:17), 자신이 건축한 건물인 하나님의 교회가 그리스도 안에서 건축되기를 바란다(고전 3:9-11).

'굳게 서 있다'로 번역된 '베바이우메노이'(*bebaioumenoi*)는 시편 119:28에도 나오고, 고린도전서 1:8, 고린도후서 1:21, 히브리서 13:9에도 나온다. 바울이 믿음에 굳게 서라고 말하는 뜻은 에바브라가 전해 준 복음 안에 굳게 서라는 것이며, 이것은 곧 바울의 복음 안에 굳게 서라는 것이다. 잘못된 가르침에 빠지지 않으려면 바울과 그의 동역자인 에바브라가 전해 준 전승 안에 머물러 있어야 하며, 그 전승에서 흔들리면 안 된다. 에바브라와 바울이 전하는 그 복음에 뿌리를 내리고, 그 복음에 기초를 든든히 두면 흔들리지 않는다. 데살로니가후서 2:2에서 바울은 "영으로나 또는 말로나 또는 우리에게서 받았다 하는 편지로나 주의 날이 이르렀다고 해서 쉽게 마음이 흔들리거나 두려워하거나 하지 말아야 한다"라고 가르치면서 "그러므로 형제들아 굳건하게 서서 말로나 우리의 편지로 가르침을 받은 전통을 지키라"(살후 2:15)라고 명령한다. 바울 교회에서 믿음은 바울이 전한 참 복음을 받아들이고 그 안에 계속 머물러 있는 것이다. 바울은 본격적으로 골로새 이단을 비판하기에 전에 먼저 골로새 성도들이 에바브라가 전한 복음을 믿는 그 믿음 안에 굳게 세워지길 격려한다.

"너희가 배운 것처럼"(*kathōs edidachthēte*)은 그 앞의 말에 연결될 수도 있지만, 뒤의 말에 연결될 수도 있다. 뒤의 말에 연결된다면 에바브라가 골로새 성도들을 가르칠 때 "넘치는 감사 안에서" 믿음 안에 굳게 설 것을 가르쳤다는 의미다. 길이가 비교적 짧은 편지인 골로새서에서 "감사"는 일곱 번이나 언급된다(골 1:3, 12; 2:7; 3:15, 16, 17; 4:2). 기독교인의 삶의 특징은 '감사드림'(thanksgiving)에 있다. 감사는 구원받은 성도가 행하는 모든 선한 행동의 동인(motivation)이다. 성도가 선한 행동을 하는 것은 그런 행동을 하면 구원을 받을 수 있기 때문이 아니다. 만약 그렇다면 그것은 감사로 하는 행동이 아니다. 그렇게 해서 받은 구원은 은혜로 받은 것이 아니라, 그가 행한 선한 행동의 보수(reward)로 받는 것이다(롬 4:4, "일하는 자에게는 그 삯이 은혜로 여겨지지 아니하고 보수로 여겨지거니와"). 선행을 하지 않앞음에도 불구하고 은혜로 칭의를 받은 사람은(롬 4:5, "일을 아니할지라도 경건하지 아니한 자를 의롭다 하시는 이를 믿는 자에게는 그의 믿음을 의로 여기시나니") 악한 행동을 그치고 선한 행동을 하게 된다. 이때 선한 행동의 동기는 감사다. "감사하는 자가 되라."는 명령은 하나님께 감사의 예배를 드리는 것은 물론이고, 감사 때문에 각종의 악한 행동을 그치고 선한 행동을 풍성하게 하라는 뜻이다.

"감사"로 번역된 *eucharistia*는 성만찬(Eucharist)과 의미상 연결되어 있으므로 감사는 예배와도 연결되어 있다. "넘치는 감사"는 예배에서 찬양으로 나타난다. 골로새 찬양시(골 1:15-20)에서 이미 나타난 바와 같은 그런 찬양을 부르면서 그리스도의 주되심을 선포하는 것이 곧 감사다. 이런 찬양을 통한 감사는 그들의 신앙을 고백하는 것이기도 하다. 예배의 맥락에서 바울은 골로새 성도들이 참된 믿음을 고백하고 찬양하기를 원한다(감사를 예배와 연결해서 보는 것에 관해서는 골 3:15의 주석을 보라).

▫▫ 설교를 위한 묵상

옛날이나 지금이나 교회에는 항상 이단의 위협이 있다. 이단은 성도들을 유혹하여 정통신앙을 버리고 이단에 빠지게 한다. 이단에 빠지는 것은 일종의 배교 행위이며 이단에 빠지는 것은 구원을 잃어버릴 수 있는 사안이다. 그러므로 이단에 빠지는 것을 극도로 경계해야 한다. 오늘날에도 교회를 위협하는 각종 이단이 있고, 특별히 어떤 이단은 교회 내부에 조직적, 계획적으로 침투하여 성도들을 잘못된 길로 인도하고 있다. 이단에 빠지는 이유는 정통한 성경적 가르침에 뿌리를 내리지 않고 배운 대로 살아가지 않기 때문이다. 최근에 유행하는 이단들은 특별히 성도들이 잘 이해하지 못하는 성경 구절과 교리 등에 관해 그럴듯한 해석을 하여 성도들이 쉽게 그들에게 동화되게 만든다. 요한계시록의 구절들은 종종 이단들이 성도들을 교묘한 말로 설득하는 자료로 사용되었다. 우리는 이럴 때일수록 성경을 정확하게 해석하고 가르칠 수 있는 목회자들이 더욱 필요하다. 이단과 맞서 싸워 이길 수 있는 길은 이단과 논쟁을 하는 것이 아니라 성도들에게 성경과 교리를 제대로 잘 교육하는 것이다.

바울은 성도들이 이단에 빠지지 않고 질서 있게 행하고 믿음이 굳건하기를 기대한다. 이단에 빠지지 않는 길은 그리스도가 주님이시라는 신앙의 전승을 받은 뒤에 그 안에 계속 머물러 있는 것이다. 뿌리가 약한 믿음이 되지 않도록 계속해서 교육을 받아 그 전승에 뿌리를 내려야 한다. 그것이 바로 믿음에 굳게 서는 길이다.

제 IV 부

거짓된 가르침과 이에 대한 교정

골로새서 2 : 8~3 : 4

A. 그리스도 한 분으로 충분함(2 : 8-15)
B. 여러분의 자유를 지키시오!(2 : 16-19)
C. 여러분은 그리스도와 함께 죽었습니다 : 그러프로……(2 : 20-23)
D. 그리스도의 부활과 성도들의 영적 부활(3 : 1-4)

| 골로새서 2 : 8～3 : 4 |

거짓된 가르침과 이에 대한 교정

A. 그리스도 한 분으로 충분함(2 : 8-15)

⁸누가 철학과 헛된 속임수로 너희를 사로잡을까 주의하라 이것은 사람의 전통과 세상의 초등학문을 따름이요 그리스도를 따름이 아니니라 ⁹그 안에는 신성의 모든 충만이 육체로 거하시고 ¹⁰너희도 그 안에서 충만하여졌으니 그는 모든 통치자와 권세의 머리시라 ¹¹또 그 안에서 너희가 손으로 하지 아니한 할례를 받았으니 곧 육의 몸을 벗는 것이요 그리스도의 할례니라 ¹²너희가 세례로 그리스도와 함께 장사되고 또 죽은 자들 가운데서 그를 일으키신 하나님의 역사를 믿음으로 말미암아 그 안에서 함께 일으키심을 받았느니라 ¹³또 범죄와 육체의 무할례로 죽었던 너희를 하나님이 그와 함께 살리시고 우리의 모든 죄를 사하시고 ¹⁴우리를 거스르고 불리하게 하는 법조문으로 쓴 증서를 지우시고 제하여 버리사 십자가에 못 박으시고 ¹⁵통치자들과 권세들을 무력화하여 드러내

어 구경거리로 삼으시고 십자가로 그들을 이기셨느니라

1. 그리스도의 충만함(2:8-10)

[2:8] 바울은 골로새 성도들을 향해 골로새 이단이 "철학이나 헛된 속임수"로 노획물(전쟁에서 승리한 후에 가져가는 물건) 혹은 포로로 너희들을 끌고 가지 않도록 조심하라고 경고한다. "사로잡을까"는 "사로잡지 않도록"으로, "이 것"은 "이것들"로 번역해야 한다. 여기서 사용된 '포로로 사로잡다'라는 동사 '쒈라고게오'(sylagōgeō)는 유대교의 '회당'이란 뜻인 헬라어 단어 '쒸나고게'(synagōgē)와 발음이 유사하다. 골로새 이단은 유대교적 성향이 강하였기 때문에(골 2:11-13, 16) 이런 단어를 사용하여 경고하는 것으로 보인다. 요한계시록 2:9, "…… 자칭 유대인이라 하는 자들의 비방도 알거니와 실상은 유대인이 아니요 사탄의 회당이라"(계 3:9, "보라 사탄의 회당 곧 자칭 유대인이라 하나 그렇지 아니하고……")는 아시아의 일곱 교회가 황제숭배 문제로 핍박을 당할 때 유대인들이 성도들을 유대교로 개종시키려고 시도한 것을 강력하게 비판한 것이다. 골로새서 2:11에서 바울이 할례를 언급하는 것("손으로 하지 아니한 할례를 받았으니")과 골로새서 2:16에서 유대교 예배일을 언급하는 것("절기나 초하루나 안식일")을 놓고 볼 때 골로새 이단은 유대교적 특징을 갖고 있었다고 추측된다.

바울이 "철학"이라는 단어를 사용하는 것을 이상하게 생각할 필요는 없다. 당시 유대교 안에서도 사두개파, 바리새파, 에쎈파와 같은 유대교의 분파를 "철학"으로 부른 경우가 있었다(예. 요세푸스, *Jewish War* 2.119; *Antiquities of the Jews* 18:11; *Against Apion*, 1:54; 필로, *Leg* 156; *Mut* 223; O'Brien, 109 재인용). "헛된"으로 번역된 헬라어 형용사 '케노스'(kenos)는 '비어 있는'의 뜻이다. 내용 면에서 텅 비어 있다는 말이다. "속임수"로 번역된 명사 '아파테'(apatē)는 '거짓, 속임'이라는 뜻이다(살후 2:

10, "불의의 모든 속임으로 멸망하는 자들에게 있으리니"). 동의어인 '플라네' (planē, deception, wandering from the path of truth)는 거짓 선생, 거짓 사도, 거짓 선지자의 맥락에서 사용되며 '속임', '간사함', '미혹' 등으로 번역 되었다(마 27:64, "…… 그가 죽은 자 가운데서 살아났다 하면 후의 속임이 전보다 더 클까 하나이다 하니": 엡 4:14, "…… 사람의 속임수와 간사한 유혹에 빠져……"; 살전 2:3, "우리의 권면은 간사함이나 부정에서 난 것이 아니요 속임수로 하는 것도 아니라"; 살후 2:11, "이러므로 하나님이 미혹의 역사를 그들에게 보내사 거짓 것을 믿게 하심은"; 요일 4:6, "…… 진리의 영과 미혹의 영을 이로써 아느니라"; 약 5:20; 벧후 2:18; 3:17; 유 1:11). "속임수"(apatē)의 동사형 '아파타오'(apataō)에 접두어 '엑크'(ek)가 추가된 동사 '엑싸파타오'(exapataō)도 거짓 선생, 거짓 사도, 거짓 선지자들의 가르침을 지칭하는 말로 사용된다(자세한 것은 골 2:4의 주석을 보라).

그들의 철학과 헛된 가르침이 인간의 전통(paradosis, tradition)을 따른 것이란 말은 그 기원이 하나님이 아니라 인간의 가르침에 있다는 말이다. 골로새 이단의 가르침은 하나님으로부터 온 것이 아니다. 하나님으로부터 온 전통은 바울이 가르치는 복음이다. "세상의 초등학문"은 해석이 어려운 구절이다. 초등학문으로 번역된 헬라어 단어는 '스토이케이온'(stoicheion)이다. 이 단어는 흙, 불, 물, 공기 등과 같이 우주의 기본적 물질을 가리킨다(벧후 3:10, "…… 물질이 뜨거운 불에 풀어지고……"; 벧후 3:12, "…… 물질이 뜨거운 불에 녹아지려니와"). 골로새서에서 바울이 이 단어를 그런 뜻으로 사용했다고 보는 견해도 있다. 헬라인들은 우상숭배를 하였으며, 이 우상들은 신적인 존재가 아니라 하나님의 피조물이므로, 헬라인들의 개념을 빌어 우상숭배를 비판한다면 우상은 기본물질로 구성된 물건에 불과하다. 신명기 4:15~19에서 말하는 우상숭배 금지의 율법이 지혜서 7:17에서 언급되면서 이 단어가 함께 사용되고 있다는 것에 착안하여 바울이 세상의 기본물질에 불과한 것들을 섬기는 것을 비판하기 위해 이런 특이한 표현을 사용했다고 볼 수도 있다(Barth, 376-78). 그러나 과연 바울이 이런 특이한 표현을 동원하여 겨우 우상숭배를 비판하고 있는 것일까? 그 이상의 뜻이 있는 것은 아닐까? 아마도 바울이 골로새서에서 골로새 이단의 문제를 다루면서 단순히 우상숭배를 비판했다고 보는 것은 그리 설득력 있는 해석은 아니다.

델링(Gerhard Delling)에 따르면 이 단어는 모두 여섯 가지의 뜻으로 사용되었다. 그중 바울의 용법과 연결될 수 있는 네 가지 가능성은 1) 우주의 기본적 요소(흙, 물, 공기, 불), 2) 세상의 기본적인 원리(principle)나 기초적인 가르침(rudimentary teaching), 3) 우주의 기본적 요소로 만들어진 별이나 다른 천체의 요소들, 4) 영(spirits), 신들(gods), 마귀(demons), 천사(angels) 등과 같은 별과 관련된 영적 존재들, 이 네 가지다(Gerhard Delling, "stoicheion", TDNT 7:670-83; Longenecker, 165에서 재인용). 물론 그중 3번은 현재 남아 있는 고대 문서 중 주후 2세기 중엽의 문서에 나오고 4번은 3~4세기의 문서에서 등장한다(Longenecker, 165). 이 단어는 골로새서 2:20, 갈라디아서 4:3, 9에서도 나타난다. 바울은 이 단어를 논쟁적인 부분에서 상대방의 잘못을 지적할 때 사용한다. 갈라디아서 4:3, "이와 같이 우리도 어렸을 때에 이 세상의 초등학문 아래에 있어서 종노릇 하였더니"와 갈라디아서 4:9, "어찌하여 다시 약하고 천박한 초등학문으로 돌아가서 다시 그들에게 종노릇 하려 하느냐"의 경우에는 대체로 2번의 뜻으로 해석하면 문맥상 자연스럽게 보인다. 인간은 자신이 태어난 사회의 기본적인 가르침을 사회화 과정을 통해 습득하고 그것을 규범으로 삼고 살아간다. 유대인들에게 기본적인 가르침인 유대교의 율법이건, 헬라인들에게 기본적인 가르침인 헬라 종교와 문화건, 복음 안에서 살아가지 않는 한 그런 인간의 전통들은 인간을 자유인으로 살게 하는 것이 아니라, 그 사회의 관습과 문화에 무조건 순종해야 하는 노예의 삶으로 인도한다.

그렇다면 골로새서에서 "초등학문"(stoicheia)은 어떤 뜻으로 사용되고 있을까? 2번으로 해석해도 본문의 의미가 통한다. 골로새 이단이 가르치는 철학과 헛된 속임수는 인간의 전통, 즉 사회의 다수가 공유하는 세계관에서 비롯된 것이다. 그렇게 본다면 골로새 이단의 가르침은 헬라 문화의 전통과 유대교 전통(골 2:11, 16)에서 유래한 것이다. 바울은 유대교 역시 인간의 전통을 따르는 기본적 가르침으로서 헬라 문화와 종교에서 유래한 기본적 가르침과 다르지 않다고 본다(갈 4:3, 8-9).

그렇지만 골로새서의 "초등학문"(*stoicheia*)의 가장 유력한 해석은 "하나님과 인간 사이에 존재하는 수 없이 많은 눈에 보이지 않는 영적인 존재들"을 가리키는 말로 보는 것이다(MacDonald, 97). 대부분의 영어 성경(⟨NRSV⟩, ⟨NAB⟩, ⟨REB⟩ 등)에서 "세상의 초등학문"(*ta stoicheia tou kosmou*)은 'elemental spirits of the universe'(세상의 기본적인 영적 존재들)로 번역되었다. 이 단어가 구체적으로 무엇을 뜻하는 것인지 학자들 간에 통일된 견해는 아직 없지만, 다수의 학자가 이 견해를 지지한다(Wright, 101). 그 이유는 헬라-로마 문화 안에서 흙, 물, 공기, 불과 같은 '우주의 기본적 요소들'(*stoicheia*)은 일반적으로 신격화(divinization)되어 있었기 때문이다(Wink, 74; Dunn, 149에서 재인용). 이것들은 하늘의 별과 같은 천체(heavenly body)와 종종 동일시되었다. 물론 바울이 이 편지를 작성하던 동시대에 이런 이해가 존재했다는 것을 확실하게 증명하는 문서는 없다. 가장 가까운 시기의 증거는 *Testament of Solomon* 8:2~4에서 일곱의 악한 영들이 자신들을 *stoicheia*로 소개하는 것이다. 이 단어는 '이 세상을 다스리는 어둠의 영들'(rulers of this world of darkness)로 번역된다. 지혜서 13:2에 "하늘의 빛나는 별들이 세상을 다스리는 신들이다"(the luminaries of heaven were the gods that rule the world)라는 말이 나온다. 하늘에 있는 별들은 보이지 않는 영적 존재들을 가리킨다. 필로의 글에서 '스토이케이아'(*stoicheia*)를 '권세들'(powers)로 사용한 예가 있고(*De aeternitate Mundi* 107-9), 초대교회 문서인 Hermas, *Visions* 3.13.3에도 세상이 네 개의 '스토이케이아'에 의해 다스려진다는 내용이 있다(이상의 내용은 Dunn, 149에서 재인용). 이것들의 기록 연대는 대체로 필로의 것을 제외하면 골로새서 기록 추정연대보다 후대의 문서들이다. 이런 자료들은 '스토이케이아'를 영적인 존재로 이해하는 견해가 바울 당시에 존재했을 가능성을 암시한다.

사실 갈라디아서 4:3, "이와 같이 우리도 어렸을 때에 이 세상의 초등학문 아래에 있어서 종노릇하였더니"와 갈라디아서 4:9, "…… 어찌하여 다시 약하고 천박한 초등학문으로 돌아가서 다시 그들에게 종노릇하려 하느냐"에서 초등학문을 영적인 존재로 이해해도 여전히 의미가 통한다(Dunn, 149-50). 여기서 "초등학문으로 돌아간다"는 것은 바울이 전해 준 십자가 복음을 버리고 개종 전으로 돌아가는 '배교'를 가리킨다. 특별히 여기에서 바울이 염두에 두고 있는 초등학문은 유대교다. 이것은 놀라운 언명으로서 바울은 유대교와 이방인들이 예전에 섬기던 우상숭배를 동일시하고 있다(Longenecker, 181). 복음을 버리고 유대교로 돌아가는 것은 복음을 버리고 헬라 종교로 돌아가는 것과 같다. 위에서 언급한 고대 문서에 나타나듯 유대교 안에도 하늘의 별들을 영적 존재로 생각하는 민간(popular) 전통이 있었다. 따라서 갈라디아서의 '초등학문'을 그렇게 해석하는 것이 틀리지 않은 것으로 보인다(MacDonald, 97).

골로새서 1:15~20 찬양시에서 바울은 이미 "…… 보이지 않는 것들과 혹은 왕권들이나 주권들이나 통치자들이나 권세들……"(16절)을 언급했다. 이런 영적 존재들과 그리스도를 비교하면서 그리스도의 절대적 우위를 주장한다(15절, "그는 보이지 아니하는 하나님의 형상이시요 모든 피조물보다 먼저 나신 이시니"; 16절, "…… 만물이 다 그로 말미암고 그를 위하여 창조되었고"; 17절, "그가 만물보다 먼저 계시고……"). 골로새서 2:18에서 바울이 "천사숭배"를 언급하는 것은(자세한 것은 골 2:18의 주석을 보라) 8절의 "초등학문"(스토이케이아)과 관련이 있다. 바울은 골로새 성도들이 천사와 같은 영적 존재들을 경배하는 것을 지금 비판하는 것이다. 천사를 경배하는 것이 골로새 이단의 주장이며, 이 주장을 반박하기 위해 바울은 이 편지를 쓴 것이다. 골로새서 2:15에서 예수가 십자가 죽음을 통해 "통치자들과 권세들을 무력화하여 드러내어 구경거리로" 삼으심을 언급하는 것도 천사숭배 문제를 비판하는 것이다. 골로새서 1:13에서 "그가 우리를 흑암의 권세에서 건져내사 그의 사랑의 아들의 나라로 옮기셨다"라고 말하는 것도 결코 이와 무관하지 않다. 골로새서 1:13의 "흑암의 권세"(exousia, power)와 골로새서 2:8의 "초등학문"(stoicheia)은 동일 집단이다. 골로새서 2:20, "너희가 세상의 초등학문에서 그리스도와 함께 죽었다" 역시 천사숭배 문제에 대한 비판이다. '스토이케이아'(stoicheia)는 여러 가지 의미로 해석할 수 있고, 현재로서는 어떤 한 견해가 절대적인 지지를 받고 있지는 않다. 하지만 잠정적인 결론을 내리고 일단 이 단어를 해석해야 한다. 골로새서 전체 맥락에서 바울이 '스토이케이아'(stoicheia)를 사용하는 용법을 보면, 이 단어를 "초등학문"으로 번역하는 것보다 '세상을 지배한다고 알려진 영적 존재들'로 번역하는 것이 바울의 의도를 더 잘 전달한다.

골로새 이단의 가르침은 이 세상의 가르침을 따르는 것이며, 이러한 잘못된 가르침 속에서 그리스도의 위치는 격하될 수밖에 없다. 별들과 눈에 보이지 않는 권세들에 대한 헬라시대 민간신앙이 있었다. 이런 민간신앙은 유대교의 천사에 대한 이해와 쉽게 결합될 수 있었다. 이런 종교 혼합주의의 경향은 어느 시대에나 존재한다. 골로새 이단은 이런 종교 혼합주의의 한 형태다. 천사와 같은 영적 존재가 인간의 삶을 지배, 통제하고 있으므로 이들을 두려워하며 존경을 표해야 한다고 생각했을 것이다. 그래서 그리스도와 더불어 천사들을 예배했을 것이다. 바울은 지금 이런 잘못된 민간신앙에 기초한 그리스도에 대한 이해를 교정하기 위해 노력하고 있다.

[2:9] "모든 신성의 충만함"은 세상의 영적 존재들(stoicheia) 안에 있는 것이 아니라 "그리스도 안에" 있다. "신성"으로 번역된 단어 '떼오테스'(theotēs)는 '떼이오테스'(theiotēs)와 구분된다. 전자는 절대적인 한 분 하나님(theos)의

추상명사고, 후자는 그보다 더 낮은 단계의 신 혹은 신과의 유사함(divine quality, godlikeness)을 가리키는 '떼이오스'(*theios*)의 추상명사다(Meyer, 358; O'Brien, 111에서 재인용). 바울은 헬라인들이 생각하는 낮은 단계의 신이나, 신과 유사한 어떤 특징이 그리스도에게 있다는 뜻이 아니라, 절대적인 한 분 하나님의 신성이 그리스도 안에 충만하게 나타났다고 말한다. 바울이 골로새서 1:15에서 "그는 보이지 아니하는 하나님의 형상이시요"라고 말하는 근거가 바로 이것이다.

그리스도에게 신성(*theotēs*)은 추상적인 방식으로 존재하는 것이 아니라. 구체적으로 '몸으로'(*sōmatikōs*) 머물러 있다. 개역개정판 번역 "육체로"(*sōmatikōs*)는 '몸으로'로 번역하는 것이 좋다. 9절 맨 앞에 '왜냐하면'(*hoti*)도 추가해서 번역해야 한다. 바울은 9절에서 8절의 이유, 즉 골로새 이단을 따르는 것이 왜 '세상을 지배한다고 하는 영적인 존재들을 따름이요 그리스도를 따름이 아닌지' 그 이유를 밝히고 있다. 바울은 이미 골로새서 1:19에서 하나님이 "모든 충만으로 예수 안에 거하게 하셨다"라고 말했고, 골로새서 2:9은 골로새서 1:19을 더 자세히 설명한다. 예수의 성육신(incarnation) 과정에서 신성에 어떤 손상이나 등급의 강등이 일어나지 않았다. 그런 뜻에서 "신성의 모든 충만(*plērōma*)이 몸으로 거한다." 예수 그리스도는 인간의 몸을 입으시고 이 땅에 오셨지만, 그는 평범한 인간이 아니라 여전히 하나님과 같은 분이며 그에게는 하나님의 신적 속성이 충만하다. 골로새서 1:18, "······ 죽은 자들 가운데서 먼저 나신 이시니 이는 친히 만물의 으뜸이 되려 하심이요"는 예수의 죽음과 부활, 그리고 승귀를 나타낸다. 비록 그리스도가 육체를 가진 인간으로 나타나시고 십자가에서 죽으셨지만, 그는 부활하셨고, 하나님이 그를 높이심으로 만물의 으뜸이 되는 자리에 올라가셨다. 이 모든 과정, 즉 성육신과 죽음과 부활, 승천 과정을 통해 그의 몸에는 하나님의 모든 신적 속성이 충만했다(충만의 개념에 관해서는 골 1:19의 주석을 보라).

여기에서 언급되는 몸은 그리스도의 몸이 아니라 교회라고 볼 수도 있다.

그리스도 안에 신성이 충만하고 그 충만한 신성이 "몸으로", 즉 '교회에' 충만하다는 의미로 읽을 수 있다. 이렇게 읽으면 다음 절인 10절에서 바울이 "너희도 그 안에서 충만하여졌으니"와 연결되는 해석이 된다. 그러나 그렇게 해석하면 9절과 10절의 내용이 중복된다. 논리적 흐름으로 보면 차라리 "그리스도 안에 신성이 충만하므로 너희도 그리스도 안에서 충만하여 신성이 충만하여졌다."로 보는 것이 더 낫다.

[2:10] 골로새 성도들은 복음을 받아들여 이미 그리스도 안에서 충만함을 입었다. 여기서 "충만하여졌으니"(*peplērōmenoi*)는 완료 수동태 분사로 되어 있다. 이미 충만하여졌고 충만한 상태가 지속되고 있다는 뉘앙스다. 무엇이 충만하게 되었다는 것인가? 9절에서 말하는 그리스도 안에 있는 신성으로 충만하게 되었다는 뜻으로 볼 수 있다. 인간은 그리스도를 통해 하나님의 신적인 속성, 즉 신성(神性)으로 충만하게 되었다. 신성으로 충만하게 되는 것이 구체적으로 무엇을 가리키는 것인지 바울이 더 설명하지 않으므로 추가적인 설명은 어렵지만, 아마도 하나님의 형상으로 지음을 받아 타락하기 이전 아담이 신성이 충만한 상태에 있었듯이, 인간이 그리스도를 통해 처음 아담이 갖고 있던 그 상태로 돌아갈 수 있는 길이 열린 것을 가리킨다고 볼 수 있다. 신성의 충만함은 그리스도를 통해 입은 신성의 충만함이며, 미래의 부활을 통해 하나님의 형상을 새로 입은 사람으로 태어나는 영광된 미래를 가리킨다. 골로새서 3:4에서 "우리 생명이신 그리스도께서 나타나실 그때에 너희도 그와 함께 영광 중에 나타나리라"는 영광의 몸을 입는 부활을, 3:10, "…… 자기를 창조하신 이의 형상을 따라 지식에까지 새롭게 하심을 입은 자니라"는 하나님의 형상을 회복하여 새롭게 창조된 성도들의 영광된 모습에 관해서 말한다. 이것이 바로 바울이 말하는 "너희도 그 안에서 충만하여졌으니"의 구체적 내용이다(더 자세한 설명은 골 3:4, 10의 주석을 보라). 베드로후서 1:4, "…… 이 약속으로 말미암아 너희가 정욕 때문에 세상에서

썩어질 것을 피하여 신성한 성품에 참여하는 자가 되게 하려 하셨느니라"도 성도들이 하나님의 거룩한 성품에 참여하게 된다고 말한다.

"통치자"와 "권세"는 영적 존재를 가리키는 말이다(골 1 : 16, "…… 왕권들이나 주권들이나 통치자들이나 권세들이나 ……"). 그리스도는 모든 영적 존재의 "머리"이시다. 그리스도는 "모든 피조물보다 먼저 나신 이"(골 1 : 15)고, "…… 왕권들이나 주권들이나 통치자들이나 권세들이나 만물이 다 그로 말미암고 그를 위하여 창조되었고"(골 1 : 16), "또한 그가 만물보다 먼저 계시고 만물이 그 안에 함께"(골 1 : 17) 서 있기 때문에 그리스도는 "모든 통치자와 권세의 머리"다. 더구나 그리스도는 "통치자들과 권세들을 무력화하여 드러내어 구경거리로 삼으시고 십자가로 그들을 이기셨"(골 2 : 15)다. 그런 뜻에서도 그리스도는 "모든 통치자와 권세의 머리"다. 그러므로 골로새 성도들은 신성의 충만함을 얻기 위해 영적 권세를 두려워하라고 가르치는 인간의 전통을 따르거나(골 2 : 8), 천사들을 예배하거나(골 2 : 18), 유대교의 관습을 따라 날과 절기를 지키거나(골 2 : 16), 금욕주의적 생활(골 2 : 22)을 할 필요가 없다. 신성으로 충만하신 그리스도 안에 머물러 있는 것만이 신성으로 충만해지는 유일한 길이다.

2. 새로운 할례(2 : 11-12)

[2 : 11] "그리스도의 할례"는 예수가 받은 육체적 할례가 아니다. 이 표현은 상징적인 언어로 보아야 한다. '그리스도의 십자가 죽음'을 가리킨다는 견해도 있으나, 아마도 '그리스도의 이름으로 세례받는 것'을 뜻하는 것 같다. 왜냐하면 다음 절인 12절에서 바울이 세례에 관해 말하고 있기 때문이다. '할례받았다'(*perietmēthēte*)는 '할례하다'(*peritemnō*)의 단순과거 수동형이며, 신적수동형(divine passive)이다. 의미상의 주어가 하나님이다. '손으로 하지 않았다'(*acheiropoiētō*)는 '인간의 손으로 하지 않았다'는 뜻이므로 그리스도

의 할례는 하나님이 주신 것이다. 원래 "손으로 한"(*cheiropoiētos*)이란 표현은 구약성경에서 우상을 나타내거나(레 26:1; 사 2:18) 거짓 신들(사 21:9)을 묘사하는 말이며, '사람의 손으로 만든'이란 뜻이다. 반대로 "손으로 하지 않았다"는 하나님이 만드신 것을 의미한다(막 14:58; 행 7:48; 17:24, "하나님이 지으신 성전 혹은 계신 곳"; 고후 5:1 "하나님이 만드신 우리들을 위한 하늘의 처소"). "손으로 하지 않은 그리스도의 할례"는 의미상 "손으로 한 할례"와 대조되는 개념이고, 유대교의 할례를 격하하는 표현이다. "손으로 하지 않은 그리스도의 할례"를 받았다는 말은 그리스도의 십자가 죽음으로 하나님이 직접 하신 할례인 세례를 이미 받아 이제는 그의 자녀로 인치심을 받았다는 뜻이다. 그러므로 유대교의 할례를 받을 필요가 전혀 없다.

바울이 이렇게 할례받을 필요가 없다는 점을 말하는 이유는 골로새 이단이 할례를 주장하기 때문이라고 보인다. 골로새 이단은 유대교 색채가 강하고(골 2:16, "…… 먹고 마시는 것과 절기나 초하루나 안식일을 이유로……"), 할례를 요구했던 것 같다. 골로새서 2:14에서 바울이 언급하는 인간이 범한 죄의 목록을 기록해 놓은 문서도 사실 유대교 색채가 강한 표현이다(출 32:32-33; 시 69:28; 단 12:1; 계 3:5; 1 *Enoch* 89:62-64, 70-71; *Apocalypse of Zephaniah* 7:1-8 등; Dunn, 164에서 재인용). 성도들에게는 인간의 선행과 악행을 기록한 대차대조표와 같은 문서의 존재가 이미 파기되어 더는 효력이 없다고 말하는 것도 사실 행위심판을 강조하는 유대교 심판론을 부정하는 것이다. 이와 연결하여 생각해 보면 골로새 이단이 유대교 배경을 갖고 있을 뿐만 아니라 구체적으로 유대교의 할례와 율법 준수도 강조했던 것으로 추측된다. 서론에서 언급한 것처럼 골로새 지역 일대에 유대인들이 적지 않게 거주하고 있었던 것이 골로새 이단 형성의 중요한 배경이 된다. 바울이 10절에서 정사와 권세에 대해 말한 뒤에 11절에서 유대교의 할례를 언급한 것은 8절의 "철학"과 "헛된 속임수"가 일종의 유대교의 가르침이고 정사와 권세를 비롯한 영적 존재에 관한 가르침이 그 안에 포함되어 있음을 보여 준다.

11절의 번역은 "또 그 안에서 육의 몸을 벗는 것, 즉 그리스도의 할례로 너희가 손으로 하지 아니한 할례를 받았느니라"로 고치는 것이 좋다. 골로새 성도들이 "육체의 몸"(tou sōmatos tēs sarkos)을 벗어 버렸다는 것은 과거의 삶과 극적으로 단절했다는 뜻이다. 세례는 그런 의미에서 육체의 몸을 벗는 경험이다. 바울은 갈라디아서 3:27에서 "누구든지 그리스도와 합하기 위하여 세례를 받은 자는 그리스도로 옷 입었느니라"라고 말한다. 세례를 받는 것은 죄의 온상인 육체(sarx)로 되어 있는 몸을 벗고 그리스도로 새 옷을 입는 것이다. 그리스도로 옷 입는다는 것은 궁극적으로 부활의 때에 그리스도의 형상을 닮은 모습으로 성도들이 다시 태어나는 것을 가리킨다(빌 3:21, "…… 우리의 낮은 몸을 자기 영광의 몸의 형체와 같이 변하게 하시리라"; 로마서 8:29, "…… 또한 그 아들의 형상을 본받게 하기 위하여……"; 고후 3:18, "…… 그와 같은 형상으로 변화하여……"). 동시에 세례는 부활과 더불어 윤리적 변화를 가져온다. 윤리적 변화는 세례로 인해 나타나는 영적 변화다. 세례를 받은 성도는 "…… 죄의 몸이 죽어 다시는 우리가 죄에게 종노릇하지……"(롬 6:6) 않게 된다. 그런 뜻에서 성도들은 "육체의 몸을 벗었다."고 말할 수 있다. 세례는 미래의 부활과 현재의 윤리적 변화 둘 다를 나타낸다.

[2:12] 바울은 계속해서 세례에 대해 말한다. 성도들은 세례를 받음으로 그리스도와 함께 장사되었다. 그리스도의 이름으로 세례받을 때 우리는 그리스도와 함께 땅에 묻힌다. 12절의 '함께 묻다'(synthaptō)라는 동사의 수동분사(syntaphentes) 형의 시제는 단순과거고, 이것은 그 땅에 묻히는 행동이 일회적임을 보여 준다. 이 일회적 사건이 바로 회개와 회심, 그리고 복음으로 개종하는 것이다. 그리고 그리스도 안에서 그리스도와 함께 일으킴을 받는다(synēgerthēte). '쒼에게르떼테'(synēgerthēte)는 '함께 일으키다' 동사 '쒼에게이로'(synegeirō)의 단수과거 수동태 형이다. '함께'라는 뜻의 접두

어 '쒼'(syn)이 포함된 동사 두 개가 연속으로 사용되었다. 이 동사들은 세례식이 그리스도와 함께 죽고 함께 살아나 그와 함께 '연합하는' 경험임을 보여 준다. 다음 13절에서 "또 범죄와 육체의 무할례로 죽었던 너희를 하나님이 그와 함께 살리셨다"라고 말하고, 골로새서 2:20에서도 골로새 성도들이 "그리스도와 함께 죽었다."라고 말한다. 골로새서 3:1에서도 바울은 성도들이 "그리스도와 함께 다시 살리심을 받았다."(synēgerthēte)고 말하고, 곧이어 골로새서 3:3에서도 "너희가 죽었고"라고 말한다. 이런 언급들을 모두 고려하면 골로새서 전체에서 바울은 성도들이 1) 그리스도와 함께 죽었다, 2) 그리스도와 함께 장사되었다, 3) 그리스도와 함께 일으키심을 받았다, 이 세 가지 모두를 반복적으로 말하고 있다. 그리스도의 죽음과 장사와 부활, 이 세 가지는 초대교회의 원복음(the original gospel)에서 나타나는 세 가지 주제다.

고린도전서 15:3~4에 초대교회의 원복음(源福音)이 나타난다. 바울은 이 원복음을 초대교회로부터 직접 전달받아 고린도 성도들에게 전달했다고 말한다. 바울이 사도로 부름받기 전에 이미 존재한 원복음에는 초대교회가 갖고 있던 복음이 축약되어 있다. 원복음은 "이는 성경대로 그리스도께서 우리 죄를 위하여 죽으시고 장사 지낸 바 되었다가 성경대로 사흘 만에 다시 살아나사"로 되어 있다. 여기에서 그리스도는 우리의 죄를 위해 1) 죽으시고, 2) 장사되신 뒤(땅에 묻히신 뒤), 3) 부활하신 것(일으킴을 받으신 것)으로 되어 있다. 믿음은 바로 이 원복음을 믿는 것이며, 그 원복음의 핵심에는 그리스도의 죽음, 장사, 부활, 이 세 가지가 있다. 여기에서 두 번째 것을 생략하면 죽음과 부활만 남는다. 원복음은 바울이 전한 예수의 죽음과 부활의 복음과 일치한다.

바울이 말하는 세례도 1) 죽고, 2) 장사되며, 3) 다시 살아나는 이 세 가지 모티브가 나타난다. 대표적 세례 본문인 로마서 6:3~4은 이 점을 잘 보여 준다. "무릇 그리스도 예수와 합하여 세례를 받은 우리는 그의 죽으심과 합하여 세례를 받은 줄을 알지 못하느냐 그러므로 우리가 그의 죽으심과 합하여 세례를 받음으로 그와 함께 장사되었나니 이는 아버지의 영광으로 말미암아 그리스도를 죽은 자 가운데서 살리심과 같이 우리로 또한 새 생명 가운데서 행하게 하려 함이라"(롬 6:3-4)라는 원복음에 사용된 세 가지 개념을 그대로 세례에 적용하여 세례의 의미를 설명한다. 그리고 여기서 "합하여"(syn)가 반복되어 그리스도와의 연합이 강조된다. 복음을 믿어 세례를 받았다면 그 사람은 이미 그리스도와 함께 죽었다. 과거의 그 사람은 이미 죽어 없어졌고 땅에 묻혀 이 세상에 존재하지 않는다. 복음을 믿으면 이처럼 과거의 '나'와 현재의 '나'는 철저하게 단절된다. 동시에 그 사람은 "그리스도와 함께 다시 살리심을" 받는다. 이것은 일차적으로 그 사람의 내면의 변화를 가리키며, 이것을 통상 '영적 부활'이라고 말한다. 지금까지 살아온 '나'는 죽어 이 세상에서 사라지고, 새로운 '나'가 복음 안에서 태어난다(갈 2:20; 고후 5:17; 요 3:3-8). 그러나 "그리스도와 함께 다시 살리심을 받았다"는 것이 영적 부활만을 의미하는 것은 아니다. 그것은 미래에 있을 부활, 즉 '몸의 부활'도 가리킨다. 성도가 생물학적 죽음을 경험하고 땅에 묻힐 때 그는 그리스도와 함께 죽어, 그리스도와 함께 장사된다. 그리고 종말의 때에 그리스도와 함께 다시 살아난다. 왜냐하면 그리스도를 다시 살리신 하나님이 종말에 성도를 다시 살리시기 때문이다(고후 4:14, "주 예수를 다시 살리신 이가 예수와 함께 우리도 다시 살리사……"; 롬 8:11, "…… 그리스도 예수를 죽은 자 가운데서 살리신 이가 너희 안에 거하시는 그의 영으로 말미암아 너희 죽을 몸도 살리시리라"). 믿음을 갖고 살다가 죽은 자들은 비록 죽었다고 하더라도 그들은 "예수 안에서 자는 자들"(살전 4:14; 헬라어로는 *tous koimēthentas dia tou Iēsou*〈직역하면 "예수를 통하여 잠든 자들을"〉), "그리스도 안에서 죽은 자들"(살전 4:16)이다.

부활의 때에 성도들은 그리스도의 형상을 닮은 모습으로 변화된다. 바울은 갈라디아서 3:27에서 "세례를 받은 자는 그리스도로 옷 입었느니라"라고 말한다. '그리스도로 옷 입는다'(그리스도를 옷을 삼아 입는다)라는 말을 해석하기 위해 우리는 빌립보서 3:21의 "…… 우리의 낮은 몸을 자기 영광의 몸의 형체와 같이 변하게 하시리라"를 참고해야 한다. 부활의 때에 그리스도는 성령의 역사로 우리의 썩을 육체를 그리스도의 "영광의 몸"과 같은 모습으로 변화시켜 주신다. 그래서 우리는 '그리스도로 옷 입게' 된다. 즉, 우리는 그리스도처럼 빛나는 몸을 가진 모습으로 변화된다. 로마서 8:29에서 바울은 같은 맥락으로 "하나님이 미리 아신 자들을 또한 그 아들의 형상을 본받게 하기 위하여 미리 정하셨다"라고 말한다. 성도들이 복음을 듣고 믿음을 갖게 되었을 때, 하나님은 그 성도가 미래에 "그 아들의 형상을 본받게" 할 것을 미리 정해 놓으셨다. 그 하나님의 뜻에 따라 우리가 부활의 몸을 입을 때 우리는 진실로 하나님의 "아들의 형상"을 닮은 자들이 된다. 이런 부활에 대해 바울은 고린도후서 3:18에서 "…… 그와 같은 형상으로 변화하여 영광에서 영광에 이르니 곧 주의 영으로 말미암음이니라"라고 말한다. 우리는 성령의 능력으로 영광의 그리스도와 닮은 모습으로 변화된다.

'그리스도를 닮음'(imitation of Christ; 갈 4:12; 빌 2:5; 3:10, 17; 4:9; 고전 4:16; 11:1; 살전 1:6-7; 2:14, 참고. 고전 11:1; 살후 3:7, 9)은 두 가지 관점에서 이해해야 한다. 첫째는 성도가 이 땅 위에서 살아가면서 성령의 능력 안에서 일어나는 점진적 변화다. 이것은 '성화(聖化)의 과정(process)'이다. 이것은 단숨에 이루어지는 것이 아니라 오랜 기간의 신앙생활을 통해 점진적으로 일어난다. 이것이 바로 '영적 부활'이다. 둘째로, 그리스도를 닮아 가는 우리의 여정은 죽음과 부활을 통해 완성된다. 빌립보서 3:10~11에서 바울은 "…… 그의 죽으심을 본받아 어떻게 해서든지 죽은 자 가운데서 부활에 이르려 하노니"라고 말한다. 십자가의 예수가 속죄의 제물로 죽었듯이 자신도 "그의 죽으심을 본받아" 순교하기를 바울은 원한다. 왜냐하면 그리스도 안에서 죽어야 부활할 수 있고, 그래야 "그리스도와 그 부활의 권능"에 참예할 수 있으며, 결국 그를 본받아 그리스도를 닮은 사람이 될 수 있기 때문이다. 부활을 통해서 우리가 경험하는 것은 바로 '몸의 부활'이다.

성도는 이미 영적 부활을 경험했다. 아직 몸의 부활을 경험하지는 못했지만, 미래에 있을 몸의 부활을 보증해 주는 성령을 이미 소유하고 있다(고후 5:5, "곧 이것[몸의 부활]을 우리에게 이루게 하시고 보증으로 성령을 우리에게 주신 이는 하나님이시니라"; 고후 1:22, "그가 또한 우리에게 인치시고 보증으로 우리 마음에 성령을 주셨느니라"). 마치 하나님이 흙으로 인간을 빚으시고 그 진흙 덩어리에 하나님의 생기(성령)를 불어넣으시자 흙덩어리가 생명을 가진 사람(생령)이 되었던 것처럼(창 2:7), 또 에스겔 37장의 마른 뼈가 가득한 골짜기 환상에서 생기(성령)가 불어 그 죽은 사람들 몸에 들어가자 그들이 살아났던 것처럼 하나님의 성령은 진흙덩어리도 산 사람으로 만들고, 죽은 사람을 다시 살아나게 한다. 그런데 성도에게는 이미 그 똑같은 성령이 몸 안에 들어와 계신다. 성령이 이미 그들 안에 있기에 성도가 종말에 부활하고 영원히 죽지 않는 몸을 입게 될 것은 의심할 필요가 없다. 죽음은 생명에 패배하게 된다(고후 5:4, "...... 오히려 덧입고자 함이니 죽을 것이 생명에 삼킨 바 되게 하려 함이라"). 이사야 25:8, "사망을 영원히 멸하실 것이라 주 여호와께서 모든 얼굴에서 눈물을 씻기시며 자기 백성의 수치를 온 천하에서 제하시리라 ......"라는 말씀이 부활의 때에 완전히 성취될 것이다. 하나님은 인간의 궁극적 수치인 '죽음'을 영원히 제거하심으로 인간을 타락 이전의 아담과 하와의 모습처럼 죽음의 지배를 받지 않는 상태로 회복하신다.

아담은 원래 온 세상 만물을 다스리는 왕으로 세움을 받았으나(창 1:28; 시 8:5-6), 범죄함으로 인해 죽음을 형벌로 받았다. 왕 노릇을 하던 아담은 죽음의 지배 아래로 떨어졌고, 죄와 죽음의 세력이 오히려 왕 노릇하게 되었다(롬 5:14, 17, 21). 창세기 2:15에서 하나님은 아담에게 에덴동산을 경작하고 지키라고 명령하신다. 이때 '경작하다'라는 동사는 'ābăd'다. 이 동사는 구약성경에서 하나님께 제사 드림을 가리키는 제사 용어로 사용된다(출

3 : 12 ; 10 : 26 ; 13 : 5 ; 민 3 : 7 ; 왕하 21 : 3). 후대 유대교는 이것을 근거로 하여 아담을 제사장으로 보고, 에덴동산을 하나님의 성전으로 보는 전승을 발전시켰다(자세한 것은 그레고리 K. 비일, 「성전신학」〈새물결플러스, 2014〉, 38-106을 보라). 범죄함으로 인해 아담은 피조세계를 하나님의 성전으로 확장하고, 지켜 나가는 제사장의 임무를 다하지 못하여 에덴동산에서 쫓겨났다. 아담은 제사장의 지위를 상실했다. 하나님은 하늘의 대제사장이신(시 110 : 4) 그리스도를 보내셔서 아담으로 인해 우리가 잃어버린 제사장의 지위를 다시 회복하게 하신다. 우리는 그리스도를 통해 왕의 지위와 제사장의 지위를 다시 회복하여 에덴동산에 해당하는 새 하늘과 새 땅에 들어가게 된다. 시편 110 : 1에서 메시야가 왕으로, 4절에서 메시야가 제사장으로 나타나는 것은 이런 전승과 관련이 있어 보인다. 시편 110 : 4의 전승, 즉 메시야는 왕인 동시에 제사장이라는 전승은 스가랴에서 더 구체적으로 나타난다(스가랴 4 : 1-14, 스가랴 6 : 12-13은 왕으로서의 메시야와 제사장으로서의 메시야를 동시에 말하여 "기름 부음 받은 자 둘"에 관해 말한다).

죄와 죽음의 세력이 왕 노릇하는 이 세상에서 인간은 죄와 죽음의 노예로, 감옥에 갇힌 죄수로 살아간다(갈 3 : 23, "믿음이 오기 전에 우리는 율법 아래에 매인 바 되고 계시될 믿음의 때까지 갇혔느니라"). 그런 인간을 위해 하나님은 새로운 아담으로 그리스도를 세우셨다(롬 5 : 12-21 ; 고전 15 : 21-22, 45-49). 진정한 왕이시고(고전 15 : 25, "그가 모든 원수를 그 발 아래에 둘 때까지 반드시 왕 노릇하시리니"; 참고. 시편 8 : 5-6 ; 딤전 1 : 17, 6 : 15) 참된 제사장이신(히 7 : 17, "증언하기를 네가 영원히 멜기세덱의 반차를 따르는 제사장이라 하였도다"; 참고. 창 2 : 15) 그리스도를 통하여, 하나님은 우리에게 잃어버린 아담의 지위, 즉 왕의 지위와 제사장의 지위를 다시 회복하여 주신다(마 19 : 28, "…… 너희도 열두 보좌에 앉아 이스라엘 열두 지파를 심판하리라"; 롬 5 : 17, "…… 예수 그리스도를 통하여 생명 안에서 왕 노릇하리로다"; 고전 4 : 8, "…… 우리가 너희와 함께 왕 노릇하기 위하여 참으로 너희가 왕이 되기를 원하노라"; 딤후 2:12, "참으면 또한 함께 왕 노릇할 것이요 ……"; 벧전 2:9, "그러나 너희는 택하신 족속이요 왕 같은 제사장들이요 ……"; 계 20:6, "…… 그들이 하나님과 그리스도의 제사장이 되어 천 년 동안 그리스도와 더불어 왕 노릇하리라"). 이런 회복은 부활의 때에 완전히 이루어진다.

믿음을 갖는 것은 지금의 '내'가 죽고, 땅에 묻힌 뒤, 새로운 존재로 그리스도 안에서 다시 태어나는 것이다. 세례 의식은 이 세 가지를 재현한다. 우리가 물에 들어가는 것은 죽음을, 물속에 들어가서 잠시 머무는 것은 땅에 묻힘을, 물에서 다시 나오는 것은 새로 태어남을 드라마로 재현한다. 그리스도와 함께 죽어 "그리스도와 함께 장사"되는 것은 실제로 과거의 자신이 죽고 이 세상에서 사라진다는 뜻이다. 현재의 나는 하나님의 능력으로 새롭게 태어난 완전히 새로운 존재다. 그러므로 세례를 받은 성도들에게 손으로 한 할례는 아무런 효력이 없다(골 2:11).

3. 그리스도의 승리(2:13-15)

[2:13] "육체의 무할례"(*akrobystia*)는 바울서신에서 이방인을 가리키는 말이다(롬 2:25-27; 고전 7:18, 19; 갈 2:7; 5:6; 6:15). 여기서는 골로새 교인들이 육체의 할례를 받지 않은 상태를 나타내기보다 복음을 받아들이기 전 하나님으로부터 떨어져 있는 영적인 상태를 나타내는 표현이다(골 1:21, "전에 악한 행실로 멀리 떠나 마음으로 원수가 되었던 너희를"). 골로새서 2:11에서 바울은 이미 성도들이 "그리스도의 할례로" 육체의 몸을 벗었다고 말했다. 그리스도의 할례를 받지 않은 상태가 곧 무할례의 상태고, 무할례의 상태는 죽음의 상태다. 바울은 "죽은 상태에 있던 너희를 하나님께서 그리스도와 함께 살리셨다(*synezōopoiēsen*)."라고 말한다. "죽었던"은 육체적 죽음이 아니라 영적 죽음의 상태를 가리킨다. 전치사 '엔'(*en*)은 현재의 번역에서 '이유, 원인'으로 해석되어 '범죄와 무할례 때문에'로 이해되고 있지만, 장소로

('-안에서') 이해할 수도 있다. 그리스도의 할례를 받기 전의 사람들은 범죄와 영적 무할례 상태 안에서 이미 죽어 있다(참고. 롬 1:27, "…… 그들의 그릇됨에 상당한 보응을 그들 자신이 받았느니라").

'함께 살리다'(syzōopoieō)는 12절에서 사용된 동사인 '함께 묻다'(synthaptō), '함께 일으키다'(synegeirō)와 마찬가지로 같은 접두어 '쒼'(syn)이 붙은 동사다. 모두 그리스도와의 연합을 강조하는 기능이 있다(죽음과 부활에 관해서는 골 2:12의 주석을 보라). 성도들은 그리스도의 할례, 즉 세례를 받음으로 죄의 용서를 받았다. 바울이 용서한다는 뜻으로 사용하는 '카리조마이'(charizomai)에는 '은혜로 주다'라는 기본적인 뜻이 있다(롬 8:32; 고전 2:12; 갈 3:18; 빌 1:29; 2:9). 여기서는 '용서하다'의 뜻이지만, '은혜로' 용서하셨다는 뉘앙스를 강하게 준다. 인간의 죄에 대해 하나님은 진노하시고 죄인이 그 진노를 경험하는 것이 형벌이다. 구원은 미래의 심판대에서 받게 될 하나님의 진노를 받지 않는 것이다. 죄인이 그 형벌을 받지 않게 되는 까닭은 그리스도가 십자가에서 우리를 대신하여 우리가 마땅히 받아야 할 형벌을 이미 받으셨기 때문이다(속죄에 관한 더 자세한 논의는 골 1:14, 3:6의 주석을 보라). 그 결과로 우리는 죄의 용서, 즉 은혜로 형벌을 면제받게 되었다.

바울은 이 구절에서 하나님이 우리의 "모든 죄"(panta ta paraptōmata)를 용서하셨다고 말한다. "사하시고"는 "용서하시고"로 번역하는 것이 좋다. 여기서 "용서하시고"는 단순과거형 분사(charisamenos)로 되어 있다. 과거의 일회적 동작을 가리키는 것으로 본다면, 믿음을 갖게 된 시점을 가리킨다고 볼 수 있다. 하나님은 예수 그리스도의 십자가 죽음과 죄 용서를 믿는 성도들의 '모든 죄'를 용서하셨다. 여기에서 '모든 죄'는 인간이 일평생 동안 짓는 모든 죄로 보아야 한다. "그리스도의 할례"를 받기 이전의 죄만 용서받고, 그 이후에 지은 죄는 본인이 책임지는 것이라면 그것은 '모든 죄'가 아니다. 그리스도는 우리가 지은 모든 죄의 한 부분만 책임지는 것이 아니다. 우리가 과거에 지은 죄, 현재 짓고 있는 죄, 또한 미래에 지을 죄까지 포함한 '모든 죄'에 대한 형벌을 우리를 대신하여 받으셨다.

만약 제임스 던이 주장하는 것처럼 우리가 받는 칭의가 두 개의 단계로 되어 있다면 어떤 결과가 올까? 그는 첫 번째 칭의는 믿음으로 받고(initial justification by faith), 최후의 칭의는 행위를 따라 받는 것이라고 주장한다 (final justification by works; Dunn, "If Paul Could Believe", in *Four Views on the Role of Works*, 122-124). 그렇게 되면 세례받는 시점까지 지은 죄는 용서받지만, 그 이후의 죄는 용서받지 못한 셈이 된다. 우리의 '모든 죄'가 용서받은 것이 아니란 뜻이다. '일부 죄'만 용서받은 것이고 나머지 죄에 대한 형벌은 최후의 심판 때 우리 자신이 받아야 한다. 제임스 던의 주장이 맞다면 최후의 심판에서 세례 이후 성도의 행위에 따라 그가 받은 칭의가 취소될 수도 있다. 그렇다면 현재의 칭의는 임시적인(provisional) 것에 불과하다. 제임스 던의 주장이 옳다면 성도가 인생을 오래 사는 것은 구원에 별로 유리한 조건이 되지 않는다. 차라리 죽기 직전에 믿음을 가져 첫 번째 칭의를 받고, 그 후 시간이 많이 지나기 전에 곧 죽어 성도로 이 세상을 살아가는 시간이 극도로 짧은 편이 구원을 확실하게 하는 가장 좋은 방법이 된다. 하지만 이것은 모순이다. 가능한 한 먼저 믿고 오랫동안 성도로 살아가는 것이 더 큰 축복이 되어야 하기 때문이다.

모든 죄가 용서받는다는 것은 성도의 진실한 회개를 전제로 한다. 성도가 죄를 회개하고 그 죄를 다시 반복하여 짓지 않도록 노력하는 것이 필요하다. 그러나 성도의 선행과 악행이 그의 구원을 좌우하는 요소가 된다면, 그래서 그의 행동이 구원을 받거나 취소하게 만드는 효과를 가지면, 결국 그리스도가 우리의 모든 죄를 위해 죽으셨음을 부정하게 된다.

하나님은 성도들이 믿음을 가져 그리스도의 할례를 받아 육체의 몸을 벗게 될 때(12절), 그들을 "그리스도와 함께" 다시 살리셨다. 여기에서 "다시 살렸다"(*synezōopoiēsen*)도 단순과거형이며, 이것은 이미 발생한 사건을 묘사하는 것으로 볼 수 있다. 그렇게 본다면 바울은 우리가 소위 말하는 '영적 부활'을 염두에 두고 이야기하고 있다고 이해할 수 있다. 부활은 이미 일어난 과거의 사건이기도 하지만, 동시에 미래에 일어날 사건이기도 하다. 그리스도를 다시 살리신(과거) 하나님은 이제 그와 더불어 모든 성도를 종말에 다시 살리실(미래) 것이다. 그리고 그때 하나님은 우리의 모든 죄를 최후의 심판대에서 용서하실(미래) 것이다. 그 심판대에서 우리가 '의롭다'는 선언을 받을(미래) 것이다. 칭의, 죄의 용서, 부활은 다 미래의 것이고, 아직 우리에게 일어난 사건이 아니다. 본질적으로 다 미래에 속한 것이다. 그러나 바울은 이것들을 이미 우리에게 일어난 일로, 과거의 일로 말한다. 왜 그렇게 말하는 것일까? 바울은 비록 부활과 최후의 심판이 미래의 것이지만, 이 미래의 것들을 우리에게 미리 알려 준다. 바울이 계시를 통해 받은 복음이 바로 이 미래에 관한 것이며, 계시를 통해 받았기 때문에 이것을 확정적으로 말한다. 믿음은 미래에 관한 것을 믿는 것이며, 그것을 확신하는 것이다. 만약 미래의 죄 용서, 심판과 칭의를 우리가 소망만 할 수 있고, 확신할 수 없다면 복음과 믿음은 상관없는 것이 된다. 갈라디아서 1:23에서 바울은 자신이 전하는 십자가 복음을 초대교회 성도들이 "그 믿음"으로 불렀다고 말한다(갈 1:23, "다만 우리를 박해하던 자가 전에 멸하려던 그 믿음을 지금 전한다 함을 듣고"). 초대교회 성도들이 복음을 "믿음"과 동의어로 본 것은 복음의 핵심에 믿음이 있기 때문이다. 비록 미래의 것이지만, 복음은 그것이 이미 일어난 일로 믿는 것이다. 믿음은 미래에 발생할 현실을 우리가 현재에서 확신하는 것이다. 히브리서 11:1, "믿음은 바라는 것들의 실상이요 보이지 않는 것들의 증거니"는 믿음의 본질이 소망하는 것이 이루어질 것을 확신하는 것이라고 말한다. 최후의 심판대에서 하나님이 반드시 성도들을 의롭다고 선언하실 것이며, 우리를 다시 살리실 것을 이미 확정된 것, 즉 이미 이루어진 것으로 확신하는 것이 믿음이다. 바울은 그런 뜻에서 성도들에게 믿을 것을 요구한다. 그런 의미에서 구원은 미래시제가 아니라 단순과거 혹은 완료시제로 표현된다. 그러므로 칭의는 임시적인(provisional) 것이 아니라 확정적인 것이다. 그런 의미에서 하나님은 우리의 '모든 죄'를 용서하셨다.

[2:14] 14절에서 바울은 하나님의 죄 용서를 매우 극적인 방식으로 설명한다. "증서"로 번역된 단어 *cheirographon*은 손으로 쓴 증서다. 이것 앞의 *kath' hēmōn*은 개역개정판에서 "우리를 거스르고"로 번역되어 있지만, "우리에게 불리한"으로 번역하는 것이 좋다. 그 이후의 문장은 "법조문으로 된 손으로 쓴 증서를 지우시되, 우리에게 적대적인 그 증서를 우리들 가운데서 제거하여 십자가에 못 박으시고"로 번역하는 것이 좋다. "손으로 쓴 증서"(*cheirographon*)는 1세기 유대교 묵시문서에서 인간의 모든 악행을 기록한 책으로 천사들이 관리하는 책이다(Tobit 5:3; 9:5; 1 *Enoch* 89:61-64, 70-71; 108:7; *Apocalypse of Zephaniah* 7:1-8; *Testament of Abraham* [A] 12:7-18; 13:9-14; [B] 10:7-11:7; 2 Enoch 53:2-3; 이상은 Dunn, 164에서 재인용; 참고, 출 32:32-33; 시 69:28; 단 12:1; 계 3:5; 20:12). 또한 상거래의 맥락에서는 "차용증"의 뜻도 있다. 그 뒤의 여격(*tois dogmasin*)은 "법조문으로 된"의 뜻이다. 에베소서 2:15에서 "법조문으로 된(*en dogmasin*) 계명의 율법을 폐하셨으니"라고 말하므로 그 증서는 계명, 율법과 관련이 있다. 율법의 법조문과 같은 것으로 인해 생겨난, 일종의 차용증과 같은, 우리의 죄악을 기록한 증서가 있다는 말이다. "우리에게 적대적인"(*ho en hypenantion hēmin*)은 "증서"(*cheirographon*)를 수식한다. 이 증서는 우리에게 적대적이고 불리한 문서다. "우리에게 적대적인"이란 말과 그 앞에 나온 "우리에게 불리한"은 중복의 의미가 있다. 바울은 이 증서가 성도에게 적대적이고 불리한 성격을 갖고 있다는 것을 강조한다. 물론 골로새 이단이 이 문서와 이 문서의 적대적 성격을 강조했을 가능성이 있지만, 바울이 이 문서 자체를 부정하거나 이 문서의 적대적인 성격을 부정한 것 같지는 않다. 바울은 이 문서가 결국 예수의 죽음으로 파기되었다는 점을 말하려고 한다.

이런 종류의 문서는 인간의 행위에 따라 하나님께서 심판하신다는 행위심판을 지지하는 개념이며, 이런 개념은 유대교에서 강력하게 나타난다. 하나님은 죄에 대해 진노하시고(하나님의 진노에 관해서는 골 3:6의 주석을 보라), 하나님의 진노를 죄인이 직접 경험하는 것이 죄에 대한 형벌이다. 유대교는 행위심판을 가르치며, 아무리 유대인으로 태어났다고 해도 언약과 은혜가 그 사람을 구원한다기보다 궁극적으로 그 사람이 율법을 얼마나 잘 준수하였는지가 구원을 결정짓는 결정적 요소다(행위심판에 관해서는 골 3:25의 주석을 보라). 아마도 골로새 이단은 법조문, 우리에게 불리한 증서 등을 언급하면서 성도들의 행위가 여전히 심판의 중요한 기준이 된다고 가르쳤을 가능성이 크다. 골로새서 2:20, "어찌하여 세상에 사는 것과 같이 규례에 순종하느냐"에서 '규례에 순종하다'로 번역된 단어는 바로 "법조문으로 된"에서 사용된 명사 *dogma*의 동사형 *dogmatizō*다. 골로새 이단이 "세상의 초등학문"(골 2:8)에 성도들을 가두어 놓고 그들이 이미 그리스도와 함께 죽었음에도 불구하고(골 2:20) 여전히 율법의 법조문/규례를 지키는 것에 얽매여 살아가게 하는 것을 바울은 비판한다. 골로새 이단은 유대교의 행위심판을 근거로 해서 성도들이 여전히 이런 행위심판 아래에 놓여 있음을 주장했음이 분명하다. 그래서 바울이 그가 평소에 사용하지 않는 이런 단어들, 즉 "법조문, 우리에게 불리한/적대적인 손으로 쓴 증서"를 여기에서 언급한 것으로 보인다.

하나님은 그리스도의 죽음으로 인해 이 증서를 지워버리셨다. *exaleiphō*는 '지워버리다'(to erase, wipe away)의 뜻이다. 하나님은 그 증서를 완전히 제거하여(*ērken ek tou mesou*) 십자가에(*tō staurō*) 못 박으셨다(*proselōsas*). 이 대목에서 우리는 예수 그리스도의 십자가 죽음이 왜 우리의 죄를 용서하는 결과를 가져왔는지에 대한 바울의 설명을 이해해야 한다. 사실 하나님이 우리의 죄를 낱낱이 기록한 증서를 아무 이유 없이 파기하신 것이 아니다. 우리의 죄의 기록을 아무 이유 없이 마치 지우개로 지우듯이 지우고 그런 죄를 '없었던 일'로 취급하신 것이 아니다(속죄에 관해서는 골 1:14의 주석을 보라). 예수의 십자가 죽음이 우리의 죄를 제거하는 결과(expiation, removal of sins)를 가져온 것은 사실이다. 하지만 그런 결과는 예수가 십자가에서 하나님의 진노를 받아 하나님의 진노가 해소되어 없어지는 일(propitiation, appeasement of God's anger)이 먼저 일어났기 때문에 생긴 것이다. 하나님은 우리의 죄에 대한 형벌을 생략하고 무조건적으로 우리의 죄를 용서하신 것이 아니다. 하나님은 우리의 죄에 대한 무서운 형벌을 생략하지 않으셨고, 그 형벌을 우리에게 내리는 대신 예수 그리스도에게 내려 죄를 심판하시는 의로운 재판장이심을 우리에게 보여 주셨다(롬 3:26, "곧 이때에 자기의 의로우심을 나타내사 자기도 의로우시며 또한 예수 믿는 자를 의롭다 하려 하심이라"). "그 증서를 우리들 가운데서 제거하여 십자가에 못 박으시고"는 죄의 용서가 그냥 된 것이 아니라 예수가 십자가에서 죽어 하나님의 진노를 우리 대신 받음으로 우리의 죄를 기록한 증서의 모든 죄를 하나님이 용서하셨다는 뜻이다. 그런 뜻에서 하나님이 "법조문으로 된 손으로 쓴 증서를 지우시되, 우리에게 적대적인 그 증서를 우리들 가운데서 제거하여" 주신 것은 예수를 "십자가에 못 박으심"으로만 가능하게 된 것이다. 이것이 바로 하나님이 그리스도의 죽음으로 인해 우리의 죄를 은혜로 용서하셨다는 것에 관한 바울의 설명이다. 바울은 이곳에서 기독교인들에게는 유대교의 행위심판이 적용되지 않음을 분명하게 말한다. 구원은 그리스도의 십자가 죽음을 통해 우리의 죄의 문제가 해결되어 은혜로 받는 것이지, 법조문과 규례를 지킴으로 얻는 것이 아니다.

[2:15] 바울은 여기서 매우 회화적인 언어로 그리스도와 하나님의 승리를 표현한다. 이 구절의 동사들의 의미상의 주어가 하나님인지 아니면 그리스도인지에 따라 약간 번역이 바뀔 수 있다. 13~14절의 주어는 하나님이지만, 15절은 그리스도를 주어로 보는 것이 더 의미가 통할 수 있다. "십자가로 그

들을 이기셨느니라"는 "십자가로 그들을 승리의 개선 행진에 끌고 가셨느니라"로 번역하는 것이 좋다. 이 구절을 이해하는 데 있어서 고린도후서 2:14에서 바울이 개선 행진의 메타포를 사용하고 "승리의 개선 행진을 하다"(to lead in a triumphal procession)라는 뜻의 동사 thriambeuō를 사용하고 있는 점을 참고해야 한다. 고린도후서 2:14의 "항상 우리를 그리스도 안에서 이기게 하시고"는 "항상 우리를 그리스도 안에 있는 포로로 삼아 승리의 개선 행진에 끌고 가시고"로 번역하는 것이 좋다. 바울은 여기서 로마 시대에 전쟁에서 승리한 장군이 개선 행진하는 것으로 자신의 처지를 묘사한다. 개선 행진에서는 정복된 땅의 왕과 귀족들과 같은 포로들이 포승에 묶여서 끌려 들어온다. 그 행진은 이방 신전이 있는 곳으로 가고, 그곳에서 그 포로들 상당수는 처형되거나 감옥에 갇힌다. 이 구절에서 그리스도는 개선장군으로, 바울은 그 개선 행진의 포승줄에 묶여 끌려 들어오는 포로로 묘사된다. 바울은 자신의 사역을 통해 그리스도는 승리하시지만, 자신의 처지는 곧 죽음을 앞두고 끌려가는 포로의 처지와 같다고 본다. 그러한 상태는 일상적인 것("항상")이었다. 고린도전서 4:9, "내가 생각하건대 하나님이 사도인 우리를 죽이기로 작정된 자 같이 끄트머리에 두셨으매 우리는 세계 곧 천사와 사람에게 구경거리가 되었노라"에서도 유사한 은유가 사용되고 있다. 바울은 여전히 자신이 죽을 것으로 보고, 자신을 개선 행진의 구경거리(theatron)로 본다. 그러나 골로새서 2:15에서 동사 thriambeuō가 사용되는 방식은 좀 다르다. 여기에서는 끌려가는 전쟁포로가 바울이 아니라 악한 영들이다. 그리스도가 개선장군이 되어 악한 영적 존재들을 포로로 끌고 가신다.

"무력화하여 드러내어 구경거리로 삼으시고"는 "무장해제하여 공개적으로 수치를 주시고"로 번역을 바꾸는 것이 좋다. "무력화하여"로 번역된 단어 apekdyomai는 "옷을 벗기다"(take off, strip off)라는 뜻이다. 그리스도는 "통치자들과 권세들"의 모든 옷과 무장을 "벗기셨다". "드러내어"로 번역된 단어 deigmatizō는 '수치를 주다'(disgrace, expose)라는 뜻이다. 그리스도가 '만인이 보는 공개적인 자리에서'(*en parrēsia*) 악한 영적 존재들에게 수치를 주셨다. 마치 왕의 신하가 처벌받을 때 그들의 옷을 벗김으로 그들이 갖고 있던 위엄을 웃음거리로 만드는 것처럼, 그리스도는 골로새 성도들이 두려워하는 악한 영적 존재들의 무장을 해제하고 옷을 벗겨 구경거리로 만들고 자신을 위한 승리의 개선 행진에 끌고 가셨다(Martin, 87). 이것은 그리스도와 악한 영들이 적대적인 관계 속에 있었고, 그리스도가 이들과 싸우셨고 그 결과 승리하셨다는 것을 전제로 하는 은유다. 그리스도는 그들과 싸움에서 승리하여 그들을 포로로 잡아 그들을 만천하의 웃음거리로 만들었다. 그러므로 성도들은 그런 영적인 존재들을 두려워할 필요가 없다. 악한 영들은 이미 그리스도와의 싸움에서 패배했다. 골로새서 1:20, "그의 십자가의 피로 화평을 이루사…… 하늘에 있는 것들이 그로 말미암아 자기와 화목하게 되기를 기뻐하심이라"에서 바울이 말하는 화해는 바로 이 전쟁에서 승리하여 얻게 된 화해다(Martin, 88). 그리스도가 악한 영들과 싸워 승리하지 못한 상태에서 휴전하여 얻게 된 평화가 아니다. 악한 영들을 제압하여 그들을 항복시켜 얻게 되는 화해/평화의 관계다. 골로새서 2:8에서 바울은 "누가 철학과 헛된 속임수로 너희를 사로잡을까 주의하라"라고 말한 바가 있다. 여기서 바울은 '포로로 사로잡아 끌고 가다'(*sylagōgeō*)라는 뜻의 동사를 사용했다. 이미 그리스도께서 악한 영들을 다 무장해제하여 포로로 끌고 가셨음에도 불구하고 골로새 이단은 지금 영적 존재들을 두려워하고 예배할 것을 가르치며, 골로새 성도들을 포로로 끌고 가려고 한다(Martin, 88).

설교를 위한 묵상

(1) 사람의 전통

복음은 하나님으로부터 왔다. 복음은 사람에게서 기원한 것이 아니다. 바울이 헛된 속임수, 철학이라고 부르는 것들은 다 하나님으로부터 온 것이 아니라 사람들에게서 온 것이다. 사람의 전통이다. 우리는 종종 하나님의 계시를 통해 주신 복음에 사람의 가르침을 섞어 넣고, 이것을 복음이라고 주장하는 것을 본다. 세속의 철학, 사상, 이념은 물론 각 개인의 개인적 취향과 경험을 복음에 혼합하여, 순수한 하나님의 복음에 이물질을 섞는다. 그 결과 복음의 날카로운 목소리는 둔하게 되고 복음의 핵심은 약화되고 왜곡된다. 물론 세속의 철학과 학문을 동원하여 하나님의 복음의 핵심을 더 강화할 수도 있다. 이런 경우, 다른 학문과 신학이 잘 연결되어 복음의 의미가 더 분명해진다. 하지만 반대의 경우도 많이 발생한다. 복음을 사회변혁의 이론으로 이해하고, 새로운 세상을 열기 위한 사상적 도구로 사용하려는 시도까지 나타난다. 기독교와 타 종교를 비교 연구하고, 대화를 통해 타 종교와 기독교 복음 사이의 결정적 차이점을 희미하게 하고, 모든 종교는 다 하나님을 찾는 길이라는 결론을 내리는 종교다원주의도 마찬가지다. 바울은 복음이 무엇인지 분명하게 말한다. 성도들이 복음을 잘 알고 있으리라고 가정하고 내버려두는 것보다, 성도들이 복음을 잘 알고 있다 하더라도 혹시 불분명한 부분이 있을 수 있으므로 한 번 더 분명하게 설명하는 것이 필요하다.

(2) 세례식과 부활절

세례식은 우리가 믿음을 가져 구원을 받게 된 경험을 극적으로 재현한다. 그런 점에서 세례는 이미 일어난 일을 재현하는 것이다. 하지만 세례식은 과거의 것이면서 동시에 미래에 관한 것이기도 하다. 세례식은 궁극적으로 미래에 있을 부활을 미리 극적으로 체험하는 것이다. 세례식은 미래에 우리가 죽어서 우리의 육체가 땅에 묻혀 썩어 없어지더라도 심판 날에 하나님의 능력으로 다시 살아나 영적인 부활의 몸을 입게 되는 것을 형상화한 것이다. 그러므로 세례식은 부활의 상징이다. 세례식은 그런 의미에서 부활절과 의미가 깊다. 교회에서 우리는 특별히 부활절에 세례를 베풀어 이런 의미를 되새기게 해 준다.

예수가 십자가에서 우리를 대신해서 우리의 죄에 대한 형벌을 받으심으로 하나님은 우리에게 불리한 증서, 즉 우리의 죄를 다 기록한 증서를 파기하셨다. 죄의 용서는 이런 문서의 파기로 표현되지만, 하나님이 우리에게 내려야 할 형벌은 생략된 것이 아니라 예수에게 내려져 예수가 우리를 대신해서 형벌을 받았다는 것을 반드시 말해야 한다. 이제 최후의 심판대에서 우리가 받을 판결은 이미 내려졌다. 그 판결은 우리가 의롭다는 판결이다. 부활은 바로 예수의 십자가 죽음으로 인해 가능하게 되었다. 하나님은 우리를 다시 살리시고 우리를 의롭다고 선언해 주신다. 그 선언은 지금 이 땅에서 이미 우리에게 알려졌고, 그 판결은 확정적이다.

(3) 그리스도의 승리

고대시대의 교회에서부터 현대에 이르기까지 예수의 죽음은 악한 영들을 향한 승리로 이해되었다. 십자가 죽음 자체가 죽음의 세력과의 싸움이고, 이 싸움에서 예수가 부활함으로 승리하여 악한 영들은 결정적 패배를 당했다. 예수의 승리는 종종 제2차 세계대전 노르망디 상륙작전에 비유된다. 연합군이 노르망디에 상륙함으로 연합군은 결정적인 승리를 거둔다. 그리고 동맹국들은 패배하고, 연합군은 승리하게 되었다. 나머지 전쟁은 이미 승패가 결정난 전쟁의 마무리일 뿐이다. 마찬가지로 예수는 십자가에서 악한 영들에 대해 결정적인 승리를 거두셨다. 죽음의 세력의 가장 강력한 무기인 죽음은 예수의 부활로 인해 인간을 위협할 수 없게 되었다. 그러므로 성도들이 싸워야 할 영적인 전쟁은 그리스도를 따라 남은 전쟁을 싸우는 것이다. 이 전쟁은 이미 성도들이 승리하게끔 결정 난 전쟁이며, 연합군이 걸어서 베를린으로 진격하듯이 그렇게 마무리하면 끝나게 된다. 우리의 영적 전쟁은 전쟁에서 승리하신 그리스도의 복음을 가르쳐 죄악 가운데 사는 사람들이 돌아서서 악한 영의 영향력에서 벗어나 하나님의 백성으로 거룩한 삶을 살게 하는 것이다. 우리는 악한 영들을 두려워하지 않고 담대하게 그들과 맞서 성령 안에서 승리해야 한다.

B. 여러분의 자유를 지키시오!(2 : 16-19)

¹⁶그러므로 먹고 마시는 것과 절기나 초하루나 안식일을 이유로 누구든지 너희를 비판하지 못하게 하라 ¹⁷이것들은 장래 일의 그림자이나 몸

은 그리스도의 것이니라 ¹⁸아무도 꾸며 낸 겸손과 천사숭배를 이유로 너희를 정죄하지 못하게 하라 그가 그 본 것에 의지하여 그 육신의 생각을 따라 헛되이 과장하고 ¹⁹머리를 붙들지 아니하는지라 온몸이 머리로 말미암아 마디와 힘줄로 공급함을 받고 연합하여 하나님이 자라게 하시므로 자라느니라

1. 음식과 절기에 관한 기독교인의 자유(2:16-17)

[2:16] 음식과 유대교의 성일, 축제는 모두 유대교의 관습에서 온 것이다. 바울은 음식 문제와 성일 준수 문제 때문에 어떤 사람이든 너희를 "비판하지 못하게 하라"(mē······ krinetō)라고 말한다. 여기서 비판한다(krinō)는 말은 '불리한 판결을 내린다'(to pass unfavorable judgment upon)라는 뜻이다(BAGD, 452). 이 단어는 18절의 '정죄하다'(katabrabeuō)와 연관이 깊다(MacDonald, 109-10). 골로새 이단과 그 가르침을 추종하는 사람들이 골로새 성도들을 평가하고 성적을 매기듯이 성도들에게 불리한 판결을 내리고 있다. 그런 불리한 판결은 결국 골로새 성도들을 정신적으로 위협하고, 결국 골로새 이단에 동조하게 만든다.

개역개정판의 "먹고"는 "먹는 것과"로 바꾸는 것이 좋다. 골로새서 2:18의 "꾸며 낸 겸손", 21절의 "맛보지도 말고", 23절의 "겸손"(금욕주의적 고행)은 모두 금욕주의와 관련되어 있다. 이런 맥락에서 "먹는 것과 마시는 것"은 음식에 관한 율법적 규정이나 금식과 관련되어 있을 가능성이 크다(MacDonald, 110). "먹는 것과 마시는 것"이 "절기나 초하루나 안식일"처럼 전형적인 유대교의 관습과 함께 언급되고 있으므로, 율법과 관련된 사항에 관해 골로새 이단이 성도들을 비판하고 있다고 볼 수 있다. 특이한 점은 유대교의 율법에서 마시는 것에 대해서는 특별히 몇 가지의 예외(레 10:9; 11:34, 36; 민 6:3)를 제외하고는 금지규정이 없다는 점이다. 골로새 이단

은 유대교의 음료에 관한 일반적인 율법보다 더 강화된 형태의 규정(예를 들면 나실인에 관한 규정)을 지킬 것을 요구했다고 볼 수 있다(Bruce, 114). 바울은 음식 문제로 인해 "모든 것을 먹을 만한 믿음이" 있는 사람들과 채소만 먹는 "믿음이 연약한" 사람들의 두 집단으로 나누어져(롬 14:2) 상대방을 비난하는(롬 14:3, "먹는 자는 먹지 않는 자를 업신여기지 말고 먹지 않는 자는 먹는 자를 비판하지 말라 ……") 로마교회를 향해서 "…… 무엇이든지 스스로 속된 것이 없으되 다만 속되게 여기는 그 사람에게는 속되니라"(롬 14:14)라고 말한다. 고린도전서 10:25~26에서도 "땅과 거기 충만한 것이 주의 것"이므로 "무릇 시장에서 파는 것은 양심을 위하여 묻지 말고 먹으라"라고 말한다. 물론 "음식으로 말미암아 네 형제가 근심하게" 하면 안 되고 "그리스도께서 대신하여 죽으신 형제를 네 음식으로 망하게" 하면 안 되므로(롬 14:15) 스스로 음식을 가려서 먹는 것이 필요하다(고전 10:28, "누가 너희에게 이것이 제물이라 말하거든 알게 한 자와 그 양심을 위하여 먹지 말라"). 그러나 이런 상황에 따른 대처를 넘어, 복음의 기본적 원칙은 음식 그 자체에 부정한 음식, 정한 음식이 따로 있지 않다는 것이다. 이런 바울의 견해는 물론 유대교의 경계선을 벗어난 발상이며, 바울이 율법의 관점에서 판단하지 않는다는 것을 보여 준다. 부정과 정결의 기준은 음식 자체에 있지 않고 우리의 마음에 달려 있다(롬 14:14, "…… 다만 속되게 여기는 그 사람에게는 속되니라"). 초대교회의 이러한 이해의 배경에는 예수 그리스도의 가르침이 있었다(참고. 행 10:14-15). 예수는 "무엇이든지 밖에서 사람에게로 들어가는 것은 능히 사람을 더럽게 하지 못하되 사람 안에서 나오는 것이 사람을 더럽게 하는 것이니라"(막 7:15-16)라고 말씀하셨고, "모든 음식물을 깨끗하다"(막 7:19)라고 선언하셨다.

절기, 초하루(초승달 축제, new moon), 안식일 등은 구약에 나오는 성일이다(겔 45:17, "군주의 본분은 번제와 소제와 전제를 명절과 초하루와 안식일과 이스라엘 족속의 모든 정한 명절에 갖추는 것이니 이스라엘 족속을 속죄하기 위하여 이 속죄제와 소제와 번제와 감사 제물을 갖출지니라"; 민 28:9-15; 대상 23:31; 대하 2:4; 31:3; LXX 호 2:13). 'merei'는 '~의 문제에 관해'(in the matter of, with regard to)라는 뜻이다(O'Brien, 139). 갈라디아서 4:10에서 바울은 갈라디아 성도들이 할례당의 가르침에 빠져서 "날과 달과 절기와 해를" 지키는 것을 비판한다. 바울은 성도들이 유대교의 절기를 율법으로 지키는 것은 "…… 다시 약하고 천박한 초등학문으로 돌아가서 다시 그들에게 종노릇……"(갈 4:9)하는 것으로 보고 이것을 과거에 "…… 하나님을 알지 못하여 본질상 하나님이 아닌 자들에게 종노릇……"(갈 4:8)하던 것과 본질적으로 같은 것으로 본다. 유대교의 절기를 지키는 것과 이방인의 우상숭배를 동급의 것으로 본 것이다(Longenecker, 195). 이것은 매우 충격적이다. 바울은 성도들이 유대교의 율법을 지키려고 하는 것을 자유 방임의 문제나 선택의 문제로 보지 않았다. 현재 이 구절에서 "먹는 것과 마시는 것" 그리고 "절기나 초하루나 안식일"을 지키는 것 등에 관한 바울의 태도는 이런 관점에서 이해되어야 한다.

로마교회에서도 안식일에 예배를 드리려는 사람들이 있었고(롬 14:5, "어떤 사람은 이 날을 저 날보다 낫게 여기고……") 이들은 "모든 날을 같게 여기는"(롬 14:5) 사람들과 대립하고 있었다. 음식 문제와 날에 대한 문제가 함께 등장하므로 아마 전자는 유대 기독교인들, 후자는 이방 기독교인들인 것으로 판단된다. 음식 문제와 날에 대한 문제에 있어 바울은 상반된 두 입장 중 어느 하나를 지지하지 않는다. 이 문제가 복음의 본질과는 전혀 무관하며, 진리의 문제가 아니기 때문이다. 먹어도 상관없고 혹은 안 먹어도 상관없다. 안식일에 예배를 드려도 되고 혹은 다른 날에 예배를 드려도 상관없다. 평생 유대인으로 살면서 안식일을 지키던 사람에게 안식일을 지키지 말고, 다른 날에 예배를 드리라고 강요하는 것보다는 안식일에 주를 예배하게 허용하는 것이 옳다(필자가 현재 안식교도들이 안식일에 예배드리는 것을 지지하는 뜻으로 이 말을 하는 것은 아니다. 안식교는 안식일을 율법으로 이해하고 지키려는 경향이 있고, 이것은 잘못된 것이다). 안식일을 중요하게 여기는 사람도(롬 14:6, "날을 중히 여기는 자도"), 유대 기독교인이 먹지 않는 음식을 먹는 이방 기독교인도(롬 14:6, "먹는 자도"), 또 그런 음식을 먹지 않는 유대 기독교인도(롬 14:6, "먹지 않는 자도") 다 "주를 위하여" 안식일을 지키고 음식을 먹는 한, 문제가 되지 않는다. 주를 위해 먹어도 되고, 안 먹어도 된다. 기독교인은 먹을 자유도, 반대로 먹지 않을 자유도 있다. 주를 위해 안식일에 예배를 드려도 되고, 주일에 예배를 드려도 된다(실제로 메시야를 믿는 유대인들〈Messianic Jews〉 중에는 안식일에 예배를 드리는 사람들이 있다). 음식과 성일 준수에 관한 바울의 생각은 그가 율법을 인정하지 않고 있으며, 그가 유대교의 테두리를 완전히 벗어나 있다는 것을 보여 준다.

음식과 성일 준수에 대한 바울의 태도를 놓고 판단한다면 그는 더 이상 유대교 신자가 아니다. 유대교 배교자가 율법을 향해 가진 태도는 바울이 율법을 향해 가진 태도와 유사하다. 그런 의미에서 "나는 율법 아래에 있지 않다"(고전 9:20)라는 말은 유대교와 오래전 결별한 배교자(apostate)이면서 동시에 "그리스도 안에 있는 한 사람"(a man in Christ, 고후 12:2)인 바울이 복음의 사도로서 만인에게 알리는 엄중한 선언이다. 바울신학의 새 관점을 주장하는 학자들은 바울이 성도들에게 율법 대부분을 지키라고 가르쳤고, 여전히 자신을 유대인으로 생각했다고 주장하는 사람들이 있다. 하지만 그것은 그들의 주장일 뿐 바울이 하는 말을 들어 보면 그는 율법을 지키라고 가르치지도 않았고, 오히려 율법주의에서 보았을 때 율법을 어기는 사람이다(참고. 행 21:21, "네가 이방에 있는 모든 유대인을 가르치되 모세를 배반하고 아들들에게 할례를 행하지 말고 또 관습을 지키지 말라 한다 함을 그들이 들었도다"). 바울은 율법으로부터 자유로운 복음(law-free gospel)을 전했고, 그의 복음은 율법을 지킴으로 얻게 되는 구원을 철저하게 배제한다. 바울에게 율법은 구원론의 범주가 아니라 기독교 윤리의 범주다. 바울이 구약성경의 율법을 대하는 태도는 오늘날 우리가 기독교 윤리의 관점에서 십계명을 비롯한 각종 율법 규정을 이해하는 것과 많이 다르지 않다. 교회는 유대교의 율법 중 십자가 복음과 관련하여 계속 지킬 필요가 있는 것을 선별하여 성도들에게 가르치되, 율법으로 가르치는 것이 아니라 구원받은 성도가 '어떻게 살아가야 하는지'를 설명하는 윤리적 행동지침(guide line)으로 가르친다. 우리는 율법을 지켜 구원을 얻는 것이 아니라 구원받은 성도로서 감사함으로 하나님이 원하시는 행동을 실천해야 한다.

골로새 이단은 아마도 하나님의 백성이 되기 위해 이런 율법과 유대교적 관습을 지켜야 한다고 주장한 것으로 보인다. 골로새 이단이 할례를 주장하고(골 2:11, 13), 음식 문제와 성일 준수를 주장하는 것으로 놓고 볼 때 유대교적 성격이 강하다는 것은 분명하다. 골로새 이단이 갈라디아서의 할례당과 같은 주장을 하는 것은 아니지만, 율법주의적 성격을 갖고 있다고 보인다. 그러나 이들의 주장은 틀렸다. 잘못된 신학은 잘못된 행동을 요구하는 법이다. 골로새 이단은 이미 믿음과 은혜로 구원받은 성도들을 잘못된 방향으로 끌고 가 율법주의와 금욕주의의 포로로 만들려고 한다. 그러나 15절에서 바울이 이미 밝힌 바와 같이 그리스도가 이미 하늘의 영들에게 승리하셨을 뿐만 아니라 그리스도의 십자가 죽음으로 이미 우리의 죄를 대신 속하여(골 2:14, "십자가에 못 박으시고"), 우리의 모든 죄가 용서받았고(골 2:13, "우리의 모든 죄를 사하시고") 우리에게 불리한 증서도 파기되었고(골 2:14, "우리를 거스르고 불리하게 하는 법조문으로 쓴 증서를 지우시고 제하여 버리사……"), 심지어 부활의 약속까지 받았으므로(골 2:13, "…… 너희를 하나님이 그와 함께 살리시고……"), 이 시점에서 음식에 관한 율법, 성일에 관한 율법을 지키려고 노력하는 것은 불필요할 뿐만 아니라 잘못된 것이라고 말한다.

[2:17] 헬라 문화에서 그림자(skia)는 본질이 이 세상에 투영된 것으로, 인간의 눈으로 볼 수 있는 것들을 가리킨다. 반면에 눈에 보이지 않는 진정한 본질을 가리키는 단어로 몸(sōma)이 사용된 경우가 있다(예. Philo, *De conf.*

ling. 190; *De migr. Abr.* 12; O'Brien, 139에서 재인용). 그렇게 본다면 그림자(*skia*)와 몸(*sōma*)의 관계는 본질과 그 반영의 관계다. 그러나 바울이 이 언어들을 사용하는 방법은 헬라 문화의 플라톤이나 필로가 이 언어들을 사용하는 방법과는 다르다. 바울은 "장래 일의 그림자"라고 말하기 때문이다(O'Brien, 140). 즉, 그는 종말론적 관점에서 이런 언어를 사용하는 것이지 보이는 세계와 보이지 않는 세계에 관한 영원한 이원론의 관점에서 말하는 것은 아니다. 히브리서 8:5, "그들이 섬기는 것은 하늘에 있는 것의 모형(*hypodeigma*)과 그림자(*skia*)라 ……"와 히브리서 10:1, "율법은 장차 올 좋은 일의 그림자(*skia*)일 뿐이요 참 형상(*eikōn*)이 아니므로……"에서도 비슷한 현상이 발견된다. 율법이 장차 올 것의 그림자인 것처럼 음식과 절기에 관한 가르침은 장래에 올 일의 "그림자"에 불과하다. 음식과 절기에 관한 가르침이 미래의 것의 "그림자"라는 말은 그것들이 임시적이며, 불완전하다란 뜻이다.

　율법은 하나님의 뜻을 부분적으로 나타내고 있지만, 온전하게 드러내고 있지 못하므로 불완전하다. 예를 들어 '살인하지 말라'는 계명은 하나님의 뜻이지만, 주의 백성을 향한 하나님의 온전한 뜻이 겨우 '살인하지 말라'에서 끝날 수 없다. 율법은 주의 백성을 향한 하나님의 최소한의 뜻이다. 형제를 미워하거나 욕해도 좋은데 죽이지는 말라는 것은 하나님의 최소한의 요구다. 그러므로 우리가 살인을 안 했다고 해서 하나님의 뜻을 다 이루었다고 말할 수 없다. 모세를 통해 하나님이 주의 백성에게 자신의 최소한의 뜻을 알려 주셨다면, 예수 그리스도는 주의 백성을 향한 하나님의 최대한의 뜻을 알려 주셨다. 그것은 "나는 너희에게 이르노니 너희 원수를 사랑하며 너희를 박해하는 자를 위하여 기도하라"(마 5:44)이다. 인간은 원수를 죽이려고 한다. 하지만 성도는 그를 사랑하고 그를 위해서 기도해야 한다. 그것은 매우 어려운 일이며, 살인하지 않는 것은 너무나 지키기 쉬운 계명이다. 예수의 가르침은 모세의 가르침보다 더 상위의 계명이며, 그런 뜻에서 예수의 가르침은 모세의 가르침을 온전하게 한다. 이런 관점에서 마태복음 5:17, "내가 율법이나 선지자를 폐하러 온 줄로 생각하지 말라 폐하러 온 것이 아니요 완전하게 하려 함이라"를 이해해야 한다. 이 말씀은 율법이 불완전하며, 예수 그리스도의 가르침은 하나님의 온전하신 뜻을 우리에게 가르쳐 주어 모세의 가르침을 완전하게 한다는 뜻이다. 마태복음 5:18, "…… 천지가 없어지기 전에는 율법의 일점 일획도 결코 없어지지 아니하고 다 이루리라"라는 말씀은 율법의 영원성을 말하는 것이 아니다. 영원한 것은 모세의 율법이 아니라 예수의 가르침이다(마 24:35, "천지는 없어질지언정 내 말은 없어지지 아니하리라"). 바울이 갈라디아서 3:24에서 율법은 "우리를 그리스도께로 인도하는 초등교사"라고 말하는 것도 같은 의미가 있다. 로마서 7:1~4에서 율법을 이미 사망한 남편으로, 성도를 미망인으로, 그리고 그리스도를 성도가 결혼하는 '다른 남자'로 말하는 것은 모두 율법이 영원한 것이 아니라 임시적이며, 그 유효기간이 이미 완료되었다는 것을 말하는 비유다. 바울은 바로 이 똑같은 메시지를 말하기 위해 지금 이 구절에서 "이것들은 장래 일의 그림자"라고 주장하는 것이다.

개역개정판의 "몸은 그리스도의 것이니라"는 "본질은 그리스도의 것이니라"로 바꾸어 번역해도 된다. 본질(몸)은 그리스도께 속해 있다. 고린도전서 13:10, "온전한 것이 올 때에는 부분적으로 하던 것이 폐하리라"는 말씀처럼 과거의 불완전한 가르침은 온전한 가르침에 의해 대체된다. 그림자는 본질에 의해 대체된다. 음식과 절기에 관한 유대교의 가르침은 본질이 아니고 그림자에 불과하다. 본질은 그리스도의 가르침에서 발견된다. 본질이신 그리스도가 이미 이 땅에 오셨고 그가 선포하신 복음은 그 자체로 완전하기 때문에 유대교의 가르침과 관습으로 보충될 필요가 전혀 없다. 골로새 이단이 교회 안에서 유대교의 가르침으로 복음을 보충하려고 하는 것은 갈라디아서의 할례당이 율법으로 복음을 보완하려고 하는 것과 본질적으로 같은 종류의 오류다. 그렇게 해야 할 필요가 전혀 없으며, 그렇게 하는 것은 오히려 복음을 왜곡시키는 결과를 가져온다.

2. 금욕주의와 천사숭배에 관한 기독교인의 자유(2 : 18-19)

[2 : 18] "꾸며 낸 겸손"으로 번역된 단어 *tapeinophrosynē*는 원래 "겸손"으로 번역되는 단어다(골 3 : 12; 빌 2 : 3; 벧전 5 : 5). 전치사 *en*으로 바로 뒤에 나오는 "천사숭배"와 연결되어 있으므로 부정적인 의미로 사용된 것 같다. 23절에서도(23절에서는 "겸손"으로 번역되었다) 긍정적인 의미가 아니고 부정적인 의미로 사용되었을 것으로 본다. 이 단어가 천사숭배와 관련하여 예식에서 요구되는 바를 순종적으로 잘 준수하는 태도(readiness to serve)를 가리킨다고 보는 견해도 있지만(Lohse, 118; O'Brien, 142에서 재인용), 이 단어는 금식과 금욕주의적 고행을 나타내는 말로 사용된 전례가 있다(Hermas, *Visions* 3.1 0.6; *Similitudes* 5.3.7; 더 자세한 예들은 Francis, *Conflict*, 167-171을 보라; O'Brien, 142에서 재인용). 유대 신비주의, 경건주의 문학에서 이런 금욕주의적 고행은 하늘의 비밀을 환상으로 받는 데 매우 중요한 준비였다(O'Brien, 142). 여기서 이 단어가 금식과 금욕주의적 고행을 가리키고 있는 것을 보아 개역개정판은 "꾸며 낸 겸손"이라고 번역했다. 하지만 "금욕주의적 고행"으로 번역하는 것이 독자들에게 쉽게 이해되면서도 바울의 의도를 잘 전달할 수 있다.

원래 유대교는 천사를 숭배하라고 가르치지 않는다. 일부 학자들은 천사숭배가 헬라 문화의 영향을 받은 영지주의적 경향의 잘못된 가르침이 유대교의 천사에 대한 존경과 결합되어 일종의 종교 혼합주의적 이단이 나타난 것이라고 본다. 그러나 정말로 골로새서 안에서 골로새 이단이 영지주의의 영향을 받았다고 볼 수 있는 확실한 근거는 없다. 다른 학자들은 이것은 천사를 숭배하는 것이 아니라 천사들이 하나님을 예배하는 것으로(the worship which the angels perform) 보아야 한다고 주장한다. 프란시스(Fred

O. Francis)는 마카비4서 5:7, 요세푸스 유대고대사 12.5.4에서 *thrēskeia*가 주격 소유격(subjective genitive)으로 사용된 용례가 있다는 것을 지적하였다. 그러나 이 경우는 모두 그 소유격이 유대인들을 나타내는 *Ioudaiōn*이었다. 그러나 그는 유대고대사 12.6.2.에서는 *theou*가 소유격으로 오고, 이 때는 소유격이 목적어로 사용되어 하나님을 예배하는 경우가 있다는 것을 지적한다. 그는 개개의 경우에 따라 주격 혹은 목적격으로 그 소유격이 해석될 수 있다고 주장했다(Francis, "Humility and Angelic Worship in Col 2:18," in *Conflict*, 136-195 ; O'Brien, 143에서 재인용).

천사들이 하나님을 예배하며 그 예배에 인간이 참여하는 것은 유대교 문서뿐만 아니라 구약성경에도 종종 나타나며(사 6장), 요한계시록 4~5장에서도 요한이 천상의 천사들과 함께 예배에 참석한다. 유대교 외경에는 천상으로 여행을 가는 환상 경험을 하는 사람들이 하늘의 각 단계에 존재하는 천사들의 안내를 받으며 천사들과 함께 찬양하는 내용이 나온다(예. *Ascension of Isaiah* 7:37 ; 8:17 ; 9:28, 31, 33 ; O'Brien, 143에서 재인용). 쿰란공동체에서도 천사들과 함께(in communion with) 하나님을 예배한다(1QSb 4:25, 26 ; 1QH 3:20-22 ; O'Brien, 143에서 재인용).

그렇다면 천사숭배는 천사들이 하나님을 예배하는 것이며 골로새 성도들은 그 예배에 그저 참여하는 것일까? 만약 그렇다면 왜 바울은 지금 천사숭배를 비판하는 것일까? 어쩌면 천사들이 율법을 전해 주었다는 전승 때문에(갈 3:19, "그런즉 율법은 무엇이냐 범법하므로 더하여진 것이라 천사들을 통하여 한 중보자의 손으로 베푸신 것인데……") 율법에 대한 관심만큼 천사들에 대한 관심이 증가한 것을 비판한 것일 수도 있다. 그러나 바울이 이런 것을 비판하기 위해 천사숭배를 언급한 것 같지는 않다. 왜냐하면 바울이 골로새서 2:23에서 "자의적 숭배"(*ethelothrēskia*)를 언급하는데, 이 단어는 인간이 스스로 선택하여 드리는 예배(self-chosen worship) 혹은 더 나아가 인간이 만들어 낸 종교(self-made religion)라는 뜻이기 때문이다(BAG 218 ;

O'Brien, 143에서 재인용). 즉, 인간이 자발적으로 무언가를 예배하기로 작정하고 예배한다는 것이므로, 천사는 이 예배의 대상일 가능성이 매우 크다(Martin, NCB, 93-94). 단순히 유대교에서 천사를 예배한 선례가 없다는 것이 지금 바울이 "천사를 예배함"의 의미로 thrēskeia tōn angelōn이라는 표현을 사용했을 리가 없다는 주장의 근거가 될 수 없다.

클린턴 E. 아놀드(Clinton E. Arnold)의 최근 연구는 유대교 문서에서 thrēskeia 뒤에 소유격이 올 때 주어의 역할을 하는 소유격(subjective genitive)으로 사용된 용례가 있지만(예. 4 Macc 5:7; Josephus, Ant. 12.5.4), 고대 헬라 문헌에서 thrēskeia 뒤에 신으로 이해되는 명사가 소유격이 올 때 주어의 역할을 하는 소유격(subjective genitive)이 오는 경우를 단 한 건도 발견하지 못했다는 것을 보고한다(Arnold, 91; MacDonald, 113). thrēskeia는 헬라 문화에서 자주 사용되는 단어가 결코 아니었다(Arnold, 92). 유대교 문서에서 이 단어가 사용된 용례를 보면 70인역 구약성경에서 4번, 필로의 글에서 5번 사용되었지만, 요세푸스의 글에서는 총 91번 사용되었다. 요세푸스의 글에서 이 단어는 "신을 예배함", "신들을 예배함", "우상들을 예배함", "아폴로 신을 예배함", "세라피스 신을 예배함" 등 다양하게 사용되었는데, 모두 예배의 맥락에서 이 단어를 사용하고 있으며 thrēskeia 뒤의 소유격이 예배의 대상으로(목적격으로) 해석되는 경우다(요세푸스의 글의 구체적인 지문은 Arnold, 92, n.10을 보라). 더구나 아놀드의 연구에 따르면 thrēskeia가 사용될 때 예배를 하고 있는 대상과 더불어 그 예배에 참여한다는 표현은 사용된 용례를 한 건도 찾아볼 수가 없다(Arnold, 93). 그러므로 천사들이 하나님을 예배할 때 골로새 성도들이 그 예배에 참석한다는 뜻으로 바울이 이 단어를 사용했을 가능성은 거의 없다.

아놀드는 thrēskeia를 번역할 때 '예배'(worship)로 번역하는 것보다 민간종교인 마술(magic)에서 사람들이 천사들에게 도움을 청하기 위해 천사를 부르는 행동(conjuration 혹은 convocation)으로 번역할 것을 제안한다

(Arnold, 94). 스트라보(Strabo)가 그 단어를 사용하는 용례를 보면 그가 이 단어를 마술에 연결하는 것을 볼 수 있다(Strabo, *Geor.* 10.3.23 ; Arnold, 94에서 재인용). 오리겐(Origen)의 글에서도 그의 논쟁 상대인 셀수스(Celsus)가 유대인들이 하늘과 하늘에 있는 천사들을 예배하는 것을 비판하면서 이 단어의 동사형을 사용하는 것을 볼 수 있다(Origen, *Contra Celsum*, 5.6). 아놀드는 이 단어가 개인적인 종교적 예배행위에서부터 마술과 관련된 행위에 이르기까지 다양한 종교적 행위와 관련되어 있었다고 결론 내린다(Arnold, 95). 그가 브루기아(Phrygia), 리디아(Lydia) 등 소아시아 일대의 고대 민속종교를 반영하는 당시 마술에 관한 파피루스(magical papyri)를 연구한 결과에 따르면 헬라인들이 인간에게 해악을 끼치는 악한 영적 세력으로부터 보호를 요청하기 위해 천사들에게 도움을 호소하는 주문들이 많이 있는 것을 발견하였다(Arnold, 40-46). 특별히 유대교와 마술이 혼합된 형태로서(예. 행 13:6, "온 섬 가운데로 지나서 바보에 이르러 바예수라 하는 유대인 거짓 선지자인 마술사를 만나니") 천사들을 중요시하는 민간 종교들이 있었다. *Testament of Solomon*은 당시 유대인들이 천사들과 악한 영들에 얼마나 많은 관심이 있었는지를 보여 준다. 여기에는 악한 영들의 공격을 받을 때 유대인들이 그 공격을 막아 줄 수 있는 천사들을 향해 도움을 요청하는 기도 혹은 주문을 외우는 내용이 나온다(*Testament of Solomon*, 5.9 ; 8 ; 6, 7-8 ; 14:7-8 ; 18:33 ; Arnold, 48에서 재인용). 오리겐의 글에서 셀수스는 유대인들이 "천사들을 예배하고 마술에 중독되어 있다."라고 비난한다(Origen, *Contra Celsum*, 1.7 ; Arnold, 57에서 재인용). 소아시아에서 발견된 수많은 고대 유대인들의 비문에 나타나는 천사에 대한 언급은 천사들을 공경(veneration)하는 유대인들의 신앙관이 있었음을 보여 주며, 이것은 결코 유대교의 일신론을 부정하는 것이 아니었다(Arnold, 60). 더구나 바울이 골로새서 1:16과 2:10에서 구체적인 천사들의 직책 이름(position titles)을 언급하고 있으므로 천사숭배가 골로새 이단의 중요한 관심사이며, 가르

침이라고 추론할 수 있다. 바울이 이렇게 천사숭배를 언급하는 것은 천사들의 예배에 참여하는 것을 문제 삼는 것이 아니라 천사를 예배(worship)/공경(venerate)하는 잘못된 관행을 비판하는 것이다. 골로새 이단에서는 그리스도가 예배의 대상이 되어야 하나 그리스도가 아닌 다른 존재가 예배의 대상이 되었고, 바울은 지금 이것을 문제 삼는다.

정죄하다로 번역된 단어 *katabrabeuetō*에서 접두어 *kata*를 떼어 내면 "심판의 역할을 하다" 혹은 "상을 주는 사람의 역할을 하다"라는 뜻을 가진 동사가 된다. 접두어 *kata*가 붙어 있으므로 그 반대의 뜻이 되어 "빼앗다" 혹은 "불합격시키다"의 뜻이 된다. 하지만 대부분의 학자가 이 구절에서는 골로새서 2:16의 "비판하다"로 번역된 동사 *krinō*와 같은 뜻을 가진 것으로 본다. *thelōn en*은 관용적으로 사용되어 "~을 하는 것을 즐기다"는 뜻을 가진다(O'Brien, 142). 골로새 이단은 금욕주의적 고행과 천사숭배를 즐겨하는 자들이다. 이 잘못된 가르침을 주장하는 사람들은 골로새 성도들이 그런 관행을 행하지 않는다고 그들을 정죄한다.

"의지하다"로 번역된 헬라어 단어 *embateuōn*은 원래는 '들어가다'(to enter)의 뜻이다. 이 단어가 비유적인 뜻으로 사용되면 '자세히 조사하기 위해 무언가에 접근하다'(to approach in order to investigate)라는 뜻이 된다(Preisker, *TDNT* 2:535; O'Brien, 144 재인용). 골로새 이단은 자신이 환상 가운데 본 것을 자세히 조사한다는 뜻으로 해석될 수 있다(Preisker, *TDNT* 2:535-536; O'Brien, 144 재인용). 이 단어 해석에 관한 또 다른 견해는 헬라 신비주의 종교의 입회식 때 입회자가 신전의 성소에 들어가서 신탁을 받는 것에 연결해서 '신비주의 종교의 제의 때 그가 환상을 본 것처럼'으로 해석하는 것이다(O'Brien, 144). 또 다른 세 번째 견해는 그런 전문적인 뜻을 가진 용어로 보지 않고, 하늘에 올라가는 환상을 통해 얻게 된 특별한 지식에 대해 말하는 것으로 해석하는 것이다(A. D. Nock, "The Vocabulary of the New Testament", *JBL* 52⟨1933⟩, 131-39; O'Brien, 144 재인용). 이상의 내용을 검토할 때 여기서 동사 *embateuō*는 그 뜻이 분명하지 않지만, 아마도 "들어가다"(to enter)의 뜻에서 의미가 연장되어 '자세히 이야기하다'(to go into details) 정도의 의미로 보는 것이 가능하다(Wright, 123). 아놀드는 이 단어가 소아시아의 신비주의 헬라 종교 입회의식(initiation)에서 새로운 가입자가 경험하는 환상을 가리키는 전문용어라는 것을 그의 연구를 통해 주장했다(Arnold, 109-127). 아놀드는 대체로 이 단어가 '보다'(to see)라는 단어와 함께 사용되어 입회의식에서 환상을 보는 것을 가리킨다고 본다(Arnold, 120). 골로새서에서 동사 *embateuō*의 목적어는 "자신이 본 것"(*ha heoraken*)이다. 그러므로 바울은 꾸며진 겸손(금욕주의적 고행)과 천사숭배를 하는 사람들이 "자신이 본 것", 즉 신비한 환상이나 영적인 체험을 "자세하게 이야기 한다(*embateuōn*)"고 말하는 것 같다. 개역개정판의 "그가 그 본 것에 의지하여"는 "그가 그 본 것을 자세히 말하면서"로 번역할 수 있다.

그 사람들은 무언가 자신이 본 환상을 자세히 설명하면서 그들의 육신의 생각에 의해(*hypo tou noos tēs sarkos autou*) 아무 이유나 근거도 없이(*eikē*) 자기 자신을 대단한 존재라도 되는 듯이 과장한다(*physioumenos*). '과장하다'로 번역된 단어는 바람이 잔뜩 들어 부풀어 오른 것과 같은 교만한 상태를 나타낸다. 개역개정판의 "그 육신의 생각을 따라 헛되이 과장하고"는 "그 육신의 생각을 따라 아무 근거없이 잘난 척하고"로 번역할 수 있다. 골로새 이단을 주장하는 사람들은 자신들이 매우 깊은 영적인 체험을 한 것처럼 자랑하지만, 사실 그것은 그들의 육신의 생각일 뿐, 영적인 진리와는 거리가 멀다. 이상의 16~18절의 내용을 종합하여 본다면 바울은 금식과 같은 금욕주의적 고행, 성일 준수, 천사숭배, 무언가 보는 경험, 그리고 그것에 근거해 교만한 마음으로 자랑하는 것 등을 문제 삼고 있다.

[2:19] "붙들다"로 번역된 단어 *krateō*는 무언가를 강하게 붙드는 동작(to hold fast to someone or something)을 가리킨다(BAGD, 448). 골로새 이단

을 주장하는 사람들은 머리인 그리스도를 강하게 붙들고 있지 않다. 고대인들은 인체를 이해할 때, 머리가 인체에서 가장 중요한 부분이며, 온몸에 영양분과 생명력을 공급해 주는 기관으로 이해했다. 그리스도는 온몸의 머리다. 그렇다면 온몸은 무엇을 가리키는가? 온몸은 교회를 가리킨다(골 1:18, "그는 몸인 교회의 머리시라 ……"). 그리스도는 온몸인 교회에 생명의 자양분을 공급하여 주시므로 교회는 그리스도와 연합되어야 인대와 힘줄로 영양분을 공급받아 하나님께서 자라게 해 주시는 대로 성장을 이루게 된다. 개역개정판의 "온몸이 머리로 말미암아 마디와 힘줄로 공급함을 받고"는 "온몸은 머리로부터 마디와 힘줄을 통하여 공급함을 받고"로 번역할 수 있다. 바울은 여기에서 인체 생리학을 이용하여 교회와 그리스도의 관계를 설명한다. "하나님이 자라게 하시므로"는 "하나님이 자라게 하시는 대로"로 바꾸는 것이 좋다. 그리스도가 공급해 주시는 영양분을 받아 교회는 성장한다("자라느니라"). 자란다는 동사가 식물의 성장과 관련되어 사용되고 있지만(골 1:6, 23; 참고. 엡 1:23; 3:9-10; 바울의 농사 메타포에 관해서는 골 1:6의 주석을 보라), 여기에서는 몸의 성장으로 볼 수도 있다. 몸이 성장하듯이 교회는 성장한다. 교회 성장과 관련되어 교회를 성장시키는 기술과 방법론을 연구하고 가르치는 교회성장론에 대한 부정적인 평가 때문에 교회의 성장 자체를 부정적으로 보는 경향이 생겨났지만, 사실 교회의 성장 자체는 긍정적이며 성경적이다. 건강한 교회는 성장하는 것이 당연하며, 교회의 성장은 복음 전도의 필연적 결과다. 오히려 교회가 성장하지 않는 것이 문제이지 성장을 문제 삼을 필요는 없다. 머리이신 그리스도께 단단히 붙어 있는 복음적 교회는 하나님의 뜻 안에서 하나님이 허락하시는 범위 안에서 건강하게 성장한다.

"공급하다"로 번역된 단어 *epichorēgeō*는 가정의 가장이 아내가 필요로 하는 것을 공급하는 것을 나타내는 데 종종 사용되었다(Lohse, 122, n. 62; MacDonald, 115에서 재인용). 클레멘트1서 38:2에서 부유한 사람이 가난한 사람을 도우라고 말할 때 이 단어가 사용되었다(MacDonald, 115). 만약 이런 의미로 사용되었다면 바울은 교회의 궁극적인 후원자(*patron*)를 그리스도라고 말하는 것으로 볼 수 있다. 비록 자신의 집을 개방하여 교회로 모이도록 배려해 주고, 성만찬을 위해 자신의 비용으로 음식을 준비하고, 교회의 여러 가지 비용을 위해 적지 않은 액수를 헌금하는 성도가 있어서 교회의 후원자 역할을 하더라도(예. 롬 16 : 2, "…… 그[뵈뵈]가 여러 사람과 나의 보호자⟨*patron*⟩가 되었음이라") 그 사람은 교회의 궁극적인 후원자가 될 수 없다. 궁극적인 후원자는 그리스도시다. 그러므로 교회가 하는 모든 종류의 자선과 구제는 개인의 이름으로 하는 것이 아니라 그리스도의 이름으로 해야 한다.

유대교적 관습을 따라 율법을 지키고 금욕주의를 수행하면서 영적인 체험을 추구하는 골로새 이단에 속한 사람들이 자신이 본 것을 의지해 스스로 자신을 높여 영적으로 더 우월하다고 교만을 부리나, 실제로 이들은 "머리"에 붙어 있지 않다. 그들은 그리스도에게 밀접히 붙어 있지도 않으므로 그들이 과대포장하는 영적인 체험과 지식도 그리스도로부터 온 것이 아니다. 바울은 골로새 이단이 비록 본인들은 성도라고 주장하지만, 실제로 그들은 그리스도를 인정하지 않는다고 비판한다. 그들은 그리스도가 아닌 다른 것을 단단히 붙들고 있다. 만약 골로새 이단이 "자신들을 따라 하지 않으면 그리스도에게 붙어 있을 수 없다."라고 주장해도 성도들은 그 말을 믿으면 안 된다. 오히려 그들이야말로 그리스도에게 붙어 있지 않는 자들이기 때문이다. 그리스도를 통해 우리에게 주어진 복음은 유대교에 기초한 금욕주의나 신비주의적 경험에 의해 보충될 필요가 없다.

설교를 위한 묵상

복음은 금욕주의가 아니다. 금욕주의는 인간의 욕망을 악한 것으로 보고, 욕망을 제거해야 할 대상으로 본다. 금욕주의는 인간의 욕망 자체가 죄라고 본다. 인간이 갖고 있는 성적인 욕망, 재물을 향한 욕망, 그 자체가 죄라고 본다. 사실 가톨릭 교회의 오래된 전통은 인간의 욕망을 죄로 본다. 가톨릭 교회 사제, 수녀들의 독신주의는 성적 욕망을 제거하고 억누르는 인간을 이상적으로 보는 견해가 반영된 것이다. 수도원 운동에서 수도사들의 청빈을 최고의 가치로 추켜세우며 무소유를 이상적인 것으로 보는 것도, 재물을 소유하는 것 자체를 죄악시하는 경향 때문이다. 성경적 관점에서 보았을 때 죄는 하나님의 율법을 어기면서 욕망을 만족시키는 것이다. 율법의 테두리 안에서 욕망을 만족시키는 것을 하나님은 죄로 여기지 않으신다. 예를 들어, 결혼 관계 속에서 성적 욕망을 만족시키는 것을 하나님은 죄로 여기지 않으신다. 죄는 결혼 관계 밖에서 성적 욕망을 만족시키는 것이다.

종교개혁 당시 마틴 루터는 수도사 출신이었음에도 불구하고 수녀와 결혼하였다. 칼빈은 세속 직업을 하나님이 주신 소명(calling)이라고 보고, 성도들에게 경제활동을 통해 하나님의 뜻을 성취할 것을 가르쳤다. 이 두 가지는 각각 성적 욕망과 재물을 향한 욕망을 부정하지 않고 긍정한 것이다. 영과 육 두 가지 중 영만 인정하고, 육을 부정하는 것은 일종의 영지주의 이단의 오류와 같다. 개신교, 특별히 루터파와 개혁주의 전통은 영과 육을 동시에 인정한다.

비록 욕망에는 인간으로 하여금 죄를 짓게 하는 역기능이 있지만, 욕망은 인간의 문명을 끊임없이 발전하게 하는 순기능도 있다. 종교개혁의 전통은 욕망의 역기능만 인식하는 것이 아니라, 순기능도 동시에 인식한다. 인류의 역사 발전 과정을 보면 인간의 욕망을 제거하여 소유 자체를 불가능하게 함으로, 다시 말해 사적 소유제도를 폐지하여 욕망의 문제를 해결하려고 한 마르크스주의, 사회주의 정치경제학이 있었다. 이런 시도는 결국 다 실패했다. 소유제도를 폐지하여 아무것도 소유할 수 없게 만들면 근로 의욕이 없어져 버리는 문제가 생기고, 결국 경제가 발전할 수 없어 절대 다수에게 빈곤의 문제가 해결되지 않는다.

고전경제학과 그 이후의 자본주의 경제학은 인간의 욕망의 위험성을 인지하여 각종 경제활동과 관련된 법을 만들어, 욕망 추구가 다른 사람에게 파괴적인 결과를 가져오는 것이 아니라, 다른 사람과 자신에게 긍정적인 결과가 발생하게 한다. 마치 핵에너지가 잘못 사용되면 핵무기가 되어 사람을 죽이지만, 핵에너지를 잘 제어하는 핵발전소를 만들면 모든 사람에게 유익한 결과가 오는 것과 마찬가지다. 모든 사람이 법의 테두리 안에서 자유롭게 자신의 욕망을 추구한다면, 전체 사회의 부가 향상

되어 빈곤의 문제에서 다수의 사람들이 벗어나게 된다.

이런 점에서 금욕주의는 신학적으로는 로마가톨릭 신학과 가깝고, 사회철학적으로는 마르크스주의 이념과 친화력이 있다. 다행스럽게도 개신교의 전통은 이런 금욕주의와 결별했다. 복음은 인간의 영과 육의 문제에 모두 다 적용 가능하며, 인간의 욕망을 무조건 죄악시하지 않는다. 복음은 욕망이 순기능으로 작용할 수 있도록 사회 제도를 잘 만들어 가는 것을 지지한다.

C. 여러분은 그리스도와 함께 죽었습니다 : 그러므로 ……(2 : 20-23)

[20]너희가 세상의 초등학문에서 그리스도와 함께 죽었거든 어찌하여 세상에 사는 것과 같이 규례에 순종하느냐 [21](곧 붙잡지도 말고 맛보지도 말고 만지지도 말라 하는 것이니 [22]이 모든 것은 한때 쓰이고는 없어지리라) 사람의 명령과 가르침을 따르느냐 [23]이런 것들은 자의적 숭배와 겸손과 몸을 괴롭게 하는 데는 지혜 있는 모양이나 오직 육체 따르는 것을 금하는 데는 조금도 유익이 없느니라

[2:20] "세상의 초등학문"에 관해서는 이미 골로새서 2:8에서 논의하였듯이 '세상을 지배한다고 하는 영적인 존재들'을 가리키는 것으로 본다(자세한 것은 골 2:8의 주석을 보라). 개역개정판의 "너희가 세상의 초등학문에서 그리스도와 함께 죽었거든"은 "너희가 세상을 지배한다고 하는 영적인 존재들로부터 벗어나 그리스도와 함께 죽었는데도"로 번역할 수 있다. "그리스도와 함께 죽었다"는 복음의 핵심이다. 고린도전서 15:3~4에서 바울은 초대교회로부터 전달받은 그 복음을 세 가지로 요약한다. 그것은 첫째로, "성경대

로 그리스도께서 우리 죄를 위하여 죽으셨다."(사 53:5-8, 12), 둘째로, "장사 지낸 바 되셨다.", 셋째로 "성경대로 사흘 만에 다시 살아나셨다."는 것이다. 그가 다메섹에서 계시를 통해 받은 복음(갈 1:12)과 바울이 초대교회로부터 전해 받은 복음은 내용상 일치한다(갈 2:6-9). 그 복음은 예수의 죽음, 장사, 부활에 관한 복음이다. 바울은 로마서 6:3~5에서 예수의 죽음, 장사, 부활을 세례에 적용한다. 세례는 첫째로, 그리스도와 함께 죽는 것이며(롬 6:3, "…… 우리는 그의 죽으심과 합하여 세례를 받은 줄을 알지 못하느냐"), 둘째로, 그리스도와 함께 장사되는 것이고(롬 6:4, "…… 그와 함께 장사되었나니……"), 셋째로, 그리스도와 함께 다시 살아나는 것이다(롬 6:4, "…… 그리스도를 죽은 자 가운데서 살리심과 같이 우리로 또한 새 생명 가운데서 행하게 하려 함이라"). 다시 살아나는 것은 갱생(更生, renewal)이다. 믿음을 갖고 세례를 받음으로 '과거의 나'는 죽어 이 세상에서 사라지고, '새로운 나'로 다시 태어나는 것이다(요 3:3-6). 이것을 '영적 부활'이라고 부른다. 그러나 그리스도와 함께 살아난다는 것은 단지 영적 부활만을 가리키는 것은 아니다. 그리스도와 함께 죽고 살아나는 것은 궁극적으로 종말에 죽은 성도들을 다시 살리고, 살아 있는 성도들의 몸을 변화시키는 부활을 가리킨다(고전 15:51). 이것을 '몸의 부활'이라고 한다(자세한 것은 골 2:12의 주석을 보라).

예수를 믿고 세례받은 사람은 이미 과거의 자신과 단절되었다(골 2:20). 과거에는 우상숭배를 비롯하여 각종 민속 종교와 마술의 가르침을 따르며 살았지만(골 2:18), 이제 그리스도께서 십자가에서 악한 영들과 싸워 승리하심으로(골 2:15) 성도들은 그런 영적 존재들을 두려워할 필요도 예배할 필요도 없다. 그들은 이미 무장해제당했고 성도들에게 위협이 되지도, 보호자가 되지도 않는다(골 2:15). 그런 의미에서 성도들은 영적인 존재들로부터(apo) 벗어났다. 이미 성도들은 하나님의 아들의 나라로 옮겨졌으므로(골 1:13) 이 세상에 소속되어 있지 않다. 악한 영들의 영향권 아래에서 살고 있지도 않다. 비록 골로새 성도들은 이 땅에서 살고 있지만, "세상에 사는 것같이" 각종 규례에 순종하면서 살 필요가 없다. 그들은 하늘에 소속되었고 위의 것을 추구하며 살아야 한다(골 3:1, "그러므로 너희가 그리스도와 함께 다시 살리심을 받았으면 위의 것을 찾으라 ……"). 지금 골로새 이단이 주장하는 것처럼 음식에 관한 규정, 성일 준수, 할례, 천사숭배, 금욕주의적 실천 등을 위해 노력하는 것은 하늘에 소속된 사람으로 위의 것을 추구하며 사는 것이 아니다. 그런 것은 땅의 것을 추구하는 것이며, 그것은 여전히 이 세상에 소속된 사람들이 하는 행동이다. 그리스도와 함께 죽고 그 안에서 새로운 존재로 다시 태어난 성도는 세상에 속하지 않는다.

그런데도 골로새 성도들은 마치 이 세상에 소속된 인간들처럼 그런 것들에 관한 규정에 순종하려고 노력한다. '규례에 순종하다'로 번역된 동사 *dogmatizō*는 여기서 '규정과 규칙에 순종하다'(to submit to rules and regulations)라는 뜻이다. 이 단어는 14절의 "법조문으로 쓴(*tois dogmasin*) 증서"에서 사용된 *dogma*(규정)의 동사형이다. 이런 단어들은 골로새 이단의 유대교적 특성을 보여 준다. 율법 준수를 강조하는 율법주의적 성향을 갖고 있다. 영적 존재들의 지배를 받지 않는데도 골로새 성도들은 21절에 나오는 것과 같은 금욕주의적 규정("붙잡지도 말고 맛보지도 말고 만지지도 말라")을 따르려고 한다. 유대교의 가르침과 율법을 지켜야 할 아무런 이유가 없는데도 그것들을 지키려고 노력한다. 그들이 이미 "그리스도와 함께 죽었음"에도 불구하고 여전히 율법의 법조문/규례를 지키는 것에 얽매여 살려고 한다. 개역개정판의 "세상에"는 "세상 안에서"로 번역할 수 있다. 그들은 이 세상에 소속되지 않는데도 이 세상에 소속된 것처럼("세상 안에서 사는 것과 같이") 행동하려고 한다.

[2:21] 21절의 세 가지 명령은 20절에서 바울이 언급한 '골로새 성도들이 순종하려고 노력하는 규례'의 한 예로, 바울이 골로새 이단의 구호들을 인용한 것이다. 세 가지 모두 금지명령이다. 첫째 명령(붙잡지도 말고)은 성적인 금

욕을 가리키는 것으로 추측된다. 동일한 동사 *haptō*가 고린도전서 7:1, "너희가 쓴 문제에 대하여 말하면 남자가 여자를 가까이 아니함이 좋으나"에서 사용되어 '가까이하다'라는 뜻으로 번역되었기 때문이다. "붙잡지도 말고"는 "가까이하지도 말고"로 번역하는 것이 더 좋다. 둘째 명령(맛보지도 말고)은 음식에 관한 것이다. 셋째 명령(만지지도 말라)은 물건의 소유 혹은 신체적 접촉에 관한 금지규정으로 추측된다. 아마 이 세 가지 범주 안에 더 자세한 금지규정이 있었을 것이다. 골로새 이단이 이런 금지명령을 내린 것을 보면 금욕주의적인 특징을 갖고 있음이 분명하다. 골로새 이단은 금식과 금욕을 중심으로 한 금욕주의적인 규례에 순종할 것을 주장했다.

우리는 이와 유사한 예를 디모데전서에서 찾아볼 수 있다. 바울이 "어떤 자들"이라고 부르는 거짓 교사들(딤전 1:3, 6; 4:1; 5:15; 6:10, 21)은 바울이 전하는 복음과는 "다른 교훈을 가르치는" 사람들이다(딤전 1:3). 그들이 "율법의 선생"이 되려고 한다는 것(딤전 1:7)으로 보아 유대교 배경이 있음은 분명하다. 이들은 "신화와 끝없는 족보"에 관심을 갖고 있으나(딤전 1:4) 바울은 그것을 "허탄한 신화"(딤전 4:7)라고 부른다. 문제는 이들이 "혼인을 금하고 어떤 음식물은 먹지 말라"(딤전 4:3)라는 전형적인 금욕주의의 가르침을 주장하는 것이다. 바울은 이런 주장을 하는 사람들을 "미혹하는 영과 귀신의 가르침"(딤전 4:1)을 따르는 사람으로, "자기 양심이 화인을 맞아서 외식함으로 거짓말하는 자들"(딤전 4:2)로 본다. 디모데전서의 수신자 교회에 이런 거짓 교사들의 가르침을 받아들이고, 그들의 주장을 유포하는 사람들은 교회에서 비교적 나이가 젊고 부유한 과부들로 구성되어 있었던 것 같다. 바울이 "젊은 과부"를 비판하면서 "그들은 게으름을 익혀 집집으로 돌아다니고 게으를 뿐 아니라 쓸데없는 말을 하며 일을 만들며 마땅히 아니할 말을 하나니"(딤전 5:13)라고 말하기 때문이다. 디모데전서 2:9, 여자들의 단장에 관해 말하면서 언급하는 "땋은 머리와 금이나 진주나 값진 옷"은 부유층만이 가질 수 있는 것들이다. 우리의 추론이 맞다면 바울이 디모데전서 2:12,

"여자가 가르치는 것과 남자를 주관하는 것을 허락하지 아니하노니……"와 디모데전서 2:15, "…… 그의 해산함으로 구원을 얻으리라"라는 말을 왜 하는지 쉽게 이해할 수 있다.

교회 안에서 여성이 가르치고 권위를 갖는 것을 금하는 것은(딤전 2:12) 모든 시대, 모든 문화권에서 동일하게 적용해야 할 절대적인 진리가 아니라, 수신자 교회에서 일부 여성들이 거짓 교사들의 대변인 역할을 하기 때문에 그런 말을 한 것으로 보인다. 바울은 이 여성들이 집집마다 돌아다니며 잘못된 가르침을 유포하는 것을 하와가 아담을 타락하게 하는 것에 비견한다(딤전 2:13-14). 바울은 거짓 교사들이 결혼을 금하는 것(딤전 4:3)과 반대로, 이런 여성들이 결혼해서 아이를 낳기를 바란다(딤전 5:14). 모든 여성들에게 출산이 구원이라고 말할 수 없지만, 잘못된 금욕주의에 빠진 여성들이 결혼해서 출산하는 것은 거짓 선생의 영향권에서 벗어나는 것이므로 구원이라고 볼 수 있다.

바울은 디모데전서에서 거짓된 가르침을 "허탄한 신화"(딤전 4:7)라 불렀다. 골로새서에서는 "붙잡지도 말고 맛보지도 말고 만지지도 말라"라는 이런 명령들을 "사람의 전통, 헛된 속임수"(골 2:8)라 부른다. 사람의 전통이라는 말은 그 가르침의 근원이 하나님께 있지 않고 사람에게 있다는 말이다. 그 근원이 하나님께 있지 않다면 그것은 복음이 아니다. 모든 금욕주의가 다 이단인 것은 아니다. 때로는 정통교회에서도 성도들에게 금욕, 금식을 가르친다. 예수 그리스도도 사십 일 동안 금식하셨다. 하지만 이런 금욕과 금식이 교회에서 구원과 관련되어 실시되는 것은 아니다. 성도들의 신앙생활의 유익을 위해 부분적으로 실시하는 것이다. 만약 금욕과 금식이 구원에 필수적인 조건이 되어 버리면 그때부터 금욕주의가 복음을 대체하게 될 것이다.

[2:22] 21절의 금지명령들은 모두 앞으로 없어질 규정들이다. 하나님의 가르침이 아니라 사람의 가르침이기 때문이다(골 2:8). 그것들은 영원하지 않

고, 한때 유행하다가 사라지는 것들이다. 사라지는 것들을 위해서 살아갈 필요가 없다. 바울은 고린도후서 4:18에서 "우리가 주목하는 것은 보이는 것이 아니요 보이지 않는 것이니 보이는 것은 잠깐이요 보이지 않는 것은 영원함이라"라고 말한다. 인간은 원래 눈에 보이는 것에 시선을 고정하고 그것을 바라보며 살지만, 성도는 눈에 보이는 것이 아니라 눈에 보이지 않는 것에 시선을 고정한다. 보이는 것은 없어지는 것이지만 보이지 않는 것은 영원한 것이기 때문이다.

고린도전서 7:31에서 바울은 "이 세상의 외형은 지나감이니라"라고 말한다. 종말의 때가 오면 이 세상의 모든 외적인 것들은 다 사라진다. 심지어 "예언도 폐하고 방언도 그치고 지식도 폐하게" 된다(고전 13:8). "온전한 것이 올 때에는 부분적으로 하던 것이" 폐지된다(고전 13:10). 그러므로 영원하지 않은 것, 일시적인 것, 임시적인 것에 우리의 열정과 재물과 시간을 투자할 필요는 없다. 현재의 결혼생활, 직업, 재물 등이 지금은 매우 중요하게 느껴지나, 죽음과 종말의 관점에서 보면 그런 것들은 상대적으로 중요한 것임을 깨닫는다. 종말 혹은 죽음은 우리가 현재의 것들에 부과하는 절대적 중요성이 잘못된 것이며, 상대적으로 중요한 것에 불과하다는 것을 깨닫게 해준다. 그런 것들은 영원한 것이 아니고 다 사라질 것들이다. 절대적으로 중요한 것은 "위의 것"(골 3:1)이다. 성도는 영원한 세상을 향해 나아가는 사람들이므로 마치 이 세상이 영원한 것처럼 생각하고 이 세상의 것에 집착하면서 살면 안 된다. "세상에 사는 것과 같이 규례에 순종"(골 2:20)하면 안 된다. 하물며 "사람의 명령과 가르침을 따르는 것"(골 2:22)은 말할 필요도 없다. 개역개정판 번역, "사람의 명령과 가르침을 따르느냐"는 이 문장을 의문문으로 보았지만, 평서문으로 번역해서 "사람의 명령과 가르침을 따르는 것이라"라고 번역해도 의미가 통한다.

[2:23] 자의적 숭배(*ethelothrēskia*)는 다른 바울서신의 헬라어 문헌에서 전

혀 사용된 적이 없는 단어다. 접두어 *ethelo*는 아마도 "자발적으로 자원함"을 나타내는 것으로 보인다. 접두어를 제외한 나머지 단어 *thrēskia*는 예배라는 뜻이므로(18절), 자의적 숭배(*ethelothrēskia*)는 자발적인 예배를 나타내는 것 같다(O'Brien, 153). 골로새서 2:18의 천사숭배와 관련해서 골로새 이단이 이 단어를 사용했다면, 이 단어는 자신들이 스스로 원해서 선택한 예배를 가리키는 것이 된다. 골로새서 2:18에서 바울이 "천사숭배"를 언급할 때 그들이 스스로 원해서 천사들의 예배에 참여했다는 뜻으로 볼 수도 있지만, 하나님의 명령이 없음에도 불구하고 골로새 이단이 스스로 원해서 천사를 예배했다는 뜻일 수도 있다. 23절의 "겸손"은 18절과 마찬가지로 여기에서도 "꾸며 낸 겸손"으로 번역해야 일관성이 있다. 여전히 이 말은 금식과 금욕주의적 고행을 가리킨다. "꾸며 낸 겸손"은 '금욕주의적 고행'을 가리키므로 이 구절의 앞부분은 "이런 것들은 자발적 숭배와 금욕주의적 고행과 몸을 괴롭게 하는 데는 지혜 있는 것처럼 보이나"로 번역할 수 있다. "몸을 괴롭게 하는 것"은 몸(*sōma*)을 아끼지 않고 심하게 다루는 것이다. 몸을 학대하는 것과 같은 금욕주의적 고행과 일치하는 표현이다. 바울이 비판하는 문제의 핵심은 자발적으로 천사들을 예배하려고 하는 영적 신비주의와 금욕주의적인 규정을 지키려고 하는 것이다. 이런 금욕주의적인 규정들은 사람의 명령과 가르침이며, 이런 것들은 겉으로는 지혜 있는 것처럼 보이지만, 사실은 지혜로운 것이 아니다. 더 나아가 육체의 욕망을 제어하는 데에도 아무런 유익이 없다. 개역개정판의 "오직 육체 따르는 것을 금하는 데는 조금도 유익이 없느니라"는 "육체의 욕망을 만족시키는 것을 제한하는 데는 조금도 유익이 없느니라"로 번역할 수 있다. 즉, 금욕주의가 육체의 욕망을 만족시키는 것을 제한하는 역할을 할 것으로 예상하고 금욕주의적 행동을 하지만, 사실 금욕주의가 육체의 욕망을 다스리는 데 아무런 유익을 주지 않는다는 뜻이다.

그렇다면 왜 골로새 이단은 천사숭배와 금욕주의를 가르쳤을까? 이 두 가지는 어떤 관계가 있는 것일까? 골로새서에 나타나는 바울의 비판들을 모아 마치 퍼즐을 맞추듯이 골로새 이단의 주장을 다시 재구성하는 것은, 워낙 골로새 이단에 관한 정보가 단편적이기 때문에 쉽지 않다. 천사숭배와 금욕주의의 배후에 있는 골로새 이단의 신학을 다 정확하게 파악하고 설명하는 것은 불가능하다. 굳이 우리가 추측을 한다면 이렇게 주장했을지도 모른다. "인간이 죽은 뒤 영혼이 하늘로 올라갈 때 하늘에 있는 천사들이 하늘의 한 층, 한 층마다 그 출입구를 지키고 있어서, 천사들이 통과시켜 주어야만 인간은 하나님께로 갈 수가 있다. 그때 천사들로부터 쉽게 통과를 받으려면 평소에 천사들과 좋은 관계를 유지해야 한다. 그러므로 천사를 찬양하고 예배하는 것이 필요하다. 또 천사들의 호감을 얻으려면 평소에 금욕하고 금식을 해야 한다. 천사들은 음식을 먹지도 않고 시집 장가를 가지도 않으므로 우리가 이 땅에서 천사들처럼 행동하고 천사들과 비슷한 존재가 되는 것이 좋다."

물론 이런 추측은 추측일 뿐이다. 현재로서는 골로새 이단이 왜 천사숭배와 금욕주의를 주장했으며, 이 두 가지가 어떤 관계가 있는지 정확하게 알 수는 없지만, 위와 같이 추측하면 그 두 가지 주장이 서로 연결되는 이유를 설명할 수 있다. 물론 그런 추측은 영지주의 이단의 주장과 유사한 면이 있다. 영지주의는 2세기에 나타난 이단이다. 그러나 바울 당시 1세기에 완전히 자란(full fledged) 영지주의는 아니지만, 초기의(incipient) 영지주의적 경향이 골로새 지역에 존재했고, 그것과 유대교가 혼합되어 골로새 이단으로 나타났을 수도 있다. 클린턴 E. 아놀드도 이런 가능성에 대해 토론하며, 바울이 비판하는 이 "철학"을 영지주의의 모델로 설명하면 가장 쉽게 설명이 가능하다고 본다(Arnold, 98). 영지주의를 따르는 사람들이 자신들은 이미 구원을 받았지만, 여전히 악한 영들, 악한 천사들의 영향력 아래에 있다고 보았고, 죽음 이후에 악한 천사들이 관장하는 지역을 통과해야 빛의 나라에 무사히 도착할 수 있다고 믿었다. 그러므로 평소에 이런 천사들을 예배하는 것이 필요하다고 보았다(Arnold, 99). 물론 골로새 성도들이 이런 천사들을 두려워한 것인지, 아니면 악한 영으로부터 보호받기 위해 천사들에게 도움을 요청하는 의미로 그들을 부르면서(to invoke) 예배한 것인지는 분명하지 않다. 하지만 어떤 이유에서든지 그들이 천사들을 향해 경의를 표하고 도움을 요청하는 기도를 했다면, 그것은 바울의 관점에서 볼 때 잘못된 행동이었다.

설교를 위한 묵상

(1) 본질과 그림자

우리는 신앙생활 속에서 복음의 본질이 무엇인지 잊어버리고 비본질적인 문제에 관심을 쏟는다. 교회 안에서도 복음의 본질과 관련 없는 비본질적인 문제를 놓고 다투고, 결국 그런 일로 인해 교회가 분열한다. 바울은 본질을 붙잡고 비본질적인 것들은 그림자에 불과하므로 무시하라고 말한다. 유대교의 관습이 교회 안에 남아 있듯이 교회 안에서의 오랜 관행이 율법이 되어 그것이 우리를 얽어매고 그것을 지키는 것이 정통신앙인 것처럼 되어 버린다면 우리는 복음의 핵심을 놓치게 된다.

특히 금욕주의적인 관행은 그것이 마치 복음의 본질인 것처럼 인식되는 경우가 많다. 예를 들어 교회에서 그동안 담배를 피지 않고 술을 마시지 않는 것이 매우 훌륭한 성도를 구분하는 지표로 사용되었다. 물론 성도가 담배를 피고 술을 마시는 것은 옳지 않다. 하지만 단지 담배를 피지 않고 술을 마시지 않는다고 해서 그 사람이 반드시 훌륭한 성도가 되는 것은 아니다. 문제는 비본질적인 사안에 지나친 가치를 부여하고 그것이 마치 대단한 신앙의 행동인 것처럼 오도하는 것이다. 성도가 신앙의 삶의 목표를 설정할 때 그 목표가 담배를 피지 않고 술 마시지 않는 것이라면 그 목표는 너무 낮다. 훌륭한 성도는 그런 낮은 목표를 향해 달려가는 것이 아니라, 더 높은 목표를 향해 달려가야 한다. 살인하지 않는 사람이 되는 것이 목표가 아니라, 원수를 사랑하고 나를 미워하는 사람을 위해 기도해 줄 수 있는 사람이 되는 것을 목표로 해야 한다.

(2) 영적 체험과 믿음의 성장

우리는 신앙생활을 하면서 영적 체험을 한다. 환상을 보고, 꿈을 꾸며, 음성을 듣고, 병의 치료를 경험한다. 이런 영적 체험들은 믿음의 성장에 긍정적인 효과를 줄 수 있다. 하지만 이런 체험에 지나치게 매달리게 되어 이런 체험을 지속적으로 하는 것만이 올바른 신앙생활이라고 생각하여 체험 자체를 추구하는 방향으로 나가는 사람도 있다. 바울은 본문에서 자신이 본 것, 즉 영적인 체험을 절대화하고 이것을 자랑하는 것을 비판한다. 자신이 본 것을 과장하여 다른 사람에게 자랑하고 마치 이런 체험을 하지 못한 사람들은 참된 믿음이 없는 것으로 간주한다. 신앙에 대한 이런 접근은 잘못된 것이다.

신앙은 개인의 체험을 초월한 것이며 복음은 개인의 영적 체험을 넘어서 있는 것이다. 신앙은 신비한 영적 체험에 그 근거를 두고 있지도 않고, 그런 영적 체험 없이도 얼마든지 믿음을 가질 수 있다. 믿음의 성장은 그리스도께 우리의 관심을 집중하고 그리스도께서 우리에게 공급해 주시는 영적인 자양분인 말씀을 통해 일어난다. 온몸이 영양분을 받아 성장하여 나가듯이 우리의 믿음도 올바른 말씀을 자양분으로 하여 성장할 수 있다. 지나친 영적 체험의 강조는 말씀에 소홀함으로 이어질 가능성이 크며, 궁극적으로 신앙의 성장에 부정적인 영향을 준다.

D. 그리스도의 부활과 성도들의 영적 부활(3 : 1-4)

¹그러므로 너희가 그리스도와 함께 다시 살리심을 받았으면 위의 것을 찾으라 거기는 그리스도께서 하나님 우편에 앉아 계시느니라 ²위의 것을 생각하고 땅의 것을 생각하지 말라 ³이는 너희가 죽었고 너희 생명이 그리스도와 함께 하나님 안에 감추어졌음이라 ⁴우리 생명이신 그리스도께서 나타나실 그때에 너희도 그와 함께 영광 중에 나타나리라

골로새 성도들은 이미 그리스도와 함께 일으키심을 받았다(골 3:1). 그러나 성도들이 경험한 부활은 몸의 부활이 아니다. 몸의 부활은 미래에 그리스도의 재림 때에 경험하게 된다. 그들이 경험한 부활은 속사람의 거듭남, 내면의 부활이다. 그런 뜻에서 우리는 영적 부활이라고 부른다. 몸의 부활은 우리가 아직 경험하지 못했기 때문에 구체적으로 어떤 몸으로 부활하게 될 것인지 정확하게 말하기 어렵다. 하지만 그리스도의 부활을 통해서 간접적으로 우리가 미래에 경험한 몸의 부활이 어떤 것인지 가늠할 수는 있다. 부활하신 그리스도는 돌아가시기 전의 몸과 비교할 때 상당히 변화된 모습으로 다시 살아나셔서 심지어 그의 제자들도 한 눈에 그를 알아보지 못했다(막 16:12, "그 후에 그들 중 두 사람이 걸어서 시골로 갈 때에 예수께서 다른 모양으로 그들에게 나타나시니"; 참고. 눅 24:16). 부활뿐만 아니라 변화산에서 예수의 모습이 변화된 사건도 부활의 몸이 어떤 몸인지 가늠할 수 있게 한다. 예수께서 "…… 그들 앞에서 변형되사 그 옷이 광채가 나며 세상에서 빨래하는 자가 그렇게 희게 할 수 없을 만큼 매우 희어졌더라"(막 9:2-3)라고 말씀하시는 이 변화산 사건은 단지 그가 입고 있던 옷이 흰색으로 되었다는 뜻이 아니라 예수의 몸이 '영광스러운 모습', 즉 '빛나는 모습'으로 변형되었다는 증언이다(참고. 막 9:2-13; 마 17:1-13; 눅 9:28-36). 몸에서 나는 광채가 옷을 뚫고 나왔기에 옷에서 광채가 난 것이다. 마태복음 17:2은 "그들 앞에서 변형되사 그 얼굴이 해 같이 빛나며 옷이 빛과 같이 희어졌더라"라고 더 분명하게 예수가 빛나는 몸으로 변화되었다는 점을 말한다. '예수의 얼굴이 해처럼 빛났다'는 것은 메시야 텍스트인 시편 72:17, "그의 이름이 영구함이여 그의 이름이 해와 같이 장구하리로다 ……"를 연상시키며,[4] 누

---

4) 시편 72:17의 앞부분을 70인역 헬라어 구약성경(LXX 71:17)으로 읽으면 "그의 이름이 영원토록 찬양받을지라. 그의 이름은 해보다 먼저 있다."로 되어 있다. 메시야의 이름이 해보다 먼저 있다는 뜻은 그가 해가 창조되기 전에 이미 있었다는 뜻으로 읽을 수 있다. 메시야는 피조물이 아니고 영원한 존재로서 선재(先在)한다는 뜻으로 해석할 가능성이 열려 있다.

가복음 1 : 78~79의 사가랴의 찬양 중 "돋는 해가 위로부터 우리에게 임하여 어둠과 죽음의 그늘에 앉은 자에게 비치고"를 떠올리게 한다.[5] 예수의 얼굴의 광채에 대한 언급은 바울서신에도 나타난다. 고린도후서 4 : 4의 "그리스도의 영광"이란 표현을 고린도후서 4 : 6에서 더 구체적으로 설명하기 위해 바울은 "하나님께서 예수 그리스도의 얼굴에 있는 하나님의 영광을 아는 빛을 우리 마음에 비추셨느니라"라고 말한다. "예수 그리스도의 얼굴에 하나님의 영광의 빛이 나타나 있다"라는 바울의 말과 마태복음의 "예수의 얼굴이 해 같이 빛나며 옷이 빛과 같이 희어졌다"라는 말은 사실 같은 내용이다. 이런 성경의 언급들은 모두 부활한 그리스도가 하나님의 영광의 빛을 가진 몸으로 다시 살아나셨다는 점을 말하는 것이다. 사도행전 26 : 13, "…… 하늘로부터 해보다 더 밝은 빛이 나와 내 동행들을 둘러 비추는지라"(참고. 행 9 : 3, 22 : 6)는 그리스도의 계시를 묘사한다. 여기서도 그리스도의 나타나심은

---

5) 누가복음 1 : 78~79의 사가랴의 찬양 중 "돋는 해가 위로부터 우리에게 임하여"는 예수 그리스도의 탄생을 '돋는 해' 혹은 '뜨는 별'(*anatolē*)에 비유하고 있다. 단어 *anatolē*의 사전적인 뜻은 새벽(dawn)이며, 여기에서 "떠오르다"(to rise)라는 의미가 파생되었다. '새벽에 떠오르는 해'에서 '동쪽'이란 의미가 자연스럽게 추가된다. 그러나 유대교에서 이 단어의 용법은 좀 색다르다. 이 단어는 히브리어 "tsĕmăch"를 번역할 때 사용된다. 스가랴 3 : 8의 "내가 내 종 싹(tsĕmăch)을 나게 하리라"는 70인역 헬라어 구약성경에서 *idou egō agō ton doulon mou Anatolēn*(보라 내가 나의 종 '아나톨레'를 인도한다)로 번역되었다. 스가랴 6 : 12 "보라 싹이라 이름하는 사람이 자기 곳에서 돋아나서 여호와의 전을 건축하리라"에서도 "싹"(tsĕmăch)은 같은 단어 *anatolē*로 번역되었다. 사무엘하 7 : 13의 전통에서 보면 여호와의 성전을 건축하는 것은 메시야다. 예루살렘 탈무드에서도 싹은 왕으로서의 메시야를 가리키는 메시야 호칭이다.

"The Rabbis says, 'This King Messiah, if he is from the living, his name is David. If he is from the dead, his name is David……' Rabbi Joshua ben Levi said, 'His name is S,emah'"(*y. Berakoth* 2.4).

필로(Philo)의 글 *De Confusione Linguarum*(언어의 혼동) 62에서 그는 만물의 하나님이 그를 낳았기 때문에(spring up ; *aneteile*) 그의 이름이 '아나톨레'(*anatolē*)로 붙여졌다고 말한다. 그리고 그를 하나님의 장자(first-born)라고 부른다. 누가복음 1 : 78에서 예수를 "돋는 해"(*anatolē*)로 보고 그가 "위로부터"(*ex hypsous*) 오셨다고 말할 때 사가랴는 매우 분명하게 유대교 전통 속에서 예수를 메시야로 이해하고, 메시야 언어로 그를 묘사하고 있다.

"해보다 더 밝은 빛"이 나타난 것으로 누가는 묘사한다. 예수는 하나님의 영광의 빛 가운데에서 말씀하실 뿐 아니라, 부활하여 승천하신 주는 빛나는 영광의 몸을 갖고 계신다.

그렇다면 그리스도와 함께 일으키심을 받은 골로새 성도들은 그리스도처럼 부활하여 영광스러운 몸, 빛나는 몸을 가진 존재로 변화된 것인가? 그렇지는 않다. 그들은 여전히 '썩어 없어질 수밖에 없는 몸'(고전 15:42), '수치 가운데 있는 몸'("욕된 몸", 고전 15:43)을 갖고 있다. 영원히 살 수 있는 존재로 창조되었으나 범죄함으로 인해 죽을 수밖에 없는(mortal) 몸, 그래서 죽음이라는 수치를 안고 있는 몸(사 25:8), '약한 몸'(고전 15:43), '육의 몸'(고전 15:44)을 갖고 있다. 원래는 죽지 않는 영적인 몸을 가진 존재로 창조되었으나 타락함으로 인해 자연의 생로병사의 원리의 지배를 받는 몸을 갖게 되었다. 물론 종말의 때에 성도들은 죽음에서 부활하여 그리스도의 몸처럼 영광의 빛으로 빛나는 몸을 가진 모습으로 변화될 것이다(고전 15:49, "……또한 하늘에 속한 이의 형상을 입으리라"; 롬 8:29, "하나님이 미리 아신 자들을 또한 그 아들의 형상을 본받게 하기 위하여 미리 정하셨으니……"; 빌 3:21, "…… 우리의 낮은 몸을 자기 영광의 몸의 형체와 같이 변하게 하시리라"). 하지만 그때까지 성도들은 여전히 죄와 죽음이 왕 노릇하는 이 세상에서 끝없는 욕망의 공격을 받을 수밖에 없는 육체를 입고 그 가운데에서 살아간다. 그렇다면 이 세상에서 죽을 수밖에 없는 몸을 가진 성도들은 어떻게 살아가면 좋을까? 바울의 대답은 "그리스도께서 하나님 우편에 앉아 계시는 하늘을 바라보고, 하늘의 것을 추구하라"(골 3:1-2)라는 것이다. 이 땅에 발을 붙이고 살지만 땅 위의 것을 바라보고 땅 위의 것을 추구하는 것이 아니라 하늘의 것을 추구하는 삶, 그것이 바로 성도들이 이 세상을 살아가는 방식이다.

[3:1] 종말의 부활은 미래에 있을 것이지만, 성도는 "그리스도와 함께 다시 살리심을" 받았다. 바울은 부활을 확정적인 것으로, 이미 이루어진 것으로

본다. 성도가 믿음을 갖고 있는 한, 미래는 현재 속에 이미 현존한다(세례와 부활의 관계에 관해서는 골 2:12의 주석을 보라). 성도들은 믿음을 가져 세례를 받음으로 과거의 자아가 죽고 그리스도와 함께 새로운 자아로 다시 살리심을 받았다. 성도는 비록 이 땅에서 살고 있지만, 이미 그의 영원한 삶은 하나님의 나라를 상속받을 상속자로 결정되었다(갈 3:18, 29; 4:1, 7, 30; 5:21; 고전 6:9-10; 15:50; 롬 4:13-16; 8:17; 엡 3:6; 딛 3:7). 그러므로 성도는 이 세상에 소속되지 않는다. 하늘에 소속되어 있다(빌 3:20, "그러나 우리의 시민권은 하늘에 있는지라 ……"). 하늘에 소속된 성도들은 당연히 "땅 아래의 것"을 찾지 않고 하늘의 것, 즉 "위의 것"을 찾아야 한다. '찾는다'라는 말은 '추구한다'라는 뜻이다. 성도들은 하늘의 것, 위의 것을 추구해야 한다("위의 것을 찾으라"는 개역개정판의 번역은 "위의 것을 추구하라"로 번역하는 것이 더 적절하다).

골로새 성도들이 지금 천사들과 같은 영적인 존재들을 두려워하고 그들을 예배하는 것은 겉으로 보기에는 "위의 것"을 추구하는 것처럼 보이지만, 사실은 "위의 것"을 추구하는 행동이 아니다. 그것들은 "사람의 전통과 세상의 초등학문"(골 2:8)을 추구하는 것에 불과하다. 그러므로 골로새 성도들은 영적인 존재들을 두려워하여 그들을 예배하거나(골 2:18), 헛된 신비주의적 체험을 추구하거나(골 2:18), 금욕주의적 수행(골 2:18, 21-23)을 추구하면 안 된다. 천사를 예배하고 금욕주의적 관행에 빠져 살아가는 것은 결코 하늘의 것을 추구하는 것이 아니다. 그것은 땅의 것을 추구하는 것이다. 하늘을 바라보되 공중에 있는 천사들과 같은 영적 존재들에 시선을 고정하면 안 된다. 하나님의 보좌가 있는 하늘에 시선을 고정해야 한다. 하나님의 보좌 우편에 그리스도가 앉아 계시기 때문이다. 바로 그리스도에게 우리의 시선을 고정해야 한다.

"그리스도께서 하나님 우편에 앉아 계시느니라"는 말씀은 시편 110:1, "여호와께서 내 주에게 말씀하시기를 내가 네 원수들로 네 발판이 되게 하기까지 너는 내 오른쪽에 앉아 있으라 하셨도다"에 그 근거를 두고 있다. 시편 110편은 원래 왕위 즉위식 때 사용되던 찬양시로 여겨진다. 이 시편에서 논란이 되는 점은 1절에서 화자(話者)가 "여호와"로 불리는 존재와 "내 주"(ᵃdōnî)라고 불리는 존재가 누구냐는 것이다. 히브리어 성경에서 "여호와"를 발음하지 않기 위해 사용되는 '아도나이'(ᵃdōnāi)는 하나님을 향해 사용되었다. "내 주"로 번역된 히브리어 '아도니'(ᵃdōnî)는 인간인 왕, 주인, 남편 등을 향해 사용되었다. 히브리어로는 서로 발음이 다르므로 이 존재가 "주"라는 호칭으로 불렸다고 해서 자동적으로 신적인 존재로 여겨지는 것은 아니다. 그러나 원래 히브리어 성경은 모음부호가 찍혀 있지 않았고, 현재의 히브리어 성경의 모음부호는 후대에(아마도 주후 500-1000년 사이에) 찍은 것이다. 따라서 주후 1세기에 유대인이 이 구절을 읽을 때 이 자음들에 어떤 모음을 붙여서 어떻게 발음해 읽었는지는 정확하게 알 수 없다. 그러므로 시편 110편의 기자(記者)가 여호와 하나님이 평범한 인간 왕이 아니라 또 다른 신적인(divine) 존재인 '주'를 향해 말씀하신 것으로 기록했다고 볼 가능성은 항상 열려 있다.

다윗이 선지자로서 하나님의 음성을 듣고 이 시편을 기록한 것이라 하더라도(행 2 : 30, "그는 선지자라 하나님이 이미 맹세하사 그 자손 중에서 한 사람을 그 위에 앉게 하리라 하심을 알고") 만약 이 '주'가 단순한 인간 왕이라면, 이스라엘의 왕인 다윗이 그의 후손을 "내 주"라고 부른 것은 매우 특이한 일이다. 그러므로 "내 주"가 누구인지는 쉽게 확인되기 어려웠을 것이고 그래서 다윗이 "내 주"라고 부른 이 존재가 누구인지를 둘러싼 토론이 생길 수밖에 없었을 것이다. 예수 당시 유대인들 사이에서도 토론이 있었을 것이다. 마가복음 12 : 35~37(병행, 마 22 : 41-46 ; 눅 20 : 41-44)에 기록된 대화에서 예수는 시편 110 : 1을 인용하면서 "다윗이 그리스도를 주라 하였은즉 어찌 그의 자손이 되겠느냐 ……"(막 12 : 37)라는 질문을 던진다. 예수의 요지는 "서기관들은 그리스도를 다윗의 자손이라고 부르는데, 왜 다윗은 자신의 자손을 향해 '주'라고 불렀느냐? 다윗이 그리스도(메시야)를 '주'라고 불렀으므로 그리스도는 다윗조차 '주'라고 불러야 할 높은 신분과 지위를 갖고 있다고 보아야 하지 않겠느냐?"는 것이다. 메시야에 대한 대중적인(popular) 견해는, 메시야는 평범한 인간으로서 하나님이 그를 왕으로 세우신다는 것이었다. 민족적, 정치적 지도자이면서 왕인 메시야를 기대하는 대중을 향해서 예수는 성경이 계시하는 메시야가 평범한 인간이 아니라 다윗조차도 그를 향해 '주'라고 부르지 않으면 안 되는 매우 높은 지위, 아마도 신적인 지위(divine status)를 가진 존재라는 것을 암시한다(시 45:6〈참고. 히 1:8〉; 시 72:17; 시 89:29; 사 9:6〈참조. 사 10:21〉). 이 대화를 통해 알 수 있는 것은 시편 110편이 당시 유대교에서 메시야에 관련된 말씀으로 이해되고 있었다는 것이며, 메시야를 보좌 우편에 앉아서 하나님과 보좌를 공유하는 존재로 보았다는 점이다. 하나님 우편에 앉아 있는 메시야가 신적인 지위를 갖고 있는지에 대해 주후 1세기의 유대인들이 어떤 견해를 갖고 있었는지 분명히 결론 내릴 수는 없지만, 마가복음 12:35~37에 기록된 대화를 놓고 판단할 때 우리는 적어도 예수가 이 구절의 "내 주"가 다윗의 후손인 동시에 평범한 인간이 아니라 다윗조차 "주"라고 부를 수밖에 없는 신적인 지위를 가졌다고 보고 있었다는 점을 확인할 수 있다.

우리의 이런 관찰이 틀리지 않다는 것은 예수가 산헤드린 재판에서 대제사장이 "…… 네가 찬송 받을 이의 아들 그리스도냐"(막 14:61)라고 물었을 때 예수가 한 대답, "…… 내가 그니라 인자가 권능자의 우편에 앉은 것과 하늘 구름을 타고 오는 것을 너희가 보리라 하시니"(막 14:62)에서 확인할 수 있다. 예수의 대답은 시편 110:1과 다니엘 7:13의 "내가 또 밤 환상 중에 보니 인자 같은 이가 하늘 구름을 타고 와서 옛적부터 항상 계신 이에게 나아가 그 앞으로 인도되매"를 인용하면서 두 구절을 하나로 합한 것이다. 첫째로, 예수의 대답에서 예수는 '권능자의 우편에 앉은 자'와 자기 자신을 동일시하고 있다는 것은 분명하다. 둘째로, 대제사장이 자신의 옷을 찢으면서 더 이상의 증인이 필요 없을 정도로 예수의 언명을 "신성모독"이라고 보았으므로(막 14:63-64) 대제사장도, 예수도 그리고 재판정에 모인 산헤드린의 모든 회원들도 예수가 자신을 신적 지위를 가진 존재로 주장했다는 점에 동의했다는 것도 분명하다. 그렇다면 예수는 마가복음 12:35~37에 기록된 대화를 할 때 자신이 바로 메시야이며, 메시야는 대중적 견해와 달리 평범한 인간이 아니라 신적 권위를 갖고 있다는 점을 주장한 것으로 해석하는 것이 옳다(참고. 막 2:5-10). 예수의 제자들은 비록 마가복음 12장의 대화를 들을 당시에는 예수의 말의 진의(眞意)를 다 깨닫지 못했더라도 예수의 재판과 처형 과정에서 그가 한 '엄청난 주장', 즉 '내가 메시야이며, 나는 원래 하나님의 보좌 우편에 앉아 있는 바로 그 존재고, 장차 구름을 타고 올 세상 모든 민족의 왕으로 이 땅에 내려오는 바로 그 인자(人子)다'라는 말의 뜻을 최소한 사후적으로는 이해했을 것이다. 예수의 처형과 부활을 직접 경험한 그의 제자들은 예수의 이 말씀들을 기억하고 그리스도에 관해 말할 때 자주 시편 110:1을 직접, 간접으로 인용하면서 그에게 적용했다.[6]

---

[6] 주후 1세기 유대교 안에 과연 시편 110편과 관련하여 하나님 이외에 또 다른 신적 권위를 가진 존재에 관한 토론이 있었을까? 바울이 고린도전서 8:6에서 "그러나 우리에게는 한 하나님 곧 아버지가 계시니 만물이 그에게서 났고 우리도 그를 위하여 있고 또한 한 주 예수 그리스도께서 계시니 만물이 그로 말미암고 우리도 그로 말미암아 있느니라"라고 말한다. 창조주 하나님 외에 또 다른 "한 주"가 있다고 말하는 것은 유대교의 유일신론을 부정하는 것일까? 아니면 당시 유대교 안에도 바울이 하나님을 이해하는 것과 유사한 이위일체(二位一體)론적(binitarian) 신이해(神理解)가 존재했을까? 이 문제에 관해 우리는 쉽게 결론을 내릴 수 없지만, 이 논의를 좀 더 구체적으로 하려면 유대교 문서에 등장하는 메타트론(Metatron)에 관한 기록을 참고하는 것이 필요하다. 메타트론이란 히브리어 호칭은 원래 헬라어 '메타쓰로노스'(*metathronos*, 혹은 *synthronos*도 가능하다)를 히브리어로 음역한 것이며, 그 뜻은 '보좌를 공유하는 자'다. 이 개념은 바빌로니아 탈무드에 등장한다(b. *Chag* 15a ; b. *Sanh* 38b ; b. *AZ* 3b). 랍비 Elisha ben Avyuah는 'perdes'(paradise)에서 메타트론을 본 사건에 대해 말한다(b. *Chag* 15a). 하나님은 메타트론에게 보좌 옆에 앉도록 허락하셨고, 메타트론은 하나님의 보좌에 함께 앉은 대권자(vice-regent)이다. 그래서 그는 '하늘에 두 개의 권력'(two powers in heaven)이 있다고 말한다. 창세기 탈굼인 Pseudo-Jonathan on Gen 5:24은 이 메타트론이 에녹이라고 말한다. 2세기 초 바르코크바(bar Kochba)의 반란이 일어났을 때 랍비 아키바(Akiva)는 그를 메시야로 선포하였는데, 그는 다니엘 7:9을 해석하면서 하늘에 두 개의 보좌가 있고 각각의 보좌에 옛적부터 계시던 이와 다윗이 앉는다고 말한 적이 있다. 바빌로니아 탈무드가 3세기 초에서 500년경 사이

신약성경에서 시편 110:1이 직접 인용되는 구절들은 매우 많다(마 22:
44; 26:64; 막 12:36; 14:62; 16:19; 눅 20:42 이하; 22:69; 행 2:34
이하; 롬 8:34; 고전 15:25; 엡 1:20; 골 3:1; 히 1:3, 13; 8:1; 10:12
이하). 직접 인용은 아니지만 보좌 우편에 계신 그리스도에 관해 간접적으로
말하는 구절도 적지 않다(행 2:33; 5:31; 7:55; 히 12:2; 벧전 3:22). 그
리고 그것이 복음서(마 22:44; 26:64; 막 12:36; 14:62; 16:19; 눅 20:
42 이하; 22:69), 사도행전(행 2:34 이하), 바울서신(롬 8:34; 고전 15:
25; 엡 1:20; 골 3:1), 비(非)바울서신(히 1:3, 13; 8:1; 10:12 이하)에
걸쳐 있다는 점은 잘 알려진 사실이다(간접인용은 행 2:33; 5:31; 7:55;
히 12:2; 벧전 3:22 등). 이것은 초대교회가 기독론을 확립할 때 구약성경
구절 중 시편 110:1이 절대적으로 중요한 근거와 자료로 사용되었다는 것
을 보여 준다.

로마서 8:34, "누가 정죄하리요 죽으실 뿐 아니라 다시 살아나신 이는
그리스도 예수시니 그는 하나님 우편에 계신 자요 우리를 위하여 간구하시
는 자시니라"에서 "하나님 우편에 계신 자"는 시편 110:1을 간략화한 형태
다. 이 구절에서 바울은 시편 110:1의 보좌 우편에 계신 존재와 예수 그리
스도를 같은 존재로 보며, 그리스도의 죽음과 부활, 그리고 하나님의 우편
으로 승귀가 중요한 모티브로 나타난다. 골로새서 3:1의 "다시 살리심"이

에 기록된 것이지만, 그보다 앞선 시대의 전승을 포함하고 있으므로 메타트론으로 불리는 이 존
재가 누구인지, 그리고 과연 1세기 유대교에서 이 전승이 살아 있는 전승으로 존재했는지에 관해
서는 아직 결론이 내려지지 않았다. 하지만 메타트론에 관한 랍비들의 토론이 시편 110:1, 다
니엘 7:9 이하 등의 구절들과 관련되어 있음은 분명하다. 1세기 이전의 유대교 랍비들은 시편
110:1, 다니엘 7:9 등의 구절에 관한 토론을 하지 않았고, 오직 1세기 이후의 랍비들만이 이
구절들에 대해서 토론했다고 가정하는 것은 사실상 비현실적이다. 똑같은 성경구절을 놓고 1세
기 이전의 랍비들이 시편 110:1의 보좌 우편에 앉은 자가 누구인지, 또 다니엘 7:9의 복수의
(plural) 보좌들에 누가 앉는지에 대해 전혀 토론하지 않았다고 보기 어렵기 때문이다. 만약 그렇
다면 바울의 이위일체론적 하나님 이해와 유사한 신인식(神認識)이 당시 1세기 유대교 안에 있
었고, 이것이 초기 기독교의 기독론 형성에 관련되었을 것으로 보는 것이 더 합리적이라고 말할
수 있다.

란 말은 그리스도의 죽음과 부활, 그리고 하나님 보좌 우편으로의 승귀를 가리킨다. 에베소서 1:20, "그의 능력이 그리스도 안에서 역사하사 죽은 자들 가운데서 다시 살리시고 하늘에서 자기의 오른편에 앉히사"에서도 그리스도 예수의 죽음과 부활, 그리고 승귀의 모티브가 동시에 나타난다. 이 구절들은 모두 바울 교회의 초기 복음 설교(케리그마) 형식을 반영하고 있는 것이다.

사도행전에서 누가가 기록한 초대교회의 복음 설교 중 상당히 오래된 케리그마도 이와 내용이 유사하다. 베드로는 사도행전 2:33~35에서 "하나님이 오른손으로 예수를 높이시매 그가 약속하신 성령을 아버지께 받아서 너희가 보고 듣는 이것을 부어 주셨느니라 다윗은 하늘에 올라가지 못하였으나 친히 말하여 이르되 주께서 내 주에게 말씀하시기를 내가 네 원수로 네 발등상이 되게 하기까지 너는 내 우편에 앉아 있으라 하셨도다 하였으니"라고 설교한다. 하나님이 그리스도를 높이되(승귀) 하나님의 보좌 우편에 앉으시기까지 높이셨다. 그리스도는 이 보좌 우편에 원래부터 계시던 분으로서, 다윗이 오래전 이미 예언의 말씀을 통해 언급한 바가 있는 바로 그 분이다(참고. 행 5:31 "…… 그를 오른손으로 높이사 임금과 구주로 삼으셨느니라"). 사도행전 7:55~56의 스데반이 죽기 전의 상황을 묘사하는 장면에서도 "스데반이…… 예수께서 하나님 우편에 서신 것을 보고 말하되 보라 하늘이 열리고 인자가 하나님 우편에 서신 것을 보노라"라고 되어 있다. 특이한 점은 스데반의 마지막 증언에서 스데반은 예수를 '인자'로 부른다는 점이다. 이 점은 매우 중요하다. 스데반은 시편 110:1("하나님 우편")과 다니엘 7:13("인자")을 연결하여 이해하고 있기 때문이다. 스데반이 보좌 우편에 있는 분을 인자라고 부른 것은 예수가 산헤드린 재판에서 시편 110:1과 다니엘 7:13을 연결하여 대답한 것(막 14:62)과 일치한다.

이처럼 바울을 비롯하여 초대교회는 이미 예수의 죽음, 부활, 그리고 승천을 이해할 때 시편 110:1과 연결해서 이해하였다. 하나님의 보좌 우편은 다른 어떤 자리와도 비교할 수 없는 높은 자리고, 바울은 시편 110:1의 보좌 우편에 앉아 계신 분이 바로 그리스도이며, 그가 바로 하나님의 전권을 위임받은 분이라고 말한다. 이러한 바울 이해의 이면에는 이사야 52:13이 중요한 역할을 하고 있다. 바울은 빌립보서 2:9에서 "이러므로 하나님이 그를 지극히 높여(*hyperypsōsen*) 모든 이름 위에 뛰어난 이름을 주사"라고 말한다. 빌립보서 2:6~11의 찬양시는 그리스도의 낮아지심(성육신과 십자가 죽음)과 높아지심(부활과 승귀)에 관한 것이다. 그리스도의 승귀에 관해 말할 때 '지극히 높이다'라는 뜻의 동사 *hyperypsoō*를 사용하는데, 이 부분이 이사야 52:13을 반향하고 있는 것으로 보인다. 이사야 52:13은 우리가 잘 아는 고난받는 주의 종의 노래(사 52:13-53:12)의 첫 시작 구절이다. 그곳에서 하나님은 "보라 내 종이 형통하리니 받들어 높이 들려서 지극히 존귀하게 되리라"(사 52:13)라고 말씀하신다. 이 구절은 70인역 헬라어 구약성경으로 읽으면 "*ho pais mou kai hypsōthēsetai kai doxasthēsetai sphodra*"로 되어 있고, 여기에서 '높이다'라는 뜻의 동사 *hypsoō*(rûm)가 사용되고 있다. 바울은 빌립보서 2:6~11의 찬양시에서 그리스도가 원래 천지창조 이전부터 이미 선재(先在)하시는 분으로서 하늘 보좌에 계시던 분이지만, 인간의 모습으로 이 땅에 오셔서 십자가에서 죽기까지 하나님의 뜻에 순종하셨고(빌 2:6-8), 이것은 이사야 52:13~53:12의 예언을 성취하여 죄인들을 대신해 죽으신 것으로 본다. 에베소서 4:9~10에서 "올라가셨다 하였은즉 땅 아래 낮은 곳으로 내리셨던 것이 아니면 무엇이냐 내리셨던 그가 곧 모든 하늘 위에 오르신 자니"는 십자가에서 죽고 부활하신 그리스도가 원래부터 하늘에 계시던 분이며, 하늘에서 땅으로 내려오셨기 때문에 다시 그가 하늘로 올라가신 것은 당연하다고 말한다. 이런 구절들은 모두 그의 선재(先在)에 관해 일관되게 말한다. 그리스도가 십자가에서 죽기까지 하나님의 뜻에 순종하셨기 때문에 하나님이 그를 다시 살리시고 높이시되(사 52:13), 보좌우편에 앉으시기까지 높이셔서(시 110:1), 모든 무릎과 모든 혀가 그를 주로 고백하게 하셨다(빌 2:10-11; 사 45:23). 바울은 이사야 52:13

에서 사용된 '높이다'라는 뜻의 동사 *hypsoō*를 한층 더 강조하기 위해 접두어 *hyper*가 붙어 있는 '지극히 높이다'라는 뜻의 동사 *hyperypsoō*를 사용한다. 바울은 하나님이 예수 그리스도를 단순히 높이는 것이 아니라, 보좌 우편의 자리까지 높이신다는 점을 표현하기 위해 접두어 *hyper*가 붙어 있는 '지극히 높이다'라는 뜻의 동사 *hyperypsoō*를 사용하였다. 그러므로 초대교회가 그리스도의 부활과 승귀를 이해하는 배후에는 이사야 52:13~53:12의 고난받는 주의 종에 관한 예언이 있었고, 하나님이 자신의 말씀대로 고난받고 죽으신 그리스도를 높이셨다는 신앙고백이 시편 110:1의 "보좌 우편에 계신 그리스도"라는 표현으로 나타난 것이다.

"그리스도께서 하나님 우편에 앉아 계시느니라"라는 말은 하나님의 보좌 우편에 또 다른 별개의 보좌가 있고 그곳에 그리스도가 앉아 계신다는 뜻이라기보다는, 하나님의 보좌 위에 하나님과 그리스도가 함께 앉아 계신다는 뜻으로 이해되어야 한다.[7] 하나님과 그리스도가 함께 근접한 거리에 앉아 계신다는 것은 그 두 분 사이에 있는 친밀한 관계를 표현하는 말이다. 메시야를 '하나님의 아들'로 부를 때 이 호칭은 하나님과 메시야 사이의 친밀한 관계를 가리킨다. 고전적 메시야 구절인 사무엘하 7:11~16에서 하나님은 메

---

7) 물론 다니엘 7:9, "내가 보니 왕좌가 놓이고"에서 보좌는 단수가 아니고 복수 명사다. 보좌는 70인역에서도 마찬가지로 복수 명사 *thronoi*로 되어 있다. 이런 관점에서 보면 하나님의 보좌 외에 다른 별도의 보좌가 있는 것으로 볼 수도 있다. 그러나 이와 반대되는 자료로 랍비 유대교 전승에 메타트론(Metatron)이라고 불리는 존재에 대한 신학적 사유가 있다. 메타트론은 헬라어 (*metathronos* 혹은 *synthronos*로도 불린다)를 히브리어로 음역한 것이며 그 뜻은 '보좌를 공유하는 자'이다. 이런 개념은 하나님의 보좌 옆에 별도의 보좌가 또 있는 것이 아니라, 보좌에 두 분의 신적 존재가 함께 앉아 있는 것으로 되어 있다. 메타트론은 바빌로니아 탈무드에 등장한다 (*b. Chag* 15a ; *b. Sanh* 38b ; *b. AZ* 3b). *b. Chag* 15a는 아비우아의 아들 엘리사(Elisha ben Avyuah)라는 랍비가 "perdes"(아마도 paradise, 낙원을 가리키는 것으로 보임)에서 메타트론을 본 사건에 대해 말한다. 메타트론은 하나님 옆에 앉도록 허락되었고 그 랍비는 "하늘에 두 개의 권력(Two Powers in Heaven)이 있다."고 말한다. 메타트론은 하나님의 보좌에 함께 앉은, 하나님과 구분되는 대권을 위임받은 자(vice-regent)이다. 이런 유대교 전승을 고려할 때 두 가지 가능성 중 하나의 보좌를 두 분이 공유하는 것으로 보는 것이 보좌 옆에 또 다른 작은 보좌(Little Yahweh)가 하나 더 있다는 전승보다 더 시편 110:1의 뜻에 더 가까운 것으로 보인다.

시야를 향해 "나는 그에게 아버지가 되고 그는 내게 아들이 되리니……"(삼하 7:14)라고 말씀하신다. 메시야 시편인 시편 2편에서도 하나님이 시온에 세우시는 하나님의 왕(시 2:6)을 향해 "…… 너는 내 아들이라 오늘 내가 너를 낳았도다"(시 2:7)라고 말씀하신다. 또 다른 메시야 시편인 89:20~37에서도 하나님은 그의 거룩한 기름을 부은 메시야(시 89:20)와의 관계를 아버지와 아들의 관계로 표현하시며(시 89:26, "그가 내게 부르기를 주는 나의 아버지시요 나의 하나님이시요 ……") 심지어 그를 "장자"(firstborn, *prōtotokos*)라고 부르신다. 하나님과 메시야, 즉 그리스도와의 관계가 아버지와 아들 사이의 친밀한 관계다. 바울은 이 "장자"(firstborn, *prōtotokos*, 시 89:27)라는 호칭을 골로새서 1:15, 18에서 그리스도를 향해 사용하는데, 그리스도의 선재(先在)와 연결하여 사용한다. 그리스도를 천지창조의 대행자로 보는 것은 잠언 8장의 지혜에 관한 언급과도 관련이 있다. 잠언 8:30에서 지혜는 "내가 그 곁에 있어서 창조자가 되어 날마다 그의 기뻐하신 바가 되었으며 항상 그 앞에서 즐거워하였으며"라고 말한다. 여기에서 지혜가 하나님의 "곁에 있었다"는 것과 "항상 그 앞에서 즐거워했다"는 것은 모든 근접성(近接性)을 표현하는 것이다. 근접성은 친밀함을 표현한다. 그러므로 지혜가 천지창조 이전부터 하나님과 근접한 거리에 있었다는 것(잠 8:30)과 그리스도가 하나님의 보좌 우편에 계신다는 것(시 110:1)은 개념적으로 서로 연결될 수 있다. 요한복음 8:23, "예수께서 이르시되 너희는 아래에서 났고 나는 위에서 났으며 너희는 이 세상에 속하였고 나는 이 세상에 속하지 아니하였느니라"는 위와 같은 내용과 일맥상통한다. 예수는 처음부터 땅에 속한 자가 아니라 하늘에 속한 자이며, 그는 위로부터 오시는 분이다.

[3:2] "생각하다"(*phroneō*)는 "몰두하다", "관심을 집중하다"라는 뉘앙스도 갖고 있다. 바울은 하늘의 천사와 같은 영적 존재에 관심이 있는 사람들에게 하늘의 것을 생각하지 말라고 말하지 않는다. 오히려 하늘의 것을 생각하라

고 말한다. 하늘에 관심을 갖되, 방향을 다르게 바꾼다. 바울은 영적 존재들에서, 초월적 세계에서 세상을 다스리시는 하나님과 그리스도에게로 그 관심을 이동시킨다. 하나님과 그리스도에 시선을 맞추지 않고 영적 존재들을 두려워하면서 그들을 예배하거나(골 2:18) 헛되고 신비한 체험을 추구하거나(골 2:18), 금욕주의적 수행(골 2:18, 21-23)을 추구한다면 그것은 "땅의 것"을 추구하는 것이다. 그것은 위의 것에 집중하지 않는 것이다.

"위의 것을 생각하고 땅의 것을 생각하지 말라"라는 말씀은 마가복음 8:33에서 예수께서 베드로를 꾸짖으며 하신 말씀 "사탄아 내 뒤로 물러가라 네가 하나님의 일을 생각하지 아니하고 도리어 사람의 일을 생각하는도다"를 생각나게 한다. "위의 것"은 "하나님의 일"과 같은 것이며, "땅의 것"은 "사람의 일"과 사실상 같은 것이다. 그리스도는 "하나님의 일"을 생각하지 않고 "사람의 일"을 생각하는 것은 사탄의 시험에 빠진 결과로 보신다. 베드로는 예수가 단순히 선지자가 아니라 "주는 그리스도시니이다"(막 8:29)라고 고백하였음에도 불구하고 "인자가 많은 고난을 받고 장로들과 대제사장들과 서기관들에게 버린 바 되어 죽임을 당하고 사흘 만에 살아나야 할 것을 ……"(막 8:31) 예수께서 말씀하시자 이것에 항변하였다. 예수는 자신이 메시야이지만, 이사야 52:13~53:12에 나타난 바와 같이 고난받고 죽는 메시야라는 것을 말씀하셨다. 이런 종류의 메시야는 유대교에 유래가 없는 개념이었고, 베드로 역시 그런 말을 들어본 적이 없었을 것이다. 이사야 탈굼(Targum)에서 이사야 52:13~53:12를 메시야에 관한 구절로 보지만, 여전히 메시야가 고난받는 것이 아니라, 이스라엘이 고난받는다고 해석한다. 그리고 메시야는 여전히 정치적 왕으로 승리하는 메시야다. 이 점은 베드로의 견해가 당시 유대인들 대다수의 견해였음을 암시한다. 베드로는 예수를 민족국가를 회복하는 정치적 메시야로 생각하였기 때문에 예수의 고난과 죽음의 예고에 항변했다.

그러나 그것은 하나님의 뜻이 아니었다. "하나님의 일"은 예수가 십자가에서 죽는 것이고, "사람의 일"은 베드로의 뜻대로 예수가 죽지 않고 이스라엘 민족국가의 왕이 되어 왕위에 오르는 것이다. 마가복음 10:45에서 예수는 자신을 인자라는 호칭으로 부르면서, "인자가 온 것은 섬김을 받으려 함이 아니라 도리어 섬기려 하고 자기 목숨을 많은 사람의 대속물로 주려 함이니라"(막 10:45)라고 말씀하셨다. 여기서 주목해야 할 부분은 "인자가 오다"와 "섬김을 받는다"는 표현이다. 이 두 가지는 다니엘 7:13~14에 나타나는 인자에 대한 묘사와 일치한다. 인자는 "구름을 타고 와서" 그에게 영원한 권세와 영원한 나라를 받고 "모든 백성과 나라들과 다른 언어를 말하는 모든 자들이 그를 섬기게" 된다(단 7:14). 70인역 구약성경으로 읽으면 다니엘 7:13과 마가복음 10:45에 공통적으로 '온다'(erchomai)라는 동사가 사용되고 있다는 것을 발견한다. 인자가 하늘로부터 오면 만백성이 그를 섬긴다. 70인역 헬라어 구약성경 다니엘 7:14에서 '섬기다'는 뜻으로 latreuō가 사용되고, 마가복음 10:45에서 '섬기다'는 뜻으로 diakoneō가 사용되었지만 이 두 단어는 의미가 서로 통한다. 다니엘에서는 '예배하다'라는 의미가 포함된 '섬기다'라는 의미라면, 마가복음에서는 '봉사하다'는 뜻이 포함된 '섬기다'의 뜻이다. 예배를 받을 분이 오히려 섬긴다는 역설이 담겨 있다. 예수가 마가복음 10:45에서 의미한 바는 자신이 다니엘 7:13~14에 예언된 바로 그 인자고, 인자가 하늘로부터 이 세상에 오면 원래 예언은 그가 만백성의 섬김을 받기로 되어 있지만, 이번 초림(初臨)에는 자신이 섬김을 받지 않고 오히려 섬기기 위해 왔다는 것이다. 그가 만백성을 섬기는 방법은 자신의 목숨을 많은 사람의 대속물로 주는 것이다. "자신의 목숨을 많은 사람의 대속물로 준다."는 말씀은 의심할 나위 없이 이사야 52:13~53:12의 내용을 반향한다(사 53:10, "그의 영혼을 속건제물로 드리기에 이르면"; 사 53:11, "그들의 죄악을 친히 담당하리로다"; 사 53:12, "그가 많은 사람의 죄를 담당하며"). 그러므로 마가복음 10:45의 말씀은 다니엘 7:13~14의 인자에 관한 말씀과 이사야 52:13~53:12의 고난받는 주의 종의 말씀을 연결하여 합한 것이다. 바로 여기에 예수가 자신을 어떤 종류의 메시야로 생각했는지 가장 정확하게 나타나고 있다. 그렇다면 인자는 언제 섬김을 받게 될까? 바로 재림(再臨) 때에 만백성의 섬김을 받게 된다. 그러므로 그리스도의 첫 번째 오심은 예수가 죽어 세상 모든 민족과 국가를 초월한 영원한 하나님의 나라의 왕이 되시고, 그 나라가 이 땅에 하나님의 초월적 능력을 통해 세워지도록 하는 것에 그 목적이 있었다. 예수가 십자가에서 죽는 것이 바로 하나님의 뜻이었다.

예수가 유한한 인간의 국가의 왕이 되는 것은 사탄의 뜻이다. 사탄은 광야에서 이미 예수를 시험하면서 이 세상에 하나님의 말씀이 아니라 육신의 떡을 공급하는 자가 되라고 시험한 바가 있다(마 4:3). 또한 "천하 만국과 그 영광을"(마 4:8) 예수에게 보여 주며 자신에게 순종하여 이 세상의 왕이 되라고 유혹했다(마 4:9). 사탄은 예수에게 "하나님의 일"을 생각하지 말고 "사람의 일"을 생각하라고, "위의 것"을 생각하지 말고 "땅의 것"을 생각하라고 유혹했다. 예수는 이런 유혹을 물리치셨다. 이 땅에 배고픈 사람들이 있지만, 그들에게 육신의 떡을 공급하는 것은 예수를 향한 하나님의 뜻이 아니었다. 만약 그들에게 육신의 떡을 공급하여 그들이 평생 배불리 먹게 된다고 하여도, 그들은 여전히 죄와 죽음의 지배 아래에서 살다가 멸망할 수밖에 없다. 육신의 떡을 주는 것은 결코 그들에게 참된 생명을 주고, 그들이 하나님 앞에서 살아 있는 사람으로 살아갈 수 있게 해 주지 못한다. 그들에게 생명을 주는 것은 하나님의 입에서 나오는 말씀이고(마 4:4), 예수는 바로 그 생명의 떡이다(요 6:35, "나는 생명의 떡이니 내게 오는 자는 결코 주리지 아니할 터이요"). 죄와 죽음의 세력, 사탄의 지배 아래 살아가는 인간에게 유한한 인간의 나라는 결코 해답이 아니다. 인간의 나라는 아무리 정의롭고 평등하다고 하더라도, 그 나라의 일등 시민이 되어도 인간의 죄로부터 구원하지 못하고 죽음의 문제를 해결해 주지 않는다. 인간에게 가장 절실한 문제는 빵의 문제도 아니고, 정치적 이념의 문제도 아니다. 모든 인간이 안고 있는 가장 절실한 문제는 '내가 이 세상에서 언젠가는 없어진다'는 것이다. 즉, 죽음의 문제다. '인간이 어떻게 하면 영원한 생명을 얻게 되느냐'의 문제다. 죽음보다 더 절실하고 시급한 실존적 문제는 없다. 예수 그리스도를 통해, 믿음을 통해 은혜로 들어가는 영원한 하나님의 나라야말로 이 문제에 대한 진정한 해답이 될 수 있다. 육신의 떡과 인간 세상의 권력, 그리고 명예는 예수를 향한 사탄의 유혹일 뿐만 아니라 모든 성도와 인간을 향한 사탄의 유혹이다. 사탄은 우리가 죽음과 영생의 문제로부터 눈을 돌려 이 땅 위의 것에 주목하게 한다. 우리가 위의 것을 추구하지 않고 아래의 것, 인간의 것을 추구하게 한다. 그래야 이 세상에서 인간을 향한 사탄의 지배가 더 견고해지고 지속되기 때문이다.

물론 지금 골로새 성도들이 육신의 떡과 인간 세상의 권력, 명예를 추구하는 것은 아니다. 그들은 금욕생활을 하면서 영적 체험을 추구하고 영적 존재와의 소통을 추구하고 있다. 얼핏 보면 이들은 "땅의 것"을 생각하는 사람들이 아니라 "위의 것"을 생각하는 사람처럼 보인다. 그러나 그들은 위에 있다고 생각하는 영적 존재들보다 더 위에 계신 분, 즉 하나님과 그리스도를 생각하지 않는다. 그것이 문제다. 바울은 매우 파격적으로 "그렇다면 너희들은 위의 것을 생각하지 않고 땅의 것을 생각하는 사람들이다."라고 선언한다. 신앙생활에서 우리가 일차적으로 이 땅 위에서의 양식과 재물, 명예와 권력에 우리의 시선을 맞추고 그런 것들을 추구하는 삶도 잘못된 것이지만, 이처럼 하나님과 그리스도가 아닌 영적 존재들에 시선을 맞추고 그런 것들과 소통하려고 하고, 영적인 체험을 복음과 말씀보다 더 중요하게 생각한다면 그런 것들도 잘못된 것이다. 더구나 금욕주의적인 행동을 통해 구원을 얻고자 한다면 그것은 더 잘못된 것이다. 복음을 믿고 욕망을 다스리기 위해 금욕생활을 할 수도 있지만, 이것이 구원의 길이 된다면 복음은 사라지고 행위구원의 도덕주의만 남게 된다. 만약 기독교 안에서 금욕주의가 극단적인 형태로 나타나면 은혜를 통한 구원은 사라지고, 오직 금욕주의적 수행과 행위만이 구원의 길이 될 것이다. 고대 교회의 사막의 교부들(Desert Fathers)을 필두로 하여 그 이후의 동방기독교에서 한동안 융성했던 수도원 운동은 한편으로는 당시 국가 종교가 되어 제도가 되어 버린 기독교(institutionalized Christianity)에 대한 비판이고, 긍정적인 측면이 없지 않지만, 다른 한편으로는 금욕주의와 고행, 믿음보다는 사실상 행위를 더 중요시하는, 일종의 행위를 통한 자기 구원의 관행과 신학이 은혜와 믿음을 압도하는 경향으로 등장했다는 것 또한 지적해야 한다. 골로새교회가 보여 주고 있는 경향은 유사한 위험을 안고 있었다.

[3:3] 개역개정판에는 접속사 *gar*가 번역되지 않았다. 접속사 *kai*는 "그래서", "따라서"의 어감으로 사용되고 있다(이 구절의 번역은 "왜냐하면 너희가 죽었고 따라서 너희 생명이 그리스도와 함께 하나님 안에 감추어졌기 때문이라"로 하는 것이 좋을 듯하다). 바울은 "너희는 죽었다."라고 선언한다. 그리스도가 십자가에서 죽었을 때 성도들은 그와 함께 더불어 죽었다. 갈라디아서 2:19에서 바울은 "내가 율법으로 말미암아 율법에 대하여 죽었나니"라고 말한다. "~에 대해 죽었다"는 "나는 더 이상 그것과 아무런 관계가 없다"라는 뜻을 나타내는 숙어(idiom)적 표현이다. 갈라디아서 2:20에서 "내가 그리스도와 함께 십자가에 못 박혔나니 그런즉 이제는 내가 사는 것이 아니요 오직 내 안에 그리스도께서 사시는 것이라"라고 말한다. 빌립보서 1:21에서는 "이는 내게 사는 것이 그리스도니 죽는 것도 유익함이라"라고 말한다. 그리스도가 십자가에서 돌아가실 때 '나'도 그리스도와 함께 죽었다. 과거의 자신이 죽어 이 세상에서 사라지고 새로운 '나'로 태어났으며, 새로운 '나'는 그리스도가 내 안에 들어와 사심으로 '나'와 그리스도는 이제 떼어 내려 해도 떼어 낼 수 없는 관계가 되었다. 어디까지가 '나'고 어디까지가 그리스도인지 분명히 구분될 수 없을 정도로 그리스도와 내가 일치되는 새로운 피조물이 되었다. 이처럼 기독교인들은 그리스도의 죽음을 제삼자의 죽음이 아닌

자신의 죽음으로 이해하며, "그리스도와 함께" 더불어 죽음을 경험한 것으로 개종과 세례를 이해한다.

그렇다면 "너희 생명이 그리스도와 함께 하나님 안에 감추어졌다"는 말은 무슨 뜻일까? "너희는 죽었다"는 선언이 그리스도의 죽음과 일치된다면 그리스도의 부활과 일치될 수 있는 선언은 "너희는 살아날 것이다" 정도일 것이다. "감추어져 있다"는 미래에 확연히 드러나기 위해 임시로 감추어져 있다는 뜻으로 보인다. 에베소서 3:9에서 바울은 "영원부터 만물을 창조하신 하나님 속에 감추어졌던 비밀의 경륜이 어떠한 것을 드러내게 하려 하심이라"라고 말한다. '감추어진 것'(비밀)은 '드러나게' 된다. 성도의 생명은 지금은 인간의 눈에 보이지 않고, 그래서 현재는 감추어진 것이지만 미래에 확연하게 드러나게 된다. "너희의 생명이 감추어져 있다"는 말은 미래에 있을 부활을 염두에 둔 표현이다. 이 땅에서 성도가 영적 부활을 경험하여 새로운 피조물이 되어 하나님의 백성답게 산다 하더라도 다가오는 생물학적 죽음을 피할 수는 없다. 그러나 그 죽음이 끝이 아니다. 성도들의 생명은 "하나님 안에" 감추어져 있기 때문이다.

그렇다면 "그리스도와 함께" 하나님 안에 감추어졌다는 것은 무슨 뜻인가? 하나님은 생명의 근원이시고 그리스도도 하나님 안에 계신다. 요한복음 1:18의 표현을 빌린다면, 그리스도는 "아버지 품 속에 있는 독생자"이시다. "그리스도와 함께 감추어져 있다"는 것은 성도들의 최후의 모습은 그리스도와 함께 묶여 있다는 뜻이다. 하나님께서 그리스도를 죽음으로부터 일으키셨던 것처럼 성도들도 죽음으로부터 부활시켜 그리스도가 이 세상에 다시 나타나게 될 때 그와 함께 나타나게 될 것이다. 데살로니가전서 4:14의 표현에 따르면 "예수께서 죽으셨다가 다시 살아나심을" 믿는다면 "예수 안에서 자는 자들도 하나님이 그와 함께 데리고 오시리라"라는 말씀을 믿어야 한다. 종말의 때에 하나님은 "예수와 함께 우리도 다시 살리사"(고후 4:14), 부활한 성도들을 "그와 함께 데리고" 오신다(살전 4:14). 그리스도와 함께 죽고 함께 부활하는 것을 상징적으로 나타내는 세례식은 금생의 영적 부활뿐 아니라 종말의 때에 경험하게 될 부활을 동시에 나타낸다.

바울은 이 점을 로마서 6:3~5에서 자세히 설명한다. 이 본문은 통상 세례에 관해 말하는 본문이라고 말한다. 그러나 이 본문은 또한 부활에 관한 본문이기도 하다. 로마서 6:3에서 바울은 우리가 "그리스도 예수와 합하여" 세례를 받았다고 말한다. 여기서 "합하여"는 영어 성경에서는 "into Christ Jesus"로 되어 있다. 헬라어 본문에서 사용된 전치사(eis)도 우리가 "그리스도 예수에게로(into)" 세례받았다고 말한다. 세례를 통해 우리의 소속이 그리스도에게로 옮겨졌다. 마태복음 28:19, "그러므로 너희는 가서 모든 민족을 제자로 삼아 아버지와 아들과 성령의 이름으로 세례를 베풀고"에서 "~의 이름으로(into the name of) 세례한다"도 역시 같은 전치사 eis가 사용된다. 로마서 6:3에서 바울은 우리가 "그의 죽으심과 합하여" 세례를 받았다고 말한다. 여기서도 전치사 eis가 사용된다. 그의 죽음 속에서 우리도 함께 죽었다는 뜻이다. 왜 그리스도가 죽었을 때 나도 함께 죽었다는 걸까? 그의 죽음이 나와 무슨 상관이 있는 걸까? 그 대답은 그리스도가 우리의 연합적 대표가 되시기 때문이다. 아담이 범죄했을 때 그가 인류의 연합적 대표이므로 내가 그와 함께 범죄하였던 것처럼, 그리스도가 십자가에서 죽을 때 나도 그와 함께 죽었다. 그래서 바울은 "내가 그리스도와 함께 십자가에 못 박혔나니"(갈 2:20)라고 말하는 것이다. 그리스도가 달려 있는 십자가 위에 달렸어야 하는 것은 나 자신이다. 십자가 위의 그리스도를 바라볼 때 나의 모습과 그리스도의 모습이 겹쳐 보여야 한다. 하나님께서 나의 죄에 대해 얼마나 진노하고 계시는지를 보아야 한다. 그러면 나와 그리스도가 함께 죽을 수 있다.

내가 예수 그리스도를 알고 믿게 될 때, "과거의 나"는 그리스도 안에서 죽어서 없어지고, "과거의 나"와 "현재의 나"는 완전히 결별한다. 복음 안에서 "나"는 "그리스도와 함께 장사되었다"(롬 6:4). 로마서 6:4에서 사용된 동사 synthaptō에는 '함께'(together)의 뜻이 있는 접두어 syn이 붙어 있다.

여기에서 '그리스도와의 연합'(union with Christ)의 개념이 나타난다. 이런 구절들을 근거로 해서 '그리스도와의 신비한 연합'에 참여하는 것(participation in the mystical union with Christ)에 구원의 핵심이 있다고 말하는 것은 논리적 비약이다. 마치 기독교가 신비주의 종교인 것처럼 오해될 소지가 있다. 바울이 말하는 바는 그리스도와의 연합이 아니라, 그리스도가 우리의 연합적 대표로 죽으시고, 장사되셨으며, 부활하셨고, 그때 우리도 그와 함께 죽었으며, 장사되셨고, 부활하여 우리의 영원한 삶이 바뀌었다는 것이다.

세례식은 마치 그리스도가 십자가에서 죽었듯이 과거의 나도 복음을 통해 죽었음을 재현하는 예식이다. 그러나 그것으로 끝나는 것이 아니다. 세례식은 나의 옛 사람의 장례식인 동시에 나의 새사람의 탄생일이다. 로마서 6:4은 그리스도와 함께 장사된 사람은 "그리스도를 죽은 자 가운데서 살리심과 같이" 하나님이 우리를 살려 "우리로 또한 새 생명 가운데서 행하게 하려" 하신다고 말한다. 십자가에서 죽으신 그리스도가 땅에 묻히고 사흘 뒤에 부활하셨듯이 과거의 나는 죽어 땅에 묻혀 이 세상에서 사라지고 새로운 내가 부활하듯 태어난다. "새로 태어난 나"는 내가 만든 "나"가 아니라, 하나님께서 새로 창조하신 "나"다. "나"는 하나님의 새로운 피조물이다(고후 5:17, "그런즉 누구든지 그리스도 안에 있으면 새로운 피조물이라 ……"). 고린도후서 5:17, "…… 이전 것은 지나갔으니 보라 새 것이 되었도다"는 그리스도를 만난 뒤 얼마나 철저한 변화가 일어나는지를 보여 준다. 세상이 가르쳐 주고 세워 놓은 잘못된 세계관, 가치관, 인생관, 물질관, 결혼관, 가족관, 도덕관 등 그 사람의 삶의 뼈대를 구성하고 있는 모든 과거의 잘못된 것들이 무너지고, 복음이 가르치는 세계관, 가치관, 인생관, 물질관, 결혼관, 가족관, 도덕관이 그 사람 안에서 새롭게 형성된다. 예수를 믿게 되어 나에게 일어난 이런 변화를 '영적 부활'이라고 부른다. 그러나 그것이 다가 아니다. 최후의 심판 때에 우리는 '몸의 부활'을 경험하게 될 것이다. 로마서 6:5에서 바울이 "만일 우리가 그의 죽으심과 같은 모양으로 연합한 자가 되었으면 또한 그의 부활과 같은 모양으로 연합한 자도 되리라"라고 말하는 내용이 바로 그것이다. 구원의 스토리는 우리가 세례를 받고 삶이 변화된 성도가 되어 이 땅에서 살아가는 것에서 끝나지 않는다. 구원의 스토리의 대방점(大傍點)은 바로 몸의 부활이다. 부활은 하나님의 능력으로 우리에게 일어나는 변화의 대방점이며, 하나님의 새 창조의 대완결(大完結)이다. 부활은 하나님의 첫 창조에 비견할 수 있는 새 창조다. 그러므로 세례식은 우리의 영적 부활만을 가리키는 것이 아니라 미래에 있을 몸의 부활을 함께 가리키는 예식이다. 고린도전서 15:3~4에서 바울이 말하는 원복음(original gospel)이 1) 그리스도의 죽음, 2) 그리스도의 장사, 3) 그리스도의 부활, 이 세 가지를 말하고 있다면 세례식은 이 세 가지와 더불어 1) 나의 죽음, 2) 나의 장사, 3) 나의 부활, 이 세 가지를 더하고 그 모두를 축약하여 보여 준다. 세례식은 이미 성도에게 일어난 변화를 보여 주는 동시에 미래에 성도에게 일어날 변화를 동시에 축약하여 보여 준다.

　세례받은 성도들의 생명은 이제 그리스도와 함께 하나님 안에 감추어졌다. 미래에 그들이 어떤 모습으로 바뀌어 나타날지 그것은 아무도 모른다는 뜻에서 그들은 감추어져 있다. 우리가 경험한 바도 없고, 상상할 수도 없는 놀라운 미래의 변화와 새로운 세상 하나님의 나라가 그들을 기다리고 있다. 하나님의 새 창조를 통해 변화 받은 이 세상과 새로 태어난 성도들의 모습은 지금 현재 우리가 상상으로 가늠하기 어렵다. 아직 우리가 알지 못하는 미래의 놀라운 영광, 이것을 모든 성도는 두근거리는 가슴으로 기대하면서 소망 가운데 이 세상을 살아간다. 우리가 그리스도와 함께 하나님 안에 감추어져 있기 때문이다.

[3:4] 바울은 여기서 "그리스도는 우리의 생명이다."라고 말한다. 아담과 하와의 타락으로 인해 이 세상에 "죽음이 들어왔다"(롬 5:12, "…… 죄로 말미암아 사망이 들어왔나니……"). 하나님이 아담과 하와를 왕으로 세워 주셨지

만(창 1:28, "······바다의 물고기와 하늘의 새와 땅에 움직이는 모든 생물을 다스리라 하시니라"; 시 8:6, "주의 손으로 만드신 것을 다스리게 하시고 만물을 그의 발 아래 두셨으니"), 이제 죽음이 왕이 되어 다스리고(롬 5:14, "······ 사망이 왕 노릇하였나니······"; 롬 5:17, "······ 사망이 그 한 사람을 통하여 왕 노릇하였은즉······") 인간은 죽음을 경험할 뿐만 아니라 죽음의 세력의 노예가 되어 죄 가운데 살아가게 되었다. 그러나 새로운 아담이신 예수 그리스도께서 오셔서 십자가에서 죽는 "······ 한 의로운 행위로 말미암아 많은 사람이 의롭다 하심을 받아 생명에 이르렀느니라"(롬 5:18). 죄가 왕 노릇하던 시대는 끝났고, 은혜가 왕 노릇하는 시대가 시작되어(롬 5:21) "······ 우리 주 예수 그리스도로 말미암아 영생에 이르게······"(롬 5:21) 되었다. 사망은 아담과 함께 시작되었고, 생명은 그리스도와 함께 시작되었다. 그러므로 "그리스도는 우리의 생명이다."라고 말할 수 있다.

"그리스도가 나타나신다"는 것은 미래에 있을 그리스도의 재림을 가리킨다. 데살로니가전서 4:15에서 바울은 그리스도의 재림을 "그리스도의 강림(*parousia*)"이라고 부르며(*parousia*, 고전 15:23; 살전 2:19; 3:13; 4:15; 5:23; 살후 2:1, 8), 데살로니가전서 4:16에서는 강림을 "하늘로부터 내려오신다"(*katabainō ap' ouranou*)는 말로 풀어 설명한다. 그리스도가 하늘로부터(from heaven) 내려오신다는 것은 다니엘 7:13의 "인자 같은 이가 하늘 구름을 타고 와서"에 근거한다. 그리스도(둘째 사람)는 아담(첫 사람)과 달리 땅에서(*ek gēs*) 나신 것이 아니라 "하늘에서(*ex ouranou*) 나셨다"(고전 15:47). 그리스도는 "흙에 속한 자"(*ho choikos*)가 아니라 "하늘에 속한 이"(*hoi epouranioi*)시며 원래 하늘에 계시는 분이다(골 3:1, "······ 위의 것을 찾으라 거기는 그리스도께서 하나님 우편에 앉아 계시느니라"). 그리스도는 자신이 다니엘 7:13~14에서 예언된 하늘로부터 내려오는 '인자'(Son of Man)라고 주장했다(막 14:62, "예수께서 이르시되 내가 그니라 인자가 권능자의 우편에 앉은 것과 하늘 구름을 타고 오는 것을 너희가 보리라 하시니"). 그런 뜻에서 예수는 자신에게 '인자'라는 호칭을 사용하셨다. 마가복음 10:45의 "인자가 온 것은 섬김을 받으려 함이 아니라 도리어 섬기려 하고"는 바로 다니엘 7:14의 "모든 자들이 그(인자)를 섬기게 하였으니"를 반영한다. 예수는 자신이 인자고, 하나님이 "그에게 권세와 영광과 나라를 주고 모든 백성과 나라들과 다른 언어를 말하는 모든 자들이 그를 섬기게" 하셨지만, 자신이 이 세상에 온 것은 섬김을 받기 위해서 온 것이 아니고 자신이 섬기기 위해서 온 것이라고 말씀하신다. 예수가 자신을 인자로 부르실 뿐만 아니라 사역의 목적을 다니엘 7:14의 내용과 연결한 것은 예수가 자신을 다니엘 7장에서 묘사된 인자로 주장하셨다는 것을 보여 준다. 바울은 지금 그 인자이신 그리스도가 장래에 다시 나타나신다고 말한다. 그의 재림을 언급한 것이다. 바울은 복음을 전할 때 그리스도의 강림을 십자가 복음과 함께 선포하였다. 데살로니가전서 1:10, "또 죽은 자들 가운데서 다시 살리신 그의 아들이 하늘로부터 강림하실 것을 너희가 어떻게 기다리는지를 말하니 이는 장래의 노하심에서 우리를 건지시는 예수시니라"라는 바울복음의 내용을 매우 간략하게 요약하고 있다. 그 요약은 이와 같다. "복음은 예수에 관한 것이며, 예수는 하나님의 아들 즉, 메시야(그리스도)다. 그는 십자가에서 죽으셨는데, 그의 죽음의 목적은 장래에 있을 하나님의 진노로부터 우리를 건지는 것이다. 십자가에서 죽은 예수는 부활하셨고, 이제 머지않아 곧 하늘로부터 강림하신다." 이처럼 예수의 죽음과 부활에 관한 십자가 복음은 그의 강림, 즉 "그리스도의 나타나심"을 포함한다.

고린도전서 15:24 이하에는 "마지막"(종말, *telos*)에 관한 비교적 상세한 설명이 나온다. 종말의 때에 그리스도는 모든 악한 영들을 멸하시고(고전 15:24, "…… 모든 통치와 모든 권세와 능력을 멸하시고……"; 단 7:12, "그 남은 짐승들은 그의 권세를 빼앗겼으나 그 생명은 보존되어 정한 시기가 이르기를 기다리게 되었더라"; 단 7:26, "그러나 심판이 시작되면 그는 권세를 빼앗기고 완전히 멸망할 것이요"), 죽음의 세력뿐만 아니라 심지어 죽음 그 자체도 멸하신다(고전 15 : 26, "맨 나중에 멸망받을 원수는 사망이니라"). 이사야 25 : 7~8이 말하는 바처럼 하나님은 시온산에서 "모든 민족의 얼굴을 가린 가리개와 열방 위에 덮인 덮개를 제하시며 사망을 영원히 멸하실 것"이다. 하나님은 시체를 덮은 보자기를 벗겨 모든 민족을 덮고 있는 죽음 그 자체를 제거하신다. 그렇게 하심으로 아담 이래 그의 백성이 갖고 있던 "수치"인 죽음을 제거하신다(사 25 : 8, "…… 주 여호와께서 모든 얼굴에서 눈물을 씻기시며 자기 백성의 수치를 온 천하에서 제하시리라 ……"). 죽음은 생물학적 노쇠의 결과로 자연스럽게 발생하는 생체의 종말이 아니라, 아담과 하와의 범죄로 인해 주어진 형벌이기 때문에 인간에게 죽음은 수치다. 하나님은 이제 종말의 때에 나타나는 죽은 자의 부활뿐 아니라 죽음 자체를 제거하심으로 인간의 수치를 제거하시고 인간을 영원한 생명으로 인도하신다. 부활에 관해 길게 설명하는 고린도전서 15장에서 바울은 바로 이사야 25 : 8을 인용하며(고전 15 : 54, "이 썩을 것이 썩지 아니함을 입고 이 죽을 것이 죽지 아니함을 입을 때에는 사망을 삼키고 이기리라고 기록된 말씀이 이루어지리라"), 부활에 관해 논하는 고린도후서 5장에서도 이사야 25 : 8을 인용한다(고후 5 : 4, "참으로 이 장막에 있는 우리가 짐진 것 같이 탄식하는 것은 벗고자 함이 아니요 오히려 덧입고자 함이니 죽을 것이 생명에 삼킨 바 되게 하려 함이라"). 죽음의 종말은 "너희도 그와 함께 영광 중에 나타나리라"의 필연적 결과다.

아담의 타락은 인간뿐만 아니라 모든 피조물까지 다 죽음의 세력 아래에 떨어지게 했다(창 3 : 17, "…… 땅은 너로 말미암아 저주를 받고……"). 구약 성경의 전승에 따르면 아담과 이스라엘의 범죄로 말미암아 모든 피조물 위에 하나님의 심판이 임하였고, 모든 피조물이 인간과 함께 고난을 당하게 되었다(사 24 : 1, 4-5, "보라 여호와께서 땅을 공허하게 하시며 황폐하게 하시며……", "땅이 슬퍼하고 쇠잔하며…… 땅이 또한 그 주민 아래서 더럽게 되었으니 이는 그들이 율법을 범하며 율례를 어기며 영원한 언약을 깨뜨렸음이라"; 렘 4 : 28, "이로 말미암아 땅이 슬퍼할 것이며……"). 피조물은 그들이 잘못된 선택을 했기 때문에 형벌을 당하는 것이 아니다. 그 고난은 아담 때문에 생긴 것이다. 하나님의 심판이 모든 피조물의 왕인(창 1:28; 시 8:6) 아담에게 내릴 때 아담의 통치를 받던 모든 피조물 위에도 함께 내렸다. 피조물들은 인간의 죄로 인해 "허무한 데 굴복"했다(롬 8:20; 전 1:2, Bruce, 136, n. 27). 이것은 피조물의 선택이 아니라 하나님의 뜻이었다(롬 8:20, "…… 자기 뜻이 아니요 오직 굴복하게 하시는 이로 말미암음이라"). 모든 피조물은 인간의 죄 때문에 죽음의 세력이 지배하는 이 세상에서 노예 상태에 있다(롬 8:21, "…… 피조물도 썩어짐의 종노릇한 데서 해방되어……"). 흔히 이 구절을 환경파괴 문제와 연결하여 해석하지만, 사실 바울이 말하는 바는 환경파괴가 아니라 생명과 죽음의 문제다. 모든 피조물은 아담과 더불어 죽음의 노예 상태(롬 8:21, "썩어짐의 종노릇")에 있고, 죽음 아래에서 "이제까지 함께 탄식하며 함께 고통을 겪고"(롬 8:22) 있다. 모든 동물이 평화로운 관계 속에서 살지 못하고, 먹고 먹히는 약육강식의 생존경쟁 속에서 살 뿐만 아니라, 그들 역시 닥쳐오는 죽음을 피할 수 없다.

죽음의 세력 아래에 놓인 피조물이 소망하는 것은 "하나님의 아들들이 나타나는 것"(롬 8:19)이다. 왜냐하면 "하나님의 아들들이 나타나는 것"은 하나님의 "새 창조"를 알리는 전주곡이기 때문이다. 아담의 타락으로 인해 시작된 이 고난은 메시야가 시작하는 새로운 시대에 끝나게 되며, 그때 온 세상은 "새 창조"를 경험한다(사 65:17, "보라 내가 새 하늘과 새 땅을 창조하나니 이전 것은 기억되거나 마음에 생각나지 아니할 것이라"; 사 66:22, "내가 지을 새 하늘과 새 땅이 내 앞에 항상 있는 것 같이 너희 자손과 너희 이름이 항상 있으리라"). 새 창조는 종말에 이루어지는 하나님의 나라이며, 새 창조를 통해 하나님의 창조세계 전체가 에덴동산의 상태를 회복한다. "종말"은 "처음의 회복"이며, "태초의 에덴동산"은 종말에 이루어질 "하나님의 나라"의 원형(proto-type)이다. 그리스도가 나타나실 때 "너희도 그와 함께 영광 중에" 나타나게 되고, 그때 모든 피조물도 성도들과 더불어 "썩어짐의 종노릇한 데서 해방되어 하나님의 자녀들의 영광의 자유에"(롬 8 : 21) 이르게 된다. 모든 인간과 피조물들의 탄식은 그때 끝나고 그동안 겪은 고통과 비교할 수 없는 영광을 성도들과 모든 피조물은 함께 보게 된다(롬 8 : 18, "생각하건대 현재의 고난은 장차 우리에게 나타날 영광과 비교할 수 없도다"). 온 피조세계에 하나님의 샬롬(shalom)이 이루어져 "그때에 이리가 어린 양과 함께 살며 표범이 어린 염소와 함께 누우며 송아지와 어린 사자와 살진 짐승이 함께 있어 어린아이에게 끌리며…… 내 거룩한 산 모든 곳에서 해 됨도 없고 상함도 없을……"(사 11 : 6-9) 새 하늘과 새 땅이 이루어진다. 예수 그리스도가 십자가에서 죽으심을 통해 하나님께서 우리에게 주시는 구원은 단지 "우리 몸의 속량"(롬 8 : 23)에서 끝나는 것이 아니라 모든 피조물을 포함하는 구원이며, 온 천지 만물을 다 포함하는 구원이다. 인간이 주인공인 드라마(human drama)라기보다는 우주적 드라마(cosmic drama)다.

그리스도는 이미 천상에서 왕으로 이 세상을 다스리고 계시지만(고전 15 : 25, "그가 모든 원수를 그 발 아래에 둘 때까지 반드시 왕 노릇하시리니"), 종말의 때에는 온 세상 만물을 다 그 발아래에 두신다(고전 15 : 27 ; 시 8 : 6). 온 세상의 왕이 되어 만민이 그에게 무릎을 꿇고, 입으로 그리스도를 주로 고백하며, 그를 섬기게 된다(빌 2 : 10-11 ; 사 52 : 13, "보라 내 종이 형통하리니 받들어 높이 들려서 지극히 존귀하게 되리라"; 사 45 : 23, "…… 내 입에서 공의로운 말이 나갔은즉 돌아오지 아니하나니 내게 모든 무릎이 꿇겠고 모든 혀가 맹세하리라 하였노라"). "그리스도께서 나타나실 그때에" 그리스도는 영광 가운데에서 나타나시고 성도들도 그리스도와 함께 영광 가운데 나타난다. 빌립보서 3 : 20~21에서 바울은 성도들이 하늘로부터 구원자 주 예수 그리스도를 기다리며, 그리스도는 하나님의 능력으로 "…… 우리의 낮은 몸을 자기 영광의 몸의 형체와 같이 변하게 하시리라"(빌 3 : 21)라고 말한다. 우리가 현재 입고 있는 "낮은 몸"은 고린도전서 15 : 42~49의 표현에 따르면 "썩을 것"(고전 15 : 42), "욕된 것"(고전 15 : 43), "약한 것"(고전 15 : 43), "육의 몸"

(고전 15:44)이다.

　지금 성도들은 비록 믿음으로 의롭다 함을 받았다지만, 여전히 "첫 사람 아담"(고전 15:45)처럼 "육의 사람"(고전 15:46)이자 "흙에 속한 자"(고전 15:47-48)이며, "흙에 속한 자의 형상"(고전 15:49)을 입고 있다. 하지만 미래에 성도들이 입게 될 몸은 "썩지 아니할 것"(고전 15:42), "영광스러운 것"(고전 15:43), "강한 것"(고전 15:43)이다. 죽지 않고 병들지도 않고 빛나는 몸이다. 미래에 성도들은 "살려 주는 영"인 "마지막 아담"(고전 15:45)이신 그리스도처럼 "신령한 사람"(고전 15:46), "하늘에 속한 자"(고전 15:48)가 되며, "하늘에 속한 이의 형상"(고전 15:49)을 입게 된다. 성도가 그리스도의 형상을 입게 되는 것은 부활을 통해서다. 바울이 여러 곳에서 그리스도를 닮으라는 가르침을 하고 있지만(갈 4:12; 살전 1:6-7; 살후 3:7, 9; 고전 4:16; 11:1; 빌 2:5; 3:10, 17; 4:9; 고후 2:14), 우리가 온전히 그리스도의 형상을 갖게 되는 것은 죽음과 부활을 통해서 갖게 된다.

　우리에게 생명을 주시는 그리스도가 다시 재림하실 때 하나님 안에 감추어져 있던 성도가 그리스도와 함께 변화된 모습으로 영광 가운데에 나타난다. 이 구절은 고린도후서 3:18("…… 그와 같은 형상으로 변화하여 영광에서 영광에 이르니 곧 주의 영으로 말미암음이니라")과도 그 내용이 유사하다. 성도는 "그와 같은 형상으로" 변화되며 그 변화는 주, 곧 성령의 능력으로 말미암아 가능하게 된다. 성령의 능력으로 그리스도의 영광의 형상으로 변화하여 우리는 "영광에서 영광에 이르게" 되어, 하나님의 영광 가운데로 들어간다. 로마서 8장에서 바울이 성령에 관해 설명하면서 하나님이 "…… 그 아들의 형상을 본받게 하기 위하여……"(롬 8:29) 성도들을 선택하셨다고 말하는 것도 이와 유사하다. 다음 절에서 "부르신 그들을 또한 의롭다 하시고 의롭다 하신 그들을 또한 영화롭게 하셨느니라(영화롭게 하였다가 부정과거형인 *edoxasen*으로 되어 있지만 의미상으로는 미래를 가리킨다고 보아야 한다. Bruce, 137, n. 34)"라고 말하는 것도 의미심장하다. 하나님이 성도들을 영화롭게 하시는 것과 아들의 형상을 본받는 것이 연결되어 있기 때문이다. 골로새서 3:4에서 바울이 "너희도 그와 함께 영광 중에 나타나리라"라고 말할 때 그 "영광"은 바로 성도가 부활하여 갖게 되는 몸이 "영광스러운 것"(고전 15:43)일 뿐만 아니라 하나님의 형상(고후 4:4)이시고, 하나님의 영광을 갖고 계신(고후 4:6) 그리스도를 닮은 자로 다시 태어난다는 것을 가리키는 것이 분명하다. 요한1서 3:2, "사랑하는 자들아 우리가 지금은 하나님의 자녀라 장래에 어떻게 될지는 아직 나타나지 아니하였으나 그가 나타나시면 우리가 그와 같을 줄을 아는 것은 그의 참모습 그대로 볼 것이기 때문이니"는 단지 바울만이 아니라 초대교회 전체가 같은 내용을 가르쳤음을 보여 준다.

▪▪ 설교를 위한 묵상

(1) 위의 것을 찾으라

과거의 나는 이미 그리스도와 함께 이 땅에서 죽어 땅에 묻혔다. 과거의 나는 이미 이 땅에서 사라졌다. 그리고 미래의 부활 때에 나는 지금 감히 상상할 수도 없는 엄청난 영광 가운데 부활하여 하나님의 영광의 나라에 들어가게 될 것이다. 그러므로 성도는 이 땅 위에서 땅의 것을 추구하면서 사는 것이 아니라 하늘의 것을 추구하면서 살아가야 한다. 우리의 눈의 초점을 이 세상에 맞추는 것이 아니라 그리스도가 하나님 보좌 우편에 앉아 계시는 하늘에 맞추고 살아가야 한다. 이 땅 위에서 영원하지 않은 것들, 곧 머지않아 사라지게 되는 외형들에 우리의 시선을 집중하면서 살 필요가 없다. 어차피 그런 것들은 다 지나가는 것들이기 때문이다. 지금 우리가 생각하기에 너무나 중요한 결혼 관계조차도 사실은 다 지나가는 것에 불과하며, 영원한 것이 아니다. 재물, 나의 직업, 나의 외모, 명예 등 그 무엇도 우리가 영원히 소유할 수도 없고 그럴 필요도 없는 것들이다. 방언과 예언의 은사도 하나님의 나라에서는 불필요하게 되며, 다 폐하게 된다. 오직 우리에게 의미 있는 것은 영원한 가치를 갖고 있는 것들이며, 이런 것들이 바로 하늘의 것들이다. 오직 너희는 그의 나라와 그의 의를 구하라는 말씀도 이와 같은 맥락이다. 영원한 것은 하나님의 복음, 말씀, 믿음, 소망, 사랑과 같은 것들이다. 위의 것을 추구하는 삶을 사는 것은 우리 육체 가운데 있는 음란, 부정, 사욕, 정욕, 탐심 등을 죽이는 과정이 된다. 이런 것들을 죽이는 방법은 바로 위의 것을 추구하는 것이다. 반대로 이런 것들을 죽이면 하늘의 것을 추구하게 된다.

(2) 바쁜 삶 속에서 중단의 시간을 가져야

우리의 삶은 당장 눈에 보이는 현실의 문제에 초점이 맞추어져 있다. "오늘 저녁에 무엇을 먹을까?", "아이들을 위해 어떤 교육의 기회를 만들어 줄 수 있을까?", "다음 연휴에는 어디로 여행을 갈까?" 우리는 이런 문제에 많은 생각과 시간을 투자한다. "무엇을 먹을까? 무엇을 마실까?"를 걱정하지 말고 하나님의 의와 그의 나라를 구하라는 예수의 말씀을 알고 있지만, 실제로는 그렇게 살지 못한다. 하루 일과는 항상 바쁘고 해야 할 일들이 줄을 서서 기다리고 있기 때문에 "위의 것"을 찾는 삶이 어렵다. 이런 상황에서 "위의 것"을 추구하며 살려면 하루 중 일정 시간을 따로 떼어 놓고, 그 시간에는 모든 것을 '중단'해야 한다. 조용히 앉아 말씀과 기도의 시간을 가지면서 일상에 매몰되지 않도록 해야 한다. 주일예배 외에 혼자 하나님과 일대일로 마주하며, 삶의 궁극적 목적과 의미가 무엇인지 다시 확인하는 시간을 가져야 한다.

(3) 부활의 신앙

부활의 메시지를 일 년에 한 번 부활절에 전하고, 일 년 열두 달 부활에 대해 설교하지 않는 목회자가 있다면, 그는 복음의 사역자라고 말할 수 없다. 일 년 내내 윤리적 삶을 강조하는 설교만 하다가 부활절에 한 번 부활에 대해 가르친다면 그 사람은 윤리 교사다. 기독교 복음은 도덕, 윤리에 관한 것이 아니다. 복음은 믿음과 부활에 관한 것이다. 부활은 복음이 말하는 구원의 핵심이며, 예수 그리스도의 십자가 죽음의 목적이다. 부활 없이 하나님의 나라를 말할 수 없고, 부활 없이 구원을 논할 수 없다. 그러나 최근 복음을 사회정치적인 메시지로 해석하고 마치 구원이 더 향상된 사회를 만드는 것인 것처럼 설교하는 사람들이 있다. 윤리적인 인간이 되는 것이 마치 구원인 것처럼 가르치는 설교자도 있다. 이런 식의 복음 해석은 부활을 필요로 하지 않는다. 성경은 사회개혁론을 가르치는 책도 아니고, 윤리 도덕가를 만들어 내기 위한 교과서도 아니다. 구약성경과 신약성경은 죽음의 지배와 생명의 지배에 대해 이야기한다. 성경은 인간이 죽음의 지배에서 벗어나 생명의 지배 가운데로 들어가는 방법을 알려 준다.

제 V부

기독교인의 삶

골로새서 3 : 5~4 : 6

A. "벗어 버리라"(3 : 5-11)
B. "입으라"(3 : 12-17)
C. "복종하라"(3 : 18-4 : 1)
D. "깨어서 기도하라"(4 : 2-6)

| 골로새서 3:5~4:6 |

기독교인의 삶

"그러므로 땅에 있는 지체를 죽이라"의 "그러므로"(oun)는 로마서 12:1, "그러므로 형제들아 내가 하나님의 모든 자비하심으로 너희를 권하노니"와 에베소서 4:1, "그러므로 주 안에서 갇힌 내가 너희를 권하노니"에서 말하는 것과 매우 유사하다(Bruce, 138, n. 35). 세 가지 경우, 구원에 관련된 신학적 가르침이 일단락되고 기독교인의 윤리적 삶에 관한 가르침으로 내용이 전환될 때 "그러므로"가 사용되었다. 그리스도의 희생과 하나님의 은혜와 성령의 능력으로 성도들이 이미 구원을 받았고 미래에 부활을 통해 모든 구원의 약속이 성취될 것이다. "그러므로" 성도들에게 마땅히 이렇게 살아야 한다고 가르친다. "이렇게 살아야 구원받고 부활할 수 있다."고 가르치는 것이 아니다. "신약성경에서 종교는 은혜이고 윤리는 감사다."("In the New Testament religion is grace, and ethics is gratitude."; T. Erskine, *Letters*, 16; Bruce 138, n. 37에서 재인용)라는 말은 바울의 구원론과 기독교 윤리가 어떻게 연결되는지를 매우 분명하게 표현한다. 바울은 행위를 통한 구원을 가르치지 않는다. 바울신학의 새 관점을 주장하는 일부 학자들은 성도라 할지라도 그가 어떻게 살았는지 그 행위를 따라 최후의 심판대에서 그의 칭의가 취소될 수 있다고 주장한다. 최초의 칭의는 믿음으로 결정되지만(initial justification by faith), 최후의 칭의는 행위로 결정된다(final justification by works)고 주장한다. 이런 주장은 성도들의 믿음을 통해 은혜로 주어지는 칭의를 임시적인(temporary, provisional) 것으로 만든다. 오직 최후의 심판대에서 믿음뿐만 아니라 행위를 따라 그의 영원한 삶이 결정된다는 주장은 하나님의 주권을 확실히 인정하고, 인간의 순종을 유도하는 실제적 효과가 있는 것처럼 보인다. 하지만 그 대가로 오직 믿음, 오직 은혜로 주어지는 구원을 잃어버리며 구원의 감사와 감격도 없어진다. 성도의 올바른 행위는 칭의를 얻은 자가 감사하여 기쁨으로 하는 행동이 아니라, 구원을 잃어버리지 않기 위해(더 정확하게 말하면 구원을 얻기 위해) 하는 행동이 되며, 이런 사람에게는 "그 삯이 은혜로 여겨지지 아니하고 보수로 여겨지게"(롬 4:4) 된다. 이런 사람에게 기독교 윤리는 다시 율법이 된다. 은혜의 종교는 사라지고 율법주의 종교가 된다. 그리스도를 믿는 것만으로는 충분하지 않으며, 행위가 반드시 수반되어야만 구원받을 수 있다는 주장은 갈라디아서에 등장하는 할례당(갈 2:12)의 주장과 본질적으로 크게 다르지 않다. 할례당을 향해 바울은 "사람이 의롭게 되는 것은 율법의 행위로 말미암음이 아니요 오직 예수 그리스도를 믿음으로 말미암는 줄 알므로 우리도 그리스도 예수를 믿나니"(갈 2:16)라고 말한다. 할례당은 교회 밖에 있는 불신(unbelieving) 유대인이 아니라 교회 안에 있는 예수를 믿는 유대인들이었다. 할례당은 예수가 그리스도이심을 부인하는 것이 아니라 예수가 그리스도이심을 인정하면서도 그리스도를 믿는 믿음만으로는 구원받을 수 없고 율법을 지키는 행위가 수반되어야만 구원받을 수 있다고 주장하였다. 이들에게 믿음은 구원의 필요충분조건이 아니었다. 믿음은 필요조건일 뿐이며, 충분조건이 되지 않는다. 행위가 충분조건이다.

복음의 초기에도 이런 주장이 있었고, 오늘날에도 유사한 주장을 교회에서 듣는 것은 우연한 일이 아니다. 인간의 도덕, 윤리, 사회의 문화는 도덕적 삶을 살지 않은 사람이 단지 예수를 믿었다고 해서 구원을 받을 수 있다는 복음의 가르침을 거부한다. 은혜와 용서의 복음이 그들의 가치 기준에 부합하지 않기 때문이다. 노골적으로 말해 복음과 인간의 도덕, 윤리는 잘 조화되지 않는다. 반면에 율법주의 종교는 인간의 도덕, 윤리와 매우 잘 맞는다. 교회 안에서 복음을 인간의 도덕과 윤리의 원리에 조화시키려는 시도가 계속 나타나고, 그 결과 복음이 왜곡되어 율법주의 종교와 유사한 내용으로 변경되었다. 복음을 도덕, 윤리학의 수준으로 끌어내린 것이다. 이런 무익한 노력을 향해 바울은 무어라 말할까? 골로새서 3:5의 "그러므로"는 이런 인간들의 노력을 향해 "그게 아니다."(No)라고 말한다. 구원론을 말하고 윤리를 말하는 것이지, 윤리를 말하고 구원론을 말하는 것이 아니다. "이렇게 살아야 구원받을 수 있다."고 말하는 것은 그 순서가 거꾸로 된 것이다. 바울은 대체로 그의 편지 뒷부분에서 윤리적인 가르침을 주는 경향이 있다(롬 12:1-13:14; 갈 5:13-26; 살전 4:1-12; 엡 4:17-6:18). 그의 편지의 이런 구조는 "우리가 이렇게 구원받았고 또 앞으로 이렇게 구원이 완성될 것이므로 우리는 당연히 감사와 기쁨 가운데 이렇게 살아야 한다."라고 가르치는 그 순서를 보여 준다. '은혜'(grace)가 구원의 원리라면 '감사'(gratitude)는 기독교 윤리의 근거다. 존재(Being)가 행위(Doing)에 선행하며, 존재(Being)에서 행위(Doing)가 나오는 것이지 행위(Doing)가 존재(Being)를 만드는 것이 아니다. 그리스도 안에 있는 존재라야, 올바른 행위가 나온다. 올바른 행위를 하여 그리스도 안으로 들어가는 것이 아니다. 그러므로 골로새서 3:5~4:6에서 바울이 사용하는 명령법 동사들은 구원론의 범주가 아니라 기독교 윤리의 범주로 이해해야 한다. 만약 성경 해석자가 바울의 명령법을 구원론의 범주로 해석하고 가르친다면 그 사람은 바울의 가르침의 진의를 왜곡하는 결과를 가져올 수밖에 없다.

A. "벗어 버리라"(3:5-11)

⁵그러므로 땅에 있는 지체를 죽이라 곧 음란과 부정과 사욕과 악한 정욕과 탐심이니 탐심은 우상숭배니라 ⁶이것들로 말미암아 하나님의 진노가 임하느니라 ⁷너희도 전에 그 가운데 살 때에는 그 가운데서 행하였으나 ⁸이제는 너희가 이 모든 것을 벗어 버리라 곧 분함과 노여움과 악의와 비방과 너희 입의 부끄러운 말이라 ⁹너희가 서로 거짓말을 하지 말라 옛 사람과 그 행위를 벗어 버리고 ¹⁰새사람을 입었으니 이는 자기를 창조하신 이의 형상을 따라 지식에까지 새롭게 하심을 입은 자니라 ¹¹거기에는 헬라인이나 유대인이나 할례파나 무할례파나 야만인이나 스구디아인이나 종이나 자유인이 차별이 있을 수 없나니 오직 그리스도는 만유시요 만유 안에 계시니라

[3:5] "죽이라"(*nekrōsate*)는 로마서 6:11, "이와 같이 너희도 너희 자신을 죄에 대하여는 죽은 자요 ……"의 "죽은 것으로 여기다"(reckon as dead, *logizesthe*…… *nekrous*)와 비슷하다. 로마서 7:4, "…… 너희도 그리스도의 몸으로 말미암아 율법에 대하여 죽임을 당하였으니……"의 "율법에 대해 죽었다"(die to the law, *ethanatōthēte tō nomō*), 로마서 8:13, "…… 영으로써 몸의 행실을 죽이면 살리니"의 "죽이다"(put to death, *thanatoute*)와도 유사하다(Bruce, 140, n. 49). "죽이라"는 명령은 8절의 "너희가 이 모든 것을 벗어 버리라"의 "벗어 버리라"는 명령과 연결되어 있다.

"땅에 있는 지체를 죽이라"는 명령은 마태복음 5:29~30, 18:8~9의 내용이 생각나게 한다(마 5:29-30, "만일 네 오른 눈이 너로 실족하게 하거든 빼어 내버리라 네 백체 중 하나가 없어지고 온몸이 지옥에 던져지지 않는 것이 유익하며 또한 만일 네 오른손이 너로 실족하게 하거든 찍어 내버리라 네 백체 중 하나가 없어지고 온몸이 지옥에 던져지지 않는 것이 유익하니라"). 마태복음의

말씀은 내 몸의 한 지체, 즉 눈, 손 등과 같은 몸의 한 부분이 죄짓게 만든다면 그 지체를 잘라 버리라 말한다. 물론 이 명령을 문자적으로 이해하고 실제로 그렇게 한다면 심각한 문제가 생긴다. 몸이 성한 성도가 줄어들고 몸이 성한 사람은 오히려 말씀에 불순종하거나 위선자로 여겨질 것이다. 몸을 자해한다고 해서 인간의 죄의 문제가 해결되지도 않고, 죄로부터 자유롭게 되지도 않는다. 예수의 이 말씀을 문자적으로 이해하면 안 된다. 바울의 "땅에 있는 지체를 죽이라"라는 명령도 문자적으로 이해하면 안 된다. "죽이라" (nekrōsate)라는 명령을 어떤 뜻으로 이해하는 것이 좋을까? 아마도 5절에서 열거되는 악덕들인 "음란, 부정, 사욕, 악한 정욕, 탐심"을 위해 "몸의 지체가 사용되지 않도록 하라."는 명령으로 보는 것이 좋을 듯하다. 물론 "땅에 있는 지체"에서 "지체"가 몸의 지체를 가리키는 것은 아니다. 문법적으로 보면 "땅에 있는 지체"는 음란, 부정, 사욕, 악한 정욕, 탐심과 동격이다. 그러므로 성도가 맞서서 싸워야 할 대상은 우리의 눈이나 손과 같은 몸의 지체가 아니라, 우리 몸의 지체에 깃들어 있는 음란, 부정, 사욕, 악한 정욕, 탐심이다. 이것들은 성도의 옛 사람이 갖고 있던 특성이다. 과거에 이런 죄들을 위해 몸의 지체가 사용되었다. 로마서 6:19은 "너희가 너희 지체를 부정과 불법에 내주어 불법에 이르렀다"라고 말한다. 로마서 7:20은 "내 속에 거하는 죄"라는 말을 하고, 7:23에서는 "내 지체 속에 있는 죄의 법"이라는 말을 한다. 여기에서 죄는 잘못된 행동(behavior)이 아니라 인간의 육체 안에 깃들어 있는 세력(power, force)이다. 죄의 세력이 인간을 내부로부터 지배한다. 죄의 세력이 인간의 내부로부터 지배하고 있으므로, 인간의 몸과 지체는 다 죄의 도구로 사용된다.

믿음과 세례를 통해 새사람으로 거듭났다고 해서, 세례받은 다음 날부터 이런 악덕들이 다 사라지고 성자(聖子), 성녀(聖女)가 되는 것은 아니다. 그리스도가 우리를 대신하여 우리가 마땅히 받아야 할 모든 죄에 대한 형벌을 받으심으로 십자가에서 죽으셨고, 우리는 이것을 믿음으로 받아들여 신분(status)의 변화가 일어나 노예 신분에서 자유인으로, 그리고 하나님을 아버지로 하는 아들과 딸의 신분으로, 하나님 나라의 상속자 신분으로, 죄인의 신분에서 의로운(righteous) 신분으로 전환되었다. 그러나 신분(status)이 바뀌었다고 해서 우리의 상태(state)까지 의롭게 변화된 것은 아니다. 우리는 여전히 의인이면서 죄인인 상태에 있다.

우리가 행위로 구원을 얻는 것은 아니지만, 육체에 깃들어 있는 음란, 부정, 사욕, 악한 정욕, 탐심과의 전쟁을 게을리하면 안 된다. 마치 전쟁터에 나가 적군과 붙어 싸우는 병사처럼 죄와의 전쟁에서 승리해야 한다. 예수를 믿지 않는 사람은 이미 그 내면이 죄의 세력에 의해 완전히 지배당하고 있기 때문에(롬 7:20, "만일 내가 원하지 아니하는 그것을 하면 이를 행하는 자는 내가 아니요 내 속에 거하는 죄니라"; 롬 7:23, "…… 내 지체 속에 있는 죄의 법으로 나를 사로잡는 것을 보는도다"), 그 사람의 내면에는 영적 전쟁(spiritual warfare)이란 것이 아예 없다. 그는 죽음의 세력의 지배 아래에 있는 몸에서 스스로를 구원할 수 없다(롬 7:24, "…… 이 사망의 몸에서 누가 나를 건져 내랴"). 그러나 그가 예수를 믿어 하나님으로부터 성령을 받으면 그때부터 내면에서 영적 전쟁이 시작된다. "육체의 소욕(욕망)은 성령을 거스르고 성령은 육체를 거스르게" 되어 "이 둘이 서로 대적함으로 너희가 원하는 것을 하지 못하게"(갈 5:17) 된다. 성령을 받으면 그다음 날부터 육체의 욕망이 사라지거나, 육체의 욕망과의 싸움에서 백전백승(百戰百勝)하게 되는 것은 아니다. 육체의 욕망은 쉽게 항복하지 않는다. 성도가 죽고 부활하여 부활의 새로운 몸을 입게 될 때까지 끈질기게 성도를 넘어뜨리려고 한다. 하지만 분명한 것은 믿음이 오기 전에는 욕망의 완벽한 지배 아래에 있었지만, 믿음이 온 후로는 성령의 도움 가운데 욕망의 지배가 무너지기 시작하고, 죄와 욕망과의 싸움에서 성도가 점차 승리하기 시작한다는 점이다. 죄의 세력의 지배는 이미 무너졌다. 이 싸움에서 성도가 완벽하게 승리하지 못하더라도 죄를 지을 때마다 회개하고 다시 일어나, 포기하지 않고 죄와 욕망과 싸움에서 물러나지 말아야 한다. 그러면 성도의 죽음과 부활을 통해 "흙에 속한 자의 형상"을 벗고 "하늘에 속한 이의 형상"을 입게 될 때(고전 15:49) 완전히 승리하게 된다. 이런 관점에서 골로새서 3:5의 "땅에 있는 지체라는 말을 죽이라"를 이해해야 한다.

바울이 로마서 5:1~11에서 칭의와 화해, 로마서 5:12~21에서 아담 기독론을 통해 은혜로 주시는 구원을 설명하고 로마서 6:1~14에서 세례를 통해 영적 부활과 몸의 부활을 설명한 뒤, 곧이어 로마서 6:15~23에서 윤리적인 가르침으로서 성도의 거룩한 삶에 관해 말하는 것과 골로새서 3:5~11의 내용은 그 주제의 순서가 상당히 유사하다. 로마서 6장에서 바울은 먼저 "우리가 법 아래에 있지 아니하고 은혜 아래에 있으니 죄를 지으리요 그럴 수 없느니라"(롬 6:15)라고 말한다. 그가 행위에 의하지 않고 은혜로 받은 구원을 가르치므로, 평소에 그는 청중들에게서 "만약 은혜로 구원받고 행위는 구원의 근거가 아니라면 죄를 좀 지어도 괜찮겠네요?"라는 질문을 종종 받았을 것이다. 종교개혁 당시 마틴 루터의 말년에 '도덕 무용론'(antinomianism)이 등장하여 하나님의 은혜로 우리가 구원을 얻었으니 도덕도 무시하고 마음대로 죄를 지어도 괜찮다고 주장한 것도 비슷한 맥락이다. 율법주의와 행위구원론은 도덕 무용론과 논쟁할 필요가 없으나 은혜로 받는 구원을 가르치면 "도덕적 행위가 필요 없으니 죄를 지어도 괜찮다."는 도덕적 방종의 극단적 주장과 부딪히게 된다.

로마서 6:19에서 바울은 성도를 노예에 비유하여 설명한다("너희 육신이 연약하므로 내가 사람의 예대로 말하노니"). 어떤 의미에서 듣는 사람의 기분이 언짢을 수도 있는 표현이지만, 그럼에도 불구하고 성도를 노예에 비유하는 것은 성도들이 쉽게 유혹에 넘어가기 때문이다("너희 육신이 연약하므로"). 성도들은 복음을 믿기 전에 자신의 몸을 "부정"(도덕적 부정)과 "불법"(율법, 도덕을 못 지킴)에 내어 주었다(롬 6:19). 여기에서 바울은 "전에"와 "이제는"(then……, now……)을 대조한다. "전에"와 "이제는"을 대조하는 것은 성도들이 복음으로 개종하여 과거와 단절되고 새로 태어났기 때문이다. 이제 그들은 자신의 "지체를 의에게 종으로 내주어"야 한다. 그렇게 하여 "거룩함"에 도달해야 한다. 로마서 6:13의 표현에 의하면 "너희 지체를 불의의 무기로 죄에게 내주지 말고 오직 너희 자신을 죽은 자 가운데서 다시 살아난 자같이 하나님께 드리며 너희 지체를 의의 무기로 하나님께" 드려야 한다. 죄는 우리 몸의 지체를 옳지 않은 일을 행하는 "무기"로 사용한다. 그래서 '나의 지체/몸'은 사탄이 다른 사람을 공격하는 무기가 된다. 성도는 "죽은 자 가운데서 다시 살아난 자"이므로 자신의 지체를 "의의 무기로 하나님께" 드려야 한다. 우리의 몸은 "불의의 무기"가 되든지 "의의 무기"가 되든지 둘 중 하나가 된다. 그리고 그 선택의 권한은 나에게 있다. 과거에는 "의에 대하여 자유로웠다"(롬 6:20)면 이제는 죄에 대해 자유롭게 되어야 한다. 우리가 죄의 세력에서 풀려나(롬 6:22, "너희가 죄로부터 해방되고") 하나님의 종이 되었기 때문에(롬 6:22, "하나님께 종이 되어") 우리는 거룩함에 이르는 성령의 열매를 맺게 되고(롬 6:22, "거룩함에 이르는 열매를 맺었으니"), 결국 영생을 얻게 된다(롬 6:22, "그 마지막은 영생이라"). 우리가 죄와 사탄의 노예로 살면 사탄이 우리에게 대가(롬 6:23, "죄의 삯")로 "죽음"을 준다(죄의 삯은 사망이요). 하지만 하나님의 종이 되어 살면 하나님이 우리에게 "영생"을 주시는데, 그것은 우리의 복무에 대한 월급이 아니라, "하나님의 은사", 즉 "하나님의 선물"로 영생을 주신다(롬 6:23, "…… 하나님의 은사는 그리스도 예수 우리 주 안에 있는 영생이니라").

행위로 구원을 받는 것은 아니지만, 성도는 여전히 육체가 악의 도구로 사용되지 않도록 해야 한다. 만약 사용되면, 다섯 가지의 악 즉, 음란(*porneia*, immorality), 부정(*akatharsia*, impurity), 사욕(*pathos*, passion), 악한 정욕(*epithymia kakē*, evil desire), 탐심(*pleonexia*, covetousness)이 나타난다. 여기서 음란은 혼외정사와 같은 부적절한 성관계를 말하며(갈 5:19; 살전 4:3; 고전 6:18; 행 15:20), 부정은 도덕적 관점에서 보았을 때의 더러움이다(살전 4:7, "하나님이 우리를 부르심은 부정하게 하심이 아니요 거룩하게 하심이니"; 롬 1:24; 고후 12:21; 엡 5:3). 부정 역시 성적인 죄를 가리키는 말로 볼 수도 있다. 사욕(*pathos*)은 열정(passion)을 가리키나 여기서는 성적 욕망을 나타낸다. 사욕은 데살로니가전서 4:5에서 *epithymia*와 함께 사용되어(*pathos epithymias*) 색욕으로 번역되었다; "하나님을 모르는 이방인과 같이 색욕을 따르지 말고". 로마서 1:26, "이 때문에 하나님께서 그들을 부끄러운 욕심에 내버려두셨으니……"에서 "부끄러운 욕심"(*pathos atimias*)은 부끄러운 성적 욕망이다. 정욕은 욕망(desire)이란 뜻이며, 그 앞의 '악한'이란 형용사가 추가되어 있지만, 이 단어가 없어도 문맥상 악한 욕망을 가리킨다(물론 '바람'⟨longing⟩의 뜻으로 사용되면 긍정적인 뜻을 가질 수도 있다⟨예. 살전 2:17; 빌 1:23⟩). 바울이 이 단어에 '악한'이란 형용사를 추가한 것은 부정적인 뜻으로 이 단어를 사용하는 것을 분명히 하기 위해서다.

악한 욕망이란 표현은 유대교 전승에서 나타나는 "악한 성향"을 연상시킨다. 유대교의 인간관은 인간의 내부에 악한 성향(evil inclination, *yetzer hara*)과 선한 성향(good inclination, *yetzer hatob*)이 공존하고 있다고 보는데, 이 둘은 서로 대립적인 관계 속에 있다. 악한 성향이 선한 성향보다 더 강력하여 인간은 자연히 악한 행동으로 나아갈 수밖에 없다. 이런 개념은 로마서 7장에 나타나는 바울의 인간론과 매우 유사한 구조(frame)를 갖고 있다. 인간을 선인(善人)과 악인(惡人)의 두 부류로 나누지 않고, 인간 안에 선함과 악함이 공존하고 있다고 본다는 점에서 유대교의 인간관과 바울의 인간관은 서로 일맥상통한다. 그러나 유대교에서는 율법을 이 문제의 해결책으로 보지만, 로마서 7장의 바울의 인간관에서 율법은 그 해결책이 아니라 여전히 문제의 한 부분이다. 인간이 율법을 알고 있고 심지어 행하기를 원함에도 불구하고, 그것을 행하지 못하게 하는 "내 속에 거하는 죄"(롬 7:20) 때문에 인간은 죄와 욕망의 문제에서 벗어날 수 없다. 바울복음에서 이 문제의 해결책은 성령이며(롬 8:2, 4; 겔 36:27), 성령은 믿음을 가진 성도에게 하나님이 선물로 주신다. 유대교의 악한 성향은 바울이 말하는 "내 안에 거하는 죄"와 상당히 유사하며, 이 두 가지는 아마도 인간의 욕망을 가리키는 것일 가능성이 높다(자세한 것은 김철홍, "1세기 유대교 인간론의 악한 성향과 바울의 인간론",「신약연구」제13권(2014), 745-782을 보라).

이 다섯 가지의 악은 성적인 것에서 시작해서 탐심으로 끝나고 있다. 탐심은 물질을 더 많이 소유하고자 하는 욕망, 즉 탐욕이다. 바울은 탐욕과 우상숭배를 동일시한다. 예수 그리스도가 하늘의 하나님 우편에 계시나 우리들의 육체적 삶의 보좌에 재물숭배(mamonism, 아람어의 재물이란 뜻의 māmônā라는 단어에서 유래)가 있다면 그것은 우상숭배다. 재물숭배와 기독교 신앙은 양립할 수 없다(마 6:24, "…… 너희가 하나님과 재물을 겸하여 섬기지 못하느니라"). 예수는 누가복음 12:15에서 "모든 탐심을 물리치라 사람의 생명이 그 소유의 넉넉한 데 있지 아니하니라"라고 말씀하셨다. 에베소서 5:5, "…… 탐하는 자 곧 우상숭배자는 다 그리스도와 하나님의 나라에서 기업을 얻지 못하리니"에서도 탐욕은 우상숭배와 동일시된다. 탐욕은 전형적으로 땅 위의 것에 마음을 두는 것이며, 다섯 가지 죄는 모두 다 "위의 것을 생각하고 땅의 것을 생각하지 말라"(골 3:2)라는 말씀과는 정반대로 하늘의 것을 추구하지 않고 땅의 것을 추구하는 삶의 결과다.

[3:6] "이것들로 말미암아" 하나님의 진노가 임한다는 말은 5절에서 언급된 다섯 가지의 죄들은 물론 로마서 1:18~32에 기록된 것과 같은 다양한 죄들 때문에 하나님의 진노가 임한다는 뜻이다. 하나님의 진노(살전 1:10; 2:16; 롬 2:5; 3:5; 12:19)는 인간의 죄에 대한 하나님의 당연한 반응이다. 하나님은 거룩하신 분이므로(레 11:44) 인간의 죄를 기뻐하지 않으시고 죄에 대해 진노하신다. 죄에 대한 형벌은 인간이 하나님의 진노를 경험하는 것이다. 그리스도를 통한 길 외에 하나님의 진노를 직접 겪는 경험

은 죽기 전이나 죽은 뒤에나 반드시 있다. 인간이 그 죄에 대한 형벌을 피할 수 있는 길은 없다. 최근에 속죄론과 관련하여 하나님의 진노 개념이 하나님을 화가 난 폭력적인 아버지의 모습으로 묘사하고, 믿지 않는 사람들이 진노의 개념을 오해하여 복음을 거부할 소지가 많으므로 진노에 관하여 말하지 말자고 주장하는 학자들이 있다(예. Chalke and Mann, *The Lost Message*; Mann, *Atonement*). 이들은 전통적으로 속죄를 설명하는 용어인 피, 고난(suffering), 형벌, 진노, 복수(vengeance), 심판 등이 폭력적인(violent) 개념이라고 보고 이것들을 사용하지 말 것을 주장한다(자세한 것은 Beilby and Eddy, *The Nature of the Atonement:Four Views*와 Tidball et. al., *The Atonement Debate*를 참고할 것). 그러나 전통적인 속죄론에서 하나님의 진노는 결코 생략될 수 없다. 하나님을 인간의 죄에 대해서 진노하시고, 그 죄에 대한 형벌을 반드시 내리시는 최후의 심판대의 재판관으로 보는 것이 결국 법정적 칭의(forensic righteousness) 개념의 대전제이기 때문이다(자세한 것은 김철홍, "성서적 신학의 주제로서 속죄",「성서적 신학의 관점에서 바라본 신약신학의 주요주제」, 장흥길 편, 〈한국성서학연구소, 2012〉, 205-240을 보라).

데살로니가전서 1:10, "또 죽은 자들 가운데서 다시 살리신 그의 아들이 하늘로부터 강림하실 것을 너희가 어떻게 기다리는지를 말하니 이는 장래의 노하심에서 우리를 건지시는 예수시니라"는 바울이 평소에 전한 십자가 복음을 우리에게 간략한 형태로 보여 준다. 이 구절을 쉽게 풀이하면 "예수는 하나님의 아들이신데, 우리를 미래의 하나님의 진노로부터 구원하기 위해 십자가에서 죽으시고, 부활하셨으며, 이제 머지않아 하늘로부터 강림하신다."는 것이다. 데살로니가전서 5:9~10, "하나님이 우리를 세우심은 노하심에 이르게 하심이 아니요 오직 우리 주 예수 그리스도로 말미암아 구원을 받게 하심이라 예수께서 우리를 위하여 죽으사 우리로 하여금 깨어 있든지 자든지 자기와 함께 살게 하려 하셨느니라"는 데살로니가전서 1:10을 보충 설명한다. 예수가 "우리를 위해 죽으심으로" 우리가 "하나님의 진노로부터 구원을 받았다"는 것이다. 왜 예수의 죽음이 우리를 하나님의 진노로부터 구원하는 것일까? 그 이유는 우리가 하나님으로부터 받아야 할 죄에 대한 형벌을 예수가 대신하여 다 받았기 때문이다. 그래서 우리가 "그리스도로 말미암아 구원을 받게" 된다. 이는 하나님의 진노를 그리스도가 직접 받으심으로 형벌에 있어서 그리스도가 죄인을 대체했다(substitute)는 의미다. 그리스도께서 우리 '때문에'(*dia*) 죽으셨다(고전 8 : 11 ; 고후 8 : 9), 혹은 우리를 '위하여'(*peri*), 죽으셨다(롬 8 : 3), 혹은 우리를 대신하여(*hyper*) 죽으셨다(롬 5 : 6, 8 ; 8 : 32 ; 14 : 15 ; 고전 11 : 24 ; 15 : 3 ; 고후 5 : 15, 21 ; 갈 1 : 4 ; 2 : 20 ; 3 : 13 ; 살전 5 : 10 ; 딤전 2 : 6 ; 딛 2 : 14 ; 엡 5 : 2) 등의 표현을 바울이 사용하는 까닭은 그리스도가 우리를 대신(substitution)하여 하나님으로부터 형벌, 곧 진노를 받으셨기 때문이다.

칭의는 그리스도가 우리를 대신하여 하나님으로부터 형벌을 받아 하나님의 진노가 다 해소(propitiation)된 결과로 주어지는 것이다. 로마서 3 : 25, "이 예수를 하나님이 그의 피로써 믿음으로 말미암는 화목제물로 세우셨으니……"에서 "화목제물"로 번역된 헬라어 '힐라스테리온'(*hilastērion*)은 전통적으로 진노의 해소(propitiation)로 해석되었다. 도드(C. H. Dodd)는 구약성경에 이 단어가 그런 뜻으로 사용된 적이 없다고 보고 이에 반대하여 죄의 제거(expiation)로 볼 것을 제안하였으나(Dodd, "*Hilaskesthai*", 353-360 ; *Epistle of Paul*, 78-79), 그의 주장이 잘못된 것으로 판명 났다(Morris, "The Use of *Hilaskesthai*"; "The Meaning of HILASTERION"; Nicole, "C. H. Dodd"). 예수의 죽음은 단순히 죄의 제거(expiation, obliteration of sin)를 가져온 것이 아니라 하나님의 진노를 자신이 온전히 다 받아 진노를 잠재우는(propitiate, appease God's wrath) 결과를 가져왔고 그 결과로 우리의 죄의 형벌이 면제되었다. '힐라스테리온'(*hilastērion*)이 70인역 구약성경에서 '속죄소/시은소'(mercy seat)를 가리키는 단어로 사용된 바가 있으나(레 16 : 2, 13-15), 성경 외의 세속 헬라어 문헌에서 이 단어와 파생어들이 신의 분노를 잠재운다는 뜻으로 사용되고 있을 뿐만 아니라 70인역 구약성경에서도 이 단어 군이 "하나님의 진노를 잠재운다"는 뜻으로 사용되고 있고(예. 민 25:4, 13), 바울이 로마서 3:25에서 그리스도를 '장소'로 생각했을 가능성보다는 진노의 해소(propitiation)라는 뜻으로 이 단어를 사용했을 가능성이 더 크다.

로마서 1:18~3:20에서 바울은 인간의 죄에 대한 하나님의 진노에 관해 말한다. 이 구절에서 '진노'는 네 번 언급되고(롬 1:18; 2:5, 8; 3:5), 심판이 여러 번 언급되므로(롬 2:2, 3, 5, 12, 16; 3:6, 7) 그는 인간의 죄 때문에 하나님의 진노가 임한다는 심판에 관해 말하고 있다. 골로새서 3:6은 로마서 1:18~3:20의 요약인 셈이다. 죄로 인해 하나님의 진노를 피할 수 없지만, "그리스도께서 우리를 위해 죽으셨고"(롬 5:8), "그의 피로 말미암아 의롭다 하심을 받았으므로"(롬 5:9), 장래에 성도들은 "그로 말미암아 진노하심에서 구원을 받을 것"(롬 5:9)이다. 이것이 바로 칭의고, 구원이다. 이처럼 칭의와 구원은 최후의 심판에서 우리가 하나님의 진노를 피하게 되는 것이므로, 하나님의 진노를 말하지 않고 칭의와 구원을 설명할 수 없고, 하나님의 진노를 말하지 않고 복음을 설명할 수 없다.

일부 후대의 헬라어 사본에서는 "불순종의 아들들 위에"(on the sons of disobedience)가 포함되어 있지만, 고대 사본(예를 들면 P[46], B)에는 이 구절이 없다. 후대의 필사자가 에베소서 5:6, "…… 하나님의 진노가 불순종의 아들들에게 임하나니"와 그 내용을 맞추기 위해 추가한 것으로 보인다.

[3:7-8] 과거에 골로새 성도들이 복음을 모르고 살 때는 이방인으로서 죄악 가운데 살았고, 죄악 안에서 행동했다. 그러나 이제는 그 안에 머물러 있으면 안 된다. 7절의 "전에"(*pote*)와 8절의 "이제"(*nyni*)는 개종 양식(conversion formula)이며, 복음을 믿은 뒤 과거의 죄로부터 철저히 단절할 것을 강조한다. 개종 양식은 골로새서 1:21~22, "전에(*pote*) 악한 행실로

멀리 떠나 마음으로 원수가 되었던 너희를 이제는(*nyni*) 그의 육체의 죽음으로 말미암아 화목하게 하사……"에서도 사용되었다. 갈라디아서 4:8~9, "너희가 그때에는(*tote*) 하나님을 알지 못하여 본질상 하나님이 아닌 자들에게 종노릇 하였더니 이제는(*nyn*) 너희가 하나님을 알 뿐 아니라……"에서도 나타난다. 로마서 11:30, "너희가 전에(*pote*)는 하나님께 순종하지 아니하더니 이스라엘이 순종하지 아니함으로 이제(*nyn*) 긍휼을 입었는지라"도 마찬가지다. 위의 예들은 시간적인 관점에서 과거와 현재를 대조함으로 개종으로 인한 변화를 묘사한다. 하지만 골로새서 1:13에서는 시간이 아니라 공간적인 관점에서 "~로부터(from) ~로(to)" 이동한 것으로 개종을 묘사하기도 한다("그가 우리를 흑암의 권세에서⟨*ek*⟩ 건져내사 그의 사랑의 아들의 나라로⟨eis⟩ 옮기셨으니"; 더 자세한 논의는 골 1:13의 설명을 보라).

베드로전서의 수신자 교회의 성도들은 과거에 "음란과 정욕과 술 취함과 방탕과 향락과 무법한 우상숭배를 하여 이방인의 뜻을 따라"(벧전 4:3) 행하였다. 하지만 그들은 개종 이후에 극적인 변화를 경험하여 이제 그런 죄를 짓지 않으므로 심지어 "너희가 그들(옛친구들)과 함께 그런 극한 방탕에 달음질하지 아니하는 것을 그들이 이상히 여겨 비방"(벧전 4:4)할 정도였다. 만약 이방인이 복음을 믿은 뒤, 이 정도로 변화되어 심지어 그 도시의 토박이들이 자신들의 예전 친구를 자신들의 도시 출신이라고 생각하지 않고 "흩어진 나그네"(벧전 1:1), 즉 다른 지역에서 옮겨 와서 자신들의 도시에서 사는 외부인(*parepidēmos*, resident alien)으로 여길 정도가 된다면 가장 이상적인 결과라고 할 수 있다. 그러나 대부분의 현실은 그렇지 않다. 과거에 우상숭배와 각종 죄악 속에서 그것들을 심각한 죄로 여기지 않고 살아왔던 이방인이 단기간에 완전히 죄의 문제에서 벗어나긴 어렵다. 바울이 지금 7절에서 말하듯 "너희도 전에 이것들(5절에 언급된 죄들) 안에서 살 때에는 그 가운데서(5절에 언급된 죄들 안에서)" 행하였기 때문이다(7절은 "너희도 전에 이것들 안에서 살 때에는 그 가운데서 행하였으나"로 번역하는 것이 좋을 듯하다).

차라리 유대교 신자나 하나님을 경외하는 이방인(유대교에 매력을 느껴 회당에 정기적으로 출석하나 아직 할례를 받아 유대교로 개종하지 않은 이방인)이라면 오히려 복음을 믿고 죄의 문제에서 벗어나기가 더 쉬울 것이다. 이런 이유로 바울은 그의 적대자들(opponents)에게 "왜 율법 준수를 요구하지 않고 믿음만을 요구하느냐?"고 비판받았을 것이고, 그들에게 "차라리 이방인들은 세례받기 전 일정 기간 율법훈련을 받고 나서 정식으로 교회의 멤버십이 되게 하는 것이 좋지 않은가?"라고 제안을 받았을지도 모른다(Bruce, 145). 그러나 그렇게 하면, 그들이 그리스도의 대속의 죽음을 통해 얻은 의로운 지위(righteous status)를 그런 식의 훈련과 교육으로 얻게 되는 것으로 오해하게 될 것이다.

8절 앞부분의 "그러나"(de)가 번역에서 누락되었으므로 추가해야 한다("그러나 이제는 너희도 이 모든 것들을 벗어 버리라"로 번역하는 것이 좋을 듯하다). "이 모든 것"은 5절에 나오는 죄의 리스트와 8절에 나오는 죄의 리스트의 모두를 포함한다. 바울은 이 모든 것들을 벗어 버리라고 말하고, 9절에서는 심지어 "옛 사람과 그 행위를 벗어 버리라"라고 말한다. 8절의 '벗다'(apotithēmi)와 9절의 '벗다'(apekdyomai)라는 동사는 10절의 "새 사람을 입었으니"의 '입다'(endyō)와 서로 상응하고 있다. 로마서 13:12, "…… 우리가 어둠의 일을 벗고(apotithēmi) 빛의 갑옷을 입자"에서는 '벗다'(apotithēmi)를 '입다'(endyō)와 함께 사용하고 있다. 로마서 13:14, "오직 주 예수 그리스도로 옷 입고(endyō) 정욕을 위하여 육신의 일을 도모하지 말라"와 데살로니가전서 5:8, "우리는 낮에 속하였으니 정신을 차리고 믿음과 사랑의 호심경을 붙이고……"(문자적으로는 입고, endyō)에서는 '입다'(endyō)가 나온다. 에베소서 4장에서 "옛 사람을 벗어 버리고"(22절), "새사람을 입으라"(24절)고 말할 때도 '벗다'(apotithēmi)와 '입다'(endyō)가 함께 사용되었다. 이 두 개의 동사는 모두 하나같이 윤리적인 결단과 영적 부활을 설명하는 데 사용된다(고전 15:53-54, 고후 5:1-4에서도 '벗다'와 '입다'가 나오지만 이 구절은 몸의 부활을 설명하므로 10절에서 설명한다). 히브리서 12:1, "모든 무거운 것과 얽매이기 쉬운 죄를 벗어 버리고(*apothēmi*)", 야고보서 1:21, "그러므로 모든 더러운 것과 넘치는 악을 내버리고……(문자적으로는 벗어 버리고, *apotithēmi*)", 베드로전서 2:1, "그러므로 모든 악독과 모든 기만과 외식과 시기와 모든 비방하는 말을 버리고"(문자적으로는 벗어 버리고, *apotithēmi*) 등과 같은 비(非)바울서신에서도 같은 방식으로 사용되는 것으로 보아 '벗다'와 '입다'는 초대교회 안에서 영적 부활을 설명하는 용어로 사용되었음을 알 수 있다.

바울은 여기에서 두 번째 종류의 죄들을 제시한다. 첫 번째 리스트에 있는 죄가 주로 성적인 죄였다면, 두 번째 리스트의 죄는 주로 분노와 관련된 죄다. 8절에 나오는 죄들, 즉 분함, 노여움, 악의, 비방, 너희 입의 부끄러운 말 등은 분노로 인해 생기는 마음속의 악의, 또 그로 인해 입에서 나오는 말로 짓는 죄다. "분함"(*orgē*, anger)과 "노여움"(*thymos*, wrath)은 그 의미가 겹치는 비슷한 말이다. 여기서 노여움(*thymos*)은 일반적인 분노(*orgē*)보다 더 불같고 급한 반응이며, "급한 성질"(quick temper)로 번역 가능하다(Bruce, 145, n. 73). 노여움(*thymos*)은 인간관계에서 다른 사람을 향해 분노(*orgē*)의 감정이 급격하게 폭발적으로 발생하는 것이다. "악의"(*kakia*, malice)는 다른 사람이 잘못되기를 바라거나 더 나아가 그 사람을 해치려고 하는 태도다. 악의(惡意)는 악한 뜻을 갖는 순간에 그 사람과의 인간관계가 파괴되고 그 사람을 향해 마음과 행동으로 죄를 짓게 한다. "비방"(*blasphēmia*, slander)은 남에 대해서 좋지 않은 말을 하는 것이며, "부끄러운 말"(*aischrologia*, obscene language)은 욕설이나 음담패설과 같은 저속한 말이다.

사람이 억울한 일을 당했을 때 마음속에 분노의 감정이 일어나는 것은 어쩌면 당연한 일인지도 모른다. 그 결과 마음속에 쓴 뿌리가 생겨서 다른 사람을 해치려는 마음을 갖게 되고, 등 뒤에서 욕하고 혹은 얼굴을 맞대고 상스러운 용어를 사용하면서 자신의 분노를 분출하는 것 역시 자연스러운 것이며, 억울한 일을 당한 사람의 권리라고 생각한다. 그러나 이런 것들은 모두 죄다. 마태복음 5:21~22에서 예수는 모세의 율법과 자신의 새 계명을 대조하며 가르친다. 모세의 율법은 "살인하지 말라"(출 20:13; 신 5:17)는 것이다. 인간은 보통 분노의 감정이 있을 때 사람을 죽인다. 모세의 율법은 그럴 때 살인하지 말라는 것이다. 그러므로 모세의 율법은 사람의 '행동'을 규제할 뿐 '마음의 상태'나 '감정'을 규제하지 않는다. 율법은 분노하는 일이 생기더라도 절대로 사람을 죽이지는 말라는 명령이다. 율법과 옛 계명에 의하면 분노는 죄가 아니며, 살인이 죄다. 율법은 하나님이 그의 백성을 향한 최소한의 요구다. 율법은 하나님의 백성을 향한 최대한의 요구가 아니다. 그런 점에서 모세의 율법은 불완전하다.

마태복음 5:17에서 "내가 율법이나 선지자를 폐하러 온 줄로 생각하지 말라 폐하러 온 것이 아니요 완전하게 하려 함이라"에서 '완전하게 하다'(plēroō)라는 의미가 바로 이것이다. 예수는 그의 새 계명을 통해 하나님의 온전하신 뜻이 무엇인지를 말한다. 그것은 곧 "형제에게 노하는 자마다 심판을 받게 된다"(마 5:22)는 것이다. 사람을 죽이는 행동과 분노를 동급으로 보고 "형제를 대하여 라가라(히브리인의 욕설) 하는 자", "미련한 놈이라 하는 자"도 모두 살인죄를 지은 자와 동일한 형벌을 받게 된다. 모세의 옛 계명이 행동을 규제했다면, 예수의 새 계명은 행동뿐만 아니라 그 사람의 말과 마음의 상태까지 규제한다. 하나님은 사람의 마음을 보시기 때문이다(잠 21:2, "사람의 행위가 자기 보기에는 모두 정직하여도 여호와는 마음을 감찰하시느니라"; 삼상 16:7, "…… 사람은 외모를 보거니와 나 여호와는 중심을 보느니라 하시더라"). 예수의 새 계명은 하나님이 그의 백성을 향한 최대한의 요구가 무엇인지 보여 준다. 그것은 곧 "나는 너희에게 이르노니 너희 원수를 사랑하며 너희를 박해하는 자를 위하여 기도하라"(마 5:44)이다. 인간은 "원수"와 자신을 "박해하는 자"를 향해 가장 큰 분노를 갖는다. 그래서 원수를 죽이는 일이 생긴다. 어떤 문화에서는 원수를 죽이는 것이 그 사람의 명예와 관련되어 용서될 뿐만 아니라 심지어 권장된다. 하지만 하나님은 우리가 원수를 사랑하기를 원하신다. "원수를 죽이지 말라"는 명령과 "원수를 사랑하라"는 계명 사이에는 너무나 큰 차이가 있다. 성도는 원수를 죽이지 않기 위해 기도하는 것이 아니라, 원수를 사랑하기 위해 기도한다. 성도의 신앙생활의 이상(ideal)은 옛 계명이 아니라 새 계명에 있다. 하나님이 원하는 주의 백성은 어떤 행위를 안 하는 사람이 아니라, 어떤 마음을 가진 사람이다. 원수를 사랑하는 사람은 당연히 살인하지 않으므로 새 계명을 지키면 옛 계명은 자동적으로 지켜진다.

원수를 사랑하려면 마음속에 먼저 분노가 없어져야 한다. 5절에 열거된 성적인 죄와 8절에 열거된 분노의 죄는 모두 우리의 내부에 침입하는 침입자이며, 성도들의 마음속에 있을 권리가 없다. 특별히 분노가 우리의 입을 움직여 분노의 말을 하게 할 때, 그 말은 제대로 된 정보를 전달하지 않으며 내면의 분노를 식혀 주지도 못한다. 오히려 분노를 더 증폭시키며, 차후에는 더 쉽게 분노의 감정이 폭발하는 습관을 만든다. 에베소서 4:26~27에서 바울은 "분을 내어도 죄를 짓지 말며 해가 지도록 분을 품지 말고 마귀에게 틈을 주지 말라"라고 말한다. 화가 나는 일이 생겨도, 그것 때문에 악한 말이나 "무릇 더러운 말은 너희 입 밖에도 내지 말고 오직 덕을 세우는 데 소용되는 대로 선한 말을"(엡 4:29) 해야 한다. 그렇게 되려면 마음속에 있는 분노를 제거해야 한다. 그것을 제거할 수 있는 유일한 길은 용서하는 것이다. 용서는 상대방이 사과할 때 하는 것이 아니다. 상대방이 사과할 때 하는 것은 화해다. 진정한 용서는 상대방이 사과하지 않더라도 자신이 먼저 상대방을 용서하는 것이다. 그렇게 하면 최소한 분노의 포로가 되지는 않는다. 성도는 성적인 악한 욕망과 분노, 이런 것들을 마음속에 품고 있으면 안 된다. 바울은 죄의 종류와 이름을 하나하나 열거한다. 이렇게 죄의 이름을 하나하나 열거하여 무엇이 죄인지 확실하게 구체적으로 알려 준다. 바울은 은혜로 주시는 구원의 복음을 이처럼 윤리적인 가르침과 함께 가르친다.

[3:9-10] 거짓말은 때로 편리하다. 진실을 말하는 것은 오히려 불편하고 나를 당황스럽게 만든다. 그래서 사람들은 거짓말하는 것이 당연하고 자연스러운 일인 것처럼 생각하고 거짓을 말한다. 하지만 거짓말은 우리의 입을 더럽힌다. 씻지 않은 손으로 먹는 것이 사람을 더럽게 하는 것이 아니라 "입에서 나오는 것들"이 "사람을 더럽게 한다"(마 15:18). 입에서 나오는 것들은 "마음에서 나오는 것"이고 이것들은 곧 "악한 생각과 살인과 간음과 음란과 도둑질과 거짓 증언(*pseudomartyria*)과 비방"(마 15:19)이다. 5절과 8절에 열거된 죄들뿐만 아니라 거짓 증언, 거짓말도 사람을 더럽게 만든다. "거짓말을 하지 말라"의 헬라어 명령형 *mē pseudesthe*의 시제는 현재형이다. 현재형은 습관, 반복, 지속을 나타낸다. 헬라인들이 습관적으로 거짓말을 하므로 "한 번 거짓말하지 말라"는 의미가 아니라, "앞으로 계속해서 거짓말을 하지 말라"는 뉘앙스를 갖고 있다. 거짓을 말하는 것은 교회 안과 밖에서 성도들의 생활을 파괴한다. 성도는 진실을 말해야 한다.

바울은 마치 옷을 벗듯이 옛 사람과 그 행위를 "벗어 버리라"고 말한다. 여기서 사용된 "벗다"라는 동사 *apekdyomai*는 골로새서 2:15에서 "통치자들과 권세들을 무력화하여(문자적으로는 '벗겨 버려')"에서 사용된 동사다. 그리스도가 악한 영들을 무장해제하고 옷을 벗겨 버려 구경거리로 만드셨으므로(*thriambeusas*) 옛 사람과 옛 행실을 벗어 버리라는 뉘앙스가 들어 있다. 옛 사람은 욕망을 따라 살아가는 사람이다(엡 4:22 "너희는 유혹의 욕심을 따라 썩어져 가는 구습을 따르는 옛 사람을 벗어 버리고"). 로마서 6:6에서 바울은 "우리의 옛 사람이 예수와 함께 십자가에 못 박혔다"라고 말한다. 옛 사람을 벗어 버린 인간은 이제 그리스도를 통해 하나님이 원래 창조하신 타락 이전 아담의 모습으로 돌아갈 수 있다.

아담은 원래 하나님의 형상을 따라 창조되었다(창 1:27). "하나님이 사람을 창조하실 때에 하나님의 모양대로"(창 5:1) 지으셨고, "아담은 백삼십 세에 자기의 모양 곧 자기의 형상과 같은 아들을"(창 5:3) 낳았다. '자기의 모양', 즉 '자기의 형상'과 같은 아들을 아담이 낳았다는 말은 하나님이 '자신의 형상'을 따라 아담을 창조했다는 말과 의미가 통한다. 아담의 형상을 닮은 사람을 '아담의 아들'이라고 부른다면, 하나님의 형상을 닮은 아담에게 '하나님의 아들'이란 호칭을 붙일 수도 있다. 그 정도로 아담은 하나님과 매우 가까운 존재였다. 그러나 아담과 하와가 범죄하여 그들에게 죽음이 형벌로 내려졌다. "…… 너는 흙이니 흙으로 돌아갈 것이니라 하시니라"(창 3:19)라는 하나님의 말씀이 아담에게 형벌로 주어졌다면 타락하기 이전의 아담은 '죽음을 경험하는 존재'가 아니라 하나님처럼 '영원히 사는 존재'였을 것이란 점을 암시한다. 아담과 하와를 에덴동산에서 쫓아낸 뒤 "…… 그가 그의 손을 들어 생명 나무 열매도 따 먹고 영생할까……"(창 3:22) 하여 "에덴동산 동쪽에 그룹들과 두루 도는 불 칼을 두어 생명 나무의 길을 지키게 하시니라"(창 3:24)라는 말은 타락 이전의 아담과 하와가 생명 나무에 접근하는 것을 막지 않았다는 뜻일 것이다.

이 대목에서 특기할 말한 사건은 "여호와 하나님이 아담과 그의 아내를 위하여 가죽옷을 지어 입히시(endyō)"(창 3:21)는 것이다. 옷을 입히는 것은 그들이 범죄하여 자신들이 "벗은 줄을"(창 3:7) 알게 되었기 때문이다. 자신의 수치를 가리기 위해 스스로 "무화과나무 잎을 엮어 치마"(창 3:7)를 만들어 입었다. 하지만 그것으로는 수치가 제대로 가려지지 않았고, 그들은 하나님을 "두려워하여 숨었다"(창 3:10). 하나님이 가죽옷을 만들어 입혀 주었다는 것은 그들의 수치를 하나님이 직접 가려 주신 것이다. 더구나 그 옷이 가죽옷이라는 것은 살아 있는 동물을 죽여 그 가죽으로 옷을 만드신 것이므로 생명을 희생시켜서 옷을 만드신 것이다. 그렇다면 타락한 인간이 가진 수치는 무엇일까? 만약 인간이 죽음을 경험하는 존재가 아니라 영원한 생명을 누릴 수 있는 존재였다면, 인간이 갖고 있는 궁극적인 수치는 곧 죽음이다. 그러므로 하나님이 아담과 하와에게 옷을 입혀 주신 것은 미래에 있을 하나님의 구원을 암시하는 것으로 볼 수 있다.

이러한 우리의 관찰이 지나친 억측이 아니라는 것이 이사야 25:6~8에 나온다. 이사야 25:6은 하나님이 시온산에서 미래에 "만민을 위하여 기름진 것과 오래 저장하였던 포도주로", "골수가 가득한 기름진 것과 오래 저장하였던 맑은 포도주로", "연회를 베푸신다"고 말한다. 잔치는 미래에 세워질 하나님의 나라를 나타내는 표상이며, 예수 그리스도도 하나님의 나라를 종종 잔치로 설명하였다(마 22:1-14; 눅 14:15-24; 마 25:10; 눅 5:27-35; 13:29; 14:15-24; 요 12:2). 예수는 죄인들로 여겨지던 사람들과 함께 식탁 교제를 나누시고, 그들의 잔치에 참여하심으로 그들의 죄가 용서되어 그들이 잔치로 상징되는 하나님의 나라에 들어감을 행위로 선포하셨다(이런 "예수의 행동 자체"〈ipssisima acta Iesu〉는 "예수의 말씀 자체"〈ipssisima verba Iesu〉에 결코 뒤지지 않는 중요성을 갖고 있다). 이사야 25:7의 본문에서 하나님은 시온산에서 "모든 민족의 얼굴을 가린 가리개(the covering)와 열방 위에 덮인 덮개(the sheet)를 제하신다"고 말한다. 하나님의 잔치(참고. 시 23:5; 30:13; 63:5; 65:13; 103:5; 132:15)에 참여하는 모든 민족의 얼굴을 덮고 있는 "가리개"와 "덮개"를 하나님은 "삼켜 버리신다"(*balā*, to swallow up: "제하신다"로 번역되었으나 원래 히브리어로는 "삼켜 버린다"이다). "하나님께서 모든 민족의 얼굴을 덮고 있는 가리개와 덮개를 삼켜 버리신다."는 것은 무슨 뜻일까? 이사야 25:8에서 "사망을 영원히 멸하실 것이라"고 말하고 있으므로 "가리개"와 "덮개"는 곧 죽음을 가리키는 은유임이 틀림없다(Oswalt, 464; Watts, 390-391). 모든 민족의 얼굴을 덮고 있는 가리개는 그들이 진리를 깨닫지 못하게 하는 수건이기도 하지만(고후 3:13-15; 물론 고린도후서에서는 유대인들도 이 수건으로 그들의 마음과 얼굴을 덮고 있다), 그 덮개는 죽은 사람(시체) 위에 덮인 침대보(sheet)와 같은 것이다. 아담의 범죄로 말미암아 사망이 모든 사람 위에 임하였지만, 종말의 때에 하나님은 죽은 자들이 덮고 있는 덮개를 벗겨 버리고 그들을 다시 살려 내 하나님 나라의 잔치 자리에 앉게 하신다.

바울이 종말에 관해 이야기하는 고린도전서 15:26에서 "맨 나중에 멸망 받을 원수는 사망이니라"라고 말한다. 이 구절은 바로 이사야 25:8, "사망을 영원히 멸하실 것이라"(katepien ho thanatos, 죽음을 삼켜 버리다)의 인용이다. 고린도전서 15:54, "이 썩을 것이 썩지 아니함을 입고 이 죽을 것이 죽지 아니함을 입을 때에는 사망을 삼키고 이기리라(katepothē ho thanatos eis nikos)고 기록된 말씀이 이루어지리라"에서 바울이 인용하고 있는 말씀도 바로 이사야 25:8이다. 이 두 구절에서 바울이 사용하는 "삼키다"라는 헬라어 동사 katapinō는 이사야 25:7~8의 같은 뜻의 히브리어 동사(bālă)를 그대로 번역한 단어다. 고린도후서 5:4, "참으로 이 장막에 있는 우리가 짐진 것 같이 탄식하는 것은 벗고자 함이 아니요 오히려 덧입고자 함이니 죽을 것이 생명에 삼킨 바 되게 하려 함이라"에서 "죽을 것이 생명에 삼킨 바 되다"(katapothē to thnēton hypo tēs zōēs) 역시 이사야 25:8의 인용이다. 바울서신에서 이렇게 세 번이나 인용되는 이사야 25:8은 모두 종말과 부활의 맥락에서 인용되고 있다. 생명이 죽음을 삼킨 사건은 바로 십자가와 부활 사건이며, 종말의 때에 그리스도가 모든 악한 영들을 다 멸하시고(고전 15:24) 죽음 자체를 멸하실 때(고전 15:26, 54) 죽음은 완전히 생명에 삼켜지게 된다.

아담과 하와의 범죄로 인간은 죽음에 의해 삼켜져 하나님이 주시는 생명에서 분리되어 죽을 수밖에 없는 존재가 되었지만, 하나님은 그리스도를 통해 대역전의 드라마를 만드신다. 옛날 아담은 죽음의 세력에 패배하였지만 우리는 그리스도와 더불어 승리했다. 그리스도의 십자가 죽음으로 죽음의 세력은 이미 결정적인 패배를 당했고, 종말의 때에 인간을 덮고 있는 가장 큰 수치인 죽음이 영원히 제거된다. 이사야 25:8은 "사망을 영원히 멸하실 것이라"라고 말하면서 "주 여호와께서 모든 얼굴에서 눈물을 씻기시며 자기 백성의 수치를 온 천하에서 제하시리라"라고 말한다. 그 "수치"는 곧 죽음이다. 우리는 우리가 죽는 것을 당연한 일로 여긴다. 인간이 노쇠하고 병들어 죽는 것을 자연의 이치로 받아들인다. 하지만 성경은 죽음을 인간의 "수치"

라고 말한다. 고대 유대교 전승이 담겨져 있는 것으로 여겨지는 *Apocalypse of Moses*, 20.1-3에서 하와가 사탄에게 속아 선악과를 먹은 뒤에, 그녀가 원래 옷으로 입고 있던 "의"(righteousness)와 영광(glory)이 사라졌다고 말하며, *Apocalypse of Moses*, 21.6에서 아담은 선악과를 먹은 뒤에 자신에게서 "하나님의 영광"(the glory of God)이 사라졌다고 말한다. *The Life of Adam and Eve* 13~14는 아담이 심지어 천사들의 예배를 받았는데, 왜냐하면 그가 "하나님의 형상"(the image of God)이었기 때문이라고 말한다. "의"와 "영광"의 빛나는 몸을 갖고 있던 아담과 하와가, 하나님의 형상으로 창조된 아담과 하와가, 영원한 생명을 잃고 죽을 수밖에 없는 존재로 전락하여 죄와 죽음의 세력의 노예와 포로가 되어 살아가는 것을 "수치"로 보는 것이 옳다. 인간이 안고 있는 문제들 중 가장 근본적이고 해결할 수 없는 실존적 문제는 재물, 건강, 직장, 결혼문제, 자녀문제, 가정문제 등이 아니고 바로 죽음의 문제다. 이것보다 인간에게 더 절실한 문제는 없다. 하나님은 예수 그리스도를 통해 가장 큰 문제이면서 가장 큰 "수치"인 이 죽음의 문제를 해결하시고 인간을 영원한 생명의 길로 인도하신다. 그것은 그리스도를 통한 길이고, 부활의 길이다. 그것이 바로 구원이다.

구약성경과 신약성경은 이 구원을 설명하기 위해 "옷을 벗다"와 "옷을 입다"라는 표현을 자주 사용한다. 현재 입고 있는 옷을 벗고 새 옷을 입는 것은 우리가 죽을 수밖에 없는 육체를 벗고 영원한 몸인 부활의 몸을 입는 것을 설명하는 가장 좋은 비유다. 스가랴 3:4에서 하나님은 대제사장 여호수아에 관해 "그 더러운 옷을 벗기라 하시고 또 여호수아에게 이르시되 내가 네 죄악을 제거하여 버렸으니 네게 아름다운 옷을 입히리라"라고 말씀하신다. 여호수아는 대제사장으로서 온 백성을 대표한다. 그가 더러운 옷을 입고 있다는 것은 하나님의 백성 이스라엘 모두가 더러운 옷을 입고 있다는 뜻이다. 그의 더러운 옷을 벗기고 아름다운 옷으로 바꿔 입히는 것은 백성들의 죄악을 제거하는 죄 용서를 나타낸다. 스가랴 3:5에서 여호수아에게 "정결한 관을 그 머리에 씌우는" 것은 그를 왕으로 다시 세우는 것이다(슥 6 : 11). 여호수아라는 대제사장이면서 스룹바벨과 함께 왕좌에 앉아 둘이 함께 다스리며(슥 6 : 12-13), 정치적 지도자인 왕(스룹바벨)과 제사장(여호수아)은 모두 메시야를 상징하는 인물이다. 여호수아에게 아름다운 옷을 입히시고 관을 씌우신 것은 미래에 아담을 다시 원상회복하시는 것을 암시한다.

메시야 시편인 시편 132편은 "내가 그의 원수에게는 수치를 옷 입히고 그에게는 왕관이 빛나게 하리라 하셨도다"(시 132 : 18)라고 말한다. 메시야의 원수에게는 수치의 옷을, 메시야에게는 영광의 왕관을 씌워 주시는 것은 메시야와 같이 하는 메시야의 나라 백성들이 수치의 옷을 벗고 높임을 받게 될 미래의 현실을 예고한다. 욥기 29 : 14, "내가 의를 옷으로 삼아 입었으며 (endyō) 나의 정의는 겉옷과 모자 같았느니라"는 영광과 의를 마치 옷을 입듯이 입어 자신의 것으로 만들 수 있음을 보여 준다. 이사야에서 하나님은 "공의를 갑옷으로 삼으시며 구원을 자기의 머리에 써서 투구로 삼으시며 보복을 속옷으로 삼으시며 열심을 입어 겉옷으로"(사 59 : 17) 입으시고, 그의 메시야도 "공의로 그의 허리띠를 삼으며 성실로 그의 몸의 띠를 삼으리라" (사 11 : 5) 하신다. 하나님이 메시야를 통해 그의 백성을 구원하실 때에 "더러운 옷" 같은 그들의 "의"를 제거하고, "굵은 베 옷"을 벗기며, "화려한 옷"을 입히시고(사 3 : 24), "거룩한 성 예루살렘"으로 상징되는 하나님의 새 백성은 "아름다운 옷"을 입게 되고(사 52 : 1), "재" 대신 "화관"을, "슬픔" 대신 "기쁨"을, "근심" 대신 "찬송의 옷"을 입혀 주신다(사 61 : 3). 마치 아담과 하와가 나뭇잎으로 옷을 짜서 입어도 자신의 죄악을 가릴 수 없었듯이 이스라엘도 "그 짠 것으로는 옷을 이룰 수 없을 것이요 그 행위로는 자기를 가릴 수 없을 것……"(사 59 : 6)이지만, 하나님은 '주의 종'(사 52 : 13 ; 53 : 11)을 통해 "구원의 옷을 내게 입히시며 공의의 겉옷을 내게 더하신다"(사 61 : 10).

구약성경에서 구원을 옷을 갈아입는 것에 비유하는 것처럼 바울서신도 구원을 옷을 벗고, 입는 것으로 비유적으로 설명한다. 갈라디아서 3 : 27에서 바울은 "누구든지 그리스도와 합하기 위하여 세례를 받은 자는 그리스도로 옷 입었느니라"(enedysasthe)라고 말한다. 로마서 13:14, "오직 주 예수 그리스도로 옷 입고(enedysasthe) 정욕을 위하여 육신의 일을 도모하지 말라"에서도 그리스도가 우리의 옷이 된다. 대체 "그리스도로 옷을 입는다."는 말은 무슨 뜻인가? 첫째로, "그리스도로 옷을 입다"는 세례식과 관련된 표현이다. 이 경우에는 일차적으로 세례받은 성도에게 나타나는 바, 행동의 변화를 수반하는 '영적 부활'을 가리킨다. 옛 사람을 벗어 버리고, 새사람을 입어 삶이 새로워지는 것이다. 에베소서 4:22~24에서 "옛 사람을 벗어 버리고"(apothesthai) "새사람을 입으라"(endysasthai)고 말하는 것은 그런 의미다. 슈라이너는 옷을 입고 벗는다는 말씀들이 기독교인들의 변화받은 윤리적인 삶을 가리킨다고 설명한다. 그러나 이런 영적 부활만을 가리키는 것은 아니다. 둘째로, "그리스도로 옷을 입다"는 부활을 가리키는 표현이다. 고린도후서 5:2~4에서 바울은 현재의 육체를 '벗고' 썩지 않는 영원한 부활의 몸을 갖게 되는 것을 '입다'라는 동사로 표현하고 있다. "…… 하늘로부터 오는 우리 처소로 덧입기(ependysasthai)를 간절히 사모하노라"(고후 5:2), "이렇게 입음(endysamenoi, 이 동사가 ekdyō〈옷을 벗기다/벗다, to strip, take off〉인지 아니면 반대말인 endyō〈옷을 입히다/입다, to clothe, put on〉인지는 사본에 따라 차이가 있다.)은 우리가 벗은 자들(gymnoi)로 발견되지 않으려 함이라"(고후 5:3), "…… 벗고자 함(ekdysasthai)이 아니요 오히려 덧입고자 함(ependysasthai)이니 죽을 것이 생명에 삼킨 바 되게 하려 함이라"(고후 5:4)에 나오는 '입다'와 '벗다'라는 동사는 죽음과 부활을 통해 현재의 육체가 사라지고 부활 때에 부활의 몸을 얻게 된다는 것을 설명하는 동사다. 부활을 설명할 때 '옷을 입다'(ependyomai, endyō)와 '옷을 벗다'(ekdyō)라는 동사가 집중적으로 반복되어 사용되고 있다. 이런 현상은 부활에 대해서 말하는 고린도전서 15:53~54에서도 마찬가지로 관찰된다. "이 썩을 것이 반드시 썩지 아니할 것을 입겠고(endyō) 이 죽을 것이 죽지 아니함을 입으리로다(endyō)"

(고전 15:53), "이 썩을 것이 썩지 아니함을 입고(endyō) 이 죽을 것이 죽지 아니함을 입을(endyō) 때에는 사망을 삼키고 이기리라고 기록된 말씀이 이루어지리라"(고전 15:54)는 부활을 '옷 입음'으로 묘사하며, 고린도후서 5:2~4과 마찬가지로 이사야 25:8의 인용으로 마무리된다. 요한계시록 19:13~14에서도 종말의 때에 성도가 받은 구원을 "희고 깨끗한 세마포 옷을 입음(endyō)"으로 묘사한다.

고대교회에서 세례를 받은 사람이 자신의 낡은 옷을 벗고 새 옷을 입는 관습이 있었기 때문에(Clement of Alexandria, *Pedagogue* 2.6.23.4 ; Bruce, 138. n. 38), 세례 본문에서 옷을 벗고 입는다는 표현이 나오는 것이 아니라, 구약성경에서 이미 구원을 옷 입음으로 표현하기 때문에 신약성경과 초대교회 문서의 세례 본문에 '옷 입다'라는 동사가 등장하는 것이다. 하나님께서 타락하여 에덴동산에서 쫓겨나는 아담과 하와에게 옷을 입혀 주시는 창세기에서부터 시작된 구원의 드라마는 그리스도를 통해 다시 영광의 몸을 얻어 희고 깨끗한 세마포 옷을 입고 하나님의 나라로 들어가는 요한계시록에서 끝이 난다. 그리고 그 구원의 드라마의 한 가운데에는 죽음의 폐지가 있다(사 25:8).

성도는 옛 사람을 벗고 새사람을 입었고, 또 부활의 때에는 새로운 몸을 가진 새사람으로 새롭게 창조되어 다시 태어날 것이다. 부활의 때에 우리가 얻게 되는 몸은 어떤 몸인가? 빌립보서 3:21, "그는 만물을 자기에게 복종하게 하실 수 있는 자의 역사로 우리의 낮은 몸을 자기 영광의 몸의 형체와 같이 변하게 하시리라"는 부활의 때에 우리가 입을 몸이 그리스도의 영광의 몸과 닮은 몸이라는 것을 알려 준다. 로마서 8:29, "하나님이 미리 아신 자들을 또한 그 아들의 형상을 본받게 하기 위하여 미리 정하셨으니……"는 우리가 궁극적으로 "아들의 형상"을 닮게 된다고 말한다. 골로새서 3:10에서 "…… 자기를 창조하신 이의 형상을 따라 지식에까지 새롭게 하심을 입은 자니라"에서 "자기를 창조하신 이"는 물론 창조주 하나님을 가리킨다. 하나님은 아담을 자신의 형상을 따라 지으셨다(창 1:27). 하지만 아담의 타락으로 그는 하나님의 영광을 잃어버렸다. 이제 하나님은 그리스도를 통해, 또한 그리스도를 위해(골 1:16) 우리를 다시 새롭게 창조하신다. 그래서 성도는 하나님의 새 창조이며, 새 창조는 부활의 때에 완성된다(고후 5:17, "그런즉 누구든지 그리스도 안에 있으면 새로운 피조물이라 이전 것은 지나갔으니 보라 새 것이 되었도다"). 고린도후서 4:16에서 바울이 말하는 바 "우리의 겉사람은 낡아지나 우리의 속사람은 날로 새로워지도다"는 그리스도 안에서 새사람을 입으면 우리의 내면에서도 나날이 갱신이 일어나며, 이 변화는 진행형으로서 부활의 때까지 이어진다는 것을 지적한다. 그렇다면 우리가 어떻게 해서 "하나님의 형상"을 따라 새롭게 창조되는가? 우리가 어떻게 해서 "아들의 형상" 닮은 자들이 되는가? 우리의 윤리적 결단과 예수의 심성을 본받기 위한 노력으로 성취되는 것일까? 아니다. 우리가 그리스도를 궁극적으로 닮게 되는 것은 하나님께서 우리를 그리스도의 영광의 몸과 같은 몸을 가진 존재로 다시 살리실 때, 우리가 완전히 그리스도를 닮은 자가 되는 것이다. 물론 그리스도를 닮은 자가 되는 것은 이 땅 위에서는 고난과 유혹을 겪으면서도 믿음을 버리지 않고(배교하지 않고) 끝까지 인내해야 얻을 수 있지만, 이것을 근거로 우리가 바울의 복음이 행위구원을 가르치는 것으로 결론 내리면 안 된다. 이 땅 위에서 우리가 그리스도의 모습을 부분적으로 닮을 수는 있지만, "아들의 형상"을 닮은 "영광의 몸"을 우리의 노력으로 얻을 수는 없기 때문이다.

그렇다면 "지식에까지 새롭게 되었다"는 말은 무슨 뜻일까? 물론 지금 골로새 이단이 무언가 "지식"(*epignōsis* 혹은 *gnnōsis*)에 관한 특별한 주장을 하고 있으므로 바울이 여기에 "지식"을 언급했을 가능성이 있다(Bruce, 148). 바울이 평소에 지식에 대해 하는 말을 살펴보면 이 구절이 반드시 골로새 이단의 주장하고만 관계가 있는 것이 아님을 곧 알게 된다. 바울은 빌립보서 3:8에서 "또한 모든 것을 해로 여김은 내 주 그리스도 예수를 아는 지식이 가장 고상하기 때문이라"라고 말한다. 다메섹 사건 이전의 바울은 당대 최고의 바리새 랍비인 가말리엘의 제자로서 이미 상당한 교육을 마쳐 그에게는 율법에 관한 많은 지식이 있었다. 그러나 다메섹 경험을 한 바울은 유대인으로서 자신이 받은 모든 율법 교육과 그 지식을 "해로운 것"(zēmia, damage)과 "배설물"(skybalon)로 여겨 "그리스도를 얻기 위해(hina)", "모든 것을 버린다"(빌 3:8). 이런 변화는 "그리스도를 통해"(di' hon) 이루어졌고, 그리스도를 얻으려면(hina) 자신이 갖고 있는 모든 잘못된 지식을 버려야 한다. "여호와를 경외하는 것이 지식의 근본"(잠 1:7)이지만 창조주 하나님만 알고 있다면 그 지식은 아직 부족하다. 창조주 하나님을 알아도 그리스도를 알지 못하면 하나님에 관한 지식은 아직 완성되지 않은 것이다. 바울은 다메섹 경험을 통해 그리스도가 누구인지 알게 되어 그에 관한 '지식'을 얻게 되었고, 이 그리스도에 관한 '지식'을 "최고의 지식"(to hyperechon, the surpassing greatness, '가장 고상함이라')이라고 부른다. 과거의 자신은 당대의 유대인들과 마찬가지로 "하나님께 열심이 있으나 올바른 지식(ou kat' epignōsin; 헬라어 원문에는 '올바른'이란 형용사는 없음)을 따른 것이 아니었기"(롬 10:2) 때문이다. 그리스도에 관한 '지식'이 없으면 하나님을 향한 '열심'이 오히려 독이 되어 하나님의 뜻에 반대되는 일을 하게 된다. 바울은 교회를 핍박하고 성도를 죽이는 죄를 지었다. 바울은 "하나님의 의를 모르고 자기 의를 세우려고 힘써 하나님의 의에 복종하지 아니하였다"(롬 10:3). 여기서 "자기 의"는 신명기 9:4~6의 "내 공의로움, 네 공의"와 뉘앙스가 비슷하다. 하나님의 의는 은혜를, 자기의 의는 자신의 공로를 가리킨다. "자기 의"는 '율법을 준수하여 생겨난 의'를 가리킨다. 빌립보서 3:9, "…… 내가 가진 의는 율법에서 난 것이 아니요 오직 그리스도를 믿음으로 말미암은 것이니 곧 믿음으로 하나님께로부터 난 의라"라고 말한다. 바울은 "내가 가진 의"는 여타 유대인들이 주장하는 의처럼 "율법에서 난 것"이 아니라고 말한다. 즉, 율법을 준수하여 생겨난 의(자신의 공로)가 아니다. 그가 가진 의는

"하나님께로부터 난 의"(하나님으로부터 오는 의)이며, 이것은 "오직 그리스도를 믿음으로 말미암은 것"이다. 하나님으로부터 오는 의를 은혜로 받으려면 '그리스도가 누구인지를 아는 지식'이 필요하다. 복음서들은 예수가 어떤 말과 어떤 일을 하셨는지를 우리에게 알려 주려고 기록된 책들이 아니다. 복음서 기록의 일차적인 목적은 예수가 누구인지를 우리에게 알려 주는 것이다. 믿음을 통해 예수가 누구인지, 그 지식을 갖게 되면 하나님은 그 사람을 새로 창조하신다. 이것이 바로 "지식에까지(*eis epignōsin*) 새롭게 되었다"는 말의 뜻이다. "지식에까지"(*eis epignōsin*)에서 사용된 전치사 *eis*는 '이유'(for the reason of)를 나타내는 것으로 볼 수 있고, 그러면 "지식으로 인하여 새롭게 되었다"로 번역할 수 있다. 이때 물론 고대 영지주의(Gnosticism)의 구원론에 나오는 지식을 말하는 것은 아니다. 믿음으로 얻게 되는 그리스도가 누구인지를 깨닫게 되는 지식을 말하는 것이다.

10절의 번역에서 "*eis epignōsin kat' eikona tou ktisantos auton*"은 "*anakainoumenon*"을 수식하는 부사구로 보아야 하므로 "자기를 창조하신 이의 형상을 따라 지식으로 인하여 새롭게 된 새사람을 입었다"로 번역하는 것이 좋을 듯하다. 9절에서 "거짓말하지 말라"가 명령어이고 9~10절의 '벗다'와 '입다'의 뜻을 가진 분사 *apekdysameno*와 *endysamenoi*는 이 명령의 이유를 설명하므로 정확하게 번역하면 "너희가 서로 거짓말을 하지 말라 왜냐하면 옛 사람과 그 행위를 벗어 버리고(9절) 자기를 창조하신 이의 형상을 따라 지식으로 인하여 새롭게 된 새사람을 입었기 때문이라(10절)"가 된다. 코이네 헬라어에서 현재분사로 명령을 나타내는 경우도 있으나, 입고 벗는 것은 인간의 노력으로 되는 것이라기보다는 하나님이 하시는 일에 오히려 더 가까우므로 명령으로 해석하긴 어렵다. 바울의 의도는 '옛 사람을 벗고 새사람을 입었으므로' 이러 이러한 죄를 짓지 말라고 호소하는 것이다. 또한 "옛 사람과 그 행위를 벗어 버리고 새롭게 된 새사람을 입는다."는 바울의 말은 골로새서 3장의 맥락에서는 물론 구원받은 성도의 윤리적 결단을 요구하는 명령과 관련되어 있고, 일차적으로는 영적 부활을 가리키는 말이다. 하지만 이런 영적 부활에 관해 바울이 말할 때마다 그는 항상 미래의 부활도 염두에 두고 이런 말을 한다는 것을 잊지 말아야 한다. 성도는 옛 사람을 벗고 그를 창조한 분(하나님)의 형상을 따라 새롭게 된 새사람을 입었다. 새사람은 새롭게 된 사람이다. 이런 변화는 모두 인간이 그리스도를 통해 하나님에 대한 올바른 지식을 갖게 된 결과다.

[3:11] 하나님의 새 창조를 입음으로 도덕적 변화를 경험하는 내면의 변화만 생기는 것은 아니다. 인간과 인간 사이의 관계도 변하게 된다. 그리스도 안에서는 "헬라인이나 유대인"으로 인종적으로 인간을 나누는 것, "할례파나 무할례파"로 종교적 구분으로 인간을 나누는 것, "스구디아인"으로 대표되는 "야만인"과 "헬라인"처럼 문명을 기준으로 인간을 나누는 것, "종이나 자유인"으로 신분이나 경제적 지위로 인간을 나누는 것이 없어진다. 여기서 헬라인은 헬라어를 말할 줄 아는 사람을 말하며, 야만인은 헬라어를 말하지 못하는 사람이다. 무할례파는 할례받지 않은 이방인을 말한다. 스구디아인(Scythians)은 흑해 주변에 거주하는 민족으로서 헬라 사회에서는 종종 하층 노예들을 가리키는 말로 통용되었다. '세상'이란 뜻의 헬라어 단어 *oikoumenē*는 헬라어를 사용하는 헬라-로마 문명권을 가리키는 말이다. 헬라-로마 문명권 밖에 있는 사람들은 야만인으로 여겨졌다. 여기서 스구디아인은 야만인의 한 예로 든 것이다. 스구디아인들은 주전 7세기 말에 비옥한 초생달 모양의 지역(the Fertile Crescent)을 침략했다(참고. 습 1:2-6; 2:4-6; 렘 1:14-15; 4:5-31; Bruce, 150). 스구디아인 노예들은 주전 5~4세기에 아테네에서 경찰의 임무를 수행했는데, 당시의 헬라 희극에서 이들의 투박한 말투와 행동을 풍자하며 놀리는 내용이 나온다(Aristophanes, *Lysistrata* 451 이하; *Thesmophoriazusae* 1017 이하; Bruce, 150, n. 98에서 재인용). 갈라디아서에서 바울은 "너희는 유대인이나 헬라인이나 종이나 자유인이나 남자나 여

자나 다 그리스도 예수 안에서 하나이니라"(갈 3:28)라고 말한다. 이 구절에서는 골로새서 3:11에 없는 "남자나 여자"로, 성별을 기준으로 인간을 나누는 것이 추가된다. 고린도전서 12:13, "우리가 유대인이나 헬라인이나 종이나 자유인이나 다 한 성령으로 세례를 받아 한 몸이 되었고……"도 유사한 내용이다. 에베소서 2:12~15은 그리스도 안에서 하나 됨을 설명하는 고전적 구절로, "그는 우리의 화평이신지라 둘로 하나를 만드사 원수 된 것 곧 중간에 막힌 담을 자기 육체로 허시고"(엡 2:14)는 이방인과 유대인이 하나가 되는 것을 극적으로 표현한다.

그렇다면 이런 바울의 언급들은 무슨 뜻일까? 교회 안에서 인종 차별, 신분 차별, 성 차별을 하지 말라는 의미로 이런 말을 한 것일까?(참고로 개역개정판의 "차별이 있을 수 없나니"는 헬라어 원문에는 "없나니"밖에 없고 "차별이 있을 수"는 번역자가 임의로 추가한 것이다. 이 경우 번역자의 추가는 사실 불필요하다고 생각된다). 물론 교회에서 그런 차별을 하면 안 되지만, 바울의 직접적인 의도는 차별 금지에 있는 것이 아니라 성도들이 앞으로 경험할 미래의 현실을 알려 주는 것에 있다. 그리스도와 함께 죽고 함께 다시 살아나는 것을 나타내는 세례에는 현재의 도덕적 변화와 미래의 부활이 연결되어 있다. 미래의 부활 때에는 인종적, 종교적, 문명적, 신분적, 성적 구분 자체가 없어진다. 종말의 때에 성도들이 백인은 백인으로, 흑인은 흑인으로, 동양인은 다시 동양인의 모습으로 부활하지 않을 것이다. 신분과 인종, 문명의 차이는 물론이고 아마도 남자와 여자의 성적 구분도 없어질 가능성이 크다. 부활 때 남녀의 성적 구분이 없어지는 것은 "이 세상의 자녀들은 장가도 가고 시집도 가되 저 세상과 및 죽은 자 가운데서 부활함을 얻기에 합당히 여김을 받은 자들은 장가가고 시집가는 일이 없으며"(눅 20:34-35), 그들은 "천사와 동등이다"(눅 20:36)라는 말씀에서 유추된다. 물론 남자와 여자로서의 특성이 유지될 수도 있지만, 그렇다 하더라도 지금 이 땅에서 남자와 여자를 생리학적으로, 그리고 기능적으로 구분할 수 있는 특성들은 상당 부분 사라질 것으로 추측된다. 부활한 인간이 천사와 동등하다는 말은 그들의 지위가 동등하다는 것이 아니라, 마치 천사들이 남녀 구분이 없어 시집가고 장가가지 않듯이, 부활한 후의 성도들도 그와 같다는 뜻이다.

바울은 고린도교회에서도 골로새서 3:11과 갈라디아서 3:28에 나오는 내용을 가르쳤을 것이다. 고린도교회에서 발생한 문제 중 일부는 성도들이 이 가르침을 오해한 것에서 비롯된 것으로 보인다. 고린도교회의 일부 여성 성도들이 전통적인 헬라-로마의 머리 스타일을 버리고 남자들의 머리 스타일처럼 머리를 짧게 한 것(고전 11:6)은 여성과 남성 사이의 구분이 없음을 표현하는 행동으로 보인다. 고린도교회 안에 부활이 없다고 주장하는 사람들이 있었지만(고전 15:12, "…… 너희 중에서 어떤 사람들은 어찌하여 죽은 자 가운데서 부활이 없다 하느냐"), 바울이 종말의 때에 부활이 일어날 것과 종말의 순서를 비교적 자세히 말하면서 오직 "마지막 나팔에 순식간에 홀연히 다 변화"(고전 15:51)되고 죽은 자들의 부활 뒤에라야 비로소 살아 있는 자들도 변화된다는 점을 강조하는 것(고전 15:52, "나팔 소리가 나매 죽은 자들이 썩지 아니할 것으로 다시 살아나고 우리도 변화되리라")을 놓고 미루어 볼 때, 고린도교회의 일부 성도들은 아마도 자신들이 이미 부활하여 남녀 구분이 없어진 것처럼 오해하고 있던 사람들도 있었던 것 같다. 더구나 방언을 "천사의 말"로 생각하고(고전 13:1, "내가 사람의 방언과 천사의 말을 할지라도"), 자신들이 방언하는 것 때문에 자기가 이미 양성(兩性)의 구분이 없는 천사와 같은 존재가 되었다고 생각하게 된 것 같다. 만약 그렇다면 고린도전서 7장에서 남편과 굳이 각방을 쓰려고 하고, 부부의 의무를 다하지 않으려 하는 여자 성도들이 생겨난 것을 쉽게 이해할 수 있다.

고린도교회의 일부 성도들은 '아직' 종말의 때가 되지 않았고 그들이 '아직' 부활하지 않았는데도, '이미' 부활한 것으로 오해하고 자신들을 "신령한 자들"(*pneumatikoi*, 고전 3:1)이라고 주장했다. 미래의 하나님 나라에서는 그렇게 되겠지만, 아직은 그때가 이르지 않았는데 그들은 너무 앞서 나갔다.

그렇다면 "그리스도 안에서 하나"라는 바울의 가르침은 궁극적으로 하나님의 나라에서 성도들이 미래에 경험하게 될 것을 말한 것으로 볼 수 있다. 하나님의 나라에서는 인종적 구분, 신분적 구분, 성별에 따른 구분이 모두 사라진다. 부활의 몸에는 죽고 썩어 흙으로 돌아갈 지금의 육체가 가진 특징은 지속되지 않는다. 그러므로 인종 차별과 같은 '차별'이 없어지는 것이 아니라 인종의 구분 자체가 없어진다. 종말은 하나님의 새 창조의 때이며, 하나님의 새 창조는 옛 창조를 능가하는 엄청난 변화를 가져올 것이다(사 65 : 17, "보라 내가 새 하늘과 새 땅을 창조하나니 이전 것은 기억되거나 마음에 생각나지 아니할 것이라"). 하나님의 새 창조의 때에 그리스도는 이방인과 유대인, "이 둘로 자기 안에서 한 새사람을 지어 화평하게"(엡 2 : 15) 하신다. 즉, 인종의 구분은 없어지고 새 아담이신 그리스도 안에서 모든 인종은 하나가 된다. 그리고 모든 사람은 하나님의 나라에서 서로 사랑하며 살아가게 된다.

그런 의미에서 바울은 "오직 그리스도는 만유시요 만유 안에 계시니라"라고 말한다. 이 말은 골로새서 1 : 15~20의 골로새서 찬양시를 생각나게 한다. 옛 창조의 때에도 그리스도가 창조에 참여하셨다. 그가 창조의 목적이라면(골 1 : 16 ; 고전 8 : 6), 새 창조의 때에도 그리스도는 만물을 새롭게 창조하실 것이다(고후 5 : 17). 그리스도가 없으면 만물도 없고, 그리스도를 통해서만, 그리고 그리스도 안에서만 만물은 새로 태어난다. 그러므로 그리스도는 만물이시고(물론 만물이 그리스도는 아니다), 그리스도는 만물 안에 계신다(그리스도 안에 만물이 있기도 하다). 그리스도는 이 세상 모든 것이요, 동시에 이 세상 모든 것 안에 계신다는 말은 그리스도가 절대적으로 중요하다는 말이다. 그리스도가 모든 것 안에 계시므로 그리스도는 만물뿐 아니라 그를 믿는 모든 사람 안에 계신다. 모든 성도는 다 그리스도의 피조물이며 그들은 다 하나다. 우리가 교회 안에서 어떤 사람을 차별하고 무시하면 그리스도가 창조하신 인간을 차별하고 무시하는 것이고, 동시에 그 사람이 기독교인이라면 그 사람 안에 계시는 그리스도를 차별하고 무시하는 셈이 된다. 세례를 받고 새사람이 된 공동체 안에는 인종, 계층의 구분이 사라져 버린다. 이러한 인종적, 사회적 구분은 "만유시요 만유 안에 계시는" 그리스도 안에서는 존재하지 않는다. 모든 기독교인은 하나다.

그렇다면 교회에서 성도들은 서로를 어떻게 대하며 살아가야 할까? 교회는 그들이 미래에 하나님의 나라에서 경험하게 될 것들을 미리 맛보고 경험하는 곳이다. 성도는 미래의 하나님 나라를 지금 이미 선취(先取, prolēpsis, 라틴어로는 prolepsis)한 자들이기 때문이다. 가부장적 문화 속에서 남편과 아내로 한 가정에서 살아가는 성도들은 미래에 그들이 하나님의 나라에서 경험할 두 사람의 새로운 관계를 염두에 두고 지금 이 땅에서 서로를 존중하고 존경하면서 살아가야 한다. 어느 한쪽이 다른 한쪽을 무시하고 심지어 학대하면서(to abuse) 산다면 하나님의 나라에서 서로 만나더라도 눈을 마주치지 못하고 쑥스럽게 대하게 될 것이다. 신분의 차이로 인해 두 명의 성도가 한 명은 주인으로, 다른 한 명은 노예로 한 집에서 살아갈 때, 주인과 노예는 미래의 하나님 나라의 시민으로서 서로를 바라보고 인격적으로 존중하고 상대방을 배려할 것을 바울과 초대교회는 가르쳤다. 소위 말하는 '가정생활을 향한 가르침'(Household Code)은 복음의 핵심인 구원, 부활, 하나님의 나라에 관한 가르침과 긴밀히 연결되어 있고, 당시 헬라-로마 문화 속에서 맺은 관계가 아니라 미래에 하나님의 나라에서 갖게 될 관계를 염두에 둔 것이다. '가정생활을 향한 가르침'이 주후 1세기 말 이후에야 교회에 등장했다고 가정하여 골로새서의 저작연대를 바울 사후의 시기로 늦추어 잡는 것은 상식에 어긋난다(서론의 저작연대에 관한 부분을 참고하라). 이런 종류의 가르침은 당시 바울이 직접 가르쳤을 것이다. 빌레몬서 1:16~17이 바로 그 증거다.

바울은 주인인 빌레몬을 향해 그의 노예 오네시모를 대할 때 "이후로는 종과 같이 대하지 아니하고 종 이상으로 곧 사랑받는 형제로……"(몬 1:16) 대할 것과 오네시모가 도착할 때에 "그를 영접하기를 내게 하듯"(몬 1:17) 할 것을 호소한다. 바울이 노예제도를 반대하고, 노예제도를 폐지할 것을 주장했기 때문에 그렇게 말하는 것이 아니다(참고. 고전 7:20-24). 바울은 미래의 하나님 나라에서 빌레몬과 오네시모가 다시 만날 것을 생각하고 그때 서로 부끄럽지 않으려면 지금부터 그의 집에 있는 교회에서 그를 형제로 대하라고 말한다. 바울도 그리고 고대교회도 노예제도를 폐지하기 위해 투쟁하지 않았다. 노예제도와 같은 사회제도는 다 "이 세상의 외형"이며, 이런 것들은 다 "지나가는 것들"(고전 7:31)이기 때문이다. 노예제도의 폐지가 인간의 구원이 아니고, 노예제도가 폐지되어도 인간의 죄와 죽음의 문제는 여전히 폐지되지 않기 때문이다. 하지만 교회는 교회 안에서 당시 노예제도가 존재하는 문화 속에서 혁명적인 변화를 일으켰다. 예를 들면 로마의 주교였던 파이우스(Pius, 주후 150년 추정)와 캘리스터스(Callistus, 주후 217-222년) 같은 사람들은 노예 출신이었는데도 교회의 지도자가 되었고, 자유인인 성도들은 그들의 지도에 순종했다(Bruce, 151. n. 103). 주후 202년 카르타고의 경기장에서 로마의 귀부인인 퍼페투아(Perpetua)와 그녀의 노예 펠리시타스(Felicitas)는 서로 손을 잡고 한 믿음 속에서 순교하여 많은 관중에게 깊은 인상을 남겼다(Robinson, ed, *The Passion of S. Perpetua*; Bruce, 151에서 재인용). 당대에 스토아 철학(Stoicism)은 보편적 형제애(universal brotherhood)를 주장하고 노예와 자유인이 같은 권리를 갖는다고 주장했지만, 퍼페투아(Perpetua)와 그녀의 노예 펠리시타스(Felicitas)와 같은 실제 예를 만들어 내지는 못했다(Bruce, 151. n. 106).

설교를 위한 묵상

(1) 옛 사람을 벗어 버리라

믿음을 갖기 이전에 습관적으로 행하던 일들을 이제는 벗어 버려야 한다. 거침없는 표현을 하며, 때로는 험한 말을 하던 습관이 있었다면 그런 습관을 벗어 버려야 한다. 입으로 범하는 각종의 죄를 더 이상 짓지 말아야 한다. 오늘날 대중 매체에서는 여과되지 않은 언어적 폭력이 그대로 브라운관을 통해 성도의 가정 한복판으로 흘러 들어온다. 인터넷에서 사용되는 언어적 폭력도 만만하지 않다. 자칫 잘못하면 성도들도 이런 문화적 흐름 속에서 자신의 감정이 지시하는 대로 정제되지 않은 언어로 생각을 말하고, 다른 사람을 공격하는 자기 자신을 쉽사리 발견하게 된다. 각종 영상 매체는 음란하고, 폭력적이며, 잔인한 장면들을 쉴 새 없이 우리들의 눈앞에 펼쳐지게 하여 우리의 마음을 사로잡는다. 그리하여 보고 듣는 것들을 통해 우리의 욕망은 원색적인 자극을 받고 결국 자신의 의지와 상관없이 죄의 유혹에 빠지고 만다.

옛 사람을 벗어 버리고 우리를 창조하신 분의 능력 안에서 새로워지려면 우리의 일상생활의 스타일이 변화되어야 한다. 더 절제된 시간 관리가 필요하다. 무분별하게 우리 자신을 세속 문화 매체에 끊임없이 노출시키는 생활 습관을 바꾸어야 한다. 영적 독서는 물론, 우리의 정서를 순화하는 건실한 문화적 매체들을 선택하고, 그것들을 통해 건전한 사고방식과 생활 습관을 만들어 가는 것이 필요하다. 사람들과의 의사소통도 인격적인 방식으로 하고 더 많은 시간을 말씀의 묵상에 투자하는 것이 좋다. 그래서 좋지 않은 생활 습관을 좋은 생활 습관으로 바꾸어 우리의 생활 스타일 자체를 바꾸어 나가야 한다.

(2) 인종과 계층의 문제

우리나라도 외국인들이 많이 들어와 살고 있으므로 점차 인종의 문제가 사회 문제로 일어나고 있다. 외국인에 대한 혐오, 반감, 차별 문제 때문에 차별금지법을 제정하자는 주장이 점점 설득력을 얻고 있다. 인종에 대한 모든 편견을 넘어서려면 우리가 복음의 관점을 가져야 한다. 피부색이나 외모에 초점을 맞추지 않고, 영원한 하나님의 나라에 초점을 맞추어 서로를 바라보아야 한다. 하나님의 나라에서는 인종도 없고, 남녀 구분도 없고, 연령의 구분도 사실 없을 것 같다. 그리스도의 빛나는 모습을 닮은 부활의 몸을 입을 때에는 언어의 장벽도 없어질 것이다.

계층의 문제도 마찬가지다. 이 땅 위에서 상, 중, 하의 계층 구분이 있을 수 있으나, 하나님의 나라에서는 상류층도 하류층도 없다. 고용주와 비고용인의 관계도 없다. 기독교인들은 이런 관점에서 직장에서 일해야 한다. 신분이 높은 자는 하나님의 나라에서 오히려 신분이 낮아질 것을 생각하고 행동해야 하며, 반대로 신분이 낮은 자는 하나님의 나라에서 오히려 신분이 높아질 것을 생각하고 살아야 한다. 교회는 하나님의 나라를 미리 맛보는 곳이므로 교회에서 직분자를 선출하고, 행정을 할 때 신분상의 고하를 잘 고려하여 일을 맡겨야 한다. 사회에서 존경받고 다른 사람의 섬김을 받는 사람들은 교회 구석구석에서 몸으로 섬기는 일을 하게 하고, 사회에서 존경과 섬김을 받지 못하던 사람들은 교회에서 그런 경험을 할 수 있도록 배려하는 것이 좋다.

B. "입으라"(3 : 12-17)

[12]그러므로 너희는 하나님이 택하사 거룩하고 사랑받는 자처럼 긍휼과 자비와 겸손과 온유와 오래 참음을 옷 입고 [13]누가 누구에게 불만이 있거든 서로 용납하여 피차 용서하되 주께서 너희를 용서하신 것 같이 너희도 그리하고 [14]이 모든 것 위에 사랑을 더하라 이는 온전하게 매는 띠니라 [15]그리스도의 평강이 너희 마음을 주장하게 하라 너희는 평강을 위하여 한 몸으로 부르심을 받았나니 너희는 또한 감사하는 자가 되라 [16]그리스도의 말씀이 너희 속에 풍성히 거하여 모든 지혜로 피차 가르치며 권면하고 시와 찬송과 신령한 노래를 부르며 감사하는 마음으로 하나님을 찬양하고 [17]또 무엇을 하든지 말에나 일에나 다 주 예수의 이름으로 하고 그를 힘입어 하나님 아버지께 감사하라

바울의 윤리적인 가르침이 계속된다. 더 구체적인 덕목들을 열거하면서 윤리적인 가르침이 추상적인 명령이 아니라, 성도들의 삶에 적용되는 실천적 목표로 제시된다. 12절부터는 '~을 하지 말라'는 부정적인 명령이 아니라 '~을 하라'는 긍정적인 명령이 나온다. 그 덕목들은 사실상 모두 예수 그리

스도의 가르침에서 우리가 쉽게 발견할 수 있는 것들일 뿐만 아니라 그리스도 자신에게서도 발견할 수 있는 덕목들이다. 그런 뜻에서 "입으라"는 명령은 "그리스도로 옷 입으라"(롬 13:14; 갈 3:27)는 말이고, 이것은 곧 "그리스도를 닮으라"는 명령과 다르지 않다.

[3:12] 바울은 골로새 성도들을 "하나님의 택함을 받은"(*eklektoi*), "거룩한"(*hagioi*), "사랑을 받는"(*ēgapēmenoi*)이라는 단어로 수식한다. "택함을 받은"이란 표현은 원래 구약성경에서 이스라엘에게 적용되던 단어들이다(사 43:20; 65:9, 15, 23; 시 104:6; 105:5). 신약성경에서는 에베소서 1:4("…… 우리를 택하사 우리로 사랑 안에서 그 앞에 거룩하고……")에서 '택하다'(*eklegomai*)라는 동사, "사랑"(*agapē*)이라는 명사, "거룩한"(*hagios*)이란 형용사가 성도들을 향해 사용되었고, 베드로전서 2:9("그러나 너희는 택하신 족속이요 왕 같은 제사장들이요 거룩한 나라요 그의 소유가 된 백성이니 ……")에서는 "택함을 받은"(*eklektos*), "거룩한"(*hagios*), "소유가 된"(*eis peripoiēsin*)이 사용되었다. 이런 구절들은 신명기 7:6~11과 관련이 있다. 이스라엘은 하나님이 "지상 만민 중에서", "자기 기업의 백성으로 택하셨고"(신 7:6), 하나님이 그들을 "기뻐하시고"(신 7:7), "다만(오직) 너희를 사랑하신다"(신 7:8). 그러므로 그들은 하나님이 "명하는 명령과 규례와 법도를 지켜 행해야 한다"(신 7:11). 하나님의 선택과 사랑을 먼저 말하고 "그러므로 이런 사람이 되라."고 말한다. 지금 12절에서 바울이 말하는 논조도 이와 유사하다.

신약성경에서 박해를 받는 교회를 향해 기록된 서신에서는 특별히 "택함을 받은"과 "사랑을 받는"이란 단어 혹은 그 파생어가 종종 사용된다. 베드로전서 1:1과(개역개정판으로는 2절) 2:9에서는 "택함을 받은"이 사용되었으며, 데살로니가전서 1:4("하나님의 사랑하심을 받은 형제들아 너희를 택하심을 아노라")과 데살로니가후서 2:13("주께서 사랑하시는 형제들아…… 처음부터 너희를 택하사……")에서는 두 단어가 모두 사용되었다. 박해받는 성도들에게 이 단어들을 사용한 이유는, 그들이 박해를 받는 이유가 하나님이 그들을 버리셨기 때문이 아니라 그들을 선택하시고 사랑하시기 때문이며, 그들이 박해를 받는 것이 바로 그 증거라고 말하여 그들을 위로하고 격려하기 위해서다. 골로새교회는 박해를 받는 교회는 아니지만, 성도들은 죄의 유혹 아래에 있다. 죄의 유혹을 이기고 신앙의 덕목을 이루기 위해 그들은 과거와 단절해야 한다. 바울은 "택함을 받은"과 "사랑을 받는"과 같은 단어를 사용하여 그들이 과거와 단절하고 신앙의 덕목을 지켜야 하는 이유를 설명한다.

바울은 다섯 가지 신앙의 덕을 옷으로 입을 것을 충고한다. 그것들은 긍휼(compassion), 자비(kindness), 겸손(lowliness), 온유(meekness), 오래 참음(patience)이다. 이것들은 그리스도인이 남들을 대하는 태도를 말하는 것으로, 세상의 도덕적 가치 기준과 다른 것들이다. 긍휼은 헬라어로 "긍휼/자비의 내장"(bowel of compassion, *splanchna oiktirmou*)이다. 헬라인들은 내장(bowel)을 인간의 감정이 있는 곳으로 이해했다. 마가복음 6:34, "예수께서 나오사 큰 무리를 보시고 그 목자 없는 양 같음으로 인하여 불쌍히 여기사……"에서는 내장(*splanchnon*)의 파생어로 동사 *splanchnizomai*가 '불쌍히 여기다'의 뜻으로 사용되었다. 긍휼은 기본적으로 불쌍히 여기는 것이다. '긍휼' 혹은 '자비'로 번역되는 단어(*oiktirmos*)도 불쌍히 여긴다는 뜻이다. 로마서 12:1의 "하나님의 모든 자비하심", 고린도후서 1:3의 "자비의 아버지"는 하나님이 죄인을 불쌍히 여기신다는 것을 말한다. 하나님의 자비는 곧 하나님이 "노하기를 더디 하시는 분"이라는 것과 연결된다. 출애굽기 34:6에서 하나님은 "자비롭고 은혜롭고 노하기를 더디하고 인자와 진실이 많은 하나님"으로 소개될 때 첫 번째 형용사가 "자비로운"(*oiktirmōn*), 두 번째 형용사가 "은혜로운"(*eleēmōn*), 세 번째 단어가 "오래 참음"(*makrothymos*)이다.

우리가 긍휼과 자비의 마음을 가져야 하고 실천해야 하는 이유는 하나님이 그런 분이기 때문이다. 누가복음 6:36, "너희 아버지의 자비로우심(긍휼

하심, *oiktirmōn*)같이 너희도 자비로운 자가 되라"는 우리에게 하나님을 닮을 것을 요구한다. 궁극적으로 하나님을 닮고, 하나님의 형상을 회복하려면 우리는 하나님의 신적 성품을 가진 사람이 되어야 한다(벧후 1:4, "······ 너희가 정욕 때문에 세상에서 썩어질 것을 피하여 신성한 성품⟨*physis theias*, divine nature⟩에 참여하는 자가 되게 하려 하셨느니라"). 동방정교회(Eastern Orthodox Church)의 전통에서 구원은 '하나님처럼 되는 것'(deification, 혹은 divinization, 헬라어로는 *theosis*)이다. 알렉산드리아의 교부 아타나시우스는 그리스도의 성육신에 관해 말하면서 "그는 우리가 하나님처럼 되게 하려고 인간이 되셨다."고 말했다(Saint Athanasius, *On the Incarnation of the Word*, 54.3. Translation by John Behr⟨Saint Vladimir's Seminary Press, 2011, 167⟩). 에베소서 5:1, "······ 너희는 하나님을 본받는 자가 되고"라는 말씀의 관점에서 보면 일견 이해할 수 있는 주장이다. 물론 개혁교회의 전통에서 보았을 때 '하나님처럼 되는 것'이 구원이라고 말하기는 어렵고, 동방정교회의 전통을 모두 다 긍정하기는 어렵지만, 그래도 한 가지 이 시점에서 우리가 생각해 볼 필요가 있는 것은 개혁교회가 하나님의 신적 속성(the attributes of God)을 닮아 가는 것을 적어도 바울이 강조하는 것만큼 충분히 강조하고 있는지 자신을 돌아보는 것이다. "너희는 하나님을 본받는 자가 되고"(엡 5:1)와 "그리스도를 본받는 자가 되라"는 말씀은 궁극적으로 같은 것을 말한다. 우리에게 보여 주신 그리스도를 본받는 것이 우리 눈에 보이지 않는 하나님을 본받는 유일한 길이다.

"자비"로 번역된 헬라어 단어 *chrēstotēs*는 '좋다'는 뜻의 형용사 *chrēstos*의 명사형이다. 이 형용사가 사람에게 적용되면 '친절함'(kindness), '자선을 베푸는'(benevolent) 등의 뜻을 갖게 된다. "자비"는 갈라디아서 5:22~23의 성령의 아홉 가지 열매에 포함되어 있고, 그곳에서도 "자비"로 번역되었다. 긍휼이 '사람을 불쌍히 여기는 것'이라면 자비는 '불쌍한 사람에게 선을 베풀되 풍족히 베푸는 것'이다. 시편 34:8은 "너희는 여호와의 선하심(טוֹב, *chrēstos*)을 맛보아 알지어다"라고 말한다. 선함/자비는 하나님의 속성이다. 에베소서 4:32, "서로 친절하게(*chrēstoi*) 하며 불쌍히 여기며"에서는 "친절"로 번역되었으나 이곳에서 "자비"로 번역된 단어와 같은 단어다.

겸손으로 번역된 헬라어 단어 *tapeinophrosynē*는 원래 '가난한, 굴종적인(subservient), 신분이 낮은' 등의 뜻의 헬라어 형용사(*tapeinos*, 독립적 용법으로 사용되면 밑바닥 인생을 사는 사람〈downcast one〉을 가리킨다)와 '생각하다'의 뜻인 헬라어 동사 *phroneō*의 명사형 *phrosynē*의 합성어다. 이 단어는 골로새서 2:18의 "꾸며 낸 겸손"에서 사용된 바로 그 단어이기도 하다. 이 표현은 금욕주의적 고행을 가리키며 골로새 이단은 금욕주의적 행위를 겸손과 동일시하였다. 겸손(lowliness)은 원래 이교도(pagan) 문화 속에서는 덕목(virtue)으로 간주되지 않았다. 왜냐하면 '야비한 마음 상태'(meanspiritedness)를 가리키는 말이었기 때문이다(예. Josephus, *Jewish War* 4.494; Bruce 154, n. 127). 그러나 구약성경과 신약성경에서 겸손은 하나님의 백성이 가져야 할 중요한 덕목이다. 미가 6:8에서 하나님이 구하시는 것은 "정의를 행하며 인자를 사랑하며 겸손하게 네 하나님과 함께 행하는 것"이라고 말한다. 이사야 57:15은 "높고 거룩한 곳에" 계시는 하나님이 "통회하고 마음이 겸손한 자와 함께" 계시며 "겸손한 자의 영을 소생"시키신다고 말한다.

하나님이 아담과 하와를 만물을 다스리는 왕으로 높여 주셨지만(창 1:28; 시 8:6), 그들은 "하나님과 같이" 될 수 있다는 뱀의 말에 속아서 범죄하였다. 아담과 하와가 자신의 지위를 하나님의 지위로 높이려는 시도가 교만이라면, 겸손은 자신을 하나님 앞에서 낮추는 것이다. 그리스도는 원래 '하나님의 형상'이심에도 불구하고(빌 2:6, "그는 근본 하나님의 본체〈*morphē*, '형상'이란 단어인 *eikōn*과 동의어로 볼 수 있다〉시나……") 하나님과 동등한 지위를 낚아챌 것(찬탈의 대상)으로 여기지 아니하셨다(빌 2:6, "……하나님과 동등됨을 취할 것으로 여기지 아니하시고"). 첫 번째 아담은 하나님의 지위를 찬탈하려고 시도하였지만, 두 번째 아담이신 예수 그리스도는 하늘의 지위를 버리고 오히려 종의 모습으로 나타나셨다(빌 2:7, "오히려 자기를 비워 종의 형체를 가지사……"; 막 10:45, "인자가 온 것은 섬김을 받으려 함이 아니라 도리어 섬기려 하고……"). 그리고 인간이 되셔서 자기를 낮추셨다(빌 2:8, "사람의 모양으로 나타나사 자기를 낮추시고……"). 영원하신 하나님의 지혜가 인간이 되신 것 자체가 자신을 낮추신 것이다. 그러나 그리스도가 자신을 낮추시어 '겸손'을 우리에게 보여 주신 것은 성육신(incarnation)에서 끝나지 않았다. 그리스도는 심지어 십자가에서 죽기까지 복종하셨다. 그것이 하나님의 뜻이었기 때문이다(빌 2:8, "…… 죽기까지 복종하셨으니 곧 십자가에 죽으심이라"). 그러므로 십자가 위의 그리스도는 겸손의 극치(climax)다. 그리스도가 우리에게 겸손의 덕목을 가르치시기 위해서 십자가에서 죽으신 것은 아니다. 하지만 그리스도가 자신을 낮추지 않으셨다면 우리에게 은혜로 주시는 구원은 없었을 것이다.

은혜로 칭의를 받은 성도들은 그리스도를 닮아 그의 마음을 가져야 한다(빌 2:5, "너희 안에 이 마음을 품으라 곧 그리스도 예수의 마음이니"). 잠언 16:5은 "무릇 마음이 교만한 자를 여호와께서 미워하신다."고 말한다. 반대로 하나님은 하나님과 앞에서 겸손한 자를 높이신다. 그리스도께서 자신을 한없이 낮추시어 십자가 위에서 죽기까지 주의 뜻에 순종하였을 때 그를 "지극히 높여"(빌 2:9; 참고. 사 52:13, "보라 내 종이 형통하리니 받들어 높이 들려서 지극히 존귀하게 되리라"; 이사야 52:13에서는 רום과 $hypso\bar{o}$가 사용되었지만 빌립보서 2:9에서 바울은 $hyperypso\bar{o}$를 사용하여 의미를 한층 강화한다.), "모든 무릎"과 "모든 입으로", "예수 그리스도를 주라 시인하여"(빌 2:10-11) 그를 예배하게 하신다. 첫 번째 아담이 하나님의 뜻에 불순종하고 자신을 한없이 높여 하나님처럼 되려고 했을 때 하나님은 그를 한없이 낮추셨다. 이제 하나님은 두 번째 아담이신 예수 그리스도를 통해 인간에게 새로운 기회를 주신다. 그리스도를 믿고 거듭남으로 새로운 아담이신 그리스도에게 소속되어 하나님 나라에 들어가 다시 과거의 아담처럼 높임을 받을 것인지, 아니면 첫 번째 아담에게 소속되어 죄와 죽음의 지배 아래에서 종노릇 하다가 멸망할 것인지, 복음을 통해 선택의 기회를 주신다. 성도들은 이미 하나님 나라에서 높임을 받게 될 것이 결정되었다. 그러므로 성도들은 자신을 낮추고 겸손해야 한다. 겸손은 마음의 상태다. 금욕주의적 행위는 겸손이 아니다(골 2:18). 누가복음 18:9~14의 바리새인과 세리의 비유는 하나님 앞에서의 겸손이 무엇인지를 보여 준다. 하나님 앞에서 자신이 죄인이며 구원이 필요한 불쌍한 존재임을 인정하고 고개를 숙이는 것이다. 사람들과의 관계에서 겸손은 바로 이 하나님 앞에서의 겸손이 연장되는 것이다. 그렇게 할 때에 "오직 겸손한 마음으로(*tē tapeinophrosynē*) 각각 자기보다 남을 낮게 여기"(빌 2:3)게 된다. 예수 그리스도는 "마음이 온유하고 겸손하니"(*tapeinos tē kardia*) 우리가 그에게서 배워야 한다(마 11:29, "나의 멍에를 메고 내게 배우라").

온유(*prautēs*, meekness) 역시 그 당시 헬라 사회에서는 '약함'(weakness)으로 이해되었으며, 전혀 도덕적인 가치가 없다고 여겨지는 덕목이었다. 그러나 온유는 갈라디아서 5:22~23의 성령의 열매에 포함되어 있다. 모세는 "온유함이 지면의 모든 사람보다 더한"(민 12:3) 사람이었다. 시편 37:11, "그러나 온유한 자들은 땅을 차지하며 풍성한 화평으로 즐거워하리로다"는 마태복음 5:5의 팔복 선언에 인용되었다("온유한 자는 복이 있나니 그들이 땅을 기업으로 받을 것임이요"). "땅을 기업으로 받는다"는 '나라를 유산으로 받는다'는 뜻이므로, 온유는 하나님의 나라에 들어가는 주의 백성의 성품을 나타낸다. 예수 그리스도께서 자신의 성품을 묘사할 때에도 "나는 마음이 온유하고 겸손하다"고 말씀하셨다(마 11:29). 고린도후서 10:1, "…… 그리스도의 온유와 관용으로 친히 너희를 권하고"는 온유가 그리스도의 품성임을 말한다. 스가랴 9:9, "…… 보라 네 왕이 네게 임하시나니 그는 공의로우시며 구원을 베푸시며 겸손[온유]하여서 나귀를 타시나니……"는 온유가 메시야의 품성이라는 것을 보여 준다. 고대시대의 왕들은 온유와는 거리가 멀었다. 강력한 왕권을 보여 주고 지키기 위해 그들은 무자비한 폭력과 강압을 사용했다. 그러나 하나님이 세우신 왕, 메시야는 그런 왕이 아니라 온유함으로 무장한 왕이었다. 그는 "그는 강포를 행하지 아니하"(사 53:9)는 왕이었고, "마치 도수장으로 끌려가는 어린 양과 털 깎는 자 앞에서 잠잠한 양같이 그의 입을 열지 아니하"(사 53:7)는 왕이었다. 진정한 의미에서 그리스도의 온유함은 십자가 죽음으로 그 절정에 달했다. 고린도전서 1:25에서 바울은 "하나님의 약하심이 사람보다 강하니라"라고 말한다. 복음을 이해하지 못하는 헬라인들은 '십자가에서 죽은 예수가 하나님과 같은 분이라면 하나님이 어떻게 그렇게 연약한 모습으로 죽음을 당할 수 있느냐? 얼마나 힘이 없으면 로마인들에게 붙잡혀 그런 죽음을 당하는가? 우리가 그런 신을 믿을 필요가 없지 않은가? 복음을 믿는 것은 미련한 것(foolishness, 고전 1:18, 23)이다.'라고 생각한다. 온유한 왕, 온유한 구원자, 온유한 하나님에 대해 이해하지 못한다. 바울은 이 하나님의 온유하심이 결국 메시야를 죽음으로 몰아간 인간들의 죄보다 더 강하다고 말한다(고전 1:25, "하나님의 어리석음이 사람보다 지혜롭고 하나님의 약하심이 사람보다 강하니라"). 메시야를 죽인 것에 보복하지 않으시고, 그의 죽음을 통해 오히려 구원의 길을 열어 주신 것은 바로 하나님의 온유함, 그리스도의 온유함이다. 하나님의 온유함이 인간의 죄악을 이기신 것이다. 그러므로 성도들은 이제 그리스도의 온유함을 닮아 가야 한다.

오래 참음(makrothymia, patience)도 갈라디아서 5:22~23의 성령의 열매에 포함되어 있으며, 하나님의 신적 속성이다. 출애굽기 34:6에 나오는 하나님에 관한 묘사, "자비롭고 은혜롭고 노하기를 더디하고 인자와 진실이 많은 하나님이라"에서 "노하기를 더디하다"의 헬라어 makrothymos는 "오래 참음"의 형용사형이다. "오래 참음"은 히브리어로 직역하면 '긴 코'(long nose)다. 하나님의 코는 진노를 가리키고 '긴'이란 형용사는 여기서 '느리다'

라는 뜻으로 사용되었다(잠 14 : 17의 "노하기를 속히 하는 자"는 히브리어로 직역하면 "코가 짧은 자"다). 만약 하나님이 자비가 없으시고 진노를 오래 참지 않으셔서 우리가 죄를 지을 때마다 그의 진노를 내리신다면 이 땅 위에 살아남을 인간은 아무도 없다. 하나님은 길게 참으시고 죄인을 향한 진노와 심판을 최후의 심판 때로 연기하심으로 죄인들이 살아서 구원의 기회를 가질 수 있다.

바울은 로마서 9 : 22에서 "멸하기로 준비된 진노의 그릇을 오래 참으심으로 관용"하신다고 말한다. "진노의 그릇"은 믿지 않는 이방인과 믿지 않는 유대인들이다. 유대인이라 할지라도 그들은 하나님께 순종하지 않았고 하나님의 아들을 거부하여 스스로 진노의 대상이 되었다. 그러나 하나님은 그들에 대해 길게 참고 자비를 베푸신다. 그들 가운데에 아직 구원받을 수 있는 사람들이 있기 때문이다. 로마서 11 : 11, "그러므로 내가 말하노니 그들이 넘어지기까지 실족하였느냐 그럴 수 없느니라 ……"는 바로 이 점을 말한다. "실족하다"는 '걸려 넘어지다'(to stumble)라는 뜻이며, 유대교 전통에서 걸려 넘어지는 것은 '죄를 짓다'(to sin) 혹은 '실수하다'(to make a mistake) 라는 뜻이다. 여기서 '실족하다'는 '한 번 잘못된 결정을 하여 복음을 거부하다'라는 뜻으로 볼 수 있다. 사람이 살다가 한 번 걸려 넘어질 수 있지만, 다시 일어나서 걸어가면 된다. 한 번 잘못된 결정을 한 것으로 완전한 멸망으로 목숨이 결정되는 것은 아니다. "넘어지다"는 완전히 돌이킬 수 없을 정도가 되어 멸망으로 결정된 상태를 가리킨다. "실족하다"가 임시적인 상태라면 "넘어지다"는 결정되어 고정된 상태다. "그들이 넘어지기까지 실족하였느냐"는 질문은 "복음을 들은 유대인들이 그것을 거부했다면 그들은 앞으로 두 번 다시 구원의 기회 없이 다 멸망하는가? 앞으로 더 이상의 기회는 없는가?"를 묻는 것이다. 바울은 그렇지 않다고 말한다. 물론 모든 유대인이 다 구원받을 수는 없다. 육신을 따라 아브라함의 자손으로 태어났기 때문에 자동적으로 구원을 받는 것은 절대 아니다. 로마서 11 : 14, "이는 혹 내 골육을 아무쪼록 시기하게 하여 그들 중에서 얼마를 구원하려(to save some of them) 함이라"는 모든 유대인 중 오직 '일부'만이 구원을 받게 되며 유대인 전체가 다 구원받지 못할 것임을 말한다(롬 9:27, "…… 이스라엘 자손들의 수가 비록 바다의 모래 같을지라도 남은 자만 구원을 받으리니"). 그러므로 로마서 11:26의 "그리하여 온 이스라엘이 구원을 받으리라"를 인종적 이스라엘 사람(ethnic Israelites) 모두가 다 구원을 받는다는 뜻으로 해석하면 안 된다. "온 이스라엘"은 교회를 가리키는 것으로 보아야 한다. 하나님은 "순종하지 아니하고 거슬러 말하는 백성", 즉 유대인들을 향하여 "내가 종일 내 손을 벌렸노라"(롬 10:21; 사 65:2)라고 말씀하신다. 유대인들과 이방인들 모두를 향해 하나님은 오래 참으신다. 돌이켜 믿음으로 구원을 받을 기회는 아직 열려 있다. 하나님은 오래 참으시기 때문이다.

성도들은 하나님의 이 오래 참으심을 닮아 가야 한다. 다섯 가지의 신앙의 덕 중 앞의 네 가지는 다른 사람에 대한 나의 태도라면, 오래 참음은 다른 사람의 태도에 대한 나의 반응이다. 고린도전서 13:4은 "사랑은 오래 참음"이라 말한다. 성도들은 교회 안에서 서로를 향해 오래 참고, 교회 밖에서도 세상 사람들을 향해서도 오래 참아야 한다(엡 4:2; 살전 5:14). 긍휼(compassion), 자비(kindness), 겸손(lowliness), 온유(meekness), 오래 참음(patience)은 모두 하나님과 그리스도께서 보여 주신 덕목들이다. 우리가 이런 덕목을 입을 때 낡고 더러운 옷을 벗고 좋은 새 옷을 입을 때 느끼는 것과 같은 그런 느낌을 능가하는 기쁨과 자랑스러움이 있다("옷 입고"에 관한 설명은 10절의 "새사람을 입었으니"에 관한 설명을 보라).

[3:13-14] 교회 안에서 성도들은 서로를 향해 인내심을 갖고 상대방을 받아들여야 한다("서로 용납하여"). 개역개정판 성경에서 "서로 용납하여"는 13절 문장의 중간에 있으나 헬라어 원문에는 앞부분에 있고, 또 "용납하다"와 "용서하다"가 순서대로 나오므로 문장의 맨 앞으로 옮겨서 "서로 용납하며 누가

누구에게……"로 번역하는 것이 좋다. 또한 헬라어 원문의 "*kathōs kai ho kyrios*"는 "마치 주께서도 너희를 용서하신 것같이……"로 번역해야 한다. 13절에서 현재분사인 *anechomenoi*와 *charizomenoi*는 명령의 어감으로 사용된 것이다(Bruce, 155, n. 134). 하나님이 우리를 용서하신 것처럼(눅 11:4), 또 "주께서" 자신을 속죄의 제물로 바쳐 우리의 죄를 용서하신 것처럼(막 10:45), 서로를 용서해야 한다(롬 15:7-8; 엡 5:2, 25, 29; 벧전 2:21; 3:18). 그리스도는 "일곱 번뿐 아니라 일곱 번을 일흔 번까지라도"(마 18:22) 용서할 것을 가르치셨다. 우리가 다른 사람을 용서할 때 우리 죄를 위한 하나님의 용서를 구할 수 있다(마 6:14-15; 마 6:15, "너희가 사람의 잘못을 용서하지 아니하면 너희 아버지께서도 너희 잘못을 용서하지 아니하시리라"). 주기도문에는 "우리에게 죄 지은 자를 사하여 준 것"(마 6:12; 눅 11:4)이 포함되어 있다. 아마도 바울은 주기도문의 내용을 이미 잘 알고 있었을 가능성이 크다(Bruce, 155, n. 136). 마가복음 11:25에도 "서서 기도할 때에 아무에게나 혐의가 있거든 용서하라 그리하여야 하늘에 계신 너희 아버지께서도 너희 허물을 사하여 주시리라"라는 말씀이 있다.

물론 다른 사람을 용서하는 것이 하나님의 죄 용서를 받게 해 주는 의로운 행위가 된다는 뜻은 아니다. 성도가 다른 사람을 용서하는 이유는 이미 그들이 하나님으로부터 용서를 받았기 때문이다("주께서 너희를 용서하신 것같이 너희도 그리하고"). 에베소서 4:32, "…… 서로 용서하기를 하나님이 그리스도 안에서 너희를 용서하심과 같이 하라"에서도 이 점이 강조된다. 상대방을 용서하지 않는 사람은 마태복음 18:23~35의 "용서할 줄 모르는 종 비유"의 그 종처럼 결국 감옥에 갇히게 된다. '분노와 미움의 감옥'에 갇히게 되는 것이다. 용서만이 그 감옥에서 풀려나는 길이다. 희생자는 가해자가 아니라 결국 용서하지 못하고, 그래서 평생 쓴 뿌리를 안고 살아가는 피해자 본인이다. 용서는 남을 위한 것이기 이전에 자기 자신을 위한 것이며, 그것이 주의 뜻이다.

궁휼, 자비, 겸손, 온유, 오래 참음, 용서, 이 모든 것들 위에 "사랑"을 추가해야 한다. 새사람을 입고, 이 모든 것을 추가했다면 마지막으로 사랑이라는 띠로 허리를 묶어 복장을 완성해야 한다("이는 온전하게 매는 띠니라"). 사랑은 갈라디아서 5:22~23의 성령의 열매 목록에서 가장 먼저 나온다. 고린도전서 13:13에서 사랑은 믿음과 소망을 능가하는 제일의 덕목이다. 갈라디아서 5:6, "그리스도 예수 안에서는 할례나 무할례나 효력이 없으되 사랑으로써 역사하는 믿음뿐이니라"는 사랑의 행동으로 믿음이 표현될 수 있다는 것을 말한다. 바울은 갈라디아서 5:13에서 "오직 사랑으로 서로 종노릇하라", 5:14에서는 "온 율법은 네 이웃 사랑하기를 네 자신같이 하라 하신 한 말씀에서 이루어졌다."라고 말한다(롬 13:8-9). 심지어 "사랑은 율법의 완성이니라"(롬 13:10)라고 말한다. 바울의 이런 가르침은 마태복음 5:43~48의 산상수훈과 예수 그리스도의 사랑의 이중 계명(막 12:28-34; 마 22:34-40; 눅 10:25-28)의 연장선상에 있다. 특히 마태복음 5:44에서 강조되는 "너희 원수를 사랑하라"가 마태복음 5:48의 "그러므로 하늘에 계신 너희 아버지의 온전하심과 같이 너희도 온전하라"와 연결된 점에 주목해야 한다. 원수조차도 사랑하는 성도는 하나님이 온전하신 것처럼 온전하다(*teleios*)는 것은 사랑이 "온전하게 매는 띠"(*syndesmos tēs teleiotētos*)라는 말과 유사하다. 마태복음 5:48에서는 형용사형 *teleios*가 사용되고 골로새서 3:14에서는 명사형 *teleiotēs*가 사용되었지만, '사랑이 온전하게 한다'는 개념은 동일하다. 성도들이 원수를 사랑하고 모든 이웃을 사랑하는 사람이 되는 것은 곧 하나님의 신적 성품을 닮는 길이다. 특별히 교회 안에서 사랑은 모든 성도를 하나로 연결하는 "띠"이며, 이들을 완전에 이르게 한다. 한 사람 한 사람의 성도들이 사랑이라는 띠로 묶인다면 곧 온 교회, 모든 성도가 다 온전하게 하나로 묶이게 된다.

[3:15] 모든 덕 위에 사랑을 더하라는 명령 뒤에 바울은 그리스도의 평화에 관해 말한다. "그리스도의 평강이 너희 마음을 주장하게 하라"에서 '주장하

다'라는 동사의 명사형 *brabeus*와 *brabeutēs*는 원래 경기장의 심판(umpire)을 가리키는 단어였지만, 후대에는 좀 더 일반적인 뜻으로 사용되어 동사 *brabeuō*는 '중재하다'(to arbitrate), '판결하다'(to gave a verdict), '다스리다'(to rule)라는 뜻으로 사용되었다(Harris, 165). 비유적으로 말하면 문제가 생겨서 시끄럽게 되었을 때 그리스도의 평강이 성도들의 마음속에서 문제의 해결을 주도하는 중재자(arbiter)의 역할을 하게 하라는 말이다(Bruce, 156). "그리스도의 평강/평화"(*hē eirēnē tou Christou*)는 로마 황제가 주는 평화(*pax Romana*)와 대조되는 느낌을 준다. 데살로니가전서 5:3에서 임박한 종말에 관해 말하면서 바울은 "그들이 평안하다, 안전하다 할 그때에 임신한 여자에게 해산의 고통이 이름과 같이 멸망이 갑자기 그들에게 이른다."라고 말한다. 여기서 "평안/평화"(peace)와 "안전"(security)은 로마제국의 구호(slogan)다. 평화와 안전은 로마제국이 지중해 일대를 정복하고 황제의 지배 아래에서 전쟁이 없는 상태, 치안이 확보되어 안전하게 여행하며 상업을 통해 부를 축적할 수 있는 상태를 가리킨다. 그러나 로마 황제가 보장하는 평화는 군대의 무력과 폭력적인 형벌을 기초로 한 것이고, 짧은 기간 지속되는 임시적 평화다. 인간이 자신의 힘으로 세운 것은 비록 그것이 평화라 할지라도 여전히 하나님의 심판 아래에 있다. 하나님의 심판과 하나님의 나라가 임할 때 그 평화는 가짜 평화였다는 것이 드러난다.

반면 그리스도의 평화(*pax Christiana*)는 그리스도의 희생을 통한 평화이며, 미래 하나님의 나라에서 완성되지만 이미 이 땅 위에서 성도들이 경험하는 평화다. 이 땅 위에서 그리스도를 통해 하나님의 용서와 사랑을 경험한 성도들이 서로를 용서하고 사랑함으로 경험하게 되는 평화다. 영원한 하나님 나라의 평화는 이미 성도들의 마음을 지배하기 시작했다. 빌립보서 4:6~7에서 바울은 "아무것도 염려하지 말고 다만 모든 일에 기도와 간구로, 너희 구할 것을 감사함으로 하나님께 아뢰라 그리하면 모든 지각에 뛰어난 하나님의 평강이 그리스도 예수 안에서 너희 마음과 생각을 지키시리라"라고 말한다. 그리스도의 평화는 주가 나의 건강, 재물, 직장, 가정, 자녀, 인간관계 등을 다 지켜 주고 아무 문제가 없게 하여, 아무런 근심 걱정이 없어서 생겨나는 평화가 아니다. 내가 통제할 수 없는 인생의 다양한 문제와 비극적 상황 속에서도 나의 "마음과 생각"을 지켜 주심으로 얻게 되는 평화다. 그리스도의 평화는 나의 삶의 환경과 조건이 좋아졌을 때 나에게 생겨나는 것이 아니다. 외부 환경과 조건이 지금보다 더 나빠져도 그리스도의 평화가 나의 마음을 지배하고 다스린다면, 인간은 불행해지지 않고 오히려 행복하게 살 수 있다. 복음이 약속하는 구원과 평화는 이 땅 위에서 이미 성도들이 경험하는 것이다. 기복신앙이 주장하듯, 삶의 물질적 조건이 개선되었기 때문에 경험하는 것이 아니다. 성도들의 인생을 바라보는 관점이 바뀌었기 때문에 경험하는 것이다. 복음을 믿으면 삶의 외적 조건이 향상되는 것이 아니다. 세계관, 인생관, 가치관이 바뀌고, 관점이 바뀌면 인간은 어떤 극한 조건 속에서도 마음의 평화를 유지하고 살아갈 수 있게 된다. 이것이 진짜 평화다. 로마 황제는 이런 평화를 줄 수 없다. 황제의 "평화와 안전"의 표어는 인간의 관점을 영원에 맞추고 있지 않기 때문이다. 오직 그리스도만이 우리의 관점을 영원에 맞추게 하고, 평화를 주실 수 있다.

그리스도의 평화를 언급하면서 "너희는 또한 감사하는 자가 되라"라고 말하는 것도 이런 이유 때문이다. 성도들은 감사하면서 살아가는 사람들이다. 삶의 조건을 바라보는 그들의 관점이 바뀌었기 때문이다. 바울이 빌립보서 4:4에서 "주 안에서 항상 기뻐하라 내가 다시 말하노니 기뻐하라"라고 말할 때, 바울과 빌립보교회는 객관적으로 별로 감사할 만한 사안이 없었다. 빌립보교회에는 내적인 분란이 있었다. 분란의 구체적인 원인은 알 수 없으나 유오디아와 순두게로 대표되는 두 그룹 사이에 불일치의 문제가 있었다(빌 4:2). 빌립보서 1:28에서 바울은 "대적하는 자"에 대해서 언급한다. 이들은 아마도 교회 밖에 있는 반교회 세력으로, 성도들이 두려움을 느끼게 하고(빌 1:28), 고난을 당하게 한다(빌 1:29-30). 또 빌립보서 3:2에 나오는

"개", "행악하는 사람들", "몸을 상해하는 일"을 하는 사람들, 즉 할례당 혹은 유대주의자들(Judaizers)로 볼 수 있는 사람들이 교회 안에 등장하고 있다(빌 3:3). 바울은 감옥에 갇혀 재판 중이며(빌 1:7, 13, 17), 아마도 사형에 처할 가능성이 적지 않다(빌 1:19-21; 2:17). 빌립보 성도들이 바울을 돕기 위해 보낸 에바브로디도는 바울과 함께 머무는 동안 병이 나서 거의 죽을 뻔했다(빌 2:26, 30). 바울로서는 감사할 수 있는 조건을 찾기가 어려웠다. 그러나 이런 악조건 속에서도 "항상" 하나님께 감사할 수 있는 사람이라면 무엇이 그 사람을 불행하게 만들 수 있겠는가? 감사는 영원한 하나님의 나라의 관점에서 세상과 인생을 바라볼 수 있게 되어 악조건 속에서도 "그리스도의 평화"를 잃어버리지 않고 간직하며 살아가는 사람들이 보여 줄 수 있는 삶의 악조건에 대한 역설적인 반응이다.

바울은 "너희는 평강을 위하여 한 몸으로 부르심을 받았으므로 감사해야 한다."라고 말한다. 여기서 한 몸은 교회를 가리키며, 그리스도의 평화는 한 개인의 차원을 넘어 공동체의 차원에서도 경험되어야 한다. 비기독교적인 가르침이 교회 안에 들어와 교회에 문제가 생긴 지금, 골로새교회의 성도들은 "그리스도의 평화"가 그들을 지배하도록 해야 한다. 바울의 편지를 받고 골로새 이단을 반대하던 성도들이 그것을 찬성하던 성도들을 공격하기 시작하면 교회는 두 파로 갈라져 서로 상처만 남는 논쟁을 시작할 것이다. 바울이 원하는 것은 논쟁이 아니라 평화다. 바울이 골로새 이단에 관해 시시비비를 다 가렸으므로 이 문제를 둘러싼 더 이상의 논쟁은 불필요하다. 비슷한 가르침을 갈라디아서에서 찾을 수 있는 것도 우연이 아니다. 바울이 할례당을 비판하는 긴 논쟁을 마치는 시점인 갈라디아서 5:14~15에서 "온 율법은 네 이웃 사랑하기를 네 자신같이 하라 하신 한 말씀에서 이루어졌나니"라고 말한 뒤에 "만일 서로 물고 먹으면 피차 멸망할까 조심하라"라고 경고하는 것도 같은 이유다.

이단적 가르침 때문에 몸살을 앓은 교회가 이 문제에서 완전히 벗어나려면 먼저 이단적 주장하는 사람들을 교회에서 제거하고(갈 1:8-9; 4:30, "여종과 그 아들을 내쫓으라"), 의견이 분열된 교회를 다시 사랑으로 묶어 그리스도의 평화를 회복하는 길밖에 없다. 이단 문제로 어려움을 겪은(요일 4:1-6) 교회를 향해 보낸 요한1서에서도 사랑을 강조하는 것은 동일하다(요일 2:18-29; 3:7-12; 4:7-5:3). 이단 논쟁의 후유증은 성도들 사이에 깊은 감정의 골을 만들고, 함께 예배드릴 수 없을 정도로 심한 반감이 생겨나게 한다. 그러나 용서, 사랑, 평화는 이런 문제를 해결하는 길이며, 또한 감사의 예배도 이 문제를 해결하는 중요한 해결책이 된다.

"감사하는 자들이 되라"는 말에서 "감사하는 자들"(*eucharistoi*)의 동사형 *eucharisteō*는 '성만찬'과 연관된 단어다. 영어단어, '유카리스트'(Eucharist)의 헬라어 어원이다. 초대교회의 예배는 주일예배라 하더라도 해가 진 저녁에 예배를 드렸고, 저녁에 드리는 예배에는 주의 만찬이 포함되어 있었다. 초대교회에서 주의 만찬은 실제 식사를 하는 시간이기도 했다. 마태복음 15:36, "떡 일곱 개와 그 생선을 가지사 축사하시고"에서 "축사하시고"의 헬라어 동사는 골로새서 3:15에서 사용된 바로 이 "감사하다"는 뜻의 동사 *eucharisteō*다. 그러므로 "감사하다"는 동사와 그 파생어는 성만찬을 포함하는 예배를 가리키는 뉘앙스가 있다. 바로 다음 절인 16절에서 "…… 시와 찬송과 신령한 노래를 부르며 감사하는 마음으로 하나님을 찬양하고"는 명확하게 예배를 염두에 둔 말이므로 골로새서 3:15에서도 "감사하는 자가 되라"는 말은 '예배하는 자가 되라', 더 나아가서는 '성만찬'(Eucharist)을 나누는 자들이 되라'는 뉘앙스를 동반한다. 예배는 하나님께 드리는 감사의 제사이며, 기독교인들이 감사하면서 사는 것은 하나님 앞에 주의 만찬을 나누면서 그리스도를 주신 하나님께 감사하는 것에서 시작된다. 더구나 이단 문제로 찬반양론이 갈라졌던 교회라면 더욱 예배를 통해 함께 성만찬을 나누고 하나님께 감사를 드리는 가운데 다시 하나가 되는 복을 경험할 수 있기에 바울은 용서, 사랑, 평화, 감사(예배)를 언급한다.

[3:16] "그리스도의 말씀이 너희 속에 풍성히 거하여"는 이 구절이 예배와 관련된 가르침임을 분명하게 보여 준다. "너희 속에"(en hymin)라는 헬라어 전치사구는 '너의 마음속에'로 해석할 수도 있지만, '너희들 가운데'라고 해석할 수도 있다. 여기에서는 아마도 후자의 뜻이 더 강한 것 같다. 그리스도의 말씀이 예배 가운데 풍성하게 선포되어 너희들 가운데, 그리고 너의 마음속에 있게 하라는 명령이다. "거한다"(enoikeō)는 '내부에 거주한다'는 뜻이다. 하나님의 말씀이 한 귀로 들어와 다른 한 귀로 흘러나가는 것이 아니라 성도들 가운데 혹은 마음속에 지속적으로 머물러 있다는 의미다. 교회 안에는 그리스도에 관한 말씀이 항상 교육되고 설교되어 충만하고, 차고 넘치게 해야 한다. 특히 예배는 말씀이 중심이고 말씀이 풍성해야 한다. 예배는 하나님을 위한 것이고 하나님께 바쳐지는 것이지만, 동시에 예배에 참석한 사람들이 말씀을 들어 그들에게 영적인 유익이 있어야 한다.

고린도전서 14장에서 바울은 예배시간에 방언을 사용하는 것을 비판한다. 고린도전서 14:19에서 그는 "네가 남을 가르치기 위하여 깨달은 마음으로 다섯 마디 말을 하는 것이 일만 마디 방언으로 말하는 것보다 나으니라"고 말한다. 아마도 고린도교회에서 방언으로 찬양, 기도한 것으로 보인다. 고린도교회의 예배에는 신자들뿐만 아니라 불신자와 예비 신자들도 있었다. 고린도전서 14:16, "그렇지 아니하면 네가 영으로 축복할 때에 알지 못하는 처지에 있는 자가 네가 무슨 말을 하는지 알지 못하고 네 감사에 어찌 아멘 하리요"에서 "무식한 처지에 있는 자"로 번역된 단어 idiōtēs는 교육 수준이 낮은 사람을 가리키는 말이 아니다. 이 단어는 완전히 숙달된 전문가도 아니고 그렇다고 완전히 초보자도 아닌, 전문가와 초보자 중간 정도의 숙련에 도달한 사람을 가리킨다. 교회의 맥락에서 "이디오테스"는 완전히 믿음을 갖게 되어 세례받고 개종한 신자도 아니고, 그렇다고 오늘 처음 교회에 나와 전혀 믿음이 없는 불신자도 아닌, 그 두 그룹의 중간에 있는 사람들이다. 이 사람들은 상당 기간 교회 예배에 참석하면서 복음을 믿을지 아니면 안 믿을

지 고민하면서 호기심을 갖고 기독교의 진리를 탐구하는 구도자들(seekers)이다. 그런 의미에서 이 사람들을 '예비 신자'(요즘 흔히 사용하는 표현으로는 태신자)라고 부를 수 있다. 고린도전서 14:23~24에서 "무식한 자들"과 "믿지 아니하는 자들"이 두 번이나 함께 등장하는 것은 바울이 방언을 문제 삼을 때 이들에 대한 깊은 관심이 있었음을 보여 준다. 고린도전서 14:16에서 "그렇지 아니하면 네가 영으로 축복할 때에 무식한 처지에 있는 자가 네가 무슨 말을 하는지 알지 못하고 네 감사에 어찌 아멘 하리요"라고 말하는 것으로 미루어 볼 때 예비 신자들은 예배 때 말씀, 기도, 찬양을 경청하다가, 어떤 사람이 축복의 말을 하면 "아멘"으로 화답했다. 이들은 예배의 구경꾼이 아니라 능동적으로 예배에 참여하는 자들이었다.

바울은 이들이 예배를 통해서 말씀을 알아듣고 이들의 마음에 믿음이 생기기를 원한다. 그래서 예배 때 방언으로 기도나 찬양을 하지 말라고 한다. 초대교회의 찬양과 기도에는 복음의 핵심적인 내용이 포함되어 있었다. 방언으로 말하면 이들은 무슨 뜻인지 알아들을 수 없다. "그러므로 믿음은 들음에서 나며 들음은 그리스도의 말씀으로 말미암았느니라"(롬 10:17)라는 관점에서 보면 안타까운 일이다. 물론 불신자와 구도자들을 위해 신자들이 예배를 드리는 것은 아니다. 예배는 삼위일체 하나님을 위한 것이며 삼위일체 하나님께 드리는 것이다. 그러나 예배는 말씀이 중심이 되어야 하며, 말씀이 풍성하게 선포되어야 한다. 그리고 그 말씀은 불신자와 예비 신자들이 알아들을 수 없는 어려운 말이 아니라, 그들이 쉽게 이해하고 받아들일 수 있는 말로 선포되어야 한다. 백만 마디의 방언을 해도, 불신자나 예비 신자가 전혀 알아들을 수 없다면 알아들을 수 있는 다섯 마디의 말보다 못하다(고전 14:19). 신앙이 미숙한 사람들을 고려해 그들이 이해할 수 있는 말로 기도하고, 찬양하며, 설교해서 그들에게 말씀을 가르쳐야 한다. 좋은 예배는 신자건, 예비신자건, 불신자건, 참석한 모든 사람이 복음의 가르침을 받는 예배다. 좋은 예배는 참석한 모든 사람에게 믿음이 생기고 자라게 한다. 설교자에게 예배의 말씀선포는 가장 강력한 전도의 기회이며, 예배의 찬양, 기도, 말씀을 통해 모두 그리스도의 복음을 선포해야 한다. 그렇게 하면 그리스도의 말씀이 풍성하게 예배 참석자들에게 거할 것이다.

"그리스도의 말씀"(ho logos tou Christou)은 무엇을 가리키는 것일까? '그리스도에 관한 말씀'(그리스도를 목적어의 의미를 가진 소유격으로 봄)일까? 아니면 '그리스도가 하신 말씀'(그리스도를 주어의 의미를 가진 소유격으로 봄)일까? 로마서 10 : 17, "그러므로 믿음은 들음에서 나며 들음은 그리스도의 말씀으로 말미암았느니라"의 "그리스도의 말씀"은 '그리스도에 관한 말씀'으로 볼 수 있다. 여기에서도 그렇게 해석할 수 있지만, '그리스도가 하신 말씀'으로 보는 것이 더 좋다(Bruce, 157, n. 148). 바울은 물론 초대교회는 예수 그리스도의 말씀(sayings)에 관한 많은 전승을 갖고 있었다. 네 개의 복음서가 바로 그 증거다. 유대교 전통에서 랍비의 제자들이 선생이 한 말을 잊지 않기 위해서 계속 반복해서 암기하여 정확하게 그 전승을 이어 나갔듯이, 예수의 제자들도 예수의 말씀을 듣고 그것을 반복해서 암기하여 그 전승을 이어 나갔을 것이다. 예루살렘교회 안에 헬라파 유대 기독교인들이 있었으므로(행 6 : 1) 이들은 헬라어를 사용하여 예배를 드렸을 것이다. 헬라파 유대 기독교인에 의해 예수의 아람어 전승은 헬라어로 번역되기 시작했을 것이다. 일단 구전(口傳) 전승이 헬라어로 번역되면 문자화되므로, 전승이 고정되어 향후 변경이 어렵다(Martin Hengel, *Between Jesus and Paul*, 27). 스데반이 순교하고 헬라파 유대 기독교인들이 각지로 흩어질 때 헬라어로 된 예수 전승을 갖고 흩어졌을 것이다. 바울이 다메섹교회에서 아나니아에게 세례를 받고 예배에 참석했다면(행 9 : 18-19), 그는 이런 예수 전승을 다메섹교회에서 접했을 것이다. 아라비아 선교를 마치고 예루살렘에 돌아가 보름 동안 베드로와 함께 지낼 때 바울은 베드로를 통해 적지 않은 예수 전승을 전달받았을 것이다. 바나바를 만나고(행 9 : 27) 1차 선교여행을 하는 동안에도 바나바로부터 예수 전승을 전달받았을 것이다.

고린도전서 9:14, "이와 같이 주께서도 복음 전하는 자들이 복음으로 말미암아 살리라 명하셨느니라"에서 바울이 예수의 말씀을 직접 인용한다. 이 말씀은 복음서에는 기록되어 있지 않지만, 바울이 다른 사도들로부터 전달받은 예수 전승이다. 바울이 갖고 있던 예수 전승을 직접 인용하는 경우로 고린도전서 7:10, "결혼한 자들에게 내가 명하노니(명하는 자는 내가 아니요 주시라) 여자는 남편에게서 갈라서지 말고"와 고린도전서 11:23~25의 성만찬 전승도 있다. 데살로니가전서 4:15의 "…… 주께서 강림하실 때까지 우리 살아남아 있는 자도 자는 자보다 결코 앞서지 못하리라"는 "우리가 주의 말씀으로 너희에게 이것을 말하노니"라는 말로 수식되어 있으므로 예수의 언명으로 보아야 한다. 이는 바울이 예수 전승을 갖고 있었다는 증거로 볼 수 있다. 이런 명확한 예들 외에 바울이 예수의 말씀을 간접적으로 언급하는 경우는 수없이 많다(자세한 예를 보려면 데이비드 웬햄, 「바울: 예수의 추종자인가 기독교의 창시자인가」 박문재 역〈서울: 크리스천다이제스트, 2002〉을 보라). 바울이 예수 전승을 어느 정도 알고 있었는지에 대한 학자들의 입장은 두 개의 양극단이 있다. 하나는 앞에 언급된 예수 전승의 직접 인용 외에는 바울이 다른 예수 전승을 알지 못했다는 의견이다. 이것을 최소한주의(minimalism)라고 한다. 정반대로 바울서신 전반에서 복음서의 예수 전승을 반향(echo)하는 내용이나 에둘러서 언급하는 것(allusion)이 매우 많다고 보는 입장이다. 이것을 최대한주의(maximalism)라고 한다. 바울서신의 내용을 자세히 검토해 보면 최소한주의를 받아들이기는 쉽지 않다. 바울이 예수의 언명에 대해 어느 정도의 지식을 갖고 있었는지는 아마 최소한주의보다 최대한주의에 보다 더 가까울 것으로 보인다. 바울과 그의 동역자들은 우리가 복음서에서 읽을 수 있는 예수의 말씀들 상당 부분을 알고 있었고, 이것들을 가르쳤다고 보는 것이 옳다. 지금 이 구절에서 바울은 말씀선포를 통해 예수의 말씀들을 풍성하게 하라고 말한다. 오늘날 교회도 복음서에 나오는 예수의 말씀을 지속적으로 가르치는 것이 필요하다.

"모든 지혜로 피차 가르치며 권면하고"는 교회 안에서 성도들이 서로가 서로에게 말씀의 선생이 되어야 한다는 점을 지적한다. 초대교회에는 말씀을 전문적으로 가르치는 교사들이 있었다. 갈라디아서 6:6, "가르침을 받는 자는 말씀을 가르치는 자와 모든 좋은 것을 함께하라"는 갈라디아 교회들 안에 가르치는 교사와 배우는 학습자의 구분이 있었다는 것을 보여 준다. 갈라디아서 6:6 앞뒤의 말씀, "각각 자기의 짐을 질 것이라"(갈 6:5)와 "사람이 무엇으로 심든지 그대로 거두리라"(갈 6:7)는 재물 혹은 교회의 재정과 관련된 말씀들이므로, "모든 좋은 것을 함께하라"는 교회가 말씀을 가르치는 선생의 생활비를 일부(part-time) 혹은 전액(full-time) 부담하라는 뜻이다. 바울 교회에는 유급 사역자로서 말씀을 가르치는 일에 전념하는 사람이 있었다. 이것은 고린도전서 9:14, "이와 같이 주께서도 복음 전하는 자들이 복음으로 말미암아 살리라 명하셨느니라"를 상기할 때 전혀 이상한 일이 아니다. 바울은 비록 자비량으로 선교하였으나 자신의 경우는 예외적인 경우로 보았으며, 예수의 말씀을 원칙으로 하였다. 고린도전서 12:28~29에는 하나님이 세우신 교회의 직분으로 첫째 사도, 둘째 선지자 다음으로 '교사'가 나온다. 에베소서 4:11에도 교회 직분으로 사도, 선지자, 복음 전하는 자, 목사가 열거된 뒤 '교사'가 나온다. 디모데후서 1:11에서 바울은 자신을 복음 선포자, 사도, 그리고 교사로 보고 있다. 디도서 3:13에서 언급된 "율법교사 세나"는 교회의 사역자로서, 구약성경을 전문적으로 가르치는 교사였을 것이다. 이처럼 초대교회에는 가르치는 것에 전념하는 교사가 있었다. 오늘날은 목회자가 교사의 역할을 전담한다.

그러나 여기서 바울은 성도들이 서로를 가르치고 권면할 것을 요구한다. 바울은 로마교회의 성도들이 "선함이 가득하고 모든 지식이 차서 능히 서로 권하는 자임을" 확신한다(롬 15:14). 히브리서 5:12, "때가 오래되었으므로 너희가 마땅히 선생이 되었을 터인데 너희가 다시 하나님의 말씀의 초보에 대하여 누구에게서 가르침을 받아야 할 처지이니 단단한 음식은 못 먹고 젖이나 먹어야 할 자가 되었도다"는 믿은 지 오래된 성도는 마땅히 선생이 되어야 한다는 초대교회의 문화를 보여 준다. 예수는 그의 제자들을 사람을 낚는 어부로 만드신다고 했다(막 1:17; 마 4:19; 눅 5:10). 눅 5:3, "예수께서 한 배에 오르시니 그 배는 시몬의 배라 육지에서 조금 떼기를 청하시고 앉으사 배에서 무리를 가르치시더니"는 예수가 어부로서 배 위에서 물고기를 잡는 것처럼 묘사한다. 예수는 군중 속에서 제자들을 물고기로 잡는다. 제자들은 처음에는 물고기로 예수에게 잡히지만, 그들은 궁극적으로 사람을 잡는 어부가 되어야 한다. 마찬가지로 모든 성도는 물고기로 잡혀서 교회에 들어온다. 혹은 교회에서 말씀을 듣다가 물고기로 잡힌다. 그들은 처음에는 물고기이지만 머지않아 물고기를 잡는 어부가 된다. 말씀을 가르쳐서 하나님의 나라로 사람들을 인도하는 어부가 된다. 그러므로 교회 안에서 성도들이 서로에게 말씀의 교사가 되는 것은 당연한 일이다. "모든 지혜로 피차 가르치며 권면하고"의 '가르치다'(*didaskō*)뿐만 아니라 '권면하다'(*noutheteō*)라는 동사 역시 '가르치다'(to instruct)의 뜻이 있다. 바울은 이 두 단어를 겹쳐 사용하여 의미를 강조한다. 서로를 향해 교사가 되라는 강조다. 교회 안에서 서로 말씀을 가르칠 수 있는 성도라면 교회 밖의 불신자에게 말씀을 증거할 때 제대로 증거할 수 있다.

"시와 찬송과 신령한 노래를 부르며 감사하는 마음으로 하나님을 찬양하고"에서 시(psalms), 찬송(hymns), 신령한 노래(spiritual songs)는 당시 찬양의 세 가지 종류를 말한 것일 수도 있다. 시는 구약 시편의 전통에 따른 노래, 찬미는 그리스도에 대한 교회의 새로운 노래, 신령한 노래는 성령의 영감에 의한 노래를 가리키는 것(예. 고전 14:15)으로 추측하는 사람도 있다(Bruce, 158). 하지만 정확하게 세 가지 노래에 서로 어떤 차이가 있는지 확실히 알 수 없다. 초대교회 예배에서 찬송이 중요한 요소였다는 것은 분명하다. 플리니(Pliny the Younger)가 비두니아(Bithynia)와 본도(Pontus)의 총독으로 부임한 뒤, 그는 적지 않은 신전들이 퇴락하고 시장의 고기 소비량이 심각하게 감소한 것을 발견하고, 그 원인으로 기독교인들을 의심하여 그들을 잡아다가 심문했다. 그는 트라얀(Trajan) 황제에게 보낸 편지에서 그 지역 초대교회의 예배는 해가 뜰 무렵에 드리는 새벽예배와 해가 진 뒤에 식사를 먹는 저녁예배가 있다고 보고한다. 아침예배에서 기독교인들은 하나님인 그리스도에게 찬양을 했다고 기록한다(Pliny, Epistles 10.96 ; Bruce, 158에서 재인용).

당시 교회에는 찬송시가 있었다(고전 14 : 26, "…… 너희가 모일 때에 각각 찬송시도 있으며 가르치는 말씀도 있으며……"). 찬송시는 음악적 형태를 갖고 있었고 예배 중에 사용되었다. 초대교회의 찬송시로 신약성경에 남아 있는 것은 누가복음 1 : 46~55(마리아의 찬가), 1 : 68~79(사가랴의 찬양), 2 : 29~32(시므온의 찬송), 요한복음 1 : 1~14, 골로새서 1 : 15~20, 빌립보서 2 : 6~11, 디모데전서 3 : 16, 에베소서 5 : 19, 히브리서 1 : 1~4 : 1과 요한계시록에 나오는 하늘 천사들의 찬양들이 있다. 이것들은 모두 운문의 형식으로 된 찬양이다. 이런 초대교회 찬양시의 내용은 주로 그리스도에 관한 것들이며, 그 가사의 신학적 깊이가 매우 깊은 초대교회의 핵심적 신앙고백이다. 오늘날 대부분의 찬양 가사를 이와 비교한다면 그 내용이 너무 얕고 가볍다고 말할 수 있다. 초대교회의 찬양은 그리스도가 누구인지(기독론), 그리고 그의 십자가 죽음이 어떤 결과를 가져왔는지(구원론)에 관해 말하므로, 그 자체로 복음이 선포되고, 교육되는 결과를 가져왔다. 그렇다면 바울이 방언으로 찬양과 기도하는 것을 금하는 것을 충분히 이해할 수 있다. "시와 찬송과 신령한 노래를 부르며 감사하는 마음으로 하나님을 찬양하는" 것은 골로새서 3 : 8에 나오는 입으로 짓는 다섯 가지 죄와 대조되고 있다. 사람의 "입에서 나오는" 이런 죄는 인간을 더럽게 하지만(막 7 : 15-16), 찬양은 말씀이 머물게 한다.

[3 : 17] 말과 행동은 성도가 하는 모든 생활을 총괄한다. 일상의 모든 삶에서

"주 예수의 이름으로" 하라는 말은 어떤 행동, 어떤 말을 할 때 이것이 그리스도의 이름과 그의 뜻에 부합하는지 생각해 보고 하라는 말이다. 유대교에는 율법이 있고, 율법에 대한 상세한 랍비들의 해석의 전통이 있어서 어떤 일을 하거나 어떤 말을 할 때 그것이 하나님의 뜻에 합하고 부합하는 것인지에 대한 규정이 상세하게 있어서 삶의 지표가 된다. 그러나 기독교에는 유대교의 율법처럼 삶의 모든 측면을 일일이 다 규정하고 인도하는 그런 잣대가 없다. 기독교가 행위에 따라 구원받는 종교라면 이렇게 간단한 명령, "무엇을 하든지 말에나 일에나 다 주 예수의 이름으로 하라."는 말로 구체적인 삶의 규정을 대체할 수 없을 것이다. 하지만 바로 그 점에 기독교가 율법주의 종교와 구분되는 특징이 있다. 바울은 "너희는 성령을 따라 행하라"(갈 5:16), "너희가 먹든지 마시든지 무엇을 하든지 다 하나님의 영광을 위하여 하라"(고전 10:31)라는 말로 나머지 자세한 규정을 대체한다. 만약 어떤 구체적인 상황에서 내가 어떻게 해야 하는지, 혹은 이것이 죄인지 아닌지, 주의 뜻인지 아닌지를 알고 싶은데 성경에 직접적인 관련이 있는 구절이 없다면 이것이 주의 영광을 위한 것인지, 성령의 뜻인지, 주 예수의 이름으로 할 수 있는 일인지 생각해 보고 하라는 말이다. 그리스도의 이름에 불명예를 안길 수 있는 일이라면 하지 말아야 한다. 혹은 어떤 일을 할 때 자신의 이름을 높이기 위해서 하면 안 된다. 자선을 하고 봉사를 할 때도 그리스도의 이름으로 해야 한다.

설교를 위한 묵상

골로새교회가 이단 문제에서 빠져나와 바울의 복음으로 돌아오려면, 그 과정 속에서 성도들이 서로를 용납하고 피차 용서하는 과정이 반드시 필요하다. 이단이 들어왔을 때 일부 성도들은 이단에 반대하고 일부는 찬성하여 온 교회가 이 문제를 놓고 논쟁을 벌이고 서로 감정적으로 좋지 않은 상태에 있었을 것이다. 바울의 편지가 물론 교리적인 문제를 정리하여 주고 이단이 골로새교회를 떠난다고 하더라도 여전히 분쟁의 불씨는 교회 안에 남아 있다. 이런 상황에서 골로새교회가 벗어나려면 성도들이 긍휼과 자비, 겸손과 온유, 인내 등을 갖고 서로 용서하고 받아들이고 최종적으로 사랑을 더하여 그 사랑으로 온전히 하나로 묶여야 한다.

오늘날 교회에서 다툼과 분쟁이 일어날 때도 온 성도들 사이에 감정이 악화되어 일부 성도들은 교회를 떠난다. 남아 있는 성도들 사이에 서로 책임론 공방이 시작되고 서로 또 다투게 된다. 이런 악순환의 고리를 끊으려면 용서해야 한다. 그래야 함께 찬송과 신령한 노래를 부르면서 하나님을 찬양하고 함께 예배를 드릴 수가 있다. 온 교회 성도들은 하나로 부름을 받았으므로 이렇게 서로 용서할 때 그 안에 그리스도의 평강이 임한다. 분쟁 가운데서 지나친 말로 상대를 비난하고 공격하면 감정의 골이 너무 깊어져 다시 하나가 되기 어렵게 된다. 그러므로 교회 안에 문제가 발생하더라도 입으로 범하는 죄를 짓지 않도록 서로 주의하고 지나치게 감정적으로 반응하지 않도록 자제해야 한다. 그래야 차후 용서와 화합이 더 쉬워진다.

평신도들이 서로를 가르치는 교사가 되려면 교회에서 제대로 된 성경교육 프로그램을 제공해야 한다. 한때 제자 양육이란 목적으로 각종 교재와 프로그램이 유행했다. 그러나 토론식 성경공부에 나눔, 큐티에 집중하다 보니 주관적인 성경 해석과 적용에 치우친 경향이 있다. 여러 사람이 둘러앉아 토론을 통해 성경의 진리를 깨우쳐 나가는 것은 한계가 있다. 초대교회에 전문적인 유급 교사들이 있었던 것처럼, 교회에서 목회자가 교사가 되어 직접 성경을 가르쳐야 한다. 또 목회자도 먼저 성경을 지속적으로 공부하고 교육을 받도록 노력해야 한다. 눈먼 사람이 다른 장님을 인도할 수 없듯, 목회자 본인이 구약과 신약성경을 꿰뚫어 보는 능력이 없으면 성도들에게 제대로 성경을 가르칠 수 없다. 그런 점에서 성경신학을 장기적으로 공부하는 것이 필요하다.

C. "복종하라"(3:18-4:1)

¹⁸아내들아 남편에게 복종하라 이는 주 안에서 마땅하니라 ¹⁹남편들아 아내를 사랑하며 괴롭게 하지 말라 ²⁰자녀들아 모든 일에 부모에게 순종하라 이는 주 안에서 기쁘게 하는 것이니라 ²¹아비들아 너희 자녀를 노엽게 하지 말지니 낙심할까 함이라 ²²종들아 모든 일에 육신의 상전들에게 순종하되 사람을 기쁘게 하는 자와 같이 눈가림만 하지 말고 오직 주를 두려워하여 성실한 마음으로 하라 ²³무슨 일을 하든지 마음을 다하여 주께 하듯 하고 사람에게 하듯 하지 말라 ²⁴이는 기업의 상을 주께 받을 줄 아나니 너희는 주 그리스도를 섬기느니라 ²⁵불의를 행하는 자는 불의의 보응을 받으리니 주는 사람을 외모로 취하심이 없느니라 ⁴:¹상전들아 의와 공평을 종들에게 베풀지니 너희에게도 하늘에 상전이 계심을 알지어다

헬라/로마 문화 안에서 가족 구성원이 어떻게 지내야 하는지를 상세하게 가르치는 "가정생활 규칙"(household rules 혹은 domestic codes, 독일어로는 *Haustafeln*)이 다수 있었다. 바울이 여기에서 가르치는 가족 안의 인간관계 규칙은 헬라 문화의 가르침과 차이가 있다. 헬라 도덕에서는 오로지 남편, 아버지, 주인이라는 갑(甲)의 입장에서 아내, 자녀, 노예와 같은 을(乙)에게 어떻게 행해야 하는지를 주로 가르친다. 반면에 바울은 아내, 아이들, 노예의 입장에서 남편, 아버지, 주인에게 어떻게 행해야 하는지도 함께 가르친다.

바울은 우월한 위치에 있는 사람보다 종속적 위치에 있는 사람을 먼저 언급한다. 약한 자, 어린 자, 부자유한 자들도 동급의 인간으로서, 독립적인 인격을 가지고, 도덕적 책임을 지는 존재로 보고 있기 때문이다. 이런 새로운 인간관계는 "주 안에서"라는 구절로 수식되어 있다. 기독교 가정의 관계는

"주 안에서"라는 원칙에 따라 이루어져야 한다. 당시 교회는 가정교회였다. 교회 구성원 중 상당수가 그 가정의 일원이었다는 점을 생각하면 이런 가르침이 얼마나 중요한지 쉽게 추측할 수 있다. 가정생활에 관한 가르침은 당시 상황에서는 교회생활에 관한 가르침이기도 했다.

서론에서 언급한 바와 같이 골로새서 3:18~4:1에 나오는 가정생활 규칙이 골로새서의 바울 저작을 반대하는 근거로 사용되었다. 가정생활 규칙은 주후 1세기 말에서 2세기 초반에 초대교회에 등장한 것으로 보고(예. Ign. *Pol*. 4:1-5:1; Pol. *Phil*. 4:2-6:1), 골로새서의 기록 연대를 더 뒤로 잡는다. 하지만 골로새서 3:11에서 설명한 바와 같이 복음은 미래의 하나님 나라의 관점에서 남녀, 지위의 상하, 인종의 구별을 바라보게 한다(자세한 설명은 11절의 주석을 보라). 부활 때 이런 구분이 사라지지만 가정과 교회에서(가정교회에서) 성도들은 미래의 하나님 나라에서 경험하게 될 것들을 미리 맛보면서 살아간다. 그렇게 함으로 미래의 하나님 나라를 선취(先取, *prolēpsis*, 라틴어로는 *prolepsis*)한다.

'가정생활을 향한 가르침'(household code)은 복음의 핵심인 구원, 부활, 하나님의 나라에 관한 가르침과 긴밀히 연결되어 있다. 그러므로 가정생활 규칙이 주후 1세기 말 이후에야 교회에 등장했다고 가정하는 것은 비논리적이다. 바울이 복음을 선포하던 당시에 이미 이런 가르침을 했다고 보는 것이 합리적이다. 초대교회에서 매우 이른 시기부터 이런 가르침이 세례 문답(catechism)의 한 부분으로 사용되었을 것이다(Bruce, 162). 가정생활 규칙은 에베소서 5:22~6:9, 디모데전서 6:1~2, 디도서 2:1~10, 베드로전서 2:13~3:7에도 나온다. 골로새 이단은 금욕주의적 성향을 갖고 있었다(골 2:8-23). 금욕주의가 궁극적으로 가정생활의 소홀로 나타나므로 바울은 성적 금욕의 정반대에 있는 가르침인 골로새서 3:18~4:1에 나오는 가정생활 규칙을 강조할 수밖에 없었다.

1. 아내와 남편(3 : 18-19)

[3 : 18] 그리스도 안에서 변화된 삶은 제일 먼저 가정/교회에서 나타난다. 가정은 모든 사회에서 사회구성의 기본단위다. 헬라 사회는 위로는 국가(*polis, politeia*), 아래로는 가정(*oikos, oikonomia*)이 있고, 그 둘 사이에는 오늘날 "자발적 결사"(voluntary association, club, 헬라어로는 *koinonia*, 라틴어로는 *collegia*)라 불리는 다양한 사회조직이 있었다. 국가 단위의 정치적 지도자가 *despotēs*(영어의 전제군주, 독재자를 가리키는 despot의 어원)라면 가정의 머리가 되는 가장(*paterfamilias*)은 *oikodespotēs*(*oikos*+*despotēs*의 합성어)라 불렸다. 헬라 국가(*polis*)와 가정(*oikos*)은 유사한 점이 있다. 가장은 왕이 국가 영역에서 갖고 있는 모든 권한을 가정의 영역에서 갖는다. 가장은 가정 안에서 아내, 자녀, 노예들에게 누구도 도전할 수 없는 절대적 권력과 권위를 갖고 있었다. 아무도 그 권위에 간섭하거나 대항할 수 없었다. 가정 안에서 약자인 아내, 자녀, 노예들에 대한 가장의 폭력은 오늘날 우리가 생각하는 것보다 훨씬 더 심했다.

초대교회의 시절에 만약 가장이 복음을 듣고 개종하면 그와 함께하는 가족 구성원이 함께 개종하는 수가 많았기 때문에, 이 경우 가정에서 약자들이 신앙으로 인해 가장으로부터 핍박을 받는 일이 없었다. 스데바나(고전 1 : 16 ; 16 : 15), 고넬료(행 11 : 14), 빌립보의 간수(행 16 : 31-34), 그리스보(행 18 : 8)의 개종은 성경에 나타나는 그런 예들이다. 물론 루디아(행 16 : 15)의 개종처럼 아예 가장이 여성인 경우에도 마찬가지다(참고. 글로에〈고전 1 : 11〉, 눔바〈골 4 : 15〉). 가장과 더불어 그 가정 구성원 전체가 개종하면 그 가정은 가정교회가 되며, 그 가족을 중심으로 모이는 교회가 된다. 그 당시 모든 가족 구성원이 동일 종교를 가져야 한다는 압박감이 많이 완화되어 있었기 때문에 가장의 결정에 모든 구성원이 무조건 순종해야 했던 것은 아니다. 오네시모가 빌레몬의 노예였으나 바울이 오네시모를 감옥에서 만날 때까지 그가 복음을 믿지 않고 있었다는 것은 빌레몬이 그의 노예에게 복음을 수용할 것을 강요하지 않았음을 보여 주는 것일 수도 있다(몬 1:10).

반대로 가장의 뜻에 거슬러 약자인 아내, 자녀, 노예가 개종하는 경우도 있었다. 당시 가족관계는 매우 긴밀한 관계(tight bond)였으므로 믿지 않는 남편, 아버지, 주인 밑에서 살아야 하는 믿는 아내, 자녀, 노예들은 가정에서 무거운 압박을 받으면서 살아야 했다. 헬라-로마 시대의 가정에는 집안에 가신(家神)을 섬기는 제단(라틴어 *lararium*)이 있어서 집안의 안주인이 그 제단에 제물을 준비하여 바치고 모든 가족 구성원이 정기적으로 그 앞에서 가신을 섬기는 제의를 했다. 만약 신앙을 이유로 이런 우상숭배에 참여하지 않으면 당연히 핍박이 있었다.

고린도전서 7:10~16에서 결혼생활에 대해 말하면서 남편들을 향해 많은 말을 하지 않고, 주로 아내들을 향해 말하는 것은 아내들이 신앙으로 인해 위기 상황에 놓여 있기 때문이다. 바울이 고린도전서 7:15에서 매우 예외적으로 신앙을 이유로 배우자가 이혼을 요구하면(이 경우는 이미 복음 전도의 가능성이 없어져 버린 것이다) 이혼해도 좋다고 말하는 것은 믿지 않는 남편에게서 신앙으로 인해 장기간 고통을 받았음에도 불구하고 끝까지 믿음을 버리지 않은 아내를 위한 것이다. 고린도전서 7:8에서 "내가 결혼하지 아니한 자들과 과부들에게 이르노니 나와 같이 그냥 지내는 것이 좋으니라"라고 말하는 것도 마찬가지다. "과부"는 언급하면서도 "홀아비"는 언급하지 않은 것은 결혼하면 신앙으로 인해 여성이 핍박을 받기 때문이다. 결혼하는 것은 죄가 아니고(고전 7:28) 오히려 하나님의 뜻이지만(창 2:24), 바울은 결혼하면 "육신에 고난이 있으므로" 성도들을 아끼는 마음에서(고전 7:28, "나는 너희를 아끼노라") "결혼하는 자도 잘하거니와 결혼하지 아니하는 자는 더 잘하는 것이니라"(고전 7:38)라고 말한다. 그 이유는 "임박한 환난"(고전 7:26) 때문이기도 하고, 결혼하면 "마음이 갈라지며…… 세상 일을 염려하여 어찌하여야 남편을 기쁘게 할까"(고전 7:34) 하는 마음으로 주를 기쁘게 하는 일에 전념하지 못하기 때문이기도 하지만, 가정에서 발생하는 핍박도 중요한 이유다. 바울은 "내 뜻에는 그냥 지내는 것이 더욱 복이 있으리로다"(고전 7 : 40)라고 말하며 자신의 의견임을 밝히면서도, 만약 결혼할 경우 "주 안에서만 할 것이니라"(고전 7 : 39)라고 하여 믿는 사람들끼리 만나서 결혼해야 한다고 말한다. 그래야 가정에서 신앙으로 인한 핍박이 없기 때문이다.

　복음으로 인해서 가정 구성원 간에 의견이 갈라져 분란이 생기면 심지어 식구들이 서로 원수처럼 되는 것은 이미 예수의 가르침에 의해 예시되었다. 마태복음 10 : 34~36, "내가 세상에 화평을 주러 온 줄로 생각하지 말라 화평이 아니요 검을 주러 왔노라 내가 온 것은 사람이 그 아버지와, 딸이 그 어머니와, 며느리가 시어머니와 불화하게 하려 함이니 사람의 원수가 자기 집안 식구리라"는 바울 교회에서 발생할 상황을 미리 알려 주는 듯하다. 마태복음 10 : 38에서 "자기 십자가를 진다"는 것은 핍박에도 불구하고 복음을 버리지도 않고 또한 그 집안을 떠나지 않고 계속 핍박을 견디는 것을 말한다. 마태복음 19 : 29, "또 내 이름을 위하여 집이나 형제나 자매나 부모나 자식이나 전토를 버린 자마다 여러 배를 받고 또 영생을 상속하리라"는 복음 때문에 가정에서 쫓겨나 상속될 땅까지 잃어버린 사람들을 위로하는 말씀이다. 예수도 "자기 고향과 자기 집"에서 존경받지 못했고(마 13 : 57), 그의 고향 나사렛에서는 동네 사람들이 그를 죽이려 했다(눅 4 : 29).

　마가복음 3 : 33~35(마 12 : 46-50 ; 눅 8 : 19-21), "대답하시되 누가 내 어머니이며 동생들이냐 하시고 둘러앉은 자들을 보시며 이르시되 내 어머니와 내 동생들을 보라 누구든지 하나님의 뜻대로 행하는 자가 내 형제요 자매요 어머니이니라"는 복음 때문에 가족과 가정을 잃어버린 사람들이 모여서 새로운 가정을 만들어 나간다는 뉘앙스를 준다. 예수의 공동체는 예수가 가르쳐 주는 "하나님의 뜻"을 받아들이고, 그대로 행하는 그의 제자들이 모여 만든 새로운 가정이다. 바리새인이나 사두개인이 가르치는 하나님의 뜻이 아니라, 예수가 가르치는 하나님의 뜻을 받아들이는 것은 그가 누구인지 인정하고 받아들여야 가능하다. 이것이 곧 예수를 믿는 것이다. 복음을 믿으면 첫째로, 예수의 복음으로 인해 기존의 가족관계가 파괴된다. 예수의 제자는 끝까지 핍박을 견디어야 하고 결국 불신자 가족이 복음으로 개종하지 않는 한, 기존의 가족관계는 파괴된다. 둘째로, 기존의 가족관계를 상실한 사람들이 모여서 새로운 가족관계를 형성한다. 그것이 바로 교회다. 예수가 예고한 것은 새로운 가족관계가 원래의 가족관계를 대체한다는 것이다. 새로운 가족관계에서 하나님이 "아빠"(아람어, *Abba*)가 되시므로(막 14:36; 롬 8:15; 갈 4:6), 이 새로운 가족을 "하나님의 집"(*ho oikos tou Theou*)이라 부른다(벧전 4:17; 딤전 3:15; 히 3:6; 10:21). 예수를 하나님의 아들, 곧 메시야로 믿고 그가 가르쳐 준 모든 가르침을 하나님의 뜻으로 알고 행하는 사람들이 예수의 제자이고, 그들이 새 언약의 백성이며, 그들이 결국 하나님의 나라에 들어간다. 그들은 이 땅에서 교회로 모이고, 교회에서 형제자매의 관계를 맺고 살아간다.

바울은 "아내들아 남편에게 복종하라"라고 말한다. 베드로전서 3:1~6에서 베드로는 신자인 아내들을 향해서 불신자 남편에게 어떻게 행해야 할지를 가르친다. 이 가르침은 "아내들아 이와 같이 자기 남편에게 순종하라"(벧전 3:1)는 말로 시작한다. "혹 말씀을 순종하지 않는" 남편이라 하더라도 그 아내의 "정결한 행실"(벧전 3:2)을 보고 "구원을 받게 하려"(벧전 3:1)는 의도다. "머리를 꾸미고 금을 차고 아름다운 옷을 입는 외모로"(벧전 3:3) 단장을 하지 말고 "오직 마음에 숨은 사람을 온유하고 안정한 심령의 썩지 아니할 것으로" 단장하라고 말한다. 사라를 대표로 하여 "전에 하나님께 소망을 두었던 거룩한 부녀들도 이와 같이 자기 남편에게 순종함으로 자기를 단장하였나니"(벧전 3:5)라고 권면한다. 여기서 특별히 "아무 두려운 일에도 놀라지 아니하면 그의 딸이 된 것이니라"는 가정생활에서 경험하는 폭력에 대해서 언급한 것이다. 신앙으로 인해 핍박과 폭력을 당하더라도 두려움을 갖지 않고 잘 견디면서 끝까지 남편에게 순종하라는 뜻이다.

그렇다면 바울은 핍박이라는 상황만을 염두에 두고 아내들을 향해 남편에게 순종하라고 말하는 것일까? 그렇지 않다. 바울이 여성을 남성보다 열등한 존재로 보는 것은 아니지만, 여전히 그는 기본적으로 아내들이 남편에게 순종할 것을 가르친다. 고린도전서 11:3에서 바울은 "각 남자의 머리는 그리스도요 여자의 머리는 남자요 그리스도의 머리는 하나님이시라"라고 말한다. 고린도전서 11:7에서는 "남자는 하나님의 형상과 영광이니 그 머리를 마땅히 가리지 않거니와 여자는 남자의 영광이니라"라고 말한다. 고린도전서 7:2~16에서 바울은 창세기 1~2장의 인간 창조에 관한 말씀을 새로운 방식으로 설명한다. 고린도전서 11:8에서 바울은 남자가 먼저 창조되고 남자로부터 여자가 창조된 것을 말한다("남자가 여자에게서 난 것이 아니요 여자가 남자에게서 났으며"). 아담과 하와 모두 하나님의 형상을 따라 지음을 받았지만(창 1:27), 하와는 아담으로부터 나왔고, 아담을 위해서 창조되었다(고전 11:9, "또 남자가 여자를 위하여 지음을 받지 아니하고 여자가 남자를 위하여 지음을 받은 것이니"). 여기에 창조세계의 질서가 담겨 있다. 인간은 남자건 여자건 둘 다 하나님의 형상을 갖고 있다. 남녀 관계에서 남자는 여자의 머리다(고전 11:3, "······ 여자의 머리는 남자요"). 머리는 몸을 대표하며 몸 전체를 책임진다. 바울은 머리/몸의 언어로 인간과 하나님 사이의 권위의 질서를 설명한다. 인간 전체에서 남자는 여자를 대표하고 책임진다(고전 11:3, "여자의 머리는 남자요"). 하지만 남자에게도 머리가 있으니 곧 그리스도시다(고전 11:3, "각 남자의 머리는 그리스도요"). 또한 그리스도께는 하나님이 머리가 되신다(고전 11:3, "그리스도의 머리는 하나님이시라"). 에베소서 5:23에서도 "남편이 아내의 머리 됨이 그리스도께서 교회의 머리 됨과 같음이니"라고 말한다. 그리스도와 교회가 몸과 머리의 관계에 있듯이, 아내와 남편도 몸과 머리의 관계에 있다. "그러므로 교회가 그리스도에게 하듯 아내들도 범사에 자기 남편에게 복종"(엡 5:24)해야 한다.

인간은 남자건 여자건 하나님께 영광을 드려야 한다. 하나님께 영광을 드리려면 여자와 남자는 서로의 차이를 인식하고 각자의 자리에서 하나님께 영광을 드려야 한다. 여자는 남자의 영광임에도 불구하고 여자가 여자의 자리에서 남자의 영광이 되지 못하면 남자가 하나님께 영광을 드리는 것이 불가능해진다(고전 11 : 7, "여자는 남자의 영광이니라"). 여자는 여자의 모습으로 아내의 의무를 다할 때, 그리고 남자는 남자의 모습으로 남편의 의무를 다할 때, 둘 다 그리스도께 영광을 드릴 수 있게 된다(고전 11 : 3, "각 남자의 머리는 그리스도요"). 그렇게 될 때 그리스도는 하나님께 영광을 드리게 된다(고전 11 : 3, "그리스도의 머리는 하나님이시라").

바울의 가르침은 믿음을 갖게 된 이후에도 계속해서 남녀 사이의 구분이 있고 질서가 있다는 것이다. 이것은 남녀 사이 우열의 문제는 아니다. 바울은 남녀 사이 우열의 관점에서 이 문제에 접근하지 않는다. 고린도전서 11 : 11~12에서 바울은 "남자도 여자로 말미암아 났으니"라고 말한다. 이것은 창세기에 없는 말이다. 만약 "여자가 남자에게서 났다."는 말만 하면 남자가 여자보다 우월하다고 주장할 수 있으므로, 남녀 관계의 균형을 이루기 위해 남자도 여자에게서 났다고 말한다. 그의 결론은 "모든 것이 하나님에게서 났느니라", 즉 남자건 여자건 둘 다 하나님으로부터 났다는 것이다. 여기에서 바울은 남녀 사이 우열의 관점이 아니라 하나님의 창조와 새 창조의 관점에서 말한다. 설사 우열의 관계로 보더라도 그 우열의 관계는 임시적인 것에 불과하다. 하나님의 나라가 임할 때 모든 인간은 하나님의 새 창조를 경험한다. 그때 남자와 여자의 성적 역할은 의미가 없어지며, 남자와 여자는 그리스도 안에서 "하나", 즉 동등한 지위를 누리게 된다(갈 3 : 28). 이런 미래의 관점에서 아내는 남편에게 순종한다. 순종은 사랑의 최고의 표현이며, 사랑하면 순종한다. 사랑하지 않는다면 그것은 순종이 아니라 마지못해서 하는 굴종이다. 하나님의 나라가 오고 나면, 아내가 남편에게 순종하는 것이 필요하지 않게 된다. 남편과 아내 모두 다 그리스도와 하나님께 순종하게 된다. 그러나 하나님의 나라가 임하기 전까지, 아직 남자와 여자가 육체를 가진 인간으로 만나 결혼하여 남편과 아내로 살아가는 동안에는 아내가 남편에게 순종하는 것이 필요하다.

"이는 주 안에서 마땅하니라"(hōs anēken en kyriō)는 에베소서 5:4의 "누추함과 어리석은 말이나 희롱의 말이 마땅치 아니하니"의 "마땅치 않다"(ha ouk anēken, 직역은 '마땅하지 않은 것')와 내용이 유사하다. 여기에서 사용된 동사 anēkō는 '어울리다'(to be fitting) 혹은 '적절하다'(to be proper)의 뜻을 가진 비인칭동사(사람이 주어로 사용되지 않는 동사)다. 빌레몬서 1:8, "…… 네게 마땅한 일로 명할 수도 있으나……"의 "마땅한 일"(to anēkon)에서도 이 동사가 사용되었다. '마땅하다'라는 표현은 당시 스토아 철학에서 자주 사용되었다. 바울은 여기에 "주 안에서"라는 수식어구를 추가한다. 바울은 이 동사에 "주 안에서"(en kyriō)를 추가하여 '어떤 행동이 기독교인에게 적절하다' 혹은 '적절하지 않다'는 뜻으로 사용한다(Bruce, 162, 164). 교회와 가정 안에서 남자와 여자는 그리스도 안에서 평등하다(갈 3:28). 하지만 아내가 남편에게 복종해야 하는 것은 창조세계의 질서에 합하는 "마땅한(fitting) 일"이다. 이 복종은 그리스도가 아버지에게 복종한 경우와 마찬가지로 강제와 위협에 의한 것이 아니라 자발적인 '자기 낮춤'에 의한 것이다(빌 2:7-8).

[3:19] 남편이 아내를 사랑하는 것은 "단순한 호의의 감정"을 넘어 끊임없는 관심과 돌봄, 사랑의 봉사를 하는 것이다. "이 모든 것 위에 사랑을 더하라 이는 온전하게 매는 띠니라"(골 3:14)라는 말씀의 구체적인 행동의 지침이 여기에 나온다. 아내를 괴롭게 하지 말라는 것은 아내를 육체적으로 괴롭게 하지 말라는 것은 물론이고, 아내를 감정적으로 괴롭게 하지 말라는 뜻도 있다(참고, 엡 5:22-33 병행 구절). 에베소서 5장에서 아내를 향한 말씀이 22~24절로 세 절임에 반해 남편을 향한 말씀은 25~32절에 이른다. 바울은 그리스도와 교회의 관계를 몸과 머리의 관계로 보고(엡 5:30, "우리는 그 몸

의 지체임이라"), "그리스도께서 교회를 사랑하시고 그 교회를 위하여 자신을 주심같이"(엡 5:25) 남편들이 아내를 사랑해야 한다고 말한다. 남편들이 아내를 사랑하는 것이 중요한 이유는 그렇게 해야 하나님의 교회와 가정이 "티나 주름 잡힌 것이나 이런 것들이 없이 거룩하고 흠이 없게"(엡 5:27) 되기 때문이다. 남편과 아내의 관계는 머리와 몸의 관계며, 머리인 남편이 "자기 아내를 사랑하는 것"은 "자기를 사랑하는 것"(엡 5:28)과 같다. 에베소서 5:29의 "자기 육체를 미워하지 않고 오직 양육하여 보호하기"는 '아내를 미워하지 않고 양육하고 보호하는 것'이다.

놀라운 것은 에베소서 5:31에서 창세기 2:24, "이러므로 남자가 부모를 떠나 그의 아내와 합하여 둘이 한 몸을 이룰지로다"를 인용하면서 "이 비밀이 크도다 나는 그리스도와 교회에 대하여 말하노라"(엡 5:32)라고 말하는 대목이다. 남편과 아내가 하나가 되는 것처럼 교회와 그리스도가 하나가 되고, 그 역할도 마찬가지다. 교회와 그리스도는 여기에서 남편과 아내의 관계로 설정된다. 하나님과 그의 백성 이스라엘의 관계는 구약성경에서 남편과 아내의 관계로 일관되게 설명된다. 그러나 이스라엘은 남편이 하나님을 놓아두고 우상숭배를 하여 바람난 아내처럼 행동했다. 하나님은 이스라엘 민족을 심판하시고 이 심판은 결혼 관계, 즉 언약 관계의 종식이었다(사 50:1; 렘 3:8, 20; 11:10). 그러나 하나님은 새 언약의 약속을 주시고(렘 31:31-34; 겔 36:26-28) 다시 남편이 되어 주신다(사 54:4-8). 예수 그리스도의 십자가 죽음은 새 언약의 제사였고(막 14:24; 마 26:28; 눅 22:20; 고전 11:25; 참고. 출 24:8), 하나님은 예수의 제자들의 모임인 교회에 성령을 주심으로 그들을 새 언약의 백성으로 선택하셨다(행 2:1-13). 예수 그리스도는 하나님이 그의 백성을 창조하시기 위해 이 세상에 보내신 '신랑'이며(막 2:19-20, 마 9:15, 눅 5:34-35; 마 25:1-13; 요 3:29), 성도들은 종말의 때에 그리스도의 혼인 잔치에 신부로 들어간다(계 19:9). 그리스도와 그의 백성이 남편과 아내로 한 몸이 되는 것과 결혼을 통해 남자와 여자가 남편과 아내가 되어 한 몸이 되는 것은 똑같은 원리, 즉 "…… 그의 아내와 합하여 그 둘이 한 몸을 이룰지로다"(창 2:24)에 근거한다. 교회와 그리스도가 하나님의 나라에서 하나가 되고, 이미 이 땅에서 하나가 되었듯이, 남편과 아내도 하나님의 나라에서 하나가 될 것이며, 지금 이 땅에서도 이미 한 몸이 되었다. 그러므로 남편과 아내는 서로 사랑하고 존중하는 관계가 되어야 한다. 만약 남편이 아내를 육체적, 감정적으로 학대한다면 두 사람이 하나님의 나라에 들어갔을 때 불편한 감정으로 다시 만나게 된다. 반대로 두 사람이 사랑과 존중의 관계에서 살아간다면 하나님의 나라에서도 그들은 기쁨으로 다시 만나게 된다.

2. 자녀와 부모(3:20-21)

[3:20-21] 십계명에서 자녀들은 부모를 "공경하도록" 명령받았으며(출 20:12), "자기 아비나 어미를 치는 자"는 사형에 처한다(출 21:15). 교회에서 나이가 많은 부모를 돌보는 것은 의무이며(딤전 5:4, "만일 어떤 과부에게 자녀나 손자들이 있거든 그들로 먼저 자기 집에서 효를 행하여 부모에게 보답하기를 배우게 하라 이것이 하나님 앞에 받으실 만한 것이니라"), 이런 일은 주께 기쁨이 되는 일들이다. 에베소서 6:1~3의 병행 구절은 "네 아버지와 어머니를 공경하라 이것은 약속이 있는 첫 계명이니 이로써 네가 잘되고 땅에서 장수하리라"(참고. 출 20:12; 신 5:16)가 추가되어 있다. 물론 부모가 기독교 신앙에 위배되는 것을 요구하면 그것까지 순종할 수는 없다. 이 구절에서 "모든 일에"는 바울이 복음을 믿는 가정/교회를 염두에 두고 하는 말이다(Bruce, 165).

헬라-로마 사회의 가정에서 아버지는 자녀들에 대해 전제적 권한을 갖고 있었다. 유대 가정에서도 불복종하는 자녀들에 대해 아버지는 심한 벌을 줄 수 있었다. 바울은 부모들에게 자녀들의 감정을 격노케 하지 말라(not to irritate)고 말하며 자녀들을 인격적으로 대하라고 한다. 비록 자녀에게 벌을 주거나 나무라더라도 그들도 그리스도의 피조물이라는 것을 기억하고 인격적으로 대해야 한다. 그들의 마음에 계속 상처를 주면 정서적으로 병들어 매사에 자신감 없이 살아가게 된다. 다른 사람들과의 관계에서 항상 주눅이 들거나("낙심할까 함이라") 아니면 정반대로 병적으로 상대방을 압도하려고 하는 문제아가 된다. 어린 자녀일수록 격려와 관심이 필요하고, 격려와 관심을 충분히 받고 자란 자녀들은 자신을 사랑할 줄 알고 남의 인격도 존중하는 사람으로 성장할 가능성이 더 크다. 에베소서의 병행 구절인 6:4에는 "오직 주의 교훈과 훈계로 양육하라"가 추가되어 있다. 자녀들에게 화를 내거나 심한 말과 폭력을 행사하지 말고 주의 가르침으로 잘 키워야 한다.

3. 노예와 주인(3:22-4:1)

[3:22-23] 22~25절에서 바울은 노예들을 향해 말한다. "육신의 상전들에게"라고 번역된 헬라어 본문 *kata sarka kyriois*를 직역하면 '육신을 따라 주인이 된 사람들에게'란 의미다. 단순히 "주인들에게"라고 말하지 않고 "육신을 따라"를 추가한 이유는 그들이 영원토록 노예의 주인 노릇을 하는 것이 아니라, 이 땅 위에서 육신을 입고 사는 기간 동안만 주인이라는 것을 나타내기 위해서다. 하나님의 나라에서는 주인과 노예의 신분적 구분이 없어진다(갈 3:28). 주인과 노예는 "한 성령으로 세례를 받아 한 몸이 되었다"(고전 12:13). 고린도전서 7:21에서 바울은 "네가 종으로 있을 때에 부르심을 받았느냐 염려하지 말라 그러나 네가 자유롭게 될 수 있거든 그것을 이용하라"라고 말한다. 바울이 말하는 원칙은 고린도전서 7:20, 24의 "각 사람은 부르심을 받은 그 부르심 그대로 지내라"이다. 그러나 만약 노예인 성도가 노예 신분에서 벗어날 기회가 생긴다면 그 기회를 이용하라는 말이다. 중요한 것은 고린도전서 7:22~23이다. 바울은 "주 안에서 부르심을 받은 자는 종

이라도 주께 속한 자유인이요 또 그와 같이 자유인으로 있을 때에 부르심을 받은 자는 그리스도의 종이니라"(고전 7 : 22)라고 말한다. 여기에서 노예는 주께 소유권이 있는 자유인이고, 반대로 자유인은 그리스도에게 소유권이 있는 노예다. 고린도전서 7 : 23에서 바울은 주인과 노예 모두를 향해 "너희는 값으로 사신 것이니 사람들의 종이 되지 말라"라고 말한다.

여기에서 바울은 교회와 가정에서 노예와 주인 사이의 넘지 못할 경계를 무너뜨린다. 이런 언급은 당시 헬라-로마 사회에서는 매우 위험한 반(反)사회적 발언이다. 노예제도가 존재하는 사회 속에서 주인과 노예의 구분을 모호하게 만들고 더 나아가 거의 폐지하는 이런 발언과, 빌레몬서 1 : 16에서 오네시모를 "이후로는 종과 같이 대하지 아니하고 종 이상으로 곧 사랑받는 형제로 둘 자라"라는 말, 빌레몬서 1 : 17에서 "그를 영접하기를 내게 하듯 하라"라는 말은 같은 수준으로 위험한 발언이다. 만약 빌레몬에게 믿지 않는 친남동생이 있었고, 만약 그가 빌레몬이 노예인 오네시모를 귀빈 모시듯 반기며 그를 향해 "형제"라는 호칭으로 부르는 것을 목격한다면, 자신의 형인 빌레몬의 언행을 사회의 기강을 흔드는 위험한 것으로 판단했을 것이다.

바울의 가르침을 좀 더 깊이 살펴보면, 그의 가르침의 목적이 노예제도를 폐지하는 것이 아님이 곧 분명해진다. 바울은 "주인에게 순종하라."고 말하기 때문이다. 더 나아가 바울은 "눈가림으로 하지 말고"('눈가림만'은 '눈가림으로'로 번역하는 것이 좋다), 오직 "신실한 마음으로 주를 두려워하며 순종하라."고 말한다(22절의 개역개정판 번역은 문장 내의 단어의 순서와 표현을 더 다듬을 필요가 있다). 주인에게 눈속임으로 순종하는 것이 아니라 신실한 마음으로 순종하되, 주를 두려워하면서 순종해야 한다. 주님의 눈을 속일 수 없다는 것을 인식하고 주님 앞에서 신실한 마음으로 주를 섬기듯, 육신의 상전에게도 그렇게 해야 한다. 더 나아가 "무슨 일을 하든지 마음을 다하여 주께 하듯 하고 사람에게 하듯 하지"(골 3 : 23) 말아야 한다. 23절은 골로새서 3 : 17의 "또 무엇을 하든지 말에나 일에나 다 주 예수의 이름으로 하고"를 생각나게 한다. 23절의 말씀은 노예의 직무를 강제적인 의무에서 즐거움으로 감당하는 봉사의 수준으로 높이는 효과를 낸다. 우리는 무슨 일을 하든지 마음을 다하여 "신실하게" 마치 주께 하듯 할 때 즐거운 마음으로 할 수 있게 된다. 바울이 말하는 바는 "노예들이여, 너희들의 주인을 그리스도를 섬기듯이 섬기라."로 요약될 수 있다.

이것은 결코 노예제도를 폐지하자는 주장이 아니다. 바울은 노예제도를 폐지하는 것이 곧 복음의 목적이라고 보지 않았다. 왜냐하면 "이 세상의 외형은 지나가기"(고전 7:31) 때문이다. 종종 바울이 노예들을 향해 "주인에게 순종하라."고 말하는 것을 문제 삼으면서 바울이 노예제도를 지지하고 반대하지 않았다고 비난하는 사람들이 있다. 바울은 이 세상의 제도를 개혁하는 것에 목숨을 걸지 않고, 하나님 나라 복음을 전해 사람들이 복음으로 개종하여 새 언약의 백성으로 만드는 일에 목숨을 걸었다. 이 세상의 제도는 유한하나, 하나님의 나라는 영원하기 때문이다. 인간 사회의 제도는 아무리 개선해도 여전히 문제가 있고, 모든 인간을 짓누르고 있는 죄와 죽음의 문제는 조금도 해결되지 않기 때문이다. 사회악, 구조적 모순, 제도적 문제 등은 인간의 욕망과 죄가 투사된 것이다. 인간을 얽어매고 있는 모든 사회적 문화적 문제를 아무리 개선해도, 그 개선된 사회는 구원을 주지 않는다. 노예제도를 폐지하는 것이 노예에게 구원이 되는 것은 아니다. 하나님이 주시는 구원은 노예제도 안에 있는 노예뿐만 아니라 주인에게도 필요하다. 빌레몬도 오네시모도 모두 다 구원이 필요하다. 그 구원은 노예제도의 폐지와 상관없이 그리스도의 복음을 믿음으로 받아들이면 은혜로 주어진다. 노예제도가 존재하는 상황 속에서 빌레몬도 오네시모도 함께 구원받는다. 그들은 여전히 노예제도 아래 있고, 주인과 노예의 관계 속에 있지만, 그들의 영원한 삶은 이미 바뀌었다. 노예는 주인과 함께 미래의 하나님 나라로 들어가므로, 지금 이 땅에서 짧은 인생을 살아가는 동안 주인에게 순종해야 한다. 마치 그리스도에게 하듯이 순종하는 것이 옳다. 그것이 복음이다.

오늘날 적지 않은 신학자들과 목회자들이 마치 이 세상의 사회제도를 개혁하는 것이 교회가 안고 있는 사명인 것처럼 말한다. 사회제도를 개혁하여 더 좋은 사회를 만드는 것이 나쁜 일은 아니다. 기독교인들도 사회의 한 구성원으로 책임 있는 행동을 해야 하며, 더 좋은 사회를 만드는 일에 참여할 수 있다. 그러나 이 대목에서 오해하면 안 되는 것은 더 좋은 사회를 만드는 일이 우리에게 혹은 사회의 약자에게 구원이 되지 않는다는 사실이다. 기독교인의 사회적 책임, 사회 참여가 우리가 원래부터 해야 하는 복음 전도의 사명을 대체할 수 없다. 가난하여 굶는 사람에게 먹을 것을 주는 것은 성도들의 의무다. 그러나 먹을 것을 주고, 입을 것을 주어 그들의 의식주 문제를 해결해 주었다고 해서 그것이 그들에게 구원을 주는 것은 아니다. 구원은 복음을 전하고 그 복음을 받아들이는 개종을 통해서 하나님이 은혜로 주시는 것이다. 밥을 먹는 사람이건, 밥을 못 먹는 사람이건 다 복음을 들어야 한다. 이것이 교회의 본질적 사명이다. 교회는 사회 개혁을 추구하는 시민운동 단체도 아니고 복지사회를 건설하는 것을 목표로 하는 사회사업단체도 아니다. 사탄은 예수에게 "…… 네가 만일 하나님의 아들이어든 명하여 이 돌들로 떡덩이가 되게 하라"(마 4:3)라고 유혹했다. 육신의 음식, 즉 인간의 생존을 위해 필요한 삶의 조건을 개선하고 사회제도를 개선하는 일에 관심을 돌리고, 마치 그것이 메시야의 사명인 것처럼 유혹했다. 이 유혹에 예수는 "사람이 떡으로만 살 것이 아니요 하나님의 입으로부터 나오는 모든 말씀으로 살 것이라"라고 대답하셨다. 교회는 지금도 동일한 사탄의 시험을 받고 있다. 사람을 살리는 것은 떡도 아니고, 제도의 개선도 아니고, 복지사회, 혹은 공산사회도 아니다. 모든 인간이 무제한의 복지 혜택을 누리고, 일하지 않고도 필요한 것을 무한히 공급받을 수 있는 세상이 만들어진다고 해도 그것은 구원이 아니다. 인간을 구원하는 것은 오직 "하나님의 말씀"이고, 예수가 이 세상에 오셔서 하나님의 말씀을 우리에게 전해 주셨다. 교회는 예수의 말씀을 전하는 일에 더 많은 관심을 기울여야 한다.

[3:24] "이는 기업의 상을 주께 받을 줄 아나니"의 번역을 "주로부터 유업을 상으로 받을 줄 너희가 아나니"로 바꾸는 것이 좋다. 개역개정판 번역은 주어가 누락되었다. "기업"을 "유업"으로 바꾸는 것이 좋다. "기업"으로 번역된 헬라어 단어 *klēronomia*는 갈라디아서 3:18에서도 "유업"으로 번역이 되었고, '상속자'란 뜻의 파생어 *klēronomos*는 갈라디아서 3:29, 4:1에서 "유업을 이을 자"로, 갈라디아서 4:7에서는 "유업을 받을 자"로 번역되었다 (상속자로서 성도가 하나님의 나라를 유업으로 받는 것에 관한 자세한 논의는 골 1:12의 주석을 보라).

"너희는 주 그리스도를 섬기느니라"라는 말은 서술문으로 볼 수도 있지만, 명령문으로 읽을 수도 있다. 명령문으로 이해하면 "너희를 주 그리스도를 섬기라."가 된다. 여기서 사용된 동사 *douleuō*는 '노예로서 섬긴다'는 뜻이다. 고린도전서 7:22에서 "또 그와 같이 자유인으로 있을 때에 부르심을 받은 자는 그리스도의 종이니라"라고 말하고 있으므로 비단 노예들뿐만 아니라, 주를 믿는 모든 자유인들도 다 그리스도를 종으로서 섬겨야 한다. 이를 해석할 때 주의할 점은 "그리스도를 섬기면 주로부터 유업을 상으로 받게 된다."가 아니라 "주로부터 유업을 상으로 받을 줄 너희가 알고 있으므로 주를 섬기라."는 것이다. 바울에게서 행동의 윤리는 구원의 조건이 아니다. 그는 은혜로 받은 구원을 생각하고 이렇게 행하라고 가르친다. 노예들이 앞으로 다가오는 세상에서 받을 상은 하나님의 나라, 곧 영원한 생명과 영광이다. 이것은 노예들에게만 적용되는 것이 아니라, 모든 기독교인에게 적용되는 원칙이다.

[3:25] 25절은 여전히 노예들을 향한 말씀으로 볼 수 있지만, 내용상 노예와 주인 모두에게 적용될 수 있다. 특별히 골로새서 4:1과 연결해서 주인에게 적용되는 것으로 읽으면 노예들에게 격려가 되는 내용으로 해석된다. 하지만 25절은 노예들을 향한 말씀으로 읽는 것이 더 유력하다. 바울은 노예라 할지

라도 불의를 행해서는 안 된다고 말한다. 개역개정판 성경 번역 25절의 앞부분에 '왜냐하면'이 추가되어야 한다. 그리고 25a절은 "불의를 행하는 자는 그가 행한 불의를 보응으로 받으리니"로 번역하는 것이 더 정확하다. 25b절은 "주는 사람을 외모로 취하심이 없기 때문이니라"로 하면 된다. 노예의 주인이건 아니면 노예건 상관없이 하나님은 불의를 행하는 자에게는 불의로 갚으신다. 하나님은 인간의 외모, 즉 그 사람의 사회적 지위에는 관심이 없으시다. 하나님이 보시는 것은 그 사람이 주인인지 아니면 노예인지, 혹은 고용주인지 아니면 피고용인인지가 아니라, 그 사람이 불의한 일을 하는지를 보신다. 그리고 불의에 대해서 그 행한 것에 따라 받게 하신다.

성도가 믿음을 갖게 된 이후에 죽을 때까지 행하는 선행(先行)과 악행(惡行)에 대한 하나님의 보상과 보응이 있을까? 선행에 대해서는 구원, 즉 하나님의 나라를 상속받는 것 외에 추가적인 보상(賞, reward)이 있을까? 악행에 대해서는 하나님의 벌(罰, penalty)이 있을까? 만약 성도가 행하는 악행에 대한 하나님의 벌이 있다면 그 벌은 칭의(稱義), 즉 구원을 취소시킬 수도 있을까?

이 문제에 대해 많은 신학자가 다양한 대답을 했다. 때로 사람들은 성도 중 어떤 사람은 하나님의 나라에서 다른 사람이 누릴 수 없는 큰 상을 받고, 어떤 사람은 상을 받지 못해 '초라한' 구원을 받는다고 생각한다. 그리고 그 상으로 하나님의 나라에서 '큰 집'과 '높은 지위'처럼 물질적인 상을 받게 될 것을 기대한다. 그러나 24절에서 하나님의 나라를 유업으로 받는 것 외에 바울이 성도들이 하나님의 나라에서 받게 될 추가적인 상에 대해서 구체적으로 언급하는 구절은 사실 없다. 그런 점에서 성도가 행한 선행에 대해서 받을 상은 '구원' 그 자체이며, 그 이상의 물질적인 상을 기대하는 것은 헛된 기대에 불과하다. 우리가 만약 주를 위해 충성을 다하는 삶을 살았다면 하나님의 나라에 도달했을 때, "…… 착하고 충성된 종아…… 네 주인의 즐거움에 참여할지어다"(마 25:21, 23)라는 칭찬이 가장 큰 상이 될 것이다.

그렇다면 악행의 경우는 어떨까? 성도가 악행을 저질렀을 경우 그 악행에 대한 하나님의 벌이 있을까? 그리고 그 악행의 정도가 매우 심하다면 그가 받은 구원/칭의도 취소될 수 있을까? 칭의의 취소 가능성을 주장하는 사람들이 바울서신에서 가장 즐겨 인용하는 구절은 고린도후서 5:10, "이는 우리가 다 반드시 그리스도의 심판대 앞에 나타나게 되어 각각 선악간에 그 몸으로 행한 것을 따라 받으려 함이라"이다. 이 구절에서 사용된 "받는다"(komizō)는 동사가 바로 25절에서 "보응을 받으리니"로 번역된 바로 그 동사이며, 에베소서 6:8, "이는 각 사람이 무슨 선을 행하든지 종이나 자유인이나 주께로부터 그대로 받을 줄을 앎이라"에서도 같은 동사가 사용되었다. "그대로 받다"를 직역하면 '이것을 받는다'이다. 골로새서에서는 악행에 대한 심판이 강조되었고, 에베소서에서는 악행 대신 선행에 대한 보상에 초점을 맞춘다. 선행이건 악행이건 그 결과는 심판 때 받게 된다. 행위에 따른 하나님의 심판은 원래 유대교와 구약성경에 나타나는 일관된 심판론이다. 아래와 같은 구약성경의 구절들은 전형적으로 행위에 따른 심판을 말하고 있다.

"사람의 행위를 따라 갚으사 각각 그의 행위대로 받게 하시나니"(욥 34:11).

"주여 인자함은 주께 속하오니 주께서 각 사람이 행한 대로 갚으심이니이다"(시 62:12).

"그들의 행위대로 갚으시되 그 원수에게 분노하시며 그 원수에게 보응하시며 섬들에게 보복하실 것이라"(사 59:18).

"여호와의 말씀이니라 구속자가 시온에 임하며 야곱의 자손 가운데에서 죄과를 떠나는 자에게 임하리라"(사 59:20).

"내가 너희를 칼에 붙일 것인즉 다 구푸리고 죽임을 당하리니 이는 내가 불러도 너희가 대답하지 아니하며 내가 말하여도 듣지 아니하고 나의 눈에 악을 행하였으며 내가 즐겨하지 아니하는 일을 택하였음이니라" (사 65 : 12).

"나 여호와는 심장을 살피며 폐부를 시험하고 각각 그의 행위와 그의 행실대로 보응하나니"(렘 17 : 10).

"만군의 여호와가 이르노라 보라 용광로 불 같은 날이 이르리니 교만한 자와 악을 행하는 자는 다 지푸라기 같을 것이라 그 이르는 날에 그들을 살라 그 뿌리와 가지를 남기지 아니할 것이로되 내 이름을 경외하는 너희에게는 공의로운 해가 떠올라서 치료하는 광선을 비추리니 너희가 나가서 외양간에서 나온 송아지같이 뛰리라"(말 4 : 1-2).

위의 구절에서 우리가 놓치지 말아야 할 점은 하나님의 구원이 모든 이스라엘에게 무조건 다 주어지지 않는다는 것이다. 아무리 하나님의 선택을 받은 이스라엘이라 하더라도 이스라엘 백성 중 오직 의로운 소수만 구원을 받고 다수의 악한 이스라엘 백성은 다 멸망한다. 이것은 언약과 선택만이 구원의 조건이 아님을 보여 준다. E. P. 샌더스(E. P. Sanders)는 1세기 유대교가 율법주의(legalism) 종교라는 것을 부정하고 언약을 중심으로 유대교를 이해하여 유대교의 특성을 '언약적 신율주의'(Covenantal Nomism)라고 주장했다(E. P. Sanders, *Paul and Palestinian Judaism* 〈London : SCM ; Philadelphia : Fortress, 1977〉, 33-59). 유대인에게 구원이란 은혜의 선물인가? 아니면 선한 행위에 대한 보상인가? 샌더스는 유대교의 구원은 선한 행위에 대한 보상이 아니라 하나님의 선택과 은혜의 언약이라고 주장했다. 당시 유대인들은 율법을 지킴으로 하나님의 백성이 되는 것이 아니라(혹은 구원을 얻는 것이 아니라), 이미 하나님의 선택으로 하나님의 백성이 되었으므로 율법을 지키는 것은 은혜로 주어진 언약에 대한 감사의 표현이었을 뿐이라는 것이다. 유대인들은 구원받은 백성의 공동체에 들어가기 위해서(to get in) 율법을 지키는 것이 아니라 언약과 하나님의 선택으로 이미 그 공동체에 들어왔고, 그 공동체 안에 계속해서 머물러 있기 위해(to stay in) 율법을 지키는 것이라고 주장했다. 바울을 포함한 1세기 유대인들은 정말로 하나님의 백성이 되기 위해 율법을 지킨 것이 아니라 단지 언약에 대한 그들의 신실함과 충성심의 표현에 불과했을까? 만약 그렇다면 심각한 문제가 발생한다. 왜냐하면 바울은 당시 유대인들이 "율법의 행위"(the works of the law)로 구원받으려 한다고 말하기 때문이다. 따라서 유대교를 율법주의 종교로 보는 전통적인 바울신학과 샌더스의 주장은 둘 다 참일 수가 없고, 둘 중 하나는 거짓이다. 1977년에 출간된 샌더스의 책, *Paul and Palestinian Judaism*에서 비롯된 1세기 유대교의 성격에 대한 논쟁은 그 이후 '바울신학의 새 관점'(New Perspective on Paul) 논쟁으로 발전되었다.

그렇다면 정말로 구약성경과 1세기 전후의 유대교 문서들은 은혜, 언약, 선택에 의한 구원을 말하고, 행위는 구원에 전혀 아무런 영향을 주지 않는다고 말하고 있을까? 그렇지 않다. 위에 인용된 구약성경 구절은 아무리 언약의 백성이라 하더라도 그 행위에 따라서 심판받고 구원받게 됨을 매우 분명하게 말하고 있다. 샌더스의 주장이 설득력을 잃어버리는 최악의 분야는 바로 구약성경과 유대교 문서에 나오는 최후의 심판에 관련된 구절들이다.

"여호와께서 모세에게 이르시되 누구든지 내게 범죄하면 내가 내 책에서 그를 지워 버리리라"(출 32 : 33).

"이 율법의 말씀을 실행하지 아니하는 자는 저주를 받을 것이라 할 것이요 모든 백성은 아멘 할지니라"(신 27 : 26, 참고. 갈 3 : 10).

"그들을 생명책에서 지우사 의인들과 함께 기록되지 말게 하소서"(시 69 : 28).

"만일 의인이 돌이켜 그 공의에서 떠나 범죄하고 악인이 행하는 모든 가증한 일대로 행하면 살겠느냐 그가 행한 공의로운 일은 하나도 기억함이 되지 아니하리니 그가 그 범한 허물과 그 지은 죄로 죽으리라"(겔 18 : 24).

"그때에 네 민족을 호위하는 큰 군주 미가엘이 일어날 것이요 또 환난이 있으리니 이는 개국 이래로 그때까지 없던 환난일 것이며 그때에 네 백성 중 책에 기록된 모든 자가 구원을 받을 것이라 땅의 티끌 가운데에서 자는 자 중에서 많은 사람이 깨어나 영생을 받는 자도 있겠고 수치를 당하여서 영원히 부끄러움을 당할 자도 있을 것이며 지혜 있는 자는 궁창의 빛과 같이 빛날 것이요 많은 사람을 옳은 데로 돌아오게 한 자는 별과 같이 영원토록 빛나리라"(단 12 : 1-3).

위의 구절에 등장하는 생명책의 존재 자체가 모든 이스라엘이 다 구원받지 않는다는 증거다. 다니엘에서도 하나님의 백성 중 오직 생명록에 이름이 있는 사람들만이 구원을 받게 된다는 것을 말하고 있다. 에스겔 18 : 24은 이스라엘 종교에서 순종이 단순히 구원의 여러 조건 중 하나가 아니라 절대적 순종의 결과가 구원임을 보여 준다. 모든 율법을 지키되 빠짐없이 완벽하게 지킬 것이 요구된다(갈 3 : 10, "…… 누구든지 율법 책에 기록된 대로 모든 일을 항상 행하지 아니하는 자는 저주 아래에 있는 자라 하였음이라"). 최후의 심판에서 이스라엘이라 하더라도 일부는 영생을 받지만, 일부는 영원한 수치를 당한다. 그렇다면 누가 그런 멸망의 심판을 받는가? 바로 율법을 지키지 않은 자들이다.

"우리 하나님 여호와의 목소리를 듣지 아니하며 여호와께서 그의 종 선지자들에게 부탁하여 우리 앞에 세우신 율법을 행하지 아니하였음이니이다 온 이스라엘이 주의 율법을 범하고 치우쳐 가서 주의 목소리를 듣지 아니하였으므로 이 저주가 우리에게 내렸으되 곧 하나님의 종 모세의 율법에 기록된 맹세대로 되었사오니 이는 우리가 주께 범죄하였음이니이다"(단 9:10-11).

언약의 백성인 이스라엘이라 할지라도 율법을 행하지 않은 사람들은 수치를 당하고 멸망한다. 이와 같은 최후의 심판에 대한 언급은 에녹1서와 같은 유대교 문서에서도 발견된다. 하나님은 "너의 모든 악행이 하늘에서 다 공개될 것이며, 너의 압제의 행동을 어느 것 하나도 덮어지거나 가려지지 않을 것이다"(1 Enoch 98:6)라고 맹세하신다. 또한 "최후의 심판의 날까지 매일", "모든 죄는 매일 하늘에서 지극히 높으신 분 앞에서 기록된다"(1 Enoch 98:8). 에녹1서에서 "의로운 자들"(1:1, 8; 5:6), "선택받은 자들"(1:1, 3, 8; 5:7, 8)과 "죄인들"(1:9; 5:6, 7), "악한 자들"(1:1, 9; 5:6, 7)이 대조된다. 이러한 구분은 단순히 이스라엘과 이방인을 구분하는 것이 아니라, 이스라엘 내부에 있는 사람들을 두 개의 그룹으로 나누는 것이다. 여기서 악한 자들은 언약의 백성인 이스라엘이다. 이방인이 아니다. 이들이 곧 구원을 받는 '이스라엘의 남은 자들'이다. 에녹2서도 매우 노골적인 행위심판을 말한다. 마치 시장에서 물건을 저울에 올려 그 무게를 달아서 결정하듯이 최후의 심판 때도 저울이 사용된다. 그래서 "모든 사람이 자기 자신의 무게를 알게 되고, 자신의 무게에 따라 그의 보상을 받게 된다"(Every one shall learn his own measure, and according to his measure shall take his reward; 2 Enoch 44:5).

희년서(*Jubilees*) 30:21~22은 레위기 18:5, 26:1~46, 신명기 30:1~20의 내용을 반영한다. 그 내용은 시내산 언약의 축복과 저주, 보상과 심판, 생명과 죽음에 관한 것이다. 유대인들이 율법을 어기고 언약을 파기하면 멸망받을 자들의 명단이 적힌 책에 그 이름이 기록된다고 말한다. 생명의 책에 이름이 올라가게 하려면 율법의 규정을 성취해야 하며, 그가 율법을 지키지 않을 때 그의 이름은 지워진다고 말한다("But if they transgress and work uncleanness in every way, they will be recorded on the heavenly tables as adversaries, and they will be destroyed out of the book of life, and they will be recorded in the book of those who will be destroyed and with those who will be rooted out of the earth"; *Jubilees* 30:22). 모두 분명한 행위심판의 개념이고, 에스겔 18:24의 내용과 일치한다. 희년서 20:9은 하나님의 구원의 자비는 아무에게나 무차별적으로 주어지는 것이 아니라 언약의 백성들 중 오직 의를 행하는 사람에게만 주어진다고 말한다("And work uprightness and righteousness before Him, That He may have pleasure in you and grant you His mercy"; *Jubilees* 20:9). 에스라4서에서는 최후의 심판 때에 하나님의 자비와 인내는 끝이 나며 오직 행위에 대한 보상이 있을 뿐이라고 말한다(4 Ezra 7:33-35). 에스라4서 7:36은 그 보상으로 "천국"(the place of rest, the paradise of delight)과 "지옥"(the place of torment, the furnace of hell)이 등장한다. 제2바룩서 41~42장에서는 배교한 이스라엘 사람과 유대교로 개종한 이방인에 관한 심판에 대해 다룬다. 두 경우 다 일생의 한 부분에서만 율법을 지킨 사람들이다. 이들에 관한 심판은 기본적으로 그들이 율법을 지킨 것과 지키지 않은 것을 저울에 달아 어느 쪽이 더 무거운지 살피는 것을 기본적 전제로 한다("Or perhaps the time of these will assuredly be weighed, and as the beam inclines will they be judged accordingly"; 제2바룩서 41:6). 이것은 비록 이스라엘 사람이라고 해도 끝까지 율법에 헌신한 사람만이 구원을 받는다는 것을 보여 준다.

1세기 유대교의 일부인 에쎈파의 쿰란문서는 위의 문서들보다 더욱더 강력한 율법 준수를 요구하며, 율법 준수를 하나님을 향한 그의 백성의 의무로 본다. 쿰란에서도 모든 이스라엘이 구원받는다고 말하지 않는다. 오직 자신들의 공동체만 구원받을 것으로 보았다. 구원받지 못하는 이스라엘은 율법에 대한 지식이 없어서가 아니라, 율법을 지키지 않기 때문에 구원받지 못한다.

이런 구절들은 1세기 유대교가 율법주의 종교가 아니라고 주장한 샌더스의 주장을 의심하게 만들며, 1세기 유대교가 언약적 신율주의(Covenantal Nomism)에 입각한 은혜의 종교라는 주장을 받아들일 수 없게 한다. 위에서 살펴본 구약성경의 구절들과 유대교 문서들의 내용을 고려할 때 유대교는 언약, 은혜, 선택의 범주도 중요한 요소이지만 순종, 율법 준수, 행위 역시 동등한 중요성이 있는 종교라고 보아야 한다. 그런 뜻에서 유대교의 구원론은 신인협력설(synergism)로 볼 수 있다. 즉, 하나님의 선택도 중요하지만, 인간이 하나님의 선택에 협력하여 온전히 순종하게 될 때 구원이 완성된다. 신인협력설은 구원이 단순히 하나님의 은혜로만 되는 것이 아니라 인간의 행위가 상당히 중요한 결정적 요소로 작용한다는 것을 강조한다. 그런 점에서 유대교는 율법주의적 요소가 상당히 강한 종교라고 볼 수 있다. 이런 결론에 도달하는 과정에서 학자들이 구약성경과 유대교의 종말론과 심판론을 심도 있게 연구하게 되었다. 그 결과 논쟁의 불이 바울신학으로 옮겨붙었다. 유대교의 심판론을 연구하던 학자 중 바울의 심판론도 유대교의 행위심판론과 본질적으로 같다는 주장을 하는 사람들이 등장한 것이다 (그 대표적인 예로, Chris VanLandingham, *Judgment and Justification in Early Judaism and the Apostle Paul* 〈Peabody : Hendrickson, 2006〉의 제2장, "The Last Judgment according to Deeds and Its Relationship to God's Grace, Mercy, and Covenant with Abraham"과 Kent L. Yinger, *Paul, Judaism, and Judgment According to Deeds* 〈Society for New Testament Studies Monograph Series; Cambridge : Cambridge University Press, 1999〉를 보라).

성도는 믿음을 갖게 되어 의롭다 함을 얻음으로 이미 최후의 심판에서 받을 영원한 판결을 미리 받은 것이며, 그 구원의 판결은 성도의 삶의 행위에 의해 아무런 영향도 받지 않는 것일까? 아니면 성도의 행위가 최후의 심판의 판결에 영향을 주어 그의 영원한 삶이 구원에서 멸망으로 바뀔 수도 있는 것일까? 사실 이 문제에 관해서는 오래전부터 토론이 있었다. 하지만 샌더스의 주장을 반박하는 과정에서 바울의 심판론에도 유사한 행위심판에 관한 구절이 있다는 것에 관심을 갖게 되면서 바울의 심판론을 둘러싼 논쟁이 벌어지게 되었다. 과연 우리는 믿음으로 의롭다 함을 받고, 행위에 따라 구원을 받게 되는 것일까? 제임스 던과 같은 학자는 칭의를 두 개의 단계로 나눈다. 그는 믿음으로 받는 첫 번째 칭의(initial justification by faith)와 행위로 받는 최후의 칭의(final justification by works)가 있다고 주장한다(이에 대한 자세한 비판은 김철홍, "바울신학의 새 관점 비판: 바울복음의 기원, 칭의론과 최후의 심판론을 중심으로", 『신약연구』 15권(2013), 838-874을 보라). 이들은 자신의 주장의 근거로 아래와 같은 구절들을 지적한다.

"너희가 육신대로 살면 반드시 죽을 것이로되 영으로써 몸의 행실을 죽이면 살리니"(롬 8:13).

"누구든지 하나님의 성전을 더럽히면 하나님이 그 사람을 멸하시리라 하나님의 성전은 거룩하니 너희도 그러하니라"(고전 3:17).

"이런 자를 사탄에게 내주었으니 이는 육신은 멸하고 영은 주 예수의 날에 구원을 받게 하려 함이라"(고전 5:5).

"불의한 자가 하나님의 나라를 유업으로 받지 못할 줄을 알지 못하느냐 미혹을 받지 말라 음행하는 자나 우상숭배하는 자나 간음하는 자나 탐색하는 자나 남색하는 자나 도적이나 탐욕을 부리는 자나 술 취하는 자나 모욕하는 자나 속여 빼앗는 자들은 하나님의 나라를 유업으로 받지 못하리라"(고전 6:9-10).

"그런즉 선 줄로 생각하는 자는 넘어질까 조심하라"(고전 10:12).

"우리가 판단을 받는 것은 주께 징계를 받는 것이니 이는 우리로 세상과 함께 정죄함을 받지 않게 하려 하심이라"(고전 11:32).

"이는 우리가 다 반드시 그리스도의 심판대 앞에 나타나게 되어 각각 선악간에 그 몸으로 행한 것을 따라 받으려 함이라"(고후 5:10).

"투기와 술 취함과 방탕함과 또 그와 같은 것들이라 전에 너희에게 경계한 것같이 경계하노니 이런 일을 하는 자들은 하나님의 나라를 유업으로 받지 못할 것이요"(갈 5:21).

"스스로 속이지 말라 하나님은 업신여김을 받지 아니하시나니 사람이 무엇으로 심든지 그대로 거두리라 자기의 육체를 위하여 심는 자는 육체로부터 썩어질 것을 거두고 성령을 위하여 심는 자는 성령으로부터 영생을 거두리라"(갈 6:7-8).

물론 위의 구절 중 일부는 믿음을 갖기 이전의 성도 혹은 불신자에 대한 묘사로 볼 수도 있고, 구체적 해석이 다를 수 있지만 크게 보아 성도라 하더라도 최후의 심판대에 서게 되고, 그때 그의 악한 행동에 대해 무언가 하나님의 형벌이 있으리라는 것을 예상하게 한다. 그렇다면 그 형벌은 구원을 취소하는 것인가? 위의 일부 구절은 구원이 취소될 수 있다고 말한다. 성도라 할지라도 특정한 행위를 하는 경우, 하나님의 나라에 들어가지 못한다는 경고가 있다. 아무리 성도라 하더라도 그 죄를 지으면 그 죄에 대한 처벌이 구원 자체를 무효화로 만든다는 해석이 가능하다. 문제의 핵심은 악행이 칭의를 취소시키느냐의 여부다. 이 문제에 대한 대답은 복음주의 학자들 내부에서도 다양한 대답이 있고 개혁주의 내부에서도 형편은 크게 다르지 않다. 특별히 바울신학의 새 관점을 주장하는 제임스 던, 톰 라이트 등이 칭의에 대해 전통적인 입장과는 다른 주장을 내어놓으면서 문제가 더 심각해지고 있다(자세한 논의는 James D. G. Dunn, "If Paul Could Believe Both in Justification by Faith and Judgment according to Works, Why Should That Be a Problem for Us?", 119-160).

이들의 주장의 핵심은 현재 우리가 갖고 있는 칭의는 임시적인 것에 불과하다는 것이다. 최후의 칭의를 받기 전에 우리가 갖고 있는 칭의는 큰 의미가 없다. 마치 중간고사 때 만점을 받았다 하더라도 학기말 시험에 반드시 좋은 점수 혹은 합격점 이상의 점수를 받는다는 보장이 없는 것과 마찬가지다. 이들은 칭의를 성화와 날카롭게 구분하지 않고, 칭의와 성화를 통합된 하나의 긴 과정(process)으로 본다. 구원을 하나의 긴 여정(journey) 혹은 과정으로 보면 당연히 구원은 미완의 것이고 소위 말하는 '구원의 확신'이라는 것은 헛된 믿음에 불과하다. 이들은 최후의 칭의의 기준은 행위(works) 혹은 삶(life)이라고 말한다. 도덕적, 율법적 행위와 순종이 매우 중요한 심판의 기준이 된다. 바울이 "율법의 행위"(the works of the law)를 비판할 때, 그 비판은 오직 할례, 음식물에 관한 규정, 안식일 법과 같은 유대인들의 정체성 표지(identity marker)와 관련된 율법 준수를 비판한 것이며, 나머지 율법들에 대해서 바울은 비판하지 않았다는 제임스 던의 평소 주장은 이 점을 이미 오래전부터 예견하게 했다. 마지막으로 새 관점을 주장하는 사람들은 로마서 3:21~26에서 바울이 집중적으로 언급하는 "하나님의 의"(righteousness of God)를 법정적(judicial 혹은 forensic) 개념으로 보지 않고 관계적(relational) 혹은 언약적(covenantal) 개념으로 본다. 하나님의 의를 하나님의 신실함(faithfulness of God)으로 해석하고, 그리스도의 의(righteousness of Christ)가 믿음을 통해 인간에게 주어짐(imputation)을 부정하며, 하나님의 신실함(faithfulness of God)과 언약에 대한 인간의 신실한 응답(faithful response)으로 얻게 된다고 본다. 그러므로 이런 주장은 궁극적으로 '믿음으로 구원받는' 전통적인 바울복음을 거부한다.

이들의 주장에서 우리가 바로잡아야 할 가장 중요한 주제는 칭의다. 바울이 "의"에 대해서 말할 때 그것이 신자가 받는 칭의건 혹은 "하나님의 의"건 모두 기본적으로 법정적 개념(judicial 혹은 forensic concept)이다. 관계적 개념이 아니다. "하나님의 의"(the righteousness of God)란 표현은 로마서에 8번 나온다(1:17; 3:5, 21, 22, 25, 26, 10:3[2번]). 로마서 외에서 이 표현은 오직 고린도후서 5:21에서만 나타난다. 바울은 "복음 안에 하나님의 의가 계시되어 있다."고 말한다. 로마서 5:17의 "은혜와 의의 선물을 넘치게 받는 자들"이란 말에서 바울은 하나님이 의를 선물로 주신다고 말한다. 전통적인 해석은 "의를 주신다"를 '법정에서 의로운 지위(righteous status)를 주신다'라고 해석한다. 만약 하나님이 주시는 "하나님의 의"가 '하나님의 신실함'(faithfulness)이라면 하나님께서 신실함을 우리에게 선물로 주실 수도 없고, 우리가 그것을 선물로 받더라도 별 소용이 없다. 반면에 그것이 법정에서 선언해 주시는 '의로운 지위'라면 이치에 맞는 해석이 된다. 우리는 불의한 자들이지만, 하나님께서 우리에게 의로운 지위를 선물로 주셔서 의로운 자로 인정받게 되었다(칭의).

하나님께서 우리에게 의로운 지위를 주시는 것은 '하나님 앞에서 의로운 존재로 선언되는'(to be declared to be righteous) 것이지 실제로 '변화되어 의로운 존재가 되었다'(to be transformed as a righteous one)는 뜻이 아니다. 루터는 신자는 "의인이면서 동시에 죄인"이라고 했다. 루터의 전통을 따르는 개신교는 선언으로 이해하는 반면 로마 가톨릭, 감리교, 성결교 등의 전통에서는 실제적 변화로 이해한다. 가톨릭 교리에서는 실제로 변화가 구원의 조건이라고 말한다. 하지만 개혁주의나 루터파 전통에서 변화는 구원의 조건이 아니다. 변화는 성화의 과정을 통해 생기는 구원의 결과다. 칭의가 선언이라는 말은 칭의가 전적인 은혜로 주어지는 것이지, 변화와 갱생을 조건으로 해서 주어지는 것이 아니라는 말이다.

로마서 10:3~6에서 바울은 인간이 스스로 만들어 내는 "자기 의"와 "하나님의 의"를 대조한다. 또한 "율법으로 말미암는 의"와 "믿음으로 말미암는 의"를 대조한다. 만약 "하나님의 의"가 '하나님의 신실함'이라면 하나님의 신실함에 복종한다는 말도 이상하지만, 더 이상한 것은 왜 "자기 의(self righteousness)를 세우려고 힘쓰는 것"과 하나님의 신실함에 복종하는 것이 대조되는 것인지 이해하기 어렵다(롬 10:3, "하나님의 의를 모르고 자기 의를 세우려고 힘써 하나님의 의에 복종하지 아니하였느니라"). 그러나 하나님의 의를 '의로운 지위'로 보면 이 대조가 매우 자연스럽게 이해된다. 율법을 지킴으로 인간이 스스로 의로운 존재가 될 수 없고(롬 10:5, "율법으로 말미암는 의"), 이것은 곧 "자기 의(self righteousness)를 세우려고 힘쓰는 것"(롬 10:3)이다. 불가능한 시도다. 그러므로 하나님께서 주시는 의로운 지위(롬 10:3, "하나님의 의")를 받아들여야 한다. 의로운 지위는 믿음으로부터 생겨나므로 "믿음으로 말미암는 의"(롬 10:6)라고 별칭을 붙일 수 있다.

빌립보서 3:9, "그 안에서 발견되려 함이니 내가 가진 의는 율법에서 난 것이 아니요 오직 그리스도를 믿음으로 말미암은 것이니 곧 믿음으로 하나님께로부터 난 의라"에서도 바울은 "율법에서 난 의"와 "하나님께로부터 난 의"를 대조한다. 만약 "의"가 하나님의 '신실함'이라면 '하나님으로부터 생겨난 의'(righteousness from God)란 말은 이해되지 않는다. 어떻게 하나님의 신실함이 하나님으로부터 와서 바울이 그것을 갖고 있다고 말할 수 있을까? 또 우리가 믿음을 통해 하나님의 신실함을 갖게 되는 것이 왜 중요한가? 의미가 잘 통하지 않는다. 하지만 '지위'로 해석하면 전혀 문제가 없다. 율법으로부터 오는 의로운 지위가 아니라(율법에서 난 것이 아니요) 하나님께로부터 오는 의로운 지위(하나님께로부터 난 의)를 바울이 갖고 있고, 이 지위는 그리스도를 믿는 믿음을 통하여 우리에게 주어진다. 그러므로 그 지위는 하나님이 '선물로' 주신 것이라는 로마서 5:17의 "의의 선물"이란 말과도 모순되지 않는다.

칭의를 두 개의 단계로 설명하는 것도 심각한 오류다. 칭의는 법정적 개념이고 그 법정은 최후의 심판대를 말한다. 최후의 심판은 일심, 이심, 최종심 같은 것이 없다. 단 한 번으로 끝난다. 그러므로 칭의를 두 개의 단계로 말하는 것에는 문제가 있다. 칭의는 곧 최후의 심판대에서 받는 하나님의 판결이다. 최후의 심판은 아직 열리지 않았으므로 미래의 것이다. 바울은 미래에 있을 최후의 심판 판정을 지금 우리에게 앞당겨서 알려 준다. 그것이 바울이 말하는 칭의다.

또 칭의론은 곧 심판론이다. 칭의론을 심판론과 분리해서 첫 번째 칭의와 최후의 심판(최후의 칭의)으로 구분하는 것도 사실은 칭의론을 잘못 이해한 것이다. 칭의는 미래에 있을 선언이지만, 우리에게 미리 알려 주시는 것이기에 이 소식은 복음이 된다. 미래의 것은 아직 발생하지 않았지만, 그것을 확신하는 것이 곧 믿음이다. 히브리서 11:1, "믿음은 바라는 것들의 실상이요 보이지 않는 것들의 증거니"가 바로 이 점을 말한다. 우리는 미래의 것, 눈으로 보지 못한 것을 믿으며 그것을 단순히 희망하는 것이 아니라, 그것이 반드시 이루어진다는 것을 확신한다. 갈라디아서 1:23, "다만 우리를 박해하던 자가 전에 멸하려던 그 믿음을 지금 전한다 함을 듣고"에 의하면 유대의 초대교회 성도들은 복음을 "믿음"(ho pistis)이라고 불렀다. 복음의 핵심이 믿음이기 때문이다. 그 믿음은 예수 그리스도가 하나님의 아들이고 그가 우리의 죄를 위해 십자가에서 죽으셨다는 것을 믿는 것이면서, 동시에 미래에 있을 칭의와 부활을 믿는 것이다. 믿음은 '그렇게 되었으면 좋겠다'는 것이 아니라, '반드시 그렇게 된다고 확신하는 것'이다.

만약 우리의 구원이 행위에 의해 취소된다면 우리의 칭의는 믿음으로 되는 것이 아니라, 행위에 따라 되는 것이다. 만약 그것이 사실이라면 바울이 말하는 은혜로 주시는 구원은 은혜가 아니라 행위에 대한 대가인 것이다. 로마서 3:24, "그리스도 예수 안에 있는 속량으로 말미암아 하나님의 은혜로 값없이 의롭다 하심을 얻은 자 되었느니라"는 거짓이 된다. 물론 배교의 행위는 구원을 취소하는 것이 된다. 히브리서에서 10:26에서 말하는 "우리가 진리를 아는 지식을 받은 후" 짓는 죄로서 "다시 속죄하는 제사"가 없는 죄는 배교를 가리킨다. 히브리서 10:39, "뒤로 물러가 멸망당함" 역시 배교를 가리키며, 배교는 "하늘로부터 경고하신 이를 배반하는(*apostrephō*, '돌아서다'의 뜻으로 배교행위를 가리킨다)" 행동이다(참고. 히 2:1-3). 요한1서의 표현에 따르면 배교는 "사망에 이르는 죄"(요일 5:16)이고, 배교하는 자들은 "우리에게 속하지 않았던"(요일 2:19) 사람들이며, "하나님께 속하지 않았던"(요일 3:10; 4:6) 사람들이다. 바울의 표현으로 바꾼다면 배교하는 사람들은 "하나님이 미리 아신 자들"(롬 8:29)이 아니다.

비록 신앙의 여정에 굴곡이 있고, 때로는 죄의 유혹에 넘어질지라도 배교하지 않고 끝까지 믿음을 지키며 살아가는 성도라면 하나님은 그를 구원으로 인도해 주신다. 바울이 로마서 1장에서 시작해서 8장에 이르기까지 죄와 구원에 관한 긴 설명을 마치면서 제일 마지막 부분인 로마서 8:31~39을 성도의 견인에 관해 선언하는 것으로 마무리하는 것이 바로 그 이유다. "…… 의롭다 하신 이는 하나님이시니 누가 정죄하리요 ……"(롬 8:33-34)는 칭의를 의심하지 말고 믿으라고 말한다. "…… 다른 어떤 피조물이라도 우리를 우리 주 그리스도 예수 안에 있는 하나님의 사랑에서 끊을 수 없으리라"(롬 8:39)는 우리를 끝까지 구원으로 인도하시는 하나님의 사랑을 강력하게 선언한다. 기독교인답게 행동할 것을 강조하기 위해 강력하게 경고하는 것을 근거로 칭의와 구원에 관한 바울의 모든 가르침을 다 뒤집어엎고, 행위구원과 행위심판으로 복음을 무효화시키면 안 된다.

[4:1] 여기에서 "상전"은 노예의 주인(*kyrios*)이다. "너희에게도 하늘에 상전이 계심을 알지어다"는 로마서 13:1, "각 사람은 위에 있는 권세들에게 복종하라 권세는 하나님으로부터 나지 않음이 없나니 모든 권세는 다 하나님께서 정하신 바라"를 생각나게 한다. 로마서 13:1, "각 사람은 위에 있는 권세들에게 복종하라 ……"에서 "각 사람"(everyone)에는 황제도 포함되어 있다. 로마서 13:1, "…… 권세는 하나님으로부터 나지 않음이 없나니 모든 권세는 다 하나님께서 정하신 바라"는 특별히 황제와 같이 권력을 갖고 있는 사람들을 겨냥하는 말이다. 인간이 아무리 높은 지위에 있다고 해도, 심지어 로마의 황제라 할지라도 그 위에는 더 높은 권세가 있다. 그분은 바로 하나님이시다. 궁극적으로 모든 사람은 지위의 높고 낮음을 떠나 하늘에 계시는 최고의 권세인 하나님의 권세에 순종해야 한다.

"하늘에 있는 상전"(*kyrios*, 주인/주님)이란 표현은 노예의 주인들은 '땅에 있는 주인들에 불과하다'라는 뉘앙스를 준다. 하늘에 있는 그리스도가 영원한 주님이시고, 땅에 있는 주인들은 임시적인 주인에 불과하다. 22절에서 바울은 "주인/상전"이란 말에 "육신을 따라"라는 말을 추가했다(*tois kata sarka kyriois*). 이것 역시 이 땅 위에서 노예의 주인이 갖는 지위가 영원하지 않고 일시적이라고 말하는 것이다. 그들은 노예들의 영원한 주인이 아니다. 영원한 주인은 그리스도요, 하나님이시다. 노예와 주인이 하나님의 나라에 도달할 때 그들은 더 이상 노예와 주인의 관계가 아니다. 그 둘은 평등한 하나님의 나라의 백성이 된다. 임시로 이 땅에서 노예인 사람들이 그 주인들에게 "…… 순종하되 사람을 기쁘게 하는 자와 같이 눈가림만 하지 말고 오직 주를 두려워하여 성실한 마음으로 하라"(골 3:22)라고 했을 때 주인의 반응은 "의와 공평을 종들에게 베푸는 것"(골 4:1)이어야 한다. 더구나 "의와 공평을 종들에게 베풀라"라는 명령은 최고의 권세이신 하나님의 명령이다. 그러므로 노예의 주인들은 이 명령에 순종해야 한다.

설교를 위한 묵상

초대교회는 가정을 향한 말씀을 교회를 향한 말씀으로 읽었다. 교회는 복음 때문에 혈연관계에 기초한 가족에서 쫓겨나 집 없는, 혹은 가족 없는 사람이 된 성도들이 모여서 만든 대체 가정이다. 이 가정에서는 하나님이 아버지가 되시고 모든 성도들 다 자녀다. 자녀들 중에는 오늘 입양된 자녀도 있고, 아주 오래전에 입양된 자녀도 있다. 먼저 교회에 출석하여 뿌리를 내린 성도들과 새로 등록한 성도들은 하나님의 선택으로 같은 교회에 모였다. 성도가 다른 성도를 선택해서 같은 교회에 있는 것이 아니다. 가정이 내가 선택한 사람과 한 평생 같이 사는 것이라면, 교회는 하나님이 선택한 사람과 한평생 같이 사는 것이다. 먼저 뿌리 내린 성도는 새로 교회를 찾아온 성도를 대할 때 입양아가 처음 가정에 입양될 때의 심정을 이해하고, 이들을 친절하게 안내하며, 함께 사랑을 나누어야 한다. 입양된 아이가 새 가정에 정착하지 못하여 파양을 당하는 경우가 종종 있다. 마찬가지로 교회에 새로 등록한 성도가 냉랭한 분위기 속에서 적응하지 못하고 교회를 떠난다면, 하나님께서 선택한 입양아를 우리가 파양하게 만드는 셈이 된다. 새 신자 정착 프로그램을 운영하는 교회라 할지라도 모든 성도가 새 신자에게 관심을 갖고 사랑을 나누는 형제자매의 관계로 가야 하나님의 입양이 성공할 수 있다.

현대사회의 페미니즘은 전통적인 페미니즘(남녀의 평등을 추구하는 여성주의)을 넘어, 지금은 일반인들의 상식을 벗어난 주장을 하는 페미니즘으로 진화하였다. 양성 평등을 넘어 여성우월주의를 주장하면서 젊은 세대 사이에서는 남성 혐오와 여성 혐오의 문화가 생겨나고, 서로를 적대시한다. 젊은 세대의 낮은 결혼율에 여러 이유가 있지만, 양성 간의 적대적 태도도 중요한 이유가 된다. 성경이 아내는 남편에게 순종하라고 가르치기 때문에 현대의 페미니즘을 추종하는 여성들은 기독교와 성경을 남성우월주의의 산물이라고 본다. 이런 사람들에게 복음을 잘 설명해 주는 것이 필요하다. 순종은 사랑의 최고의 표현이다. 그 순종은 자발적이며, 강제적이지 않다. 남편은 아내를 사랑하고, 아내는 남편을 존경하며, 서로 사랑 안에서 순종하는 것은 결코 여성 혐오나, 남성 우월이 아니다.

교회와 가정에서 생활할 때 부부 관계, 부모 자녀 관계, 또 노예와 주인 사이의 관계를 서로 잘 유지해야 한다. 서로 인격을 존중하고 진심으로 대해야 한다. 왜냐하면 궁극적으로 이 사람들이 하나님의 나라에 다 들어가 그곳에서 영원이라는 시간 동안 서로 얼굴을 보아야 하기 때문이다. 하나님의 나라에서는 노예와 주인은 더 이상 노예와 주인으로 만나지 않는다. 평등한 하나님 나라의 시민으로 만나게 될 것이다. 그런데 만약 노예와 주인 모두 믿음을 갖고 있는데도 그 사이에 언어적 폭력과 육체적 폭력이 오가는 관계라면 아마도 두 사람이 천국에 들어갔을 때 상당히 당황스러운 상황이 발생하게 될 것이다. 부부 관계, 부모 자녀 관계와 마찬가지로 가장이 가정 폭력을 행사하는 일이 자주 일어난다면, 아마도 천국에서 만났을 때 서로 얼굴을 붉히는 결과가 생길 것이다.

바울은 무슨 일을 하든지 주께 하듯 하라고 말한다. 물론 오늘날의 사회는 산업사회이며 노예제도는 존재하지 않는다. 주인과 노예의 관계 대신 고용주와 피고용인의 관계가 있을 뿐이다. 회사, 기업에서 혹은 작은 규모의 자영업 영업장에서 기독교인들이 피고용인으로 일할 때, 그리고 고용인으로 일을 할 때 어떻게 하면 좋을까? 바울의 가르침을 적용하여 기독교 고용주가 주께 하듯 피고용인들을 대한다면, 혹은 피고용인이 고용인을 대할 때 주를 대하듯 대한다면 아마도 일터에서의 인간관계는 급격하게 변화될 것이다. 서로 존중하면서 업무의 효율을 높일 수 있는 인간관계가 될 것이다. 현대의 작업장, 직장, 영업장에 성경 말씀을 적용할 수 있고, 또 반드시 해야 한다. 바울은 특별히 상전들에게 경고한다. 하늘에 있는 하나님과 그리스도가 우리들의 상전이 되신다. 상전들이 공평을 종들에게 베풀면 하나님은 상전에게도 공평을 베풀어 주신다.

D. "깨어서 기도하라"(4:2-6)

²기도를 계속하고 기도에 감사함으로 깨어 있으라 ³또한 우리를 위하여 기도하되 하나님이 전도할 문을 우리에게 열어 주사 그리스도의 비밀을 말하게 하시기를 구하라 내가 이 일 때문에 매임을 당하였노라 ⁴그리하

면 내가 마땅히 할 말로써 이 비밀을 나타내리라 ⁵외인에게 대해서는 지혜로 행하여 세월을 아끼라 ⁶너희 말을 항상 은혜 가운데서 소금으로 맛을 냄과 같이 하라 그리하면 각 사람에게 마땅히 대답할 것을 알리라

[4:2] 바울은 성도들이 인내심을 갖고 기도에 전념하라고 말한다. 마태복음 26:41, "시험에 들지 않게 깨어 기도하라 마음에는 원이로되 육신이 약하도다 하시고"의 말씀처럼 신자들은 깨어 기도해야 한다. 세상은 잠자고 있지만, 성도는 깨어 있어야 한다(살전 5:6-7, "그러므로 우리는 다른 이들과 같이 자지 말고 오직 깨어 정신을 차릴지라 자는 자들은 밤에 자고 취하는 자들은 밤에 취하되"). 기도할 때 감사하는 마음과 태도로 영적으로 깨어 있어야 한다. 깨어 있다는 것은 마치 신랑이 도착하면 바로 시작할 혼인 잔치에 참석하기 위해 잠들지 않고 깨어 신랑을 기다리는 신부와 신랑을 기다리는 처녀들의 태도와 같다(마 25:1-13). 신랑이신 예수가 오시는 날과 때를 알지 못하므로, 성도들은 깨어 있어야 한다(마 25:13, "그런즉 깨어 있으라 너희는 그 날과 그때를 알지 못하느니라"). 깨어 있다는 말은 곧 종말이 올 것을 잊지 않고 깊이 인식하며 살아가는 태도를 말한다.

[4:3] 바울은 골로새 성도들이 기도로 이방 선교에 참여할 것을 기대한다. "그리스도의 비밀"(롬 16:25)을 선포할 수 있도록 하나님께서 "말씀의 문"(*thyran tou logou*)을 열어 주시도록 기도해 주기를 원한다(골 1:26을 보라). 그 비밀은 지금까지 감추어져 왔던 하나님의 구원 계획이며, 그 비밀의 핵심은 예수 그리스도다. 즉, 그는 그리스도의 복음을 전하길 원한다. 여기에서 문은 감옥 문일 수도 있지만, 말씀의 문이므로 전도의 문으로 보는 것이 더 낫다(고후 2:12, "내가 그리스도의 복음을 위하여 드로아에 이르매 주 안에서 문이 내게 열렸으되"). 고린도전서 16:8~9, "내가 오순절까지 에베소에 머물려 함은 내게 광대하고 유효한 문이 열렸으나 대적하는 자가 많음이

라"에서도 바울은 '문'에 관해 말하며, 여기에서도 문은 역시 복음을 전할 수 있는 유리한 상황을 가리킨다. 바울이 훌륭한 선교사요, 전도자이지만 하나님이 그에게 전도를 위한 기회를 열어 주셔야 전도할 수 있다. 복음 전도 역시 인간의 노력만으로 가능한 것이 아니다. 하나님께서 기회를 주시고 사람의 마음의 문을 열어 주셔야 가능하다. 바울은 전도의 사역으로 인해 지금 감옥(아마도 에베소 감옥)에 갇혀 있다. 골로새서 4:18에서도 묶여 있다 (dedemai)는 동사의 명사형(desmos)이 사용되어 그가 지금 투옥된 상태임을 다시 강조한다. 바울은 감옥에서 풀려나 다시 복음을 전하는 이 일에 사용되길 원한다. 빌립보서 1:12~13에서 바울이 감옥에 갇힌 것이 오히려 복음의 진보에 득이 되었다고 말하는 것으로 볼 때, 그의 투옥 자체가 복음 전도를 불가능하게 하는 것은 아니다(빌 1:12-13, "형제들아 내가 당한 일이 도리어 복음 전파에 진전이 된 줄을 너희가 알기를 원하노라 이러므로 나의 매임이 그리스도 안에서 모든 시위대 안과 그 밖의 모든 사람에게 나타났으니"). 하지만 감옥 밖의 사람들을 전도하려면 그가 감옥에서 풀려나야 하므로, 그런 뜻에서 골로새 성도들에게 자신의 석방을 위해 기도해 달라고 부탁한다.

[4:4] 하나님이 전도의 기회를 주시면 바울은 "마땅히 말해야 하듯이"(hōs dei me lalēsai) 말할 것이다. 복음 전하는 것은 자신에게 맡겨진 사명이므로 하나님의 비밀을 분명하게 드러낼(phaneroō) 것이라고 그는 말한다(비밀의 개념에 대해서는 김세윤, 「바울신학과 새 관점」 7장 "롬 11:25~26의 '비밀'에 대한 재고"〈서울: 두란노, 2002〉, 383-387을 보라). "마땅히 할 말로써"는 "반드시 말해야 하므로"로 번역하는 것이 좋고, "나타내리라"는 '표현한다'는 뜻이 아니라 '감추어져 있는 것을 드러낸다'는 뉘앙스가 있으므로 "드러내리라"로 번역하는 것이 좋다. 사명은 의무요 책임이다. 복음 전도는 그가 하고 싶으면 하고, 하기 싫으면 하지 않는 선택사항이 아니다. 고린도전서 9:16에서 바울은 복음 전도에 대해 "내가 부득불 할 일임이라 만일 복음을 전하지

아니하면 내게 화가 있을 것이로다"라고 말한다. 바울이 복음을 전하는 것은 그가 자원해서(volunteer)가 아니라(고전 9:17, "내가 내 자의로 이것을 행하면 상을 얻으려니와"), 하나님으로부터 직접 복음을 전하라는 사명을 받았기 때문이다(고전 9:17, "내가 자의로 아니한다 할지라도 나는 사명을 받았노라"). 그는 자원해서 복음을 전하는 자원봉사자가 아니다. 사도로 부름을 받았다. 바울의 이런 자기 이해는 구약의 선지자들의 소명 이해와 상당히 유사하다. 특히 복음을 전하지 않으면 자신에게 하나님의 심판이 임할 것이라는 말은 에스겔의 소명 이해와 상당히 유사하다. 에스겔 3:17~19에서 선지자가 하나님의 메시지를 전했으나 청중이 듣지 않으면 그 책임이 청중에게 있으나(겔 3:19, "네가 악인을 깨우치되 그가 그의 악한 마음과 악한 행위에서 돌이키지 아니하면 그는 그의 죄악 중에서 죽으려니와 너는 네 생명을 보존하리라"), 선지자가 하나님의 메시지를 전하지 않아서 그의 청중이 돌이키지 못한 경우에는 그 책임이 선지자에게 있다(겔 3:18, "…… 네가 깨우치지 아니하거나 말로 악인에게 일러서 그의 악한 길을 떠나 생명을 구원하게 하지 아니하면 그 악인은 그의 죄악 중에서 죽으려니와 내가 그의 피 값을 네 손에서 찾을 것이고").

바울은 복음을 전할 때 애매하게 전하지 않는다. 그는 매우 분명하게 마치 감추어진 것을 빛 가운데로 드러내듯 복음을 전한다. 복음 전도는 의사소통이다. 그는 분명하게 의사소통을 한다. 그에게는 용기/담대함(boldness, *parēsia*)이 있기 때문이다. 빌립보서 1:20에서 바울은 "전과 같이 온전히 담대하여 살든지 죽든지 내 몸에서 그리스도가 존귀하게 되게 하려 하나니"라고 말한다. "온전히 담대하여"는 공개석상에서 아무것도 숨김없이 용기를 내어 "복음"을 말하는 태도다. "담대함"(*parēsia*)은 공개적인 자리에서도 주저함 없이 용기를 갖고 솔직하게 말하는 것이다. 담대함은 바울 복음 증거의 특징이다(고후 7:4; 엡 6:19; 몬 1:8). 사도행전에서도 바울이 전도할 때 담대하게 전했다고 말한다(예. 행 9:27, "…… 그가 어떻게 예수의 이름으로 담대히 말하였는지를 전하니라").

[4:5] '외인'이란 말(外人, outsiders)은 교회 안의 사람과 교회 밖의 사람 사이에 경계선을 긋고, 인류를 두 그룹으로 나눌 때 생겨나는 개념이다. 안과 밖을 이렇게 구분하는 것은 교회와 세상 사이에 경계선을 그으려는 시도이며 바울의 윤리적인 가르침에 종종 등장한다. 데살로니가전서 4:12, "이는 외인에 대하여 단정히 행하고 또한 아무 궁핍함이 없게 하려 함이라", 고린도전서 5:12, "밖에 있는 사람들을 판단하는 것이야 내게 무슨 상관이 있으리요마는 교회 안에 있는 사람들이야 너희가 판단하지 아니하랴"에서도 '외인'이란 표현이 나타난다.

바울은 평소에 성도들 앞에서 가르칠 때 "외인"(outsiders)이란 말을 자주 썼을 것으로 추측된다. 이 말을 반복적으로 사용함으로 성도들이 스스로를 어떤 경계선 안에 있는 사람으로 보도록 시각이 바뀌었을 것이며, 성도들이 스스로를 외부의 불신자들과 구분하고 그들과 자신들 사이에는 분명한 경계선이 있다고 인식하게 만들었을 것이다. 이런 경계선 개념은 매우 분명한 집단적 자의식(collective self-identity)을 갖게 한다. 윤리적 가르침에서 경계선은 성도들이 넘어가면 안 되는 경계선으로 인식된다. 경계선은 기독교인과 비기독교인을 구분하는 차이점이자, 곧 기독교인들과 그들을 구분하는 기독교 윤리의 경계선이다.

바울 교회의 성도들이 바울을 만나기 전에는 그들의 마음속에 이런 심리적 경계선이 존재하지 않는다. 안과 밖의 구분도 없다. 자신이 거주하는 도시의 다른 시민들을 '외인'이라는 말로 부르지도 않았다. 그들은 모두 '내인'(內人, insiders)이었다. 그들의 마음속에 이런 심리적 경계선이 형성된 것은 순전히 바울의 복음 전도와 목회 사역의 결과다. 바울이 그들을 만나서 한 일, 즉 개종은 한마디로 그들의 마음속에 경계선을 긋고, 그들이 스스로를 이 경계선 안에 있는 사람으로 바라보게 만든 것이다. 그렇다면 바울은 물리적 경계선이 아닌, 심리적 경계선을 어떻게 그을 수 있었을까? 바울이 사용하고 있는 분리언어(separation language)가 이 경계선 형성과 깊은 관련이 있는 것으로 보인다. 분리언어란 강력한 대조를 사용하여 두 집단을 구분하는 언어적 기술이며, 분리언어의 사용은 그 집단의 집단적 자의식 형성에 중요한 역할을 한다(이 부분에 관해서는 Wayne A. Meeks, "'Since Then You Would Need to Go Out of the World': Group Boundaries in Pauline Christianity"를 보라).

바울이 사용하는 분리언어는 '외부인-내부인'(살전 4:12; 고전 5:12-3)뿐 아니라, '빛의 자녀-어둠의 자녀', '낮의 자녀-밤의 자녀'(살전 5:4-5; 엡 5:8), '잠든 자들-깨어 있는 자들', '술 취한 자들-경성한(sober) 자들'(살전 5:6-7), '진노 아래 있는 자들-구원 아래 있는 자들'(살전 5:9), '소망이 없는 자들-구원의 소망의 투구를 쓴 자들'(살전 4:13; 5:8), '부정-거룩함'(살전 4:7), '하나님을 알지 못하는 이방인들-하나님의 사랑하심을 받은 형제자매들'(살전 4:5; 1:4) 등 매우 다양하다. 사실 이것들에 앞서 '우리-그들'과 같은 집단 호칭도 분리언어다. 설교자들이 "세상 사람들은 이렇게 하지만 우리는 그렇게 하지 않고 이렇게 한다."라고 말할 때의 '세상 사람들-우리'는 한국교회에서 가장 많이 사용되는 분리언어다. 이런 분리언어는 유대교의 전통에서도 그 사용 용례가 없지 않지만(예를 들면 쿰란에서 '빛과 어둠의 자녀들'을 대조한 것), 바울의 경우는 그보다 더 다양한 표현들을 사용하고 있다. 그는 매우 창의적으로 분리언어를 개발하여 목회 전반에서 광범위하게 사용했던 것 같다. 바울은 분리언어를 반복적으로 사용하여 성도들이 듣게 함으로 스스로를 믿지 않은 사람들과 구분하도록 하였고, 성도들이 자기 정체성(self-identity)을 분명히 갖도록 하였다. 이것이 곧 바울이 그들의 마음 속에 심리적 경계선을 만든 비결 중의 하나라고 볼 수 있다(이 부분에 관해서는 김철홍, "바울의 소명의식과 복음 선포에 나타난 전도, 개종, 교회 개척의 특징"을 보라).

이 경계선은 바울이 자주 사용하는 "그리스도 안에"(in Christ) 혹은 "주님 안에"(in the Lord)라는 표현과도 깊은 관계가 있다. 골로새서 1:2의 "그리스도 안에서 신실한 형제들에게"는 "그리스도 안에 있는 신실한 형제들에게"로 번역하는 것이 더 좋다. 성도들을 "그리스도 안에" 있다고 말할 때 바울은 이 경계선을 더 굵은 선으로 만든다. '외인-내인'의 구분을 만들고 자신들을 '내인'(insiders)으로 보는 것은 곧 자신들을 '그리스도 안에'(in Christ) 있는 사람으로 인식하는 것이다. '외인-내인'의 구분이 세상과의 분리를 강조한다면, '그리스도 안에'는 성도들 사이의 연대감을 더욱 강화한다.

바울이 개종하게 한 사람들은 이교도적(pagan) 삶으로부터 확실하게 분리하였기 때문에 자신들을 과거의 자신으로 보지 않는다. 고린도전서 12:2, "너희가 이방인으로 있을 때에"는 매우 역설적인 표현이다. 고린도교회의 대다수 성도는 사실상 모두 '이방인'이기 때문이다. 바울은 그들이 '이방인'이 아니라는 의미로, "너희가 [과거에] 이방인으로 있을 때에"라는 표현을 사용한다. 그들은 자신들을 '이방인'으로 보지 않았고 '이스라엘'로 보았다. 고린도전서 10:1, "우리 조상들이 다 구름 아래에 있고 바다 가운데로 지나며"는 바로 그 증거다. 바울은 갈라디아서 6:16에서 갈라디아 성도들을 "이스라엘"이라는 호칭으로 부른다. 로마서 2:28~29의 논법에 따르면 진정한 유대인은 성도들이다. 로마서 9:6~7 역시 인종적 이스라엘이 진정한 이스라엘이 아니고, 약속을 따라 태어난 이삭의 후손들(갈 4:28)인 성도들이 진정한 이스라엘이다. 야고보가 야고보서 1:1에서 교회를 "흩어져 있는 열두 지파"로 부르는 것도 같은 맥락이다. 성도는 이방인과 자신들을 구분하고, 인종적 유대인들과도 구분하여 새로운 하나님의 백성으로 자신을 인식한다. 고린도전서 10:32, "유대인에게나 헬라인에게나 하나님의 교회에"는 전체 인류를 세 개의 집단으로 나눈다. 즉, 기독교인들은 유대인도 아니고 이방인도 아닌 제3의 인종(a third race)으로 자신을 인식한다.

물론 성도들이 자신을 이스라엘로 보고, 그리스도 안에 있는 내부인으로, 나머지 인류를 외부인으로 보는 것이 세상과의 단절이나 비기독교인들과의 관계의 절연을 의미하는 것은 아니다. 고린도전서 5:10, "…… 만일 그리하려면 너희가 세상 밖으로 나가야 할 것이라"는 성도들이 불신자들과 함께 죄를 짓는 것을 경고한 것을 성도들이 세상과의 단절로 오해하고 있는 것을 지적하면서 잘못된 시각을 교정하고 있다. 기독교인들은 세상에서 분리되어 세상 밖에서 사는 것은 아니고, 세상 안에서 살고 있지만 세상 사람들과는 구분된다.

골로새서 4:5에서 "외인들"(비기독교인들)을 "지혜로" 대해야 한다는 것은 실제 삶의 행동과 관련된 것으로서(골 1:9-10), 빌립보서 2:15, "이는 너희가 흠이 없고 순전하여 어그러지고 거스르는 세대 가운데서 하나님의 흠 없는 자녀로 세상에서 그들 가운데 빛들로 나타내며"와 연결해서 생각하면, 아무런 비난받을 것이 없도록 올바른 행동을 하라는 의미이다. 데살로니가전서 4:12, "이는 외인에 대하여 단정히 행하고 또한 아무 궁핍함이 없게 하려 함이라"와 연결하여 해석하면 교회 밖의 불신자들이 성도들을 향해 비난할 수 있는 이유가 없게끔, 불신자들의 판단 기준을 능가하는 수준의 행동을 요구하는 것으로 볼 수 있다. 로마서 12:14~21의 맥락에서 해석하면 '모든 사람'(롬 12:17-18), 즉 교회 밖의 모든 사람인 '외인'들과 가능한 한 평화의 관계를 유지하면서(롬 12:18, "모든 사람과 더불어 화목하라") 절대로 악을 악으로 갚는 보복을 하지 말고(롬 12:19, "너희가 친히 원수를 갚지 말고") 끝까지 선으로 악을 이기는 선행을 지속하라는 뜻으로(롬 12:17, "…… 모든 사람 앞에서 선한 일을 도모하라"; 롬 12:21, "악에게 지지 말고 선으로 악을 이기라") 해석할 수 있다.

"세월을 아끼다"에서 사용된 동사 *exagorazō*의 뜻은 "되사다"(to buy back, to redeem)이다. 에베소서의 병행구절인 5:16에서는 "세월을 아끼라 때가 악하니라"로 되어 있다. 아마도 시간을 마치 시장에서 무언가를 재빨리 사듯이 그렇게 활용하라는 뜻인 것 같다. 시간을 최대한 활용할 것을 충고한 것이며, 궁극적으로 전도를 위해 시간을 잘 사용하라는 뜻으로 볼 수 있다. 믿지 않는 불신자들에게 지혜롭게 대하면서 시간을 잘 활용하여 그들에게 복음을 전해야 한다.

[4:6] 교회 바깥의 사람들과 대화할 때 "항상"(pantote, 습관적으로), "은혜 가운데에서"(gracefully), 즉 저속한 말을 사용하지 말고 품위 있게 말해야 한다. "…… 곧 분함과 노여움과 악의와 비방과 너희 입의 부끄러운 말"(골 3:8)을 피해야 한다. 복음은 변화를 가져오며 그 변화는 언어생활에서 매우 분명하게 나타난다. 기독교인의 대화 언어와 태도는 저속하지 않고 품위 있어야 한다. 대화의 내용은 "소금이 쳐진" 것 같아야 한다. '말이 소금으로 맛을 낸 것 같다'는 것은 마치 소금으로 간을 하여 제대로 맛이 나게 된 음식처럼 말을 듣는 사람이 느끼기에 지루하지 않고 흥미롭게 들려서 상대방의 지속적인 관심을 끌어야 한다는 뜻이다. 불신자가 기독교인과 대화를 할 때, 특별히 복음에 관해 이야기를 들을 때 지루하게 느끼고 전혀 흥미를 느끼지 못한다면 그의 말은 소금으로 간을 하지 않은 음식과 같이 매력이 없다.

특히 불신자들 대다수가 관심이 많은 주제에 관해 기독교인들이 평소에 아무런 관심도 없이 살아간다면, 그런 주제에 관해 대화하게 될 때 흥미로운 대화가 되지 못하고 김빠진 대화가 되어 버린다. 기독교인이 불신자가 환영하는 대화의 파트너가 될 수 있다면 복음을 전할 수 있는 유리한 조건이 마련된다. 성도들은 자신들이 이 세상에 속하지 않았다는 것을 알고 그리스도 밖에 있는 사람들을 외인(outsiders)이라고 부른다. 하지만 교회 밖 세상에 관심을 끄는 것이 아니라, 깊은 관심을 갖고 세속사회가 문화적으로 어떤 방향으로 가고 있는지 지켜보아야 한다. 기독교와 비기독교 사회가 분명히 구분되면서도 양자의 거리가 너무 멀어지지 않아야 불신자들이 교회에 와서 더 쉽게 적응할 수 있다. 교회가 세속문화에 너무 폐쇄적인 태도를 가지면 불신자들이 교회의 문화를 이질적인 것으로 느끼게 되고, 이것은 장기적으로 전도에 부정적인 영향을 줄 수 있다. 성도들도 개인적으로 세속문화로부터 자신을 지나치게 차단하면 불신자와 '소금을 친 것 같은' 대화를 하는 것이 더 어려워질 수 있다.

교회 밖의 사람들이 교회와 신앙에 관해 물어보면 어떻게 대답할 것인지 성도들은 평소에 생각해 두는 것이 좋다. 특별히 불신자들이 복음과 교회에 대해 부정적인 태도로 말할 때 성도는 품위 있는 언어로 대답하되 한 사람, 한 사람 개인의 질문과 비판에 적절하게 대답해야 한다. 복음을 전할 때도 모든 사람에게 다 똑같은 방식으로 전하는 것이 아니라 개개인의 성향과 관심사에 맞추어 그들의 관점에서 복음을 더 쉽게 이해하고 받아들일 수 있도록 복음을 전해야 한다. 수용자 중심의 복음증거(receiver-oriented evangelism)가 효과적인 전도방법이다. 바울이 여기서 말하는 것이 이것이다. 각각의 개인을 어떻게 전도하면 좋을지 연구해야 한다. "그리하면 각 사람에게 마땅히 대답할 것을 알리라"는 "그리하면 너희가 각 사람에게 마땅히 어떻게 대답할 것인지 알게 되리라"로 번역하는 것이 좋다.

설교를 위한 묵상

바울은 사람들의 마음에 경계선을 그어 놓고 자신들이 그 경계선 안에 남아 있어야 한다고 가르쳤다. 그 경계선은 일종의 도덕적 경계선의 역할을 했다. 성도들은 여하한 일이 생겨도 절대로 그 도덕적 경계선을 넘어가지 말아야 한다. 항상 기도하면서 깨어 있어 그 선을 넘지 않고 세상과 자신을 구분하여, 격리해야 할 때는 격리해야 한다. 그러면 전도의 기회가 찾아온다. 바울은 성도들이 불신자들과 만나서 대화를 할 때 성도들이 대화의 파트너로서 말을 조리 있게 잘하고 그들의 말이 소금으로 간을 한 음식처럼 맛있는 대화를 할 수 있게 되기를 기도한다. 대화의 내용이 흥미롭고 상대방의 관심을 끌 수 있어야 복음 전도에 유리한 상황이 생긴다.

제 VI 부

각 개인들을 위한 메모들

골로새서 4 : 7~17

A. 바울의 소식을 전하는 사람들(4 : 7-9)
B. 바울의 동역자들의 인사말(4 : 10-14)
C. 여러 친구들을 위한 메모들(4 : 15-17)

| 골로새서 4 : 7~17 |

각 개인들을 위한 메모들

A. 바울의 소식을 전하는 사람들(4 : 7-9)

⁷두기고가 내 사정을 다 너희에게 알려 주리니 그는 사랑받는 형제요 신실한 일꾼이요 주 안에서 함께 종이 된 자니라 ⁸내가 그를 특별히 너희에게 보내는 것은 너희로 우리 사정을 알게 하고 너희 마음을 위로하게 하려 함이라 ⁹신실하고 사랑을 받는 형제 오네시모를 함께 보내노니 그는 너희에게서 온 사람이라 그들이 여기 일을 다 너희에게 알려 주리라

[4 : 7-9] 다른 편지에서와 마찬가지로 바울은 개개인을 위한 일련의 인사말로 편지를 마무리한다(고전 16 : 19-24 ; 롬 16 : 1-23 ; 몬 1 : 23-25 ; 빌 4 : 21-23 ; 엡 6 : 21-24). 골로새서 4 : 7~9에서는 이 편지를 들고 직접 골로새로 가는 두기고와 오네시모에 대해 말하고, 4 : 10~14에서는 바울의 동료들의 인사말을 전하며, 4 : 15~17에서는 골로새에 있는 사람들에게 인사하고, 4 : 18

에서는 마지막으로 자신이 직접 인사말을 한다.

두기고는 이 편지를 골로새에 전달한 사람인 것 같으며, 라오디게아 교인들에게 쓴 바울의 편지도(골 4:16) 그에 의해서 전달된 것 같다. 두기고는 아시아 출신으로(행 20:4, 그리스에서 바울과 함께 사역했고 바울의 마지막 예루살렘 여행 시에 바울과 동행하였다. 바울은 로마 감옥에서 그를 에베소로 보내었다〈딤후 4:12, 어떤 목적인지는 불분명함〉), 후에 바울은 두기고나 아데마를 디도의 후임으로 그레데로 보내려고 하였다(딛 3:12). 두기고는 바울의 사역 후반부에 바울 가까이에서 함께하던 바울의 "형제"였고, 교회의 "신실한 일꾼"이며, 그리스도의 "종"이었다. 두기고는 골로새서를 직접 들고 갈 뿐만 아니라 골로새 성도들에게 바울의 근황에 대해 구두로 자세히 알릴 것이다. 7절의 "내 사정"은 "나에 관한 모든 사정"으로 번역할 수 있다. 뿐만 아니라 그는 바울을 대신해서 성도들의 마음을 위로할 것이다. 바울은 직접 얼굴을 맞대고 골로새 성도들을 만난 적은 없지만, 지금 자신이 감옥에 갇혀 있다는 소식을 듣고 걱정하며 기도하는 성도들을 위로하기를 원한다. 두기고는 바울의 이런 마음을 성도들에게 전한다.

바울은 오네시모를 "신실하고 사랑받는 형제"로 부름으로써 그를 두기고와 에바브라와 동등한 위치에 있는 사람으로 묘사한다. 그러나 "일꾼" 혹은 "함께 종 된 자"로 부르지는 않는다(Dunn, 273). 오네시모를 향해 "너희에게서 온 사람"이라고 말하고 있으므로, 그는 골로새 출신으로 빌레몬의 노예인 오네시모(몬 1:10)와 동일인으로 볼 수 있다. 오네시모도 두기고와 함께 골로새로 갔는데, 그때 그의 손에는 아마도 빌레몬서가 쥐어져 있었을 것이다.

B. 바울의 동역자들의 인사말(4:10-14)

¹⁰나와 함께 갇힌 아리스다고와 바나바의 생질 마가와(이 마가에 대하여

너희가 명을 받았으매 그가 이르거든 영접하라) ¹¹유스도라 하는 예수도 너희에게 문안하느니라 그들은 할례파이나 이들만은 하나님의 나라를 위하여 함께 역사하는 자들이니 이런 사람들이 나의 위로가 되었느니라 ¹²그리스도 예수의 종인 너희에게서 온 에바브라가 너희에게 문안하느니라 그가 항상 너희를 위하여 애써 기도하여 너희로 하나님의 모든 뜻 가운데서 완전하고 확신 있게 서기를 구하나니 ¹³그가 너희와 라오디게아에 있는 자들과 히에라볼리에 있는 자들을 위하여 많이 수고하는 것을 내가 증언하노라 ¹⁴사랑을 받는 의사 누가와 또 데마가 너희에게 문안하느니라

[4:10-11] 10~14절에서 여섯 명의 바울의 동역자들이 골로새교회에 인사를 보낸다. 아리스다고, 마가, 유스도 예수 이 세 명은 유대인이며("할례파", 11절), 에바브라, 누가, 데마 이 세 명은 이방인이다. 아리스다고는 데살로니가 출신으로(행 20:4), 에베소에서 소요가 일어났을 때 바울과 함께 위험을 겪었으며(행 19:29), 바울과 예루살렘에 마지막으로 함께 갔었고(행 27:2), 로마까지 동행한 것으로 추측된다. "나와 함께 갇힌"은 '함께 포로된 자'(my fellow prisoner of war)라는 뜻이다. 바울이 그를 이렇게 부르는 것으로 보아, 그는 감옥에서 바울과 함께 지냈던 것 같다. 바울은 평소에 군사 용어나 비유를 즐겨하여(롬 7:23; 고후 10:5), 자신을 "그리스도의 군사"로 보았다(빌 2:25; 몬 1:2에서 그의 동역자들을 전우〈fellow-soldier〉로 부른다). 이러한 표현으로 자신들이 감옥에 갇혔다는 것을 묘사한다.

마가는 바나바의 사촌으로서("생질"은 '사촌'으로 번역하는 것이 좋다) 바울과 함께 구브로(Cyprus)로 1차 여행을 떠났으며, 버가에 이르러 혼자 예루살렘으로 돌아갔다(행 13:13). 이것 때문에 2차 선교여행 때 바울은 마가와 동행하기를 원하는 바나바와 헤어져 실라를 데리고 육로로 떠났다(행 15:36-41). 후에 바울은 마가를 다시 받아들였으며 지금은 그와 함께 감옥에 갇혀

있다. 바울은 그를 "동역자"로(몬 1:24), "나의 일에 유익한" 사람으로(딤후 4:11) 부른다. 후에 마가는 베드로의 동역자로 나타나며(벧전 5:13), 교회의 전통에 따르면 그가 두 번째 복음서인 마가복음의 저자다.

유스도 예수라는 이름 중 예수(히브리어로는 "여호수아"〈Jeshua〉)는 당시 자주 사용되던 헬라식 유대인의 이름이었고(행 13:6), 유스도는 발음이 그것과 가장 가까운 라틴어 이름이다. 이 이름은 2세기에 이르러 교회와 회당 사이의 갈등으로 인해 유대인의 이름으로 사용되지 않았다. 이상의 세 명은 모두 유대 기독교인으로서 할례를 받은 자들이다. 11절의 "할례파이나"는 "할례파 출신이나"로 번역하는 것이 좋다. 그들은 "하나님의 나라"를 위하여 바울과 함께 일하는 자들이고 바울에게는 "위로"(comfort)가 되는 사람들이다. "함께 역사하는 자들이니 이런 사람들이 나의 위로가 되었느니라"는 "함께 일하는 자들이니 이 사람들이 나에게 위로가 되었느니라"로 번역하는 것이 좋다.

[4:12-14] 골로새교회를 개척한 에바브라도 인사를 보낸다. 그는 골로새 성도들을 위해서 "애써"(striving) 기도한다. 특별히 이단이 침투하여 혼돈에 빠져 있는 골로새 성도들을 위해 에바브라는 책임감을 갖고, 마치 레슬링 선수가 힘써 경기에서 싸우듯이 기도한다. 이것은 그가 바울이 그들을 위해 겪는 수고를 같이 겪었다는 뜻이다(골 1:29). 그의 기도 제목은 그들이 "하나님의 모든 뜻 가운데 완전하고 확신 있게 서"는 것이다. 이 기도는 골로새서 1:22에 나타나는 바울의 선교목적과 일치한다. 에바브라는 그리스도의 죽음으로 어둠의 세력(천사들, 영적 존재들)으로부터 풀려난 골로새 성도들이 앞으로 계속 성장하여 성숙한 모습으로, 그리고 신앙의 확신을 가진 사람으로 하나님 앞에 서기를 기도한다. 에바브라는 아마도 골로새교회뿐 아니라 라오디게아와 히에라볼리에도 교회를 개척하였던 것으로 보인다. 지금 골로새교회뿐만 아니라 라오디게아와 히에라볼리의 교회들을 위해서도 계속 노

력하고, 그들을 위해 기도한다. 12절의 "완전하고"는 '성숙하고'의 뜻이다. 12절의 "그리스도 예수의 종인 너희에게서 온 에바브라"는 "너희로부터 왔으며 그리스도 예수의 종인 에바브라"로 번역을 수정하는 것이 좋다.

바울의 동역자이자 누가복음, 사도행전의 저자로 알려진 누가의 직업이 의사라는 것이 여기에 나타닌다. 누가도 바울의 이방인 동역자였다. 디모데후서 4:11에 따르면 그는 최후까지 바울의 곁에 남아 있던 동역자였다. 디모데후서 4:10에 따르면 데마는 후에 세상을 사랑하여 바울을 떠나갔다고 한다("데마는 이 세상을 사랑하여 나를 버리고 데살로니가로 갔고").

C. 여러 친구들을 위한 메모들(4:15-17)

> [15]라오디게아에 있는 형제들과 눔바와 그 여자의 집에 있는 교회에 문안하고 [16]이 편지를 너희에게서 읽은 후에 라오디게아인의 교회에서도 읽게 하고 또 라오디게아로부터 오는 편지를 너희도 읽으라 [17]아킵보에게 이르기를 주 안에서 받은 직분을 삼가 이루라고 하라

[4:15] 바울은 라오디게아에 있는 교인들에게 인사하면서 "눔바"와 그 여자의 집에 있는 교회에 문안한다. 당시 라오디게아에는 눔바의 집에서 모이는 '가정교회'(house church)가 있었다. 초대교회는 모두 가정교회였으며(행 16:15, 40; 고전 16:19), 3세기 중반에 이르러서야 기독교인들은 예배를 위한 공적인 건물을 소유하기 시작한다.

[4:16-17] 바울은 이 편지를 골로새교회에서 읽고, 라오디게아교회에서도 읽게 하라고 한다. 편지를 교회에서 읽을 때 예배 시간에 소리를 내어 낭독하여 읽었다. 이렇게 바울의 편지를 교회에서 예배 시간에 읽는 것은(살전 5:

27) 유대교 회당에서 구약성경을 읽는 것에 비견되는 것이다(눅 4:16; 행 13:15, 27; 15:21; 고후 3:14-15). 이는 초대교회에서 바울의 편지가 처음부터 구약성경과 같이 오늘날 정경에 해당하는 권위를 갖고 있었다는 것을 보여 준다. 특정한 교회를 향해 보낸 바울의 편지는 이처럼 다른 교회에서도 회람되었고 유사한 문제를 갖고 있던 교회들은 편지로 가르침을 받았다. 바울의 편지는 이렇게 여러 교회에서 회람되면서 수집된다. 라오디게아에 쓴 바울의 편지는 현재의 에베소서 혹은 빌레몬서라는 가설이 있으나, 아마도 이 편지는 현재 우리에게 남아 있지 않은 편지로 생각된다(고전 5:9의 편지도 남아 있지 않음).

아킵보는 빌레몬서 1:2에도 이름이 나오는 바울의 동역자. 그는 아마도 빌레몬의 가정교회에서 사역하고 있던 사역자였던 것 같다. 아킵보는 주 안에서 받은 직분이 있다. 바울은 그 직분이 성취되도록 주의를 기울이라고 명령한다.

제VII부

마지막 인사와 축복기도

골로새서 4 : 18

A. 마지막 인사와 축복기도(4 : 18)

| 골로새서 4 : 18 |

마지막 인사와 축복기도

A. 마지막 인사와 축복기도(4 : 18)

¹⁸나 바울은 친필로 문안하노니 내가 매인 것을 생각하라 은혜가 너희에게 있을지어다

[4 : 18] 바울은 마지막으로 자신의 친필로 서명한다. 자신의 이름을 가장한 편지들이 교회들 가운데에 돌아다니는 것 때문에 친필 사인을 한 경우도 있지만(살후 2 : 2), 고대시대에는 대필자를 사용하여 편지를 작성했기 때문에 편지 말미에 서명하는 관행이 있었다.

그는 골로새 교인들에게 자신의 "매인 것"을 기억하라고 말한다. 동정을 구하기 위한 것이 아니라 사도로서 그의 권위를 상기시키는 말이다. 바울은 이방인들을 위한 사도가 되어 그들을 위해서 복음을 전하다가 감옥에 갇혔다. 감옥에 갇혀 있다는 것 자체가 그가 그들을 참으로 위하는 사도라는 점을 증

거한다.

골로새 교인들은 헛된 철학을 가르치는 잘못된 교사들의 말을 경청하지 말고, 바울의 말을 경청해야 한다. 바울은 자신이 교인들을 위해서 감옥에 있다는 것과 자신의 가르침에 귀를 기울이라는 마지막 당부를 전하며 편지를 마친다.

| 참고문헌 |

Barnett, P. W. "Apostle". In *Dictionary of Paul and His Letters*. Edited by G. F. Hawthorne, R. P. Martin, and D. G. Reid. Downers Grove/Leicester, England : InterVarsity, 1993.

Barth, M. and H. Blanke. *Colossians : A New Translation with Introduction and Commentary*. Translated by A. B. Beck. AB 34B. New York : Doubleday, 1994.

Brown, Raymond E. "The Pre-Christian Semitic Concept of 'Mystery'". *Catholic Biblical Quarterly* 20 (1958) : 417-443.

Bruce, F. F. *The Epistles to the Colossians, to Philemon, and to the Ephesians*. NICNT. Grand Rapids : Eerdmans, 1984.

Chalke, Steve and Alan Mann. *The Lost Message of Jesus*. Grand Rapids : Zondervan, 2003.

Clinton, E. Arnold. The Colossian Syncretism : The Interface Between Christianity and Folk Belief at Colossae. Grand Rapids : Baker Books, 1996.

Dodd, "Ἱλάσκεσθαι, Its Cognate, Derivatives, and Synonyms, in the Septuagint". In *Journal of Theological Studies* 32 (1931) : 353-360.

Dunn, J. D. G. *The Epistles to the Colossians and to Philemon*. NIGTC.

Grand Rapids: Eerdmans ; Carlisle: Paternoster, 1996.

_____. "If Paul Could Believe Both in Justification by Faith and Judgment according to Works, Why Should That Be a Problem for Us?" 119-160. Alan P. Stanley, *Four Views on the Role of Works at the Final Judgment.* Counterpoints Series; Grand Rapids: Zondervan, 2013.

G. D. Fee. *The First Epistle to the Corinthians.* Revised Edition. NICNT. Grand Rapids/Cambridge: Eerdmans, 2014.

Harris, Murray J. *Colossians & Philemon.* Exegetical Guide to the Greek New Testament. Grand Rapids: Eerdmans, 1991.

Hooker, Morna D. "Were There False Teachers in Colossae?" *in Christ and Spirit in the New Testament, C. F. D. Moule FS, ed. B. Lindars and S. S. Smalley* (Cambridge, 1973), 315-331.

Lightfoot, J. B. St. *Paul's Epistles to the Colossians and to Philemon: A Revised Text, with Introductions, Notes and Dissertations.* 3d ed. London: Macmillan, 1879; reprinted Grand Rapids: Zondervan, 1959; reprinted Peabody: Hendrickson, 1993.

Lohse, E. *Colossians and Philemon: A Commentary on the Epistles to the Colossians and to Philemon.* Hermeneia. Philadelphia: Fortress, 1971.

Longenecker, R. N. *Galatians.* Word Biblical Commentary 41. Dallas: Word, 1990.

MacDonald, Margaret Y. *Colossians and Ephesians.* Sacra Pagina 17. Collegeville, Minn.: Liturgical Press, 2000.

Mann, Alan. *Atonement for a Sinless Society : Engaging with an Emerging Culture.* Milton Keynes : Paternoster, 2005.

Martin, R. P. *Colossians and Philemon.* (NCB.) London : Oliphants/Greewood : Attic, 1974 ; reprinted (New Century Bible Commentary.) Grand Rapids : William B. Eerdmans, 1981.

Moo, Douglas J. *The Letters to the Colossians and to Philemon.* PNTC. Grand Rapids/Cambridge : Eerdmans ; Nottingham, England : Apollos, 2008.

Morris, Leon. "The Use of Ἱλάσκεσθαι etc. in Biblical Greek". In *The Expository Times* 62 (1951); 227–233.

_____. "The Meaning of HILASTERION in Rom III. 25". In *New Testament Studies 2* (1955–56) : 33–34.

Moule, C. F. D. *The Epistles of Paul the Apostle to the Colossians and to Philemon : An Introduction and Commentary.* CGTC. Cambridge : University Press, 1957.

Nicole, Roger R. "C. H. Dodd and the Doctrine of Propitiation". In *Westminster Theological Journal* 17 (1954–1955) : 117–157.

O'Brien, P. T. *Colossians, Philemon.* WBC 44. Waco : Word, 1982.

Oswalt, John N. *The Book of Isaiah Chapter 1–39.* Grand Rapids : Eerdmans, 1986.

Robinson, Joseph A. *The Passion of S. Perpetua.* Cambridge : Univ. Press, 1891.

Sanders, E. P. *Paul and Palestinian Judaism.* London : SCM ; Philadelphia : Fortress, 1977.

Seifrid, M. A. "In Christ". In *Dictionary of Paul and His Letters.* Edited by Gerald Hawthorne and others. Downers Grove,

Ill. : InterVarsity Press, 1993.
Watts, John D. W. *Isaiah 1–33*, revised edition. Waco : Word Books, 1985.
Wink, W. *Naming the Powers*. Philadelphia : Fortress, 1984.
Witherington, Ben III. *The Letters to Philemon, the Colossians, and the Ephesians : A Socio-Rhetorical Commentary on the Captivity Epistles*. Grand Rapids : Eerdmans, 2007.
Wright, N. T. *Colossians & Philemon*. Tyndale New Testament Commentaries. Downers Groove : IVP Academics, 2008.

| 한국장로교총회창립 100주년기념 표준주석 |

구약

집필부분	집필자
창세기	김중은 박사
출애굽기	이종록 박사
레위기	정중호 박사
민수기	김진명 박사
신명기	김회권 박사
여호수아	강사문 박사
사사기/룻기	허성군 박사
사무엘상·하	김선종 박사
열왕기상·하	김태훈 박사
역대상	배희숙 박사
역대하	함 택 박사
에스라/느헤미야	민경진 박사
에스더	이미숙 박사
욥기	하경택 박사
시편	이승현 박사
잠언	천사무엘 박사
전도서	채은하 박사
아가	강승일 박사
이사야	조성욱 박사
예레미야	강성열 박사
예레미야애가	박동현 박사
에스겔	이은우 박사
다니엘	배정훈 박사
호세아/요엘	김정철 박사
아모스	최인기 박사
오바댜/요나	김유기 박사
미가	오택현 박사
나훔/하박국/스바냐	윤동녕 박사
학개/스가랴/말라기	김근주 박사

신약

집필부분	집필자
마태복음	최재덕 박사
마가복음	차정식 박사
누가복음	오덕호 박사
요한복음	김문경 박사
사도행전	이 달 박사
로마서	장흥길 박사
고린도전서	조광호 박사
고린도후서	박흥순 박사
갈라디아서	이종윤 박사
에베소서	석원식 박사
빌립보서/빌레몬서	김덕기 박사
골로새서	김철홍 박사
데살로니가전·후서	김형동 박사
디모데전·후서/디도서	박종기 박사
히브리서	소기천 박사
야고보서	이승호 박사
베드로전·후서	왕인성 박사
요한1·2·3서/유다서	최흥진 박사
요한계시록	김춘기 박사

Presbyterian Church of Korea Standard Commentary